普通高等教育市场营销专业“十二五”规划教材

营销策划案例分析

第2版

邓镝 编著

机械工业出版社

本书根据市场营销学的基本原理和中国市场营销的实际情况，把营销策划方略分成五大模块，即企业营销策划的基本原理、技巧和误区，企业营销观念与营销机会研究，企业目标市场的选择与竞争策略，企业营销组合策划，营销策划书的编制、实施与评估，从理论、实务、案例三维视角展开论述，将实战中的经验、案例优化结合在每章节的重要原理中，力图成为融原理、实战原则或要点以及案例为一体的现代企业营销策划方略，消除了传统营销策划书籍中理论、实务、案例三者相分离的弊端。本书中重点突出营销策划理论在实践中的运用，编选中外企业营销实例 100 多篇，把一幅幅生动的营销实战画面展现在读者面前，从中既能欣赏到西方营销大师的营销杰作，又能看到我国大量知名企业的营销实践，以及对它们成败得失的分析，借此启迪读者探求营销真谛，从而打开企业营销策划的成功之门。

本书可作为高等院校市场营销专业教材，也可供其他经济与管理类专业学生使用，还可供企业经营管理和营销策划人员在实际工作中参考。

图书在版编目（CIP）数据

营销策划案例分析/邓镝编著. —2 版 .—北京：机械工业出版社，2014.6（2024.1 重印）

普通高等教育市场营销专业“十二五”规划教材

ISBN 978-7-111-46755-7

Ⅰ.①营… Ⅱ.①邓… Ⅲ.①市场营销学—案例—高等学校—教材 Ⅳ.①F713.50

中国版本图书馆 CIP 数据核字（2014）第 100972 号

机械工业出版社（北京市百万庄大街 22 号　邮政编码 100037）
策划编辑：曹俊玲　责任编辑：曹俊玲　席建英　冯　铁
版式设计：赵颖喆　责任校对：薛　娜
封面设计：张　静　责任印制：张　博
北京雁林吉兆印刷有限公司印刷
2024 年 1 月第 2 版第 6 次印刷
184mm×260mm · 17.75 印张 · 431 千字
标准书号：ISBN 978-7-111-46755-7
定价：39.80 元

电话服务	网络服务
客服电话：010-88361066	机　工　官　网：www.cmpbook.com
010-88379833	机　工　官　博：weibo.com/cmp1952
010-68326294	金　　书　　网：www.golden-book.com
封底无防伪标均为盗版	机工教育服务网：www.cmpedu.com

序

《营销策划案例分析》一书是渤海大学管理学院青年教师邓镝的最新教学成果，读过之后令人耳目一新，因此欣然同意为其作序。

20世纪80年代，市场营销理论大规模地引入我国，许多企业开始尝试着运用营销原理和策略指导企业的实践，市场营销理论有了长足的发展，并在此基础上产生了营销策划学。营销策划是对企业未来营销行为的超前决策，是企业为了达到一定的营销目标，通过有效地配置和运用自身有限的资源，对企业营销活动所作出的计策谋划。它是企业从事营销活动的必要前提和企业营销活动得以顺利进行的基本保证，是企业进入市场、赢得市场竞争主动权不可或缺的重要手段。可以说，在当今激烈的市场竞争环境下，营销策划的意义已上升到关系企业生存和发展的战略设计层面上。

然而，作为一门实践性很强的学科，我国高等院校在对营销策划的教学中普遍存在着重理论教学、轻实践训练的现象，特别是在总结我国企业的营销实践、大力开展案例教学方面做得还远远不够。究其根源，主要是目前市场营销专业的案例教学，在教学内容、教学方式、教学手段和教学经验上还很不成熟，尤其是适合我国本土的，把理论、案例、实战原则和要点融合为一体的案例分析型书籍更是少之又少。对于市场营销策划学这门实践性很强的学科，如果仅仅是纸上谈兵，就理论谈理论，是很难让学生做到融会贯通、学以致用的。因此，建立一种高等院校案例教学的成功模式，推出一本以我国企业为主体的营销案例教学和营销策划教材，摸索出一套有自己特色的营销案例教学方法，以此推动我国市场营销案例教学的发展，是非常必要的。因此，邓镝老师为此所作的尝试和探索具有非常深远的意义。

大致说来，《营销策划案例分析》一书具有以下几个特点：

（1）体系严密。该书以消费品营销为主线，兼顾工业品营销，本着“明确策划原理、技巧和误区→在正确观念指导下，发现市场机会→制定合理的STP战略→设计具体的4P策略→最终策划方案的执行、控制与评估”的营销策划的逻辑思路安排全书的内容，结构清晰，组织缜密，各部分之间环环相扣，浑然一体，使读者对市场营销策划理论和实践的基本框架一目了然。

（2）应用性强。营销策划学不应仅满足于停留在华丽理论的层面上，而应该努力探索理论的可操作性。该书的作者走出象牙塔，抛弃了传统的“从理论中来到理论中去”的老路，投身到解决理论与实践脱节、割裂的课题中去。一方面，将营销策划学的基本原理融入到具体的案例中；另一方面，通过对案例进行分析总结出的实战原则或要点又反过来应用于指导营销策划实践。这样，既避免了完全照本宣科的空洞的教条主义，又避免了仅局限于技巧和手段的狭隘的经验主义。

（3）内容新颖。该书的内容新颖体现在以下三个方面：

1）风格新。书中出现的每一条理论之后都配有实例作佐证，而引用的每一个案例之后都要分析其成败得失，从而找出具体的实战原则或实战要点。可以负责地说，该书是目前为止国内为数不多的把理论、案例和实战原则有机结合的佳作之一。

2）资料新。该书编选的案例大多是近年来活跃于营销舞台上的知名企业的案例，在精选的100多篇案例中，既包括国际知名企业的营销案例，如可口可乐、宝洁、沃尔玛、雀巢、本田等，又有一批我国本土企业的营销案例，如海尔、小天鹅、古井贡、格兰仕、农夫果园等，每一个活生生的案例都给人以新的启迪。

3）观点新。虽然作者多次重申在写作过程中“参阅了大量中外书刊资料及网上资源”，万不敢统统把功劳据为己有，但该书中提出的很多具有创新性的理论、实战要点以及方法，无不凝结着作者的心血和智慧。例如，作者把经济学中的可行性分析和会计学中的财务分析引入到营销策划学，并对策划方案进行评估，这是迄今为止国内学术界少有的创新性探索，也许这正体现了邓镝老师这种复合型人才的一大优势吧。

该书的作者从20世纪90年代中期开始，一直在大型国有企业从事经济管理工作；2001年出国深造，先后就读于英国伯明翰大学商学院（从事分析企业财务报表的研究，并获工商管理硕士学位）和英国爱丁堡大学法学院（从事国际商法的研究，并获法学硕士学位）；2004年回国任教；目前在渤海大学管理学院从事“营销策划案例分析”“商务英语”“西方经济学”以及“企业研究”等多门课程的教学工作。相信邓镝老师多年的企业工作经历、中西方的教育背景、跨学科的科研能力、高尚的职业道德和使命感，一定会为高校教学实践带来一股新的气息。而《营销策划案例分析》一书的出版，也一定会为我国高等院校案例教学的深入开展注入新的活力，为中国营销策划理论的创新发展作出新的贡献。

郭国庆

前　言

我国的高校教学改革已经进行了许多年。教改的一项重要任务就是把培养出来的大学毕业生由过去的纯理论型学子转变为社会需要的实用型人才，而案例教学正是理论联系实际的最佳桥梁。从2004年回国并被渤海大学管理学院引进开始，笔者一直从事市场营销专业的教学工作。多年来的教学实践使我深深地感受到：一方面，广大学生对市场营销专业教学应多采用案例教学的呼声日益高涨；另一方面，高校目前的案例教学客观上存在着教学内容、教学方式、教学手段和教学经验的严重不足。在一定程度上，案例教学已经成为高校市场营销专业教学的一处“软肋”。

目前，市场营销人才一直高居人才排行榜的首位，各类营销策划书籍也一直是管理类图书的出版热点。然而纵观这些书籍，大致有三个来源，它们或是由钻研理论的学者编著，或是由有实践经验的企业营销人员撰写，其余的则多由国外相关书籍翻译而来。上述的第一类书籍大多结构严谨，理论缜密，然而，阅过之后读者常常不知道在实践中该如何运用；第二类书籍则把企业营销策划活动简化为一些商业技巧和手段，虽然实战性较强，但缺乏科学性和普遍性；而国外舶来的理论和案例用于中国的企业，又往往不太适合我国的实情，正所谓“食洋不化”。针对以上情况，笔者在编写本书过程中着力突出以下几个特点：

(1) 系统性。本书根据市场营销学的基本原理和中国市场营销的实际情况，按如下五大模块对营销策划方略展开论述：企业营销策划的基本原理、技巧和误区，企业营销观念与营销机会研究，企业目标市场的选择与竞争策略，企业营销组合策划，营销策划书的编制、实施与评估。这样写来，结构清晰，逻辑性强。

(2) 客观性。本书是一本教学用书，所涉及的内容无论是成功的经验还是失败的教训，笔者均力图站在一个比较客观的立场上进行描述和剖析，其目的是供学生学习、思考、借鉴之用。对于所选的案例，笔者注重保持原貌，基本不作改动。对于入选案例的企业，笔者亦只有深深的敬意，不置褒贬之词。

(3) 创新性。本书从理论、实务、案例三维视角展开论述，将实战中的经验、案例优化结合在每章节的重要原理中，力图成为融原理、实战原则或要点以及案例为一体的现代企业营销策划方略，消除了传统营销策划书籍中理论、实务、案例三者相分离的弊端。同时，为了满足时代的需要和适应高校双语教学的发展趋势，本书也编写了几个英文案例。

（4）实战性。本书重点突出营销策划理论在实践中的运用，编选中外企业营销实例100多个，把一幅幅生动的营销实战画面展现在读者面前，既让读者欣赏到西方营销大师的营销杰作，给读者以启迪，又能透过我国大量知名企业的营销实践，分析其中的成败得失，从中探求营销真谛，从而打开企业营销策划的成功之门。

（5）可操作性。由于本书将“原理+实战原则或要点+案例”融合在每一章节中，并且对于案例的选择注重短小精悍和针对性，于是大大方便了实际操作，彻底摆脱了“从理论到理论”的老路。阅读本书，广大学生和营销策划人员可以随用随查、边学边做、以达到借石攻玉的目的。

本书虽然是一本定位于高等院校市场营销专业的案例教学的实用教材，但同时也适用于经济类、管理类专业的学生学习使用，还可供企业经营管理和营销策划人员在实际工作中参考。

在编写本书的过程中，笔者参阅了大量中外书刊资料及网上资源。这些书刊资料涉及的成果在一定程度上丰富了本书的内容。在此，谨向这些书刊资料的作者致谢！同时，笔者还要向入选本书案例的相关企业及企业领导人致敬！正是他们艰苦卓绝的营销实践为本书提供了创作的源泉。此外，特别感谢我的夫人王旭，她协助笔者完成了全书的校对工作，并提出了很多有价值和有启发意义的修改意见。

由于笔者水平有限，书中难免有遗漏和疏忽之处，敬请专家们和广大读者批评指正。

作　者

目　　录

第四部分　企业营销组合策划

绪　　论

美国《财富》杂志于1970年刊登的世界排名前500位大企业中，有1/3企业在20世纪80年代宣告破产，有一半企业于20世纪90年代消失。在美国，大约有62%的企业寿命不超过5年，只有2%的公司能够存活50年。其中，中小企业的平均寿命不到7年，大型企业的平均寿命不到40年。中国企业的寿命就更短暂了，平均只有5年。就是一些世界知名的跨国公司，在市场运作上也经常遭遇“滑铁卢”，如以摩托罗拉为主要股东的铱星公司破产事件，可口可乐公司在比利时的信誉危机，日本三菱公司的“帕杰罗”事件等。可见，市场处处充满危机和风险，企业生存如履薄冰，要想走稳走好，必须步步小心。

企业出卖产品被称为“惊险的一跳”，这一跳能否成功，主要取决于营销策划。营销策划既可由企业自己组织力量进行，也可聘请专门的策划公司承担。中国的营销策划兴起于20世纪80年代末，最初阶段可称为点子策划阶段，90年代初曾一度出现过一些名噪一时的风云人物和惊世骇俗的策划“神话”。影响最为深远的是以所谓“点子大王”著称的何阳和南德集团“飞天计划”的炮制者牟其中。1992年7月，当巴塞罗那奥运会圣火正旺之时，某新闻媒体大肆宣传思想、策划、主意也能卖钱，并报道北京一位名叫何阳的发明家光靠给企业出谋划策就赚了40万元；1995年，媒体在宣传南德集团的“飞天计划”时，也曾大力鼓吹南德策划购进共4架前苏联制造的图－154客机，交易总额达2.4亿瑞士法郎（折合人民币约9亿多元），等等。诸如此类的新闻炒作，曾经使中国策划业成为神奇的赚钱机器。但是，随着何阳、牟其中等人欺诈行为的败露，策划业在人们心目中成为欺骗的代名词，从而跌入低谷。“沉舟侧畔千帆过，病树前头万木春。”今天，某些借策划之名行骗的人物已然早已被历史所抛弃，营销策划业作为中国市场经济所需要的新型服务行业在经历一番曲折后，也必将凭借其无可比拟的战略地位和作用，以不可阻挡之势稳步向前发展。

营销策划是一门艺术，更是一门科学。世界著名的营销学学者科特勒指出：“新技术的发明只解决了一半问题，另一半则有赖于成功的营销策划。”当今世界，营销策划不仅是发达国家的企业和组织在激烈的市场竞争中获取市场领导地位、赢得市场份额、谋求市场生存的必备武器，也被越来越多的发展中国家的企业视为开拓市场、满足市场需求、提升自身竞争力，从而促进企业发展的有效手段。在阅读本书之前，读者可先测试一下自己的营销智商有多高：下面有关营销的20个叙述可能是正确的，也可能是错误的，请判断对错。如果不能确定，请回答不知道。

1. 在发达国家，大多数公司的产品在市场运作上都非常成功。

　□正确　　□错误　　□不知道

2. 在竞争日益激烈的年代，企业从新产品中获得的利润比现有产品要多。

　□正确　　□错误　　□不知道

3. 企业如果能够达到规模经济，产品就会有较高的获利能力。

　□正确　　□错误　　□不知道

4. 销售渠道成员的推销努力与配合意愿对消费者购买行为的影响越大，厂商“推”的策略比重就会越大。

□正确　　□错误　　□不知道

5. 产品的广告在销售欠佳的市场投放，效果会更好。

□正确　　□错误　　□不知道

6. 通过品牌延伸方式推出新产品的风险极大。

□正确　　□错误　　□不知道

7. 市场调查是一种严谨的调查工具，其调查的结果大多都可放心采用。

□正确　　□错误　　□不知道

8. 公司发展一个新客户的费用会比维系一个老客户的费用多。

□正确　　□错误　　□不知道

9. 使一个公司获利最高的客户通常是最大的客户。

□正确　　□错误　　□不知道

10. 大公司在作营销决策时，通常会预先评估各个方案的获利能力。

□正确　　□错误　　□不知道

11. 企业推出新产品时，产品概念对预定顾客越有吸引力，推出后其成功的可能性越大。

□正确　　□错误　　□不知道

12. 每一家公司都应该尽全力留住所有的客户。

□正确　　□错误　　□不知道

13. 新产品是能够通过创造需求来取得成功的，现实中，就有很多成功改变消费者习惯的案例。

□正确　　□错误　　□不知道

14. 追求100%客户满意度并不是一个明智的营销目标。

□正确　　□错误　　□不知道

15. 大广告公司不仅能提供广告服务，还能为企业提供整体营销策划。

□正确　　□错误　　□不知道

16. 大部分企业都有严格的定价策略，并都经过非常严谨的市场调查。

□正确　　□错误　　□不知道

17. 消费者对涉及自身利益的商品打折会仔细关注每一个细节。

□正确　　□错误　　□不知道

18. 促销活动要比广告更具获利能力。

□正确　　□错误　　□不知道

19. 由于公共关系的效用无法量化，因此在营销组合中，公共关系不如广告及其他促销手段重要。

□正确　　□错误　　□不知道

20. 大部分营销及广告活动都以获利能力作为评估标准。

□正确　　□错误　　□不知道

以上20个问题的答案请参见附录A。通过比照不难看出，其中绝大部分叙述是错误的，这些错误的说法就是所谓的“营销神话”。社会主义市场经济体制和现代企业制度的建立，为我国营销策划事业带来了前所未有的机遇。然而，大江奔流，泥沙俱下，巨变时代往往容易滋生种种看似有理的谬论。当我们为企业更好地生存和发展而紧握市场营销这一有力武器时，对营销策划的观念、方法和误区应该保持清醒的了解和认知。可以想见，随着营销策划学这门学科自身的不断丰富和创新，全面、系统地掌握营销策划知识，不断将营销新思想、新理论运用于策划实践，将成为企业的高层管理者和营销策划人员的自觉行动。但是我们仍然需要强调，营销策划是科学与艺术的结合体。缺少严谨科学的逻辑与分析，营销策划将会沦落到“出点子”的层次；而缺少激情与创意，策划活动将成为一堆理论和工具的简单组合。我们提倡策划人员掌握规范的理论分析框架的同时，也期望读者能够通过本书提供的众多案例体会营销策划背后的创造性与艺术魅力。

第一部分
企业营销策划的基本原理、技巧和误区

“管理是企业的效益，创新是企业的生命，策划是企业的翅膀。”

——西方企业界名言

自从市场营销理论引进我国以来，许多企业由不知营销为何物，到广泛运用营销原理和策略指导企业实践，市场营销理论有了长足发展，并在此基础上产生了营销策划学。20世纪末，随着营销策划学这门学科自身的不断丰富和创新，其基本原理、技巧和误区不断地被人们总结和归纳，并运用于策划实践。与此同时，众多企业在实践活动中的成功经验和失败教训又不断地为营销策划学提供丰富的素材，影响着该门学科的发展与更新，使其更加完善和科学。

第一章　企业营销策划的基本含义

“策划”一词的产生有着悠久的历史，最早见于《后汉书·隗嚣传》，意思为计划、打算。最近几十年，“策划”一词逐渐成为使用频率较高的时髦词汇。今天人们所说的策划，除了有《后汉书·隗嚣传》中的计划、打算之意外，又有了一些新的含义，如计谋、策略等。策划按照不同的行业、部门和内容可分为企业策划、事业策划、文化策划、政府策划和军事策划等。本书将重点讨论企业营销策划，其他的策划如事业策划、文化策划、政府策划、军事策划以及企业除营销以外其他活动的策划等，恕本书无暇顾及，有兴趣的读者可自行涉猎。西方企业界有这样一句名言：“管理是企业的效益，创新是企业的生命，策划是企业的翅膀。”足见策划对于企业来说是何等的重要。

第一节　企业营销策划的概念

企业营销策划简称为企划，是企业策划活动的一个方面。企业策划专指对企业各项事业或活动决策前的谋划、构思和设计；企业营销策划则是对企业开办、生存以及发展的整个经营活动进行必要的规划和安排，是现代企业进入市场自主经营不可忽视的重要举措。随着我国改革开放的不断深入，原来政府统一的计划经济转变成了社会主义市场经济，商业界几乎完全地开放和实行自由竞争，每个企业随时都要考虑自身在自由竞争中如何才能取得成功，所以随时随地都得有计划、有打算，找到取胜的计谋、策略。

虽然当今社会营销策划对于企业生存和发展的作用日益突显，但是，对于什么是营销策划，许多企业却存在误解。有这样一则笑话：一个生产服装的厂家，产品积压了很多，怎么办？他们很自然地想到了策划，并请了一位据说是擅长“策划”的“大师”来帮助企业摆脱困境。“策划大师”果然不同凡响，想出了一条妙计。他建议首先把价格提起来，当零售商来进货时，每10件服装的包装里面又故意多装了一件服装。利用生活中人们爱占小便宜的心理，该厂的产品确实很快发出去很多。但不久以后，来退货的零售商也越来越多，退回来的每袋包装里的服装却只有包装上标明的10件。这是正确的策划吗？显然不是。然而，类似的“策划”活动在现实生活中却在频繁地上演着。

案例1-1　某手机的微博营销策划案

2011年5月7日，一位自称是小偷的博主通过微博上传了一张堆满手机的图片，声称这是他一天偷盗得手的“战利品”。据悉，这位账号名为“沪上阿飞”的微博用户将十几部“偷来”的手机拍照上传后，引来众多网友围观，微博转发量瞬间飙升至几千次。网友们纷纷感慨“如今的小偷太霸气”，更要看一看警方将会如何回应这样的挑衅。但是，也有少数网民怀疑这很可能是一次策划好的微博营销活动。果不其然，后来根据警方的查证，此事件竟是一起手机推广策划。所谓的“小偷”并不存在，没有底线的营销策划却一次又一次地挑战着公众的底线。

随着微博的兴起，社交媒体无孔不入地渗进人们生活的各个领域。微博广泛的传播范围和迅捷的传播速度，自然而然地和商业需求结合在一起。通过微博进行商业宣传推广不仅成本低、易操作，而且在传播效果上也丝毫不逊色于传统媒体。但是在具体运作的过程中，一些策划者为了吸引眼球无所不为，甚至不惜通过炒作不合常理的话题和使用有悖常理的手段来赚取网民的关注。类似“小偷晒手机”这种透支公信力的营销活动虽然抢眼，但当人们了解真相后都纷纷嗤之以鼻。一个依靠低劣手段进行营销的手机，一个在打广告时都不说实话的品牌，消费者怎么可能对其产生信赖！

案例 1-2　某饭店开业促销策划案

一家饭店开张，打出“吃 100 送 50”的招牌，夏先生便约了几个朋友光临。这家饭店装修还不错，服务也热情，虽说菜价有些偏高，但“吃 100 送 50”就等于打 5 折，这样算下来也就不算高了。于是大家点了菜，要了酒水。

吃完饭后去结账，收银员说：“酒水饮料、茶水瓜子小吃、包厢费、服务费、锅底、油碟、特色菜均不在打折范围内。”这样一来，夏先生他们 300 多元的餐费里只有 80 元属于 5 折消费。夏先生顿时有种上当的感觉。但吃也吃了，也只能付账走人，心想 80 元打 5 折毕竟省了 40 元。谁知那位收银员又说：“对不起，我们这里打折必须是满 100 元才送 50 元，不满 100 元就不能送了。如果您再点 20 元的菜，就可以凑足 100 元，再打折就是 50 元了。”夏先生没有办法，只得就范。于是，收银员在菜单上飞快地写上“肥羊卷一份，20 元”。付账时，收银员又说：“先生，我们这里的餐费必须实付，然后打折的部分给你送消费券，消费券在本饭店可以作为钞票使用。”说着，递给夏先生 50 元的“消费券”。夏先生接过“消费券”，顿时像是吃了一只苍蝇。

过了几天，夏先生有同事要去这家饭店吃饭，他便把自己的遭遇告诉了该同事。该同事不信，夏先生便说：“不信就算了，你准备上当吧。我这里还有 50 元的‘消费券’，送给你，可以作为钞票使用的。”夏先生的同事拿过去看了一下说：“都过期了，你耍我啊?”夏先生接过来一看，“消费券”上面赫然标有一行小字：“本券当日有效，过期作废”，旁边还盖有一个日戳。

在现实生活中，人们对营销策划有很多误解：有些人认为，营销策划就是要一些小聪明，甚至是钻法律的空子欺骗消费者；也有人认为，营销策划就是把一些伪劣商品，经过吹嘘，然后卖出去。这些肯定不是营销策划。真正的营销策划是一个综合的、系统的过程，它通过对广告、促销、公关、新闻等手段的合理、综合运用，通过与生产、管理的紧密协调，对一定时期内的企业营销活动的行为方针、目标、战略以及实施方案和具体措施进行设计和计划，从而达到一种满意的效果。营销策划不是依靠一些小手段、小技巧欺骗消费者，更不能违反国家法律、法规，损害消费者利益。

第二节　企业营销策划的前提：产品及公司的实力

一些企业对营销寄予了太多的期望，他们把市场营销策划看成是企业打开经营局面、提高市场竞争力的灵丹妙药。因此，当企业面临经营困境的时候，他们不是扎扎实实地从内部寻找问题的根源，不从纠正自身经营指导思想、提高企业生产和管理水平入手，而是听从个别营销“专家”的指点，借用市场营销的三五个招数以“短、平、快”方式做一锤子买卖。少数侥幸得利的企业则更是起到了一定的“示范效应”，让相当多的业界人士误以为用上一两个市场营销“绝招”，就能够让濒临险境的企业起死回生。其实，市场营销策划的成功是以企业整体素质和相应的实力为前提条件的，而不是使用了所谓的市场营销“绝招”就能够达到扭亏为盈的目的。

案例 1-3　某啤酒厂扭亏为盈案

某市某种品牌的啤酒如今在本地已占据了绝对的市场，而它在发展之初有过这样一段趣事。现在该公司总裁也就是当时的总经理，那时也不得不四处奔波推销自己的产品。有一次，他带领一个助手忙活了几天，却一瓶啤酒也没有卖出去。在夏天炎热的中午，背着啤酒步行了半天的总经理既疲劳，又伤感。在一棵大树下，他和助手大喝用来推销的啤酒，直至大醉，然后把剩余的啤酒全部砸毁。这次经历让他悟出了一个道理：公司没名气，产品不过关，要把啤酒推销出去实在太难了。此后，他领导职工引进工艺，改进产品，经过一系列的实力运作，该厂生产的啤酒很快得到消费者的认可，以至经销商都主动上门订货来了。

案例 1-4　短命的《×××文摘报》

某省新办了一份《×××文摘报》，本来按照实力策划原理，应是这样的办报思路和行动：创办后的前几期一定要努力办好，要办得有内容，办出水平，使自己的报纸具有实力，而不要先把主要精力集中在经营广告上。读者看后觉得这份新办的报纸好，自然就会订阅。发行量上去了，报纸自然也就会吸引广告客户，广告量自然就会增加，报纸也就进入了良性发展阶段。而这份报纸却没有这样做，它的创刊号及前几期报纸找了一些关系户，用非常低廉的价格登了很多广告，而报纸本身的内容却很少。试想，读者看到这份报纸的时候会是什么反应？当然会认为这份报纸质量很差。给读者最初的印象不好，读者自然也不会订阅。报纸的发行量上不去，它的影响力小，广告客户自然就少。而这份报纸此后一直处于亏损状态，惨淡经营了几年后就停办了。

许多公司在策划中或急于求成，或鼠目寸光，根本没有认识到实力运作的重要性，结果不是得不偿失就是适得其反。其实，实力运作是产品进入市场的先决条件，也是公司发展的前提条件。通俗地讲，实力运作就是我们常说的先养鸡，等鸡长大了再生蛋，而不应该在鸡未长大时就杀鸡取卵。实力运作被国际上许多著名的公司广泛运用，它们每当要开辟新的市场时，最初总是不惜投入巨资，甚至冒着前期大量亏损的风险。等到具备实力后，它们的产品或服务就已经影响了消费者，从而有效地占领市场。可口可乐进入中国市场就是利用了这个原理。他们首先不惜投入巨资，进行前期的实力运作。可口可乐公司从 1981 年无偿赠送中国生产线开始，连续 10 年亏损。而到如今，据一份来自北京大学和美国南卡罗来纳大学学者的研究报告《可口可乐对中国的影响》披露，可口可乐如今在中国赚钱都赚疯了。他们列出了一些具体的数据：可口可乐每年为中央和地方税务部门上缴税金约 16 亿元人民币，每年为中国经济创造的间接产值约为 300 亿元人民币。可口可乐的影响已经深入到中国的城市、农村，在中国的品牌知名度调查中，可口可乐名列榜首，它在中国的市场占有率超过其全球主要竞争对手 30 倍，在中国的年营业额增长率保持在 30% 以上。

第三节 企业营销策划的基础：商业信息的收集及分析

策划者必须对所要策划项目的相关信息了如指掌，然后才可能想出成功或杰出的策划方案。国际上一些著名的企业更是把市场情报的收集及分析作为企业生存和发展的关键。因为它们认识到，没有及时准确的情报和精确的分析，策划活动只能是纸上谈兵。以日本企业为例，日本调查业在1990年的收入是514亿日元，到2000年达到了1251亿日元。下面的几则案例充分说明了商业信息的收集及分析对企业制定正确营销决策的重要性。

案例1-5 旧床单里的大市场

襄阳县第一提花织物厂厂长胡洪政，创业之初曾用1个大袋子装了几十条新床单登上南下的列车。在广西、广州、武汉，胡洪政走街串巷向人说好话，用他的新床单换取别人家里的旧床单。只要他看中的，非缠着人家以旧换新不可。出门时一大包的新床单，回来时变成了塞得满满的旧床单。

“厂长这样干，非亏得卖裤子不可。”在人们的惊讶和议论声中，胡洪政找来了设计人员、技术骨干和车间主任。他在厂会议室里拉上绳子，把旧床单一一挂在绳子上，然后将门关好。胡洪政向他的“智囊团”说：“这些都是全国畅销的床单，请大家来就是要发挥集体智慧，把我们厂床单的花色品种变成全国最新颖的。”于是，这些“智囊”团的成员们拆东补西，有的用边，有的用花，收集整理几日，竟然设计出了17个市场上从没有过的花色品种。胡洪政从中选出4大规格、7种花色、5大系列的式样作为主导产品，推向市场后一下子就成了抢手货。

胡洪政吃了小“亏”，却占了个大“便宜”。外贸部门和国家商检局的专家慕名而来，一进产品库，眼睛个个都瞪直了。这哪是商品，简直是花色品种的艺术陈列馆。信手翻开一卷织物，像翻开一幅由画和线条构成的美的艺术品。专家们叹服：“这种产品出口是可以免检的。”如今，襄阳县第一提花织物厂的产品不仅畅销国内18个省，而且已经出口到韩国以及东南亚、美洲的许多国家和地区，出口创汇连年攀升。

案例1-6 大庆油田与日本设备进口案

20世纪60年代，我国刚刚开发大庆油田，在当时复杂的国际与国内形势下，这是需要保密的，就连国内民众都不知道大庆在何处，更别说让外国人知道了。可最终日本商人却知道了，而且关于地点把握得非常准确。他们是怎样掌握了这一重大秘密的呢？是派了本国的特务，还是收买了中国人？出人意料的是，他们靠的只是零星收集到的关于大庆油田的公开资料，并依此作出的推测和分析。

日本人首先看到中国某画报封面上“王铁人”的照片，是他身穿大棉袄、冒着鹅毛大雪的场面。他们推测这可能是东北三省靠北边，否则不会下这么大的雪，但具体地点有待于进一步收集资料和进行分析。然后，他们又看到《人民日报》一篇报道说王进喜同志到了马家窑，说了一声：“好大的油海啊！我们要把中国石油落后的帽子扔到太平洋里去。”这一下日本人乐昏了，真是“踏破铁鞋无觅处，得来全不费工夫”，马家窑就是大庆的中心。我国对日出版的《人民中国》杂志又报道说：“中国工人阶级发扬‘一不怕苦，二不怕死’的精神，大庆设备不用马拉车推，完全是肩扛人抬。”日本人据此分析大庆车站离马家窑不远，远了就扛不动了。油田的地址被日本人推算准了。那么是否出油了呢？他们又推测出来了：1964 年，王进喜光荣地出席了第三届全国人民代表大会，日本人就以此断定大庆肯定出油了。

情况也正是如此，日本人对大庆的一些情况分析得十分准确。如此重大的商机情报，日本人怎能轻易放过呢？他们继续对大庆情况进行追踪分析，又根据《人民日报》上一幅钻塔的照片，从钻台上手柄的架势推算出油井的直径是多大，再根据油井直径和国务院的政府工作报告来套算，用当年我国全国石油产量减去上一年的石油产量，就得出了大庆的石油年产量。在此基础上，他们很快设计出了适合我国情况的石油设备。他们也料到我国必定要依赖于外国的技术及设备。等到我国向世界各国洽购大量石油设备时，其他国家自然尚无准备，日本人却早已胸有成竹地守候多时了。谈判当然很快成功，日本商人为此获利不少。

实事求是地说，迄今为止没有任何一项研究表明日本人有多聪明。一位在英国伯明翰大学攻读 MBA 的中国留学生曾这样谈起他的亲身经历：在 MBA 毕业晚会上，他与一名日本留学生闲聊。当问及该日本学生在伯明翰大学学习和生活的感受时，该日本学生说过得很愉快。这并没有让中国留学生感到奇怪，让他感到惊讶的是，这位看起来十分刻苦的日本留学生竟然有 6 门功课不及格（伯明翰大学 MBA 课程共有 10 门课），相似的情况还发生在其他许多日本留学生身上。但是，就是这样一群并不聪明的日本人却让这位中国留学生多次感受到他们的精明。在一次企业战略学的课堂上，当英国的老教授提出一个问题让学生进行讨论时，很多学生包括来自英国、美国、法国、巴西、匈牙利、中国等国家的学生都畅所欲言。然而，当这位老教授问到一位一直沉默的日本学生时，该日本学生的回答让所有人都感到意外。他说：“这个问题，我花了几年的时间才想明白，为什么要无偿地和大家一起分享？”——这就是日本人的精明之处。

在世界商业领域的竞争异常激烈、残酷的今天，企业对各种相关情报和信息的收集越来越重视，日本人的精明此时更是得到了充分的体现。就技术情报而言，以日本企业为代表的一些企业有时为了窃取同行竞争者的技术甚至不惜一切手段。我国在改革开放之初，由于缺乏这些方面的经验，吃了不少亏，交了许多昂贵的学费，甚至酿成了无法弥补的后果。为了得到技术情报，日本人可谓煞费苦心。以下几则经典的日本人收集情报的案例会让我们感慨良深。有人指责说，这已经完全超出了正常的收集商业情报的范畴，而近乎间谍行为了。

案例 1-7　中国的景泰蓝及宣纸生产工艺泄密案

世界各国的工艺品制造商对中国景泰蓝的制作方法早已垂涎三尺，总想知道其中的奥秘。而日本人却轻易获取了我国经千余年积累下来的景泰蓝的制作技术，现在回想起来还让人扼腕捶胸。具体的经过是这样的：某天，一个日本华侨突然以“代理商”的身份来到中国，对接待部门表示想参观景泰蓝的制作过程。工厂接到此接待任务后，派人陪同其参观，并详细讲解了景泰蓝的整个制作过程，说得这个华侨心花怒放，他还兴致勃勃地对景泰蓝的制作过程从头到尾拍了照片。然而，这个“代理商”回到日本不久，国际市场上就突然出现了“日本制造”的景泰蓝。中国能工巧匠千余年智慧的结晶、高度的商业机密，就这样在几个小时里糊里糊涂地泄露给了日本人，让日本企业在此方面抢去了本属于我国独有的大笔国际业务。

无独有偶，宣纸生产也是我国在世界上绝无仅有的绝技，又让日本人轻易窃取了这一机密。日本某纸厂慕名到我国宣纸生产厂家参观，该厂允许日本客人对宣纸生产的整个过程拍照录像，对日商有问必答。临别时，日商还以帮助化验为名，向这家宣纸厂索要了几种原料，并用瓶子装走造纸用的井水水样。就这样，整个宣纸生产的传统工艺技术被日商不费吹灰之力全部窃取，使我国宣纸在国际市场上的竞争力大受影响。

案例 1-8 英国纺织面料工艺泄密案

英国纺织面料在世界上久享盛誉，在商业方面无缝不钻的日本人当然对其虎视眈眈，但却无从得知其中奥秘。日本人苦思冥想后萌生一计，他们搜罗了日本纺织行业的部分专家进行烹调培训，然后派往英国，在最有名的纺织厂附近开设餐馆。这个餐馆当然有很多纺织厂里的人前来光顾，日本人便千方百计地搜集情报，结果还是一无所获。不久，餐馆突然宣布“破产”。那些“失业”的“厨师”由于已同工厂的主管人员混熟，其中部分人便千方百计地拉关系进入了这家工厂工作。一年后，日本人分批辞职回国，成功地把英国的面料纺织技术带回了日本，并改进为更先进的工艺返销给英国。

需要指出的是，对于什么是商业信息，国外成熟企业的做法可以给我国商家许多全新的启示，有些表面上看起来与企业经营风马牛不相及的信息同样可能是商业信息。例如，国外很多公司每年都有购买气象信息的支出，气象信息和企业经营活动有联系吗？回答是肯定的。西方有一门科学叫气象经济学，实验与实证的结论是：气象影响八大行业——服装业、电力业、交通业、饮料业、航空业、农机业、保险业和农业。当室外的温度达到 22℃ 时，啤酒开始畅销；达到 27℃ 时，冰淇淋开始畅销；达到 31℃ 时，空调开始畅销。可以想见，如果一个啤酒或冰淇淋生产企业不掌握本地区的气象信息就去盲目采购和生产，其后果会是什么。

第四节 企业营销策划的灵魂：新颖可行的创意

企业营销策划没有固定的模式，营销策划工作也不能刻舟求剑、生搬硬套。纵观国内外所有的成功策划案，它们都有一个共同的特性——富有创意。创意是指整个策划活动从构思到实施、从酝酿计划到统筹安排的整个过程中，策划方案能尽量地与众不同，显示出某种创造性、独特性和新颖性，以便加强策划活动对受众的冲击力，从而得到满意的实际收益和效果。

案例 1-9 美泰玩具公司的产品策划案

露丝·汉德勒是世界玩具市场上畅销最久的玩具——芭比娃娃的研发者，她后来创建了美泰玩具公司，成为美国最成功的女性企业家之一。该公司推出的芭比娃娃每只售价仅为 10 美元 95 美分，但就是这个看似寻常的洋娃娃，竟弄得许多父母哭笑不得，因为它是一种“会吃美金”的娃娃。

当一位父亲将价廉物美的芭比娃娃作为生日礼物送给女儿后，很快就忘记了此事。直到几天后的一个晚上，女儿对父亲说：“芭比需要新衣服。”原来，女儿发现了附在包装盒里的商品供应单，提醒小主人芭比应当有自己的一些衣服。做父亲的想，让女儿在给娃娃穿衣服的过程中得到某种锻炼，再花点钱也是值得的。于是便又去商店，花了 45 美元买回了芭比系列装。

仅过了一个星期，女儿又对父亲说得到商店的提示，应当让芭比当“空中小姐”，还说一个女孩在她同伴中的地位取决于芭比有多少种身份，而她的芭比在同伴中是最没“份”的。于是，为了满足女儿不太过分的虚荣心，父亲只得掏钱买回了空姐衣服，接着又是护士服、舞蹈演员的行头等。这一下，父亲的钱包里又少了35美元。

然而，事情还没有完。有一天，女儿得到“信息”说她的芭比喜欢上了英俊的“小伙子”凯恩。不想让芭比“失恋”的女儿央求父亲买回凯恩娃娃。望着女儿腮边的泪珠，父亲还能说什么呢？于是，父亲又花了11美元让芭比与凯恩成双结对。洋娃娃凯恩进门，同样附有一张商品供应单，提醒小主人别忘了给可爱的凯恩添置衣服、浴袍、电动剃须刀等物品。没有办法，父亲再一次解开了钱包。

事情总该结束了吧？没有。当女儿眉飞色舞地在家中宣布芭比与凯恩准备“结婚”时，父亲显得无可奈何。当初买回凯恩让他与芭比成双结对，现在就没有理由拒绝女儿的愿望。为了不给女儿留下“棒打鸳鸯”的印象，父亲忍痛破费让女儿为芭比与凯恩的婚礼“大操大办”。

父亲想，谢天谢地，这下女儿总该心满意足了。谁知有一天，女儿又收到了商品供应单，说她的芭比和凯恩有了爱情的结晶——米琪娃娃！

现代商战之激烈和残酷，不亚于军事上的战争。在市场争战中，谁能巧出“奇兵”，谁往往就能在众多的同行中脱颖而出，成为消费者瞩目的对象。因此，营销策划拒绝平庸之作。策划的灵魂是“创意”。然而，真正的“创意”应该是富有远见卓识的营销构思，不切实际、好大喜功的“点子”非但无益，甚至还可能毁了一个企业。关于这一点，下面的案例颇为耐人寻味。

案例1-10　和鸿缘酒店公关策划案

几年前8月初的一天，南京某报刊上曾刊登这样一则广告：“欢迎高考落榜的同学11日相聚和鸿缘酒店。”广告连续登了三天，也拉开了由和鸿缘酒店主办的“心连心，手拉手”落榜同学相聚说说心里话活动的序幕。

广告一经登出，立即引来各界关注。新闻媒体、企业纷纷前来问讯，对落榜生给予鼓励和支持。除了报刊广告外，酒店总经理王振生还在8月10日晚接受了南京新闻电台晚间黄金节目的现场专访。11日晚的活动更是安排得有声有色：既有心理学方面的专家、老师，也有愿意在落榜生中招工的企业代表，更有酒店王总经理以落榜生的身份现身说法，鼓励大家自强不息。和鸿缘酒店还计划从11日起，不定期地举办为落榜生服务的公益活动，并打算从落榜生中优先招收员工。用酒店自己的话说就是：“献一份爱心、关心、信心给落榜生。”8月11日，这一引起社会各界关注的活动正式登台。但当晚上8点整，王总经理准备宣布活动开始时人们才发现，偌大的会场内只有4名同学，而即便是这4名同学，也因没看到有人再来，趁人不备相继溜出了会场。

为什么一场出发点良好的公益活动会出现这样的结果？美国著名学者詹姆斯·韦伯曾说过这样的话：“真正的策划创作，眼光应放在人性方面，从商品、消费者及人性的组合去寻找思路。”和鸿缘酒店“心连心，手拉手”活动策划失败的根本原因，是“让落榜同学相聚”这一创意和目前家庭观念、社会氛围不合拍。落榜生及其家人本来就已觉得没能“金榜题名”是件很丢面子的事情，现在又要他们到大庭广众之下露面曝光，这对大多数人来说都是不会乐于前往的。一场精心策划的活动也终因没有参与者而宣告失败。

需要指出的是，策划创意切忌脱离经营或市场的实际情况，仅从纯粹的形式上、理论上、艺术手法上、表现手段上去创意，策划创意自始至终应围绕具体营销环境和目标客户的实际情况去展开。同时，策划创意如同在科学理论中要有新的发现一样，前提是必须掌握一定的基础知识。若策划人不具备深厚的综合专业知识、良好的素质修养，只凭自己主观的臆想、空想，一味哗众取宠，是不可能有良好可行的创意产生的。

第五节 企业营销策划的执行保障：良好的企业文化

多年以来，许多中国民众和学者一直都在努力思考着一个问题：我国与发达国家在国力上存在很大差距的根源到底在哪？没有人怀疑中国人的聪明，更不会有人怀疑中国人的勤劳。当国内商家一周工作 7 天，并把周末看做赚钱的大好商机的时候，英国只有超市才会在双休日照常营业。当许多一周工作 7 天的中国人仍然在为过上“小康”生活艰苦创业的时候，每星期仅有 30 个工作小时的英国人正在思考的很可能是他（她）的下一个旅游地应该选在哪里。我国和发达国家在国力上存在很大差距的根源一直让人感到困扰，最终，一些睿智的学者发现，这种差距的根源其实来自于一个大家并不陌生的词语——文化。

一位刚到英国不久的中国游客是以这样的方式感受英国文化的：一次他在街上散步，走了一阵后，便坐在街边的长椅上休息。坐在长椅另一头的是一位 17 岁左右的英国少女，她很自然地看着这位中国游客并友好地和他打招呼。这位中国游客当时心里非常纳闷：“我们彼此不认识，她为什么要和我说话?”然而不久，当一位 70 多岁的老太太颤巍巍走过来，坐在椅子中间并同样对他友好地说一声“hello”的时候，这位中国游客才明白这是一种传统的礼貌或者说是一种文化使然。受传统儒家文化的影响，中国的两性之间，依然挂着一层“男女授受不亲”的隐形窗帘。女孩儿和不认识的男士搭讪也许会被扣上轻浮的帽子，男士向不认识的小姑娘打招呼则有可能被解读为举止不够庄重。还有，现在中国国内正涌现出一股“日韩流”，很多人都爱看日剧、韩剧。在日剧、韩剧中经常会出现这样的镜头：一个人从外面归来，进门后先对屋中的家人大声说一句“我回来了”，屋中的家人也会回应一声“你回来了”。这简单的一呼一应让每个人都会感受到自己是这个家庭中的一员，并体会到家庭的温暖。在一些中国家庭中由于成员之间的关系太熟悉亲密，反倒缺少了应有的礼貌与尊重。面对刚刚进门的家人，家中的其他人可能依然专心地忙着自己手头的事情。这些社会文化上的差异必然会渗透到企业领域，并最终形成中外截然不同的企业文化。

翻开任意一本介绍企业文化的书籍，都可以很容易地找到类似的关于企业文化的定义：“企业文化是社会文化在企业中的特殊形态，是企业在运作过程中形成的思想、作风、价值标准、行为规范、制度、传统习惯等的综合反映。”以中国具有广泛社会基础的人情文化为例，人情历来是中国人都具有的普遍的价值观念，它不仅是中国人生存和发展的特殊模式，而且是极其重要的待人处世之道。国内企业的一些管理者受人情文化的影响，常常导致情大于规则，情大于原则，情大于政策，甚至情大于法律。赏罚分明在一些企业内无法真正实现，既定的规章制度往往难以有效执行。与之相反的是，以美国为代表的西方人把人情看得很淡，他们看重的是秩序和规则，人与人之间的情感很少影响正常的商业决策。由于大家都共同遵守社会约定的游戏规则，企业运转的效率和市场经济运行的秩序更加高效和规范。再看一下下面的两则案例。

案例 1-11　蛇口的著名口号——“时间就是金钱，效率就是生命”

“时间就是金钱，效率就是生命”，这句由蛇口发出的口号曾在全国引起轰动。这句口号出自蛇口管委会主任袁庚之口。1978 年，做了大半辈子军事、外交工作的袁庚，在六十花甲之年改行搞经济，被派到香港招商局担任副董事长。袁庚后来说，“我到香港的第一课，就是通过购买一座大楼由一位港商为我上的。”那座大楼价值 6180 万港币，经过商量，第一次交订金支票 2000 万港币。交订金那天是星期五下午 2 点钟，在一座律师楼里。袁庚上楼时发现卖方的几部汽车停在楼下，发动机一直没有停。交易完毕，对方有人拿着支票匆匆离开。留下来的对方一个老板在闲谈时对袁庚说，那张支票上的款项正用专车以最快的速度存往银行，因为双休日银行关门，假如当天下午 3 点钟之前不到银行去交那个支票的话，他要损失 3 天 2000 万元的利息。这是袁庚第一次体会到“时间就是金钱”。1982 年，袁庚找到当时蛇口工业区的另一个开拓者熊秉权，商量叫响一个口号，以鼓励蛇口人创业的激情。这个口号就是“时间就是金钱，效率就是生命”。最初，这个口号是用红纸写出来，设置在蛇口码头旁。在首都建国 35 周年大庆盛典上，上百部彩车中唯一的一部企业彩车——蛇口工业区彩车上，醒目地打出了“时间就是金钱，效率就是生命”这一口号。从此，这一给全国人民留下了深刻印象的口号极大地改变了蛇口人的时间观念和效率观念，也让全体国人见证了在该文化推动下，蛇口的飞速发展。

目前，我国的经济正处于一个非常关键的历史时期，各大国有企业也正在经历一次残酷的市场洗礼。以因为盛产小菜和苹果而为大家所熟知的小城锦州为例，计划经济时代曾经辉煌一时的众多国有企业，如锦州制药厂、锦州灯泡厂、锦州塑料花厂、锦州陶瓷厂等相继破产。被上班时“一张报纸一杯茶”之类的“混日子”文化侵蚀的国有企业纷纷倒闭，其实根本就不足为奇。

案例 1-12　东京迪士尼乐园“为游客提供最好的服务”

1983 年建成的东京迪士尼乐园是孩子的天堂、大人的乐园，通票 5500 日元（约合 430 元人民币）。2002 年，又建成了新的迪士尼海洋乐园，通票也是 5500 日元。这两个乐园想在一天内玩遍是绝对不可能的。

一位中国游客在游览过日本东京的迪士尼乐园后，感触很深。在东京迪士尼乐园，走失孩子的父母是根本不用担心的，因为乐园的工作人员会把孩子送到特定的地方，先把他们安顿下来。接下来的事情更让人感叹，迪士尼乐园是不会通过广播通知走失孩子的父母的，因为他们觉得那样可能会影响其他游客的游兴。通过询问孩子，乐园的工作人员了解到孩子父母的特征，然后在乐园内主动去寻找走失孩子的父母。东京迪士尼乐园的干净程度也是出了名的，这当然与园内众多清扫工人的辛勤工作是分不开的，在园内游玩的游客根本不用担心扫帚扬起的灰尘。距离游客 30m 远时，清扫工人便会停止工作，收起扫帚立在路边。当一位刚刚上岗半天的清扫工清楚地回答这位中国游客有关景点路线的询问后，面对该中国游客惊讶的目光，这位清扫工显得非常轻松：“我们每个工作人员必须对景区非常熟悉，因为我们要为游客服务好。”“为游客提供最好的服务”，正是在这种乐园文化的带动下，东京迪士尼乐园才会建设成为世界各地游客向往的一块旅游胜地。

在很多人眼里，我国的服务行业其实并不缺乏好的文化。“顾客是上帝”是我们最先提出来的，并被许多商家奉为信条，书写出来张贴在众多宾馆、酒楼、商店、机关的墙面上。然而，现实的巨大反差让“上帝”常常感慨万千。我国在改革开放以前，由于商品短缺，许多商品要凭票供应。那时候的百货商店里，售货员对顾客往往缺乏应有的热情。即使到了卖方市场已经转变为买方市场的今天，面对食品安全问题，如垃圾肉、陈化粮、地沟油、黑心月饼等，以及保健品行业推崇备至的销售陷阱——亲情服务，顾客也很难感受到自己是真正受人尊敬和关怀的“上帝”。墙上醒目的“顾客是上帝”的标语永远停留在口号层面，并未成为企业文化的一部分。口号是贴在墙上给人看的东西，那么文化呢？文化是深入到精神层面的东西，并因此能转变成人们的自觉行动。有学者曾就“顾客是上帝”这一提法问过许多国外的商家、学者，他们大都觉得很奇怪：上帝才是上帝，顾客怎么会是上帝？“顾客是上帝”——这一中国商业理论的“国粹”，国外的商家却从未提出过。然而，他们又是怎样做的呢？一位中国学者曾在英国一家非常有名的银行看到这样的一幕：一名坐着轮椅的残疾人到这家银行去办存款业务，由于坐得比较低，无法与窗口里边的银行工作人员进行交流。于是，令这位中国学者意想不到的事情发生了：一名银行工作人员主动走出来，来到顾客的身边俯下身子为他服务，工作人员和被服务的顾客都觉得很坦然。很明显，“全心全意为顾客服务”的文化理念已然深入到了每一位员工的头脑，并因此变成了员工们的自觉行动。

曾在国内多家电视台热播的连续剧《亮剑》中有这样一个镜头，国民党的一位高级作战参谋在战败后这样说道：“直到现在我还始终认为从我们作战室中发出的命令并不都是愚蠢的，而是下面执行得乱了套。”其实，企业经营也是如此。很多企业及产品未能取得成功并不是没有好的策划，而是策划未能被有效地执行，其根本原因在于缺乏好的企业文化。良好的策划和构想必须在良好的企业文化的保障下才能够顺畅实施，企业的文化建设和企业自身发展应该齐头并进。

【思考与讨论题】

1. 什么是企业营销策划？“点子”是策划吗？
2. 如何理解策划是马拉松，而不是百米冲刺？
3. 如何理解商业信息的搜集及分析是企业营销策划的基础？
4. 什么是企业文化？如何理解企业文化与口号的区别？
5. 如何理解良好的企业文化是企业营销策划活动顺利进行的根本保障？

第二章　企业营销策划的基本原理和技巧

今天，营销活动所渗透的领域之多是前所未有的，包装消费品公司、耐用消费品公司、工业设备公司、钢铁公司、化工产品公司和纸张制造业等工业部门早已展开了营销活动，一些提供服务的部门，如会计师事务所、律师事务所、建筑师事务所、测量师行等都在做广告，进行竞争。还有一些非营利组织，如大学、医院、艺术团体、培训部门也开始对营销产生浓厚兴趣。在美国，甚至连征兵工作都采用了营销手段，用大量的广告来吸引青年人加入军队。营销活动如此广泛、如此重要，使得人们意识到掌握一些基本的营销策划技巧是必需的、迫切的。

第一节　企业营销策划中的先行效应

在经济学的动态博弈论中有一个非常重要的理论——首先行动优势（The Advantage of Moving First）。首先行动优势是指在博弈中首先作出策略决定的人可以获得较多的利益。我们以两个餐馆经营者的博弈为例，谈一谈竞争中的先行者优势。先来看一下表 2-1 所列的两个餐馆经营者的博弈矩阵。

表 2-1　两个餐馆经营者的博弈矩阵　　（单位：万元）

餐馆 A ＼ 餐馆 B	咸菜	甜菜
咸菜	-4，-4	8，15
甜菜	15，8	-4，-4

表 2-1 显示，对于两家餐馆来讲，经营甜菜的利润比较高（15）。如果两家餐馆经营者可以自由选择经营项目，那么两家餐馆都会作出经营甜菜的决定。可是如果两家餐馆同时经营甜菜，就会出现双双亏损的局面（-4）。实际的情况通常是：如果两家餐馆中有一家首先行动，经营甜菜，那么首先行动者将会取得竞争的优势，获得较多的利润（15）。后行动者只能经营咸菜，获得较少的利润（8）。先行效应在营销策划中的运用颇为广泛，请看下面的两则案例。

案例 2-1　先发制人的威尔森·哈瑞尔公司

20 世纪 60 年代初，美国一家名叫威尔森·哈瑞尔的公司开发出一种名叫“处方 409”的喷雾清洁剂。由于他们重视质量，讲究信誉，产品迅速占领了市场。美国杂货业大王波克特·甘宝公司见生产清洁剂有利可图，便投入大笔资金研制出一种名叫“新奇”的喷雾清洁剂。这种清洁剂效果好，包装也很新颖，波克特公司准备投入巨资推销这种产品。面对实力强劲的对手，威尔森公司明白，如想取胜，只能智取。威尔森公司在波克特公司的“新奇”上市前，迅速将本公司产品半价出售，低廉的价格使得家庭主妇们纷纷争相大量购买，许多家庭甚至有一定的储存。这样一来，这些家庭在半年内再也不用买清洁剂了。“新奇”

上市后，尽管宣传力度很大，但销售局面一直打不开。8 个月后，波克特公司的决策者们得出清洁剂市场很难被占领的结论，将目光转到了别的目标。“处方 409”稳稳地保住了市场。

案例 2-2　柯达公司捷足先登胶卷市场

柯达公司自创始人乔治·伊斯曼推出柯达第一号照相机以来，产品不断创新，到 1963 年，又开发出大众化的自动相机，在世界范围内独领风骚。然而，柯达公司在新产品带来滚滚财源之际，突然宣布放弃独占自动相机专利，允许所有厂家自行仿制，且不收分文转让费。其他厂家认为机会难得，纷纷仿制自动相机。实际上，柯达公司早就料到世界相机市场必将随着专利权保护期的结束而迅速扩大，从而导致两个结果：一是照相机市场竞争空前激烈，生产相机无利可图，而“柯达”在盛名之下遭到围攻，很可能“兵败滑铁卢”；二是自动相机的普及，必然会拉动下游产品——胶卷的需求量。于是柯达公司捷足先登，在诸多竞争者在相机市场混战之际，悄悄地转移到胶卷这块“处女地”，集中力量全方位系统地开发高质量的感光产品，终于在不长的时间内使柯达胶卷覆盖全球市场。到今天，仅“柯达”胶卷商标的无形资产就达 35 亿美元。而当初不明所以，盲目跟进生产相机的大小公司，则只能眼瞧着柯达公司大发横财了，即使进入胶卷生产领域，也再难以撼动柯达公司的霸主地位。

凡是做生意的人都有这样的体会：在市场上先人一步往往左右逢源，灵动异常，滞后一步则步履维艰，困难重重。正如国内营销咨询专家程绍珊先生所说：“谁先抢占先机谁能生存，市场给我们的时间并不多。”在这个群雄逐鹿、各展其长的时代，创业者在商业竞争大潮中如果不抢占先机，就会处于劣势。而谁能在百舸争流中脱颖而出、抢占先机，谁就将掌握 21 世纪竞争的主动权。

第二节　企业营销策划中的点式效应

点式效应指的是在策划中有意突出一点或几点，然后以点带面，通过有意突出的“热点”所引起的关注及示范作用带动全局。中国在沿海开放城市建立经济特区就是点式效应原理应用的典范。彩票能够长期发行也是运用了点式效应原理，正是由于有中“大奖”的吸引点，才让更多的人投身于彩票热购之中。

案例 2-3　上海蓓英百货商店的宣传策划案

上海蓓英百货商店是一家特约经销牛仔裤的服装店。在上海，像这样规模的服装店有几百家。如何在林立的店家中脱颖而出呢？店老板想出了颇具创意的一招。他定做了一款特大的牛仔裤，该牛仔裤长 2m，腰围 1.3m。老板把牛仔裤挂在店中最显眼的位置，并在裤子上别了一张“合适者赠送留念”的字条。这一别出心裁的做法，引来了不少高个子和大块头。然而，这条牛仔裤实在太大了，大多数人只能望“裤”兴叹。他们虽然没能把这条牛仔裤拿走，却在店里买到了比这条稍小的特大号牛仔裤，也算不虚此行了。小小的蓓英百货商店因此而提升了名气，销量也增加不少。这种奇妙的宣传方法逐渐引起新闻媒体的关注。《上海经济透视》《新民晚报》《解放日报》等报纸纷纷对此作了报道，使得这家原本淹没在市场海洋中的小店，竟一下子变得家喻户晓、尽人皆知了。

终于，第一位幸运者出现了，上海浦东陆行镇腰围 1.3m 的退休工人陆阿照穿走了第一条超大型牛仔裤。《新民晚报》以“腰围 1.3m 的牛仔裤被穿走了”为题报道了这件事，蓓英商店又一次名声大振。不久，原国家女篮的主力中锋、身高 2m 多的郑海霞也到店里一试，但因裤腰太肥而不无遗憾地走了。蓓英商店当然不会放过这么一个扬名的机会，他们特意到广州定做了一条，派人赶往北京送给郑海霞。这样，蓓英的名气从上海传到了北京。原中国男篮主力中锋、中国第一巨人穆铁柱是慕名而来的第三位幸运者。他光顾蓓英的那一天，这家小商店顿时热闹非凡，人们争相目睹这位中国著名运动员的风采。店老板这次变得更聪明，不管穆铁柱是否穿得合适，都把牛仔裤送给他，随后还送了一些真正适合穆铁柱穿的服装。上海各大小报刊纷纷报道，上海电视台和中央电视台也相继播放了这条新闻。就这样，上海蓓英百货商店没花一分钱的广告费，仅以几条裤子的成本，就轻而易举地扬名全国。

案例 2-4　麦当劳依靠炸薯条引来大生意

在快餐业中，马铃薯被视为“在嚼汉堡包、喝牛奶之间用来打发时间的尤物”。但凡去过麦当劳快餐店的人都知道，麦当劳的炸薯条选料精心，操作过程特别。这是麦当劳的奠基人克洛克费尽心思摸索炸薯条工艺的可贵成果。

克洛克买下麦当劳店之后，计划首先从炸薯条入手，将麦当劳与众不同的好口味散播到全美国的各个角落。为此，他走访了全美马铃薯和洋葱协会，向专家请教。在专家的帮助下，克洛克设计了自己的原料储藏方式，并将马铃薯用油炸两次。这样炸出的薯条金黄闪亮，看上去就十分诱人，更不用说吃了。于是，顾客络绎不绝地光顾克洛克的新店。克洛克用炸薯条吸引顾客，却同时卖给他们大量的汉堡包和饮料，克洛克这一招十分奏效。

营销理论认为，没有人因为销售者做了甲产品的广告或宣传，而认为其不能销售乙产品，也没有人会认为销售者销售乙产品就不能用丙产品来创利。麦当劳正是运用了这一营销原理，在用视觉和口感极佳的炸薯条这一“诱人点”来吸引众多消费者的同时，重点送出的却是汉堡包、饮料这些麦当劳真正获利的产品。

在英国爱丁堡大学宿舍楼的周边有许多超市，学生购物非常方便。然而，许多留学生都喜欢到离宿舍楼较远的一家叫 TESCO 的超市去采购。实事求是地说，TESCO 的绝大多数商品并不比宿舍楼周边的其他超市便宜。但是，TESCO 超市鸡蛋的价格却出人意料地低。由于鸡蛋是生活必需品，尤其对需要自己做饭的留学生来说，鸡蛋更是必不可少（国外很多大学不设食堂），其低廉的价格吸引了众多住校生。当然，留学生每次采购不会只买鸡蛋，还会顺便购买和其他超市相同价格的牛奶、面包、蔬菜、肉制品……TESCO 的便宜鸡蛋，其实就是点式效应原理在价格策划中的具体应用。

第三节　企业营销策划中的稀缺效应

在消费心理学中，人们把“物以稀为贵”而引起的购买行为提高的变化现象称为“稀缺效应”。从经济角度看，稀缺创造价值，让产品产生巨大的溢价。从情感角度看，稀缺产品带来心理的满足，带来口碑传播。稀缺效应原理被经常应用在产品策划中，一方面通过寻找竞争对手忽略的盲点，发现市场机会，另一方面通过“物以稀为贵”产生的强烈的渴望带动产品销售。

案例 2-5　三家不同公司的产品策划案

米达斯公司是一个提供汽车服务的公司，但它没有试图去满足汽车所有者全部的服务需求，而是将注意力集中在整个服务需求的一小部分——汽车消声器的服务上。无独有偶，重庆某汽车公司专门生产运钞车，由于生产这种车的竞争对手非常少，这家公司的效益因此而十分可观。广州立白企业集团成功的产品开发，同样是稀缺效应原理的具体体现。家用洗涤用品中的某些化学成分对人体有损害，这是大多数洗涤产品存在的副作用，使消费者在使用过程中产生很多顾虑。而广州立白企业集团针对一般洗涤用品的这一盲点进行产品开发，选用先进的化学配方，生产出“洗衣服不伤手”的洗衣粉，凭借这一独特的功能优势，其洗涤用品很快打入了竞争激烈的洗涤用品市场。

案例 2-6　日产汽车公司限量销售“费加洛”案

20 世纪 90 年代初，日产汽车公司推出一款名为“费加洛”的轿车。为使该轿车能在市场上行销顺利，日产汽车公司进行了精心策划，并反复加以论证，最后决定召开一次新闻发布会。在新闻发布会上，日产公司宣布一条出人意料的消息：“费加洛”只限售 20000 辆，公司保证以后将不再生产这一型号的车，而且购车只限在一定时间内进行购车预订，最后的发售形式更是别具一格——抽签。消息传出后，这种被冠以“极具古典浪漫风情”的汽车在日本全国上下引起一片轰动。前来预订的人达到 30 多万，大大超过限售量，果然需按抽签方式出售。结果，抽签活动中能买到车的人万分欣喜，如获至宝；没有中签的人则千方百计去搜寻“费加洛”二手车。“物以稀为贵”的观念使人们以拥有一部“费加洛”而自豪，以至“费加洛”二手车售价竟然比原价高出 1 倍！此次行销大获成功，并拉动了日产汽车的整体销售，当年公司营业额高达 4270523 百万日元。

日产汽车公司限量销售之所以能取得成功，有以下几点原因：①抓住了消费者讲求商品个性化的心理。好奇、探索、对新鲜和神秘事物的兴趣是人们比较普遍的心理活动，而随处可见、唾手可得的东西，既无珍藏价值，又很难引人注目。越稀缺的商品越吸引人，这已成了市场营销人员的共识。②抓住了消费者追求产品高质量的心理。采用限量生产的方式，公司就能在最大程度上保证产品质量。③抓住了消费者恐惧假冒伪劣产品的心理。凡有新产品面世，常会出现不法之徒伪造、仿制。限量生产的产品在短时间内即可售完，不法之徒无机可乘。最后，限量生产意味着产品稀少，这本身就可以产生巨大的新闻价值，帮助公司节省大笔的广告宣传费用。而购买者也能因此享受到拥有特殊商品的优越感。

需要指出的是，科技与创新是进入稀缺市场的源泉和动力，同时科技与创新又在不断制造稀缺市场。苹果公司在 2007 年推出的 IPHONE 手机就是一个很好的例子。手机行业本身已经竞争十分激烈，诺基亚、摩托罗拉、三星、索爱等公司已经占据了市场绝大部分份额，而从未制造过手机的苹果公司，通过科技与创新，将移动电话、可触摸宽屏 IPOD 以及互联网通信设备三种产品完美地融为一体，制造出了外观、体验、应用等各方面都超级棒的 IPHONE 手机。IPHONE 手机就像一枚重磅炸弹，立刻在全球掀起了抢购狂潮。根据 2011 年初的报告，苹果 IPHONE 在全球手机市场仅占有 4.2% 的份额，但其利润份额却高达 51%。

第四节　企业营销策划中的名人效应

名人效应就是利用名人的知名度所产生的公众效应来影响消费者，利用名人所具有的号召力以及公众对他们的信任度来影响人们的购买行为。名人效应原理被广泛地应用于产品的宣传策划中。有这样一则小故事：一个书商有一批滞销书难以脱手，他冥思苦想，忽然生出一条妙计：给总统送去一本书，并三番五次去征求意见。忙于政务的总统不愿与他多纠缠，随便应付了一句："这本书不错。"出版商便据此大做广告："现有总统喜爱的书出售。"于是这批滞销书被一抢而空。不久，这个出版商又有书卖不出去，于是又送了一本给总统。总统上过一回当，便想奚落书商，于是说道："这书糟透了。"出版商脑子一转，又大做广告："现有总统讨厌的书出售。"当然这一招也吸引了好奇的人们，他们争相购买，书又售尽。第三次，出版商又死皮赖脸地将一本书送给总统，总统吸取了前两次的教训，便不作答复，出版商又大做广告："现有令总统难以下结论的书，欲购从速。"可想而知，这一招同样能吸引一批读者，书又被一抢而空。故事本身有可能是虚构的，但巧借名人推销自己产品的营销策略已经被越来越多的企业所认同并采用。

案例 2-7 稀世宝矿泉水的广告策划案

稀世宝矿泉水公司成立于 1992 年，生产地在湖北省恩施土家族苗族自治州，设计生产能力为年产 20000t。其产品稀世宝矿泉水上市已 3 年，市场占有率、美誉度和销售量还处在一个较低的水平。该公司委托北京匹夫营销策划有限公司进行一次宣传策划活动。匹夫营销策划有限公司认识到，开拓市场最先需要的就是产品知名度，水这种低关注度、高感性的消费品尤其如此。在中国，提高产品知名度最迅捷的办法就是请名人明星做广告。借星出名，屡试不爽。而新星托新品最相宜，就是说要寻找最新明星。找新星关键在一个"准"字，要超前还不能走眼，要准确预测"星"的热度和走向，投消费者之所好。用新星还要"巧"，用"星"的哪一点，怎样使明星与产品相融，这是个难点。

匹夫营销策划有限公司最终选择了在电视连续剧《还珠格格》中扮演小燕子的赵薇，理由如下：①赵薇绝对是新星，其他企业产品尚未请她做过广告。②她人气正旺，火爆异常，深受普通消费者的喜爱。③"小燕子"赵薇在中小学生中影响极大，这正是产品需要的。由于稀世宝的产品功能定位为富硒、改善视力，因此消费群明晰，即学生、知识分子、电脑操作者、视力不佳的中老年人及游客。其中，学生群体是重点，要率先突破。④她有一双美丽动人的大眼睛，水灵诱人，与产品主打功效吻合。为稀世宝做广告宣传的新星非"小燕子"莫属。

稀世宝矿泉水的电视广告最终以如下的方式露面了：在人们非常熟悉的儿歌《小燕子》欢快的旋律中，《还珠格格》的主演、当红明星"小燕子"的扮演者赵薇，一副孩子王的样子，领着一群可爱的孩子做眼保健操。画外音则由一个稚嫩的童声唱起了由儿歌《小燕子》改编的歌曲："小燕子，大眼睛，天天喝瓶矿泉水……"从而点明了广告主题。同时，赵薇手拿稀世宝矿泉水，忽闪着一双又大又亮的眼睛说："常喝稀世宝，视力会更好。"

北京匹夫营销策划有限公司利用名人效应，巧借"小燕子"（明星赵薇）动人的大眼睛，在中国市场竞争最激烈的饮料行业创造了一个广告投入 800 万元、不到半年时间销售额达 2000 万元的矿泉水营销奇迹。

案例 2-8 "酷熊"汽车市场推广策划案

小沈阳可以说是 2009 年最火的"名人"，凭着在春节联欢晚会小品《不差钱》中的出色表演一炮走红、家喻户晓。而作为国产汽车的新秀，无论是长城公司这个企业的名称，还是“酷熊”汽车这个具体的产品品牌，都面临着市场推广的迫切需求。于是，长城汽车公司出资200万请小沈阳作为“酷熊”的代言人。

200万，对于一家汽车公司来说，自然是“不差钱”。而与小沈阳的这次合作至少能让长城汽车公司得到三点好处：①2009年春节后小沈阳人气飙升，老百姓津津乐道，借助小沈阳的知名度，有利于品牌的有效传播和市场的快速推广；②其代言广告中充分运用了“不差钱”这句“流行语”“口头禅”，再次制造了人们议论的话题，有利于打造记忆点，便于二次传播；③小沈阳极富个性的声音和特立独行的表情，极具影响力，有利于促成销售和加深印象。

“买酷熊不差钱，开酷熊帅呆了！”单从一个新品牌或新产品的推广来看，小沈阳代言长城“酷熊”汽车可算是一次不错的策划。但是，也有人对小沈阳代言长城汽车持怀疑态度，认为两者之间的关联度不够，并且担忧小沈阳“红火”时间的不确定性可能会影响“酷熊”汽车日后的推广。

需要指出的是，应用名人效应原理要充分考虑产品类别、特性、用途。产品如果有一定的技术含量，那么选择相关领域的专家做广告比较好，反之，则以社会名流做广告较合适。比如，做润喉产品的广告宜选择歌星而非影星，做服装、化妆品的广告宜选择影星而非歌星、球星，做运动系列产品的广告宜选择体育明星而非歌星、影星。最后，还要考虑产品与名人本人的特征、特长和体验是否相一致、相联系。如做减肥产品的广告选择尹相杰就比选择瞿颖更为合适，做音响产品的广告选择刘欢就比选择赵薇更为合适，因为他们或有这方面的经历和特长，或有使用该广告产品的经验，能够提高广告的可信度。如果消费者认定名人只是在演戏，宣传效果便会明显下降。

第五节　企业营销策划中的变化性

大量的实证研究表明，人们通常会对习以为常的事物缺乏感知，这就要求策划者在具体策划中充分考虑变化性。某城市有一繁华路段，每天都有大量的人流和车流经过，是路牌广告的黄金地段，很多商家对此地的路牌广告也是不惜重金投放。有人曾对该市的市民做过调查，内容是：你经常路过该十字路口，请说出该十字路口广告牌上有哪些商家做过广告？在调查中，调查人员还设置了奖品，正确说出的广告越多，奖品越丰厚。调查结果出人意料，这个路段虽是很多人上下班的必经之路，然而有相当一部分人连那里的一个广告也说不出，真正能准确地说出几个广告的没有几个人。要么就是张冠李戴，要么只是有点模糊的印象。究竟是什么原因造成了这种结果呢？其实是因为人们对繁华地段如此多的广告牌早就习以为常、见多不怪了，这样就不会再注意那些广告，从而对那些广告内容也就没有什么印象了。习以为常的现象要求策划者在具体策划实践中特别注意策划内容、策划手段、策划方式的变化性和多样性。

案例2-9　剑南春的广告以“动”制胜

剑南春在成都火车站做了两块大灯具广告，广告语是“唐时宫廷酒，今日剑南春”“绵竹大曲醇，举杯酬嘉宾”。该广告以红色光衬底，文字是白色的，在广场上非常显眼。可是，一段时间过后，广告效果却不很理想，在火车站随机调查的旅客中没有几个人注意到该广告牌。后来，策划人员作了一点儿小小的改进，让这两块大广告牌彩灯的灯光由静止变为不停地闪烁。人们对广告牌虽然习以为常，但这两块广告牌不同凡响，它们的灯光一直闪烁变化着，因为是动态的，所以很容易引起火车站中人们的注意。而原先静止的、普通的广告牌，因为缺乏动感，很难在众多的广告牌中脱颖而出，给受众留下印象。广告牌的大小和内容没变，通过灯光上的改进却使得广告效果大不相同。

案例 2-10　理想茶行品牌策划案

从2009年开始，理想茶行高调赞助了众多体坛盛事和娱乐盛会，并先后与多项重大活动和论坛合作，形式多样的营销活动使理想茶行在短短几年中便在行业内异军突起，成为茶界一线品牌的良好典范，并对其他行业的品牌营销产生积极影响。

体育营销：树立典范

2009年10月，在中国第十一届全运会上，理想茶行作为本届全运会的行业独家赞助商，以备受瞩目的全运会为契机，加速国内市场的全面布局。理想茶行为全运会精心研制的“全运特供”产品作为全运村的唯一指定接待用茶，让全运会的所有人员都可以体验铁观音的神韵。随后，2010年1月2日理想茶行作为2010厦门国际马拉松赛独家战略合作伙伴，参与了赛事的全部环节，迈开了将中国茶文化向世界推广的步伐。

娱乐营销：唱响品牌

理想茶行在与国内外重大体育赛事鼎力合作的同时，还倾情赞助顶级音乐盛会，借此推广宣传、唱响品牌。2010年1月9日晚，歌坛天后级歌手张惠妹化身阿密特亮相泉州，个人首次世界巡回演唱会在泉州海峡体育中心火热举行。理想茶行作为此次张惠妹世界巡回演唱会的“唯一茶业合作伙伴”，给予了演唱会很大的支持，公司代表于演唱会当晚在现场高调亮相，与众歌迷热情互动。

事件营销：展示实力

理想茶行在凭借体育和娱乐盛事推广的同时，还多角度多途径地参加国内外重大活动或论坛，借以提升品牌形象，更好地部署未来发展方向。2009年9月8日，第十三届中国国际投资贸易洽谈会（“98投洽会”）在厦门开幕。理想茶行作为本次“98投洽会”唯一指定铁观音品牌赞助商与合作伙伴，向来自几十个国家和地区的中外客商及与会领导系统地展示了中国传统的茶文化和精彩的茶艺表演，充分彰显了理想茶行的雄厚实力与品牌魅力。

体验营销：领导未来

理想茶行以独特的品牌营销手法、先进的茶业管理理念，在全国范围内首家巨资打造出“一站式闽南茶文化体验馆”。该馆汇聚了茶文化精粹，集闽南特色风情于一体，是了解闽南茶文化、历史、风情的圣地。理想茶文化馆占地面积1200多平方米，宽敞优雅，布局错落有致。营业以来，慕名而来的领导及茶人不胜枚举，深受社会各界的好评。

企业营销策划方案贵在“出新”。只有不断变化手段，才会对顾客产生强烈的吸引力，进而扩大客源，广开财源，取得商战胜利。同时，企业营销策划活动不能故步自封，抱守过去的一些成功模式或经验不思变化。面对很容易习以为常、见多不怪的消费者，只有变化才是企业制胜的“硬”道理。

第六节 企业营销策划中的连续性

根据心理学原理，许多事物在人的脑海中留下印象都需要有一个不断强化的过程，只有利用连续刺激，才可以巩固受众对该事物的印象。策划中的连续性是指在策划活动中连续运用各种手段影响消费者，趁热打铁，加深消费者对策划对象（通常是产品）的感知。需要注意的是，若一项策划方案在策划的方式、手段或内容上长时间重复，很容易超过受众的心理承受能力，造成疲劳状态，让受众不仅没有兴趣，甚至感到厌倦和反感，因此合理的营销策划方案应当是连续中又体现变化。

案例 2-11 全聚德店庆“三部曲”振雄风

改革开放以来，我国餐饮市场竞争日益激烈。全聚德品牌的发展也面临着严峻的挑战。仅在北京，以“北京烤鸭”命名的烤鸭餐馆就有400多家，兼营烤鸭的饭店、餐厅更是数以千计。全聚德的经营者认为，在信息大爆炸的今天，企业名气再响，如果不注意企业形象的建设和宣传，也有可能逐渐淹没在汹涌的市场大潮中。于是，在集团创立135年的大庆之年，全聚德利用这个难得的契机，开展了精彩的店庆“三部曲”振雄风系列活动。

第一阶段的活动是在第一季度，利用这段时间含有元旦、寒假、春节、元宵节等众多节假日的机会，举办“全聚德杯”新春有奖征集对联活动；同时，面向全社会（包括集团员工）开展《我与全聚德》征文及征集店史文物活动，并编辑、出版《全聚德今昔》一书。这些活动分别联合《北京晚报》和北京市楹联研究会举办，因而得到市民的广泛参与。

第二阶段的活动是店庆，这是全年公关活动的焦点和核心。这个活动选择在农历六月初六，即全聚德创建日7月18日举行。当天的“全聚德建店135周年店庆暨首届全聚德烤鸭美食文化节开幕式”由一系列精彩的小活动所组成：向社会公布权威的资产评估机构对全聚德无形资产价值的评估结果；向集团总厨师长、副总厨师长、各企业厨师长授聘书、绶带；举行新编《全聚德今昔》一书首发式、第135号全聚德冰酒珍藏仪式、“打开老墙，重现老铺”——全聚德老墙揭幕仪式、第1亿只全聚德烤鸭出炉及片鸭仪式等。而随后一周的“全聚德美食文化节”更是进一步延长了店庆的影响。

第三阶段的活动在金秋10月举行，主要是借新中国50华诞举办“全聚德品牌发展战略研讨会”等活动。通过研讨，探索在新的时代背景下中国民族品牌的发展和创新之路。这一系列围绕店庆开展的宣传活动，形成了一股重塑全聚德企业形象的冲击波。全聚德成为人们普遍谈论和关注的话题，全聚德品牌的知名度和美誉度进一步提升，并带动了全聚德集团经营业绩的大幅度提高。

需要指出的是，有学者提出：在进行营销策划如广告策划时，考虑到广告的长期刊、播容易引起受众的疲劳，会遭到受众的反感，所以在一定时期内，应当对广告停刊、停播一段时间，并称之为间断性原理。其实，间断性也属于变化性，只不过是节奏上的变化而已。

第七节 企业营销策划中的针对性

从某种意义上说，策划是“放线”，目的是为了“钓鱼”（消费者购买）。“线”要放在有“鱼”的地方，才有钓到鱼的可能。可以想见，把“线”放在游泳池中和放在鱼池里的效果肯定是截然不同的。因此，策划工作要善于选择，精心安排，有的放矢地进行，才能达到使“鱼儿”上钩的目的。

案例 2-12　万事发香烟促销策划案

免费试用是日本万事发香烟公司最常用的促销手段，不过万事发的赠送对象都是经过精心选择的。由于万事发香烟是高档香烟，所以赠送对象一般都是政界要人、著名医生、律师、作家、艺人明星、高级职员等一些有社会地位的人。万事发公司按照事先调查得到的赠送对象的地址，每月邮寄或直接登门赠送，声明是免费试抽，如果认为不够，还可免费索要。当然，万事发香烟公司赠送活动是有期限的，通常连续赠送免费试用的香烟两三个月后便停止赠送。这时，受赠人已经习惯了该品牌的香烟，想继续抽，就只能自己掏腰包购买了。

案例 2-13　健怡可口可乐的渠道选择

世界软饮料巨头可口可乐公司始终坚持从消费者的角度定义、归纳及划分渠道。他们首先分析各种终端中消费者消费可口可乐产品的行为特点；然后，对各种不同类型的消费者行为特点进行归纳和总结，得出消费者行为类型分类；最后，再依据各种行为类型划分出不同的销售渠道。健怡可口可乐 Coke Light 是由可口可乐公司总部研发的全新产品，因为健怡可口可乐的口味非常接近可口可乐的原味，以及极具都市时尚感的形象和符合现代人享受与拓展生活空间的生活主张，同时又顺应了部分消费者对低热量饮食的需求，所以上市之后广受消费者的喜爱。除了传统的超市及零售店外，可口可乐将健怡产品放到了 ESPRIT 高档服装专卖店里，此举立刻将健怡产品的定位清晰透彻地呈现出来：收入较高、新潮、有品位、注重健康与个性的年轻白领。事实证明，绝大部分在 ESPRIT 店里看到健怡产品的顾客都成了健怡的忠实消费者。这种创新性的渠道选择极具针对性，能将产品与消费者市场细分进行对应。现在许多企业开发新渠道时，要么是招商去“套”渠道；要么是“有奶便是娘”，只要进货就是经销商；要么是贪大贪全，“只找大的，不找对的”……如果渠道选择不适合企业的产品特点与市场定位，则新渠道是不能给企业带来利益的。

节假日的时候，很多人常常会到商店买些食品送给亲朋好友。如果是送给长辈，人们会选择适合老年人口味的保健食品；如果是送给小孩子，人们会选择适合孩子口味的儿童食品；老少皆宜的食品通常不会在人们的选购之列，因为消费者不清楚该把它送给谁，送得是不是合适、得体。在市场竞争日益激烈、琳琅满目的商品让消费者的选择变得越来越困难的今天，厂家要想获得成功，在进行产品策划时是不是也应该针对某个特定的消费群体下功夫呢？

第八节　企业营销策划中的抢点

农民在种庄稼时，错过了播种季节，种子可能不发芽或发芽率很低；错过收获季节，成熟的粮食就会烂在地里。所以，农民有句谚语叫做“不要不分春冬时节”，在播种和抢收的时间点里，全家男女老幼不分昼夜地劳作，等这段时间忙碌过后才放松下来。其实，企业营销策划也是如此。“点”即是商机，当关键的时刻或机遇出现时，各个部门、所有人员都要紧密协调，抓准机会、抓住机会才可能获得良好的效果。下面的两则案例可以让我们看到抢“点”的重要性。

案例 2-14　中国赠美大熊猫交接仪式与国外企业公关策划案

2000 年，经中美两国政府批准，四川卧龙大熊猫保护区向美国华盛顿公园捐赠一对大熊猫“添添”和“美香”，这次捐赠事件引起了世界媒体的广泛关注。美方的“探索频道”全程直播大熊猫的美国之旅，中国中央电视台在当年 12 月 6 日直播国宝从卧龙保护区出发直到被送上飞机的全过程，美国《华盛顿邮报》等媒体也派记者重点报道这一重要事件，日本共同社、英国路透社等几十家国外媒体的记者也都一直追踪报道此事。这是一场发生在中国的罕见的以大熊猫为新闻主体的各重要媒体间的新闻大战。显然，这是一个难得的策划点，国外企业就抓住这个“点”大树形象，巧用“国宝”唱戏，很好地为中国企业上了一课。

“添添”“美香”赴美这一重要事件，引来了国外著名企业和媒体的大力赞助。在美方提供的用来装运大熊猫的特制集装箱上，印有“联邦快递”“富士公司”“探索频道”三个标志。“联邦快递”免费提供一架专机运送熊猫，仅运费一项就耗资 50 万美元；“富士”则提供 750 万美元赞助；“探索频道”则以 500 万美元买断“添添”“美香”在美国的 10 年独家报道权。这些著名企业或媒体利用捐赠这一事件“点”上的巨大关注效应，让众多的中国观众开始熟悉“联邦快递”“富士公司”和“探索频道”。然而，在这一万众瞩目的事件中，却不见一家国内企业露面。对比国外企业或媒体在运送国宝的笼子上都大做文章的做法，国内的企业可以说是反应迟钝。“添添”“美香”在由卧龙赴美前的兽舍是一个相当好的宣传媒介，国宝成行前的半个月内，先后有来自国内外的近 30 家媒体聚集在这一地方，仅中央电视台就派出三个摄制组在此拍摄。然而，就是这么一个备受关注的地方，居然没有一家国内企业想到利用它来作广告宣传。可以说，国内企业这次实在是错过了一个宣传自己的好“点”，忽略了这个十分难得的宣传机遇。此外，从大熊猫的生养地卧龙到机场也有很长的距离，而运送大熊猫到机场的货车车身也是一个很好的“媒介”。更为难得的是，如果哪家企业事先能与这对国宝联系起来，其离开四川、在美旅居、十年后返回国内，都将是关注度极高的事件，这对提高和扩大企业知名度无疑是大有益处的。

就此事件也有人发出感慨：大熊猫是大自然赐给中国的无价之宝，但长期以来，中国特别是四川的企业都没有用好这张牌，实在令人惋惜！现在一些国内的企业比较喜欢花很大的价钱请歌星、影星来扩大自己的知名度，但却极少有人愿意利用大熊猫来做文章。其实，现在的动物保护、生态保护已经成了一种世界性的备受关注的问题，在这些方面做一些公益事业，对树立企业的形象将大有帮助。

案例 2-15　越南海难与北京移动公关策划案

2002 年 10 月 6 日上午 8 时 45 分，一艘载有 128 名中国游客的越南游船在海上触礁了。游客们用船上唯一的通信工具——游客邓先生的移动通信手机不间断地呼救，期间用完 5 块电池。最终，128 名游客全部获救。北京移动通信公司看到了此事的报道，觉得这是一个难得的宣传机会。2002 年 10 月 10 日，在邓先生回到北京后，北京移动通信公司为邓先生颁发了黄金会员卡，并赠送其手机一部，同时为邓先生承担了 5000 多元的国际漫游费。通过此次利用海难策划的公关事件，北京移动进一步提高了公司在消费者及公众心目中的形象。

热爱体育的朋友一定都还记得泰森与霍利菲尔德的那场世纪大战，恼羞成怒的泰森咬掉了霍利菲尔德的一小片耳朵。当很多人只是把此事当做一个茶余饭后的谈资时，一家精明的店主却迅速推出了一种形似残缺的耳朵的巧克力，并命名为“霍利菲尔德的耳朵”。其实，这就是抢“点”原理在产品策划中的典型应用。商机出现了，能否看到并抢到商机，考验着营销策划人员的智慧和反应能力。

第九节　企业营销策划中的“陷阱”设置

设置“陷阱”就是千方百计引起媒体或消费者注意，或采取各种手段“引诱”媒体或消费者“上钩”，从而提高公司及产品的知名度或诱发消费者的购买欲，并最终达到促进产品销售的目的。设置“陷阱”，被广泛地应用于产品的促销策划中。

案例 2-16　巧创商机的冷饮厂

马戏、蚕豆与冷饮，这在平常人看来是风马牛不相及的三种事物，可是在精明的商人眼里却成了生财之道。某年冬天，在美国盛传人们将需要大量冷饮，一些冷饮厂便加紧生产，但商品生产出来后却无人问津。其中，有一个小型冷饮厂由于产品大量积压，处于破产的边缘。一天，该厂厂长走在街上，发现了一张宣传海报被吹落在地，拾起来一看，原来是一个很有名气的马戏团正在这个城市巡回演出。他顿时眼睛一亮，一个促销计划出现在他脑海里。第二天，在该马戏团的演出入口处，观众每人分得一包爆炒的蚕豆，很是惬意。中场休息时，突然跑进来一群卖冷饮的小孩子。此时人们吃完蚕豆正口渴，于是纷纷争相购买。这家小型冷饮厂靠着这种方式，当马戏团在这个城市演出结束时，不仅售光了产品，而且盈利丰厚。

在这则案例中，马戏是存在于市场中的机会，是创造需求的出发点；蚕豆则是培育市场所使用的工具，是创造需求的导火索；而冷饮则是以上两种因素相互作用的综合结果，是市场需求的出现。被风吹落的一张马戏团广告，在平常人看来不过是废纸一张。作为平常生活中的娱乐形式——马戏，也是人们不难看到的演出。然而，隐藏在马戏背后的商机却是模糊不清、不易觉察到的。小型冷饮厂的成功首先得益于准确的抢点，即充分利用马戏团来该城市演出这一机会。其次，由于形成这一市场需求的客观条件还不完善，即没有诱发因素和时间上尚未成熟。这家小冷饮厂为了加速市场需求的出现而实施了第二步“陷阱”计划，即在入口处向每个顾客发一包蚕豆。要知道，人们吃着蚕豆不仅提高了看马戏的兴趣，更重要的是加重了人们的口渴程度。蚕豆作为诱发因素，是培育市场、引导需求的关键环节。最后，小冷饮厂看到时机已经成熟，就立即推出冷饮。正当人们口渴难耐之时，许多小孩子来卖冷饮，不仅使厂家的积压商品销售一空，而且又满足了消费者的需求。厂家推销出去自己的产品，是抓住商机、培育市场的结果，也是企业的最终目的。

案例 2-17　小旅店巧借植树引客源

有一家小旅店，位于地理位置十分偏僻的山坡上，开业以来，生意清淡。是出手转让认赔出局，还是另想办法继续经营？一天，旅店的老板望着眼前的荒山秃岭出神，这里既没有奇特的风景，又缺少举世闻名的文物，怎样才能把顾客吸引过来呢？沉思良久，老板终于有了主意。

不久，在该城的大街小巷有一则海报吸引了人们的目光，海报上写着："尊敬的顾客：您好！本旅店拥有长流的山泉，前后山上拥有宽广无边的青草绿地，微风吹来各色野花争奇斗艳，景色尤为壮观。为了答谢顾客，我们想把本旅店的山坡绿地贡献出来，专门作为前来投宿的顾客栽树之用。您若有雅兴，欢迎前来种上小树一棵，树上可以挂上小木牌，上面刻上您的姓名和植树日期。本店还可以为您免费拍照，留下纪念，这样当您再度光临本店的时候，定能看见您亲手种下的小树已经枝繁叶茂。本店只收取树苗费，并将永久地代管您植下的树。"

消息传开，小旅馆顿时热闹开了。人们到处奔走相告，每天来这里投宿的客人不断。"喂，我想在这里植一棵树，因为今天是我的七十大寿，多有意义啊！""过两天我和我爱人结婚十周年了，我也想种一棵树作为一种永久的纪念……""我能为我女儿考上大学种上一棵树吗?"很快，这家旅店再也不为客源发愁了，种植纪念树的人纷至沓来，而纪念树也成了这家旅店的金字招牌。几年后，这家旅店已经是树木环绕，林木葱茏，风景迷人。因为顾客太多，旅店不但留下了经营惨淡时准备辞退的员工，而且还招了一批新的服务生。旅馆扩大了经营规模，老板也为此赚足了银子。

如果说策划中的抢点是一种发现机会并利用机会的被动行为，策划中的"陷阱"设置则是一种企业营销策划人员创造机会的主动行为。在具体的实战中，"陷阱"设置要注意两点：一是"陷阱"设置的巧妙性，二是不要让受众产生反感。美国联合碳化钙公司有意在尚未启用的总部大楼的一个房间里安放了一大群鸽子，并电告动物保护协会和各大新闻机构，称本大楼发生了一起"来历不明"的"鸽子大事件"。于是动物保护协会立即派人带网前来捕捉，几十家新闻单位也蜂拥而至。在三天时间里，从小心翼翼捕捉首只鸽子到最后一只鸽子"落网"，新闻、特写、图片频繁地将该公司展现在各大报端和荧屏上。而公司领导也想方设法大肆渲染，争取"亮相"，偶尔也巧妙地向社会介绍公司的情况，从而使该公司和这座大楼名声大噪。通过鸽子诱使媒体宣传，通过宣传提高公司知名度，美国联合碳化钙公司的做法给了人们很多启示。

第十节　企业营销策划中的标新立异

企业营销策划中的标新立异是指在策划中使用"新""异"的手段，使策划产生一种强大的冲击力，让消费者在意想不到的情况下，感受策划所带来的内心震撼。策划中的标新立异不仅是要利用人们普遍的猎奇心理引起对策划对象的关注，更要让消费者能愉快接受，并最终对策划的商品产生购买行为。

案例 2-18　日本酒店化身燕子搞公关

日本古都奈良地处青山环抱之中，既有金碧辉煌的名胜古迹，又有迎春摇曳的美丽樱花，加之现代化的娱乐设施及世界一流的旅游设施、殷勤周到的服务，使它在每年的春夏两季游人如织。每年的 4 月，更有大批的燕子飞来，竞相在宾馆的屋檐下筑巢栖息，繁衍后代。好客的店主及服务员还为燕子提供了筑巢的方便。

可招人喜爱的燕子也有烦人之处，它们随便排泄粪便，致使原本明净的玻璃窗、雅洁的走廊与大厅等处粪迹斑斑，很是有碍观瞻。尽管服务员不停地擦洗，但燕子们一点都不体恤，依然我行我素，所以，旅店总是处处有斑斑污迹。于是，客人感到扫兴和不快，服务员也怨声四起。

如何解决这一问题呢？赶走燕子不是办法，赶是没法赶干净的，却招来了不爱动物的恶名，况且当地从来没有驱赶燕子的先例。看来，只有想方设法解除客人的不快方为上策。经过一番苦思，旅馆的公关人员终于想出了一个绝妙的办法。他们以燕子的名义，拟就了一封致旅馆客人的信：

尊贵的女士们、先生们：

我们是刚从遥远的南方赶到这里来过春天的小燕子，没有征得主人的同意，就在这儿安了家，还要生儿育女。我们的小宝贝年幼无知，很不懂事；我们的习惯也不好，常常弄脏了你们的玻璃窗和走廊，致使你们不愉快。我们很过意不去，请女士们、先生们多多原谅。

还有一事恳求女士们、先生们，请你们千万不要埋怨服务小姐，她们是经常打扫的，只是擦不胜擦，完全是我们的过错，请你们稍等一会儿，她们就来了。

你们的朋友　小燕子

这封绝妙的、采用拟人化手法写就的充满诚挚的信被打印好，放到旅馆的每个房间里。旅客们一看到这样的信，满腔的怨气和不快就在一笑间烟消云散了，刚要生起的风波也在欢声笑语中悄然化解了。

案例 2-19　日本本田公司汽车促销策划案

日本横滨的本田汽车公司，在汽车行业激烈的市场竞争中，一直立于不败之地。本田公司之所以长盛不衰，除了产品的上乘质量和良好的服务外，还有一个重要的原因，就是青木勤社长别出心裁地想出的为推销汽车而绿化街道的“本田妙案”。这一方案一经推出，即收到意想不到的效果，使得本田汽车独领风骚。

“本田妙案”是怎样产生的呢？青木勤社长在每天外出和上下班的途中发现，汽车在飞跑过程中排出大量废气直接污染了城市的环境，还造成了街道旁绿树的枯萎。青木勤社长看到自己的产品给环境带来的不利影响，心情非常沉重。他决心解决这个问题，恢复大自然的本来面目。于是，青木勤社长亲自制定了“今后每卖一辆车，就要在街道两侧种一颗纪念树”的经营方针。随后，本田公司又将卖车所得利润的一部分转为植树的费用，以减轻越来越多的汽车尾气对城市环境的污染。

“本田妙案”实施后，汽车一辆辆地开出厂门，街上的树木随之一棵棵栽上，绿化地带也一块块铺开。这在消费者心中自然产生了一种强烈的需求愿望，同样是买汽车，为什么不买绿化街道的本田汽车呢？既可买到需要的产品，还可以美化生活环境，这可真是有意栽花花不开，无心插柳柳成荫。这种别出心裁的“你买我汽车，我为你植树”的营销策略，使本田汽车的销售量与“绿”俱增，在汽车行业激烈的市场竞争中，本田汽车公司一直处于霸主地位。

需要指出的是，标新立异并不等同于荒诞怪异，二者的根本区别就在于前者受众能够接受，而后者是受众无法接受的。某酒厂为使自己的酒能尽快打开销路，便为它们生产的酒取了一个和银杏树同名的酒名，上市前专门策划了一次活动。2002 年 11 月 13 日下午 3 时许，该酒厂在成都市内找了一个有老银杏树的地方，想把酒倒在银杏树下的土壤里，以此向这棵百年银杏树“敬”酒。但是，这一行为被群众当即阻止了。市民对这种连基本常识都不懂，置百年银杏的生存于不顾，而只顾追求所谓的猎奇和轰动效应的做法感到非常气愤，并称绝不会喝这种酒。

第十一节　企业营销策划中的巧借东风

营销策划中的巧借东风是太极中的借力原理在营销领域的运用，通过借用他人（通常是合作伙伴，也可以是竞争对手）的实力来帮助或衬托自己，从而达到推销自己产品和发展自己公司的目的。

案例 2-20　傍上雀巢，豪吉“借船出海”

2002 年 3 月 28 日，雀巢大中华区总裁穆立和豪吉集团创始人严俊波宣布雀巢豪吉成功合营。雀巢与四川豪吉集团的合作，采取的是合资设立新公司的形式，雀巢持股 60%，四川豪吉集团持股 40%。同年四月，雀巢豪吉合营公司董事长、总经理严俊波向媒体讲述了豪吉与雀巢的“婚恋”之路。据统计，2001 年豪吉鸡精产值达到数亿元，在全国鸡精市场占领了半壁江山。高速发展的豪吉集团不满足于国内市场的霸主地位，急需寻找新一轮发展机遇。而此时，来自瑞士的雀巢已经在我国拥有了“美极”和“太太乐”两种鸡精品牌，称霸中国市场也已经提到了雀巢的议事日程上。因此，2001 年 9 月，为了共同的利益，严俊波和雀巢大中华区总裁穆立在西昌坐在了一起，泛舟邛海，共商大计。几轮谈判后，双方走到一起，当场拍板，确定共同成立四川豪吉食品有限公司。

为什么不找一家中国的企业帮助豪吉再发展？难道只有雀巢能够把豪吉带到国际市场？面对媒体颇为尖锐的提问，严俊波道出了原因：中国的食品出口本身就面临着很严峻的形势，很少有人能够很高明地解决企业发展的资金、管理、产品出口扩张已经完全国际化的高技术跟进等问题。对于从股市上寻求发展的空间，严俊波说，很早就谋划过了，但是由于成本太高而搁浅了。而与雀巢的“联姻”解决了豪吉第二轮发展所需要解决的所有难题：发展资金、先进管理、国际化销售网络、高新技术等，因此为豪吉集团成功进军海外提供了良好的条件。雀巢中国公司有关人士也认为，这一合作关系将进一步强化雀巢在中国的地位。显然，豪吉和雀巢在相互借力，豪吉想借雀巢“出海”，雀巢则欲靠豪吉称霸中国市场。

案例 2-21　倚玉雕玉，约翰逊后来居上

20 世纪 50 年代，美国黑人化妆品市场基本上是被佛雷化妆品公司独占着的。该公司的一位名叫乔治·约翰逊的人决定打破这种垄断局面，于是就跳槽出来，创建了一家只有 500 元资产、3 名员工的约翰逊黑人化妆品公司。约翰逊虽有雄心壮志，但由于自己公司势单力薄，在黑人化妆品市场上一点名气也没有，推出的多种化妆品在市场上也少有人问津。约翰逊清楚地知道，自己的公司无论从哪一方面看都不是其他大公司的对手。要在市场上杀出一条血路并站稳脚跟，唯有采用借力打力的方法。于是，他把目光投向原来供职的、大名鼎鼎的佛雷公司，决定甘做其陪衬，假借其金字招牌以推销自己的产品。

约翰逊公司集中起自己的力量，研发出一种粉质化妆膏。在做广告宣传时，约翰逊公司打出了这样的广告语：“当你用过佛雷公司的产品化妆之后，再擦上一次约翰逊的粉质膏，将会收到意想不到的效果。”从字面上看，这明显是在为佛雷公司做广告，而自己却处于陪衬的位置。同事们对这种“依附式”宣传大不以为然，认为这是白白地替竞争对手做宣传。约翰逊却不这样认为，他解释说：“我这是借用他们的力量而已。打个比方，现在很少有人知道我约翰逊，但假如我能站在美国总统旁边说上一句话，那么我的名字就会家喻户晓、人人皆知了。道理很相似，现在，在黑人化妆品市场，人们只认识佛雷公司。如果我们的产品能与佛雷的名字一同出现，明着是我们捧佛雷公司，实际上却抬高了我们的身价。”

这一招果然很灵，看似替竞争对手免费做的广告使得约翰逊公司把佛雷公司花了多年时间及无数金钱在市场上建立起来的知名度和美誉度一下子全部“过继”了过来。人们通过大名鼎鼎的佛雷公司知道了约翰逊公司，约翰逊公司的产品知名度和销售量开始逐步提高。约翰逊此招还有另外一个目的，就是借着为佛雷化妆品公司做“免费广告”的当儿，使对手丧失了应有的警惕性，松懈其竞争意识，从而为自己的发展赢得了宝贵的机会。以粉质膏为基础，约翰逊公司不断地开发新产品，只用了短短几年时间，约翰逊公司便后来居上，把佛雷公司挤下黑人化妆品市场的头号交椅，自己则取而代之。

巧借东风关键在一个“巧”字，不仅要借得到东风，还要借得巧，并最小化借风成本。天津自行车厂是世界最大的自行车生产厂家，然而，却始终未能打进自行车需求量较大的美国市场。1992 年 2 月 25 日，正当美国总统布什偕同夫人访华期间，该厂选择造型美、重量轻、骑行方便的 QF83 一型白绿过渡色男车和 QF84 一型红白过渡色女车两款“飞鸽”车作为礼品送给布什夫妇。对于这一新闻，国内外有上百家报纸进行了报道，新华社专稿写道：“‘飞鸽’自行车伴随白宫新主人飞向美国。”“飞鸽”不仅带去了中国人民的友谊，也带来了企业的经济效益。巧借布什访华这一令世人关注的政治事件的东风，天津自行车厂的“飞鸽”自行车在未花费任何广告或公关费用的情况下顺利进入了美国市场。

第十二节　改变消费者习惯的技巧

消费习惯从心理上讲，是一种思维定式，从生理学角度看，则是一种条件反射。消费者首先在意识里对其他产品就有一种抵触情绪。消费习惯有时还带有怀旧、保守，甚至敝帚自珍的眷恋情结，在生活中已经近似于一种规律。比如一些消费者喝某种啤酒、饮某种茶叶、吸某种品牌的香烟，已成了他们享受生活的一部分，甚至不可或缺，因为他们已经习惯了那种口感。改变消费者的消费习惯是有一定难度的。在营销策划中如何打破消费者的固有消费习惯，用你的产品代替他们原来认定喜爱的产品需要相当的策略和技巧。从本质上说，改变消费者习惯的众多技巧都围绕着一个核心，那就是要让消费者尝到新的甜头，得到实惠。新的甜头和实惠来自两个方面：物质层面和精神层面。物质层面指的是厂（商）家要实实在在地让利给消费者或提供其他企业的产品不能提供的利益；精神层面指的则是厂（商）家要为消费者提供比竞争对手更满意的服务。

案例 2-22　联合利华凭借什么争取到宝洁的顾客

宝洁和联合利华都是制造洗衣粉的公司。在美国洗衣粉市场异常激烈、残酷的竞争中，为争夺消费者，双方都使出了浑身解数。最初，两家公司都宣称自己的洗衣粉可以把衣服洗得很白，但这个标准双方很快都具备了。接下来，它们又把竞争的焦点集中在自己的洗衣粉不但能把衣服洗得很白，而且非常亮丽，就像新的一样。后来，两家公司又宣称自己的洗衣粉可以洗净衣服上的污点，包括打球时溅到衣服上的泥渍和腋下的汗渍。但是这些特性双方的产品也都很快便拥有了。那么，还能想出什么招数来呢？最后，联合利华想出了一招，该公司把洗衣粉做得像方糖一样，并且标注洗衬衣时需用一块，洗牛仔裤时用两块，洗棉大衣时用三块。我们知道，以前的洗衣粉都是粉末状的，在洗衣时往往容易一下子倒出很多。现在，联合利华的洗衣粉像丢方糖一样丢进洗衣机中，而且通水后能够迅速溶解。联合利华这种方糖洗衣粉一经推出，其市场份额便马上大幅度攀升，大量原来宝洁的用户开始转而使用联合利华的产品。与传统的厂（商）家为争夺消费者而让利给消费者的让利润不同（表现为折扣、赠品、免费试用……），联合利华的让利是让便利，即向消费者提供使用的便利。这种高明的做法，使得该公司在投入不多的情况下，同样让消费者得到了实惠，从而把大量竞争对手的顾客争取到了自己这边。

案例 2-23　美国最大制药商查理斯·威格林的优质服务

世界排名前 5 的美国最大制药商查理斯·威格林，在优质服务方面不仅让顾客感到满意，而且还让顾客感到惊奇。在创业之初的某一天，他接到一个电话，霍斯太太经常买药的那一家药店今日盘点，于是她把电话打到查理斯·威格林那里。威格林开始大声回答："好，霍斯太太，2 瓶消毒水，1/4 磅消毒棉花。好，霍斯福 18 号，知道，还要别的什么吗？啊，今天天气好，没有出去散步吗？还有……"他在电话里和顾客聊天的同时，平时训练有素的业务员在一旁早已心领神会，每有这种电话他就和老板密切合作。在接电话的不长时间内，货物已送到霍斯太太的门口，而她还在和威格林通话。当有人在敲她家的门时，她忙对威格林说："对不起，门铃响了，威格林先生，我得马上去开门，再见。"威格林放下电话，面露得意之色。他完全可以想到霍斯太太打开门时既高兴又惊奇的样子。这种服务态度，当然很快在顾客中传播开来，声名远扬的查理斯·威格林药房，在竞争中很快超过对手，让越来越多的顾客选择它而放弃了其他药店。查理斯·威格林也把他一间小小的药房发展到后来的制药厂，最终成了美国最大的制药公司。

需要指出的是，改变消费者习惯只是开始，能否留住消费者，并因此获得持续和稳定的利润才是企业生存和发展的关键，这也就是我们常说的培养消费者的品牌忠诚。让利也好，优质服务也好，可能会让消费者去尝试你的产品，但带不来品牌忠诚，而让消费者忠诚于你的产品恐怕更多依靠的不是一些技巧和手段，而应是产品本身。

第十三节　对不利事件的处理技巧

1997 年，全国范围内发生了声势浩大的打击山西假酒风波，山西汾酒无辜背上"黑锅"。在 1998 年成都春季糖酒交易会上，汾酒的订货量比往年骤然减少许多。山西汾酒厂感到委屈、无辜，但却无计可施，汾酒厂从此一蹶不振。由此可见，当公司处于逆境或绝境时，能否巧妙处理危机往往会决定企业的命运。在通常情况下，企业对不利事件的处理主要采取公关手段，本书第十一章将会对此作详细介绍。其实，其他的一些手法也同样可以用于应对此类问题。

案例 2-24　"安便器"的销售策划案

在日本东京有个叫矢田一郎的人，家里有个瘫痪在轮椅上的儿子，生活无法自理，特别是大小便问题弄得他苦恼不已。经过两年多的苦心钻研，他终于发明了一种专供残疾人用的坐便器。他认为自己的发明非常适合残疾人使用，进入市场销售应该问题不大。他为自己的这项发明申请了专利，并给它起名为“安便器”。

为了推销自己的产品，矢田一郎带着“安便器”不辞辛劳地一家超市一家超市地去上门推销，希望能在超市里站住脚跟。出乎他意料的是，几乎所有的超市都拒绝让他的产品进入。原因很简单，他的这种产品不为人知，没有知名度。

经过一段时间的奔波，仍然没有大的进展。正在他一筹莫展、无计可施的时候，一天他看到自家桌子上的电话机，顿时有了主意。这次，他不再上超市推销了，而是来到亲戚街坊邻居家，拜托他们每天不断地给超市打电话，询问一种专供残疾人使用的叫“安便器”的坐便器。

几天以后，东京各大超市的经理们坐不住了，觉得不能再忽视这种新产品了，纷纷打电话询问这种坐便器。就这样，矢田一郎发明的这种坐便器很快在超市安家落户。人们发现这种坐便器确实使用方便，并且体积小，便于携带，没过多久就成了畅销货。

案例 2-25　中国台湾武田药厂“舍利它命 F”的打假策划案

中国台湾武田药厂主要的畅销药品“舍利它命 F”在市场上发现了许许多多的伪制品。厂家虽曾不断通过媒体刊播专门的启事，提醒消费者如何区别真品和假药，但令人难辨的伪制品的销售仍然十分猖獗。在这种情况下，武田药厂的策划人员经过深入研究，精心策划了一次促销活动，彻底解决了假药问题。这一妙计的实施办法是：①针对消费者及中国台湾西药房，厂家举办双边赠奖活动。派送给消费者的奖品有电视机、收音机、计时器、旅行袋等，派送给西药房的奖品有电冰柜、刮胡刀、旅行袋等。②请消费者在购买药品时，将包装药品的盒子拆开，让西药房在盒盖上加盖有药房名称及地址的图章，然后将空盒寄给厂家，消费者及西药房两方面就可各获赠奖券一张。这个赠奖办法在活动初期，并未说明旨在防止假药，以免引起消费者的不安而不敢购买。过了一阵子，才公开本次活动的原意。

接着进一步的做法是：①对于消费者寄来的空盒，指定专人详细检查。由于真货的空盒全部换了印有暗记的新盒子，因此很容易查出。凡查出是假药的空盒，立即函告消费者，你这次买的是假药，以提高消费者的警觉。②消费者接到厂家提醒其买了假药的回信后，一定会去责问西药房你们为什么卖假药？这样也提高了西药房的警觉，因为这也将影响到西药房的信誉。③厂家将装有假药的空盒再送到治安机关追查。因为空盒上有西药房的店章，很容易通过这些西药房追查到假药的来源。④出售假药的西药房，受不了消费者和治安机关双方的责问查询，遂不敢再卖这种假药，假药的销路没有了，也就没人再敢制造了。⑤有些消费者还将所买的药片寄几片供厂方化验，更增加了厂家获得假药的证据和资料。策划者研究出的这套用促销活动追查假药的方法，可以说对制假者给予了致命一击。

此外，值得一提的是，这个策划在执行后，还得到了若干有价值的意外收获。根据消费者寄来的空盒，由于盒盖上均盖有各地西药房的图章，等于作了一次可靠性很高的市场调查。一方面，厂商清楚了本厂药品在我国台湾各地区的销售实况，对于哪些地区较弱、哪些地区较强都了然于胸；另一方面，也对各地区中各家西药房的销售数量做到了心中有数，了解了哪几家经销得多，哪几家经销得少。更有意义的是，厂商在回寄奖券时，直接向消费者做了一次深入实际的直邮广告。除了利用机会对消费者表示谢意外，还同时向消费者介绍了该厂的其他各种产品。

需要指出的是，对于不利事件或危机，通过有效的手段有时不但能转危为安，甚至还能因祸得福。深圳一家公司的童车打进国际市场的初期，一辆童车由于钢圈受压变形，致使一个爱尔兰女孩摔倒在地。女孩被送进医院。在公司策划人员的精心策划下，该公司总经理立即飞往爱尔兰，向受伤的女孩鞠躬致歉。接着，公司在爱尔兰报刊广登启事，声明对所有买下童车的顾客负责，并就地对存货一一检验。一场危机过后，这家公司在海外的信誉不仅没有受到损害，反而有所提高。第二年，英国代理商的订货增加了 8.5 万辆。

【思考与讨论题】

1. 结合案例谈谈营销策划中的点式效应。
2. 结合案例谈谈营销策划中的连续性和变化性。
3. 结合案例谈谈营销策划中的针对性。
4. 结合案例谈谈营销策划中的抢点和设置“陷阱”的区别。
5. 结合案例谈谈营销策划中的标新立异和荒诞怪异的区别。
6. 结合案例谈谈营销策划中改变消费者习惯的技巧。

【实战演练】

针对一些严重假冒伪劣的产品，设计一套行之有效的打假方案。

第三章　企业营销策划的典型误区

中国市场已经开始由幼稚走向成熟，由卖方市场走向买方市场，消费者越来越理智，使部分肤浅的企业品尝到失败的苦果。10多年前，你只要做就可以赚钱，现在不仅要做，更要做好。市场竞争趋于白热化，企业要在市场中赢得竞争优势，争取到更多生意客户，光有质量优势和成本优势是远远不够的，“酒香也怕巷子深”已经成为现代人的共识。因而绿色营销、质量营销、关系营销等相继登场。在各个企业的营销策划下，宣传战、价格战、概念战层出不穷。然而透过种种华丽的面纱，我们却隐隐地感觉到略显年轻的中国策划人或多或少带有某些浮躁情绪，容易陷入营销策划的陷阱、误区。本章仅以广告宣传策划为例，谈谈企业在进行广告宣传策划中的一些典型误区；而对产品策划、价格策划、营业推广策划以及渠道策划中的误区将在其他相应章节中具体讲解。

第一节　企业营销策划的点子误区

消费者徐先生到一家小餐馆请朋友吃饭，一上来便被菜单搞得一头雾水。什么“窃窃私语”“二龙戏珠”“锦绣山河”“火山爆发”，菜名挺唬人，可究竟是什么菜一点也看不出来，而且每道菜都要价颇高。他点了一份“走在乡间小路上”，上来后才发现竟然是猪蹄上面撒了点香菜。无独有偶，某地夏天一直酷热，很久没有下雨。某公司公开宣称某天一定会下大雨，天气会变得凉爽。然而，在该公司所说的那一天，天气依旧酷热，市场上却出现了该公司以“大雨”命名的空调……目前，仍有相当一部分企划人员把策划等同于使使“小手段”、耍耍“小聪明”，也就是人们津津乐道的点子。他们在苦心想出一个小点子后就自以为是什么精妙的策划，以为靠它就能拯救一个企业。这种认识无疑是错误的。下面请看一则案例。

案例 3-1　“白猫”何以变“日猫”？

大连市民乔女士到一家超市购买“白猫”牌清洁剂，回到家后仔细一看才发现上当了，买回来的不是“白猫”，而是“日猫”。除了去掉白字的一撇外，“日猫”与“白猫”两种产品从外观上看十分相似，很难分辨。

在时下的市场上，类似“白猫”变“日猫”的“傍牌货”不在少数。例如，有了“康师傅”方便面，便出现了“康帅傅”；有了“雪碧”饮料，便出现了“云碧”；有了“奥利奥”饼干，便出现了“金里奥”；有了“阿尔卑斯”糖果，便出现了“可尔爱斯”……这些“傍牌货”都有一个共同的特点，就是外包装设计与品牌商品非常相似，名字也差不多，消费者如不注意，就很难分辨清楚。一些生产厂家为什么要生产“傍牌货”？无非是因为现在市场竞争十分激烈，自己一时又无法创出品牌，于是打起了同类品牌产品的主意，在产品包装设计和名称上往已有知名品牌上靠，用来混淆消费者的视听，以图通过这些“小手段”让企业在市场上“切下一块蛋糕”。可是，对品牌商品产生信赖的消费者，是很难把这种好感自然过渡到质量难以保证的“傍牌货”上去的。

根据我国《反不正当竞争法》的相关规定，厂家在宣传自己产品的时候，擅自使用知名商品特有的名称、包装、装潢，或者使用与已知商品相似的名称、包装、装潢，造成和他人的知名商品相混淆，使消费者误认为是该知名商品的，属于违法行为。

从“点子策划”到“科学策划”，这是20世纪末中国策划界经历挫折后所选择的必然道路。策划是马拉松，而不是百米冲刺，更不是能从根本上解决企业内在问题的“灵丹妙药”。只想靠花里胡哨的“小手段”“小聪明”来“一鸣惊人”或“惊世骇俗”，而不在产品、信誉和服务上下功夫，只能是短时间地哗众取宠，无助于提高企业竞争力。毕竟，商家最终是要靠实力来吸引、激发消费者的购买欲，从而获取利润的。

第二节　企业营销策划的虚假误区

现实生活中，消费者经常会遭遇厂（商）家欺骗、捉弄、轻视消费者的种种行为。打着“买一送一”的口号，结果是买几百块钱一件的东西送几角钱一件的东西。有的广告宣传中说买商品中巨奖，奖品中有轿车，然而中奖后得到的却是一辆玩具轿车。这种自以为高明的“策划”最终只会玩火自焚。还有一些商家充分意识到“名人效应”在策划中的巨大作用，不顾产品的实际情况，重金请名人为其宣传或代言，通过名人之口宣扬一些不切实际的神奇功能或效果。在2007年“3·15晚会”上，由郭德纲代言的“藏秘排油”被揭露涉嫌虚假广告，这一举措使得人们再度把目光聚焦到了名人广告上。近年来，人们对明星做虚假广告的问题非常关注，但明星还是不断地“犯错”。其结果不仅严重误导了消费者，更使得明星的诚信问题成了众人关注的焦点。再看下面的两则案例。

案例3-2　“盖中盖”口服液广告策划案

在巩俐做的一则“盖中盖”口服液广告中有这样一段话外音：“巩俐阿姨，您寄给我们希望小学的‘盖中盖’口服液，我们都已经收到了……我们一定会好好学习，将来报效祖国。”该广告播出后立即受到了观众的质疑。他们表示从来没有从新闻媒体上看到过有关明星巩俐给任何希望学校捐赠口服液的事迹的报道，同时他们对希望工程涉入商品的推广、运作和引导消费十分疑惑和不满。2000年7月5日，中国青少年发展基金会（简称中国青基会）就此广告向哈尔滨制药六厂正式递交律师函，声称其下属希望小学并未收到过广告中所谓“巩俐阿姨”捐赠的“盖中盖”口服液，认为哈尔滨制药六厂利用希望工程做虚假广告，损害了中国青基会的合法权益，也使一向良好的希望工程形象遭到贬损，希望他们就此事作出解释，同时采取相应的补救措施，并限其7月6日17时之前作出答复。7月7日上午9时，由于未能得到哈尔滨制药六厂的答复，中国青基会称不日要将投诉书提交国家工商总局……迫不得已，哈尔滨制药六药厂厂长才亲自出马调解此事，最终与中国青基会握手言和。

案例3-3　“兰贵人嫩白露”广告策划案

1996年8月，《广州日报》等报纸纷纷发布了南京中美圣大保健品公司的“兰贵人牛奶面容嫩白露”的大幅整版广告。该广告用“兰贵人‘牛奶面容嫩白露’——走红广州!!”为大标题，内容称：1996年8月，广州各新闻媒体竞相报道了兰贵人“牛奶面容嫩白露”走红广州的消息。连日来，广州各大百货商店出现了众多顾客争相购买兰贵人“牛奶面容嫩白露”的热潮。一位来自番禺的卢小姐听朋友介绍说，最近市面上新出了一种纯天然化妆品——兰贵人“牛奶面容嫩白露”，效果很好，可使面容自然嫩白。卢小姐特意从番禺坐车赶到广州百货商店购买，没想到化妆品柜台前人山人海，水泄不通，争购兰贵人“牛奶面容嫩白露”的顾客个个挤得汗流浃背，她好不容易从下午两点等到晚上六点才买到一套。据商店营业员介绍，每天直到商场临下班时，许多没买到的顾客还等候在化妆品柜台前迟迟不肯离去……兰贵人“牛奶面容嫩白露”为何能风靡广州，深受消费者青睐？归根结底在于：①它从根本上解决了黄色人种消除黑斑、色斑、雀斑、粉刺的难题；②使用兰贵人“牛奶面容嫩白露”后，可使粗糙、枯黄、晦暗的皮肤逐渐变得自然嫩白，容光焕发……

配合上述内容，广告中还配发了“众多消费者争购场面”的照片。广告中还以“雀斑不见了”“黑斑不黑了”“色斑皱纹消失了”“粉刺没有了”为题，分别使用了四位消费者使用该化妆品前后的对比照片和本人自述，其中有“为了治好雀斑，不知花了多少钱，可始终未能消除，连续使用四套该化妆品后，雀斑基本上没有了”“长期使用增白霜，结果皮肤不仅没能变白，反而越来越粗糙，使用该产品后，皮肤越来越白”“色素斑、皱纹基本消失”“为治好粉刺，几乎什么方法都用过，可始终未能消除，使用两套该化妆品后，脸上粉刺减少，不到三个月一个粉刺也没有了，粉刺下的斑痕也消失了”等表述。

广告中还堂而皇之地写道：孙殿英夜盗慈禧墓，盗得慈禧太后使用过的“牛奶白面方”。慈禧使用该方，立即见效，所以死后将其作为殉葬品。军阀孙殿英夜盗慈禧墓，发现死去20年后的慈禧面目如生，皮肤柔嫩光滑。孙殿英贴身卫士将秘方偷出，从此此方流落民间。20世纪90年代，该公司得此秘方，并运用高新生物技术，成功研制出该化妆品。广告最后还由美容专家介绍了该化妆品的“科学奥秘”。

而南京中美圣大保健品公司在成都作广告宣传时，广告标题变成了：“兰贵人‘牛奶面容嫩白露’——进军成都!!”文章开场所说的地点由广州变成了商丘，“一位来自番禺的卢小姐”也变成了“一位家住商丘永城的黄小姐”，其他内容则大同小异。

该广告的发布，引起了广告监督管理机关的关注。经过调查，广州市工商行政管理局最终认定该广告含有大量的虚假成分，是我国《广告法》施行后情节比较严重的虚假策划案件。

一些人在谈到商人的时候，往往要在前面加一个“奸”字。“无商不奸，无奸不商”的商业潜规则，在我国营销界流传之远、影响之广、误导之大、流毒之深恐怕远远超出人们的想象。把希望寄托在面对巨额利润与金钱的某些企业或名人的“优秀品质”上，显然是不切实际的。一个成熟理性的、以人为本的和谐社会，一个讲究科学发展的文明社会，也一定是一个有法可依、依法治理的社会。如今，中国的市场正日趋成熟，中国的法制也日趋健全，为追求短期效益不惜欺骗消费者的商家最终只能是自我毁灭。

第三节　企业营销策划的片面追求知名度误区

有人认为，所谓策划，就是猛烈地作宣传、打广告，消费者熟悉或关注你的产品自然就会选择你的产品。在这种错误思想的指导下，许多企业不在产品本身上多下功夫，而是不惜代价地做广告。然而，市场是清醒的，“广告明星”企业大多昙花一现。

案例 3-4　孔府宴酒的陨落

从营销手段上看，在我国建设社会主义市场经济的初期，广告宣传确实有神奇效应。孔府宴酒厂在投入巨资作广告宣传前，就连山东人知道它的也不多，经济效益徘徊在数百万元的水平上。1994 年底，在中央电视台首届广告招标大会上，孔府宴酒厂斥巨资夺得“标王”，次年这家名不见经传的小厂便实现年销售收入 9.18 亿元，利税 3.8 亿元，跨入全国白酒行业三甲行列，“孔府宴”也成为国内知名品牌。然而，处于辉煌时期的孔府宴酒厂，并没有将广告带来的暂时效益用于技术革新和产品结构调整上。结果仅仅几年以后，中央电视台首届广告“标王”——山东孔府宴酒厂就在 2002 年易主，“孔府宴”品牌零价转让，山东联大集团未花一分钱就成了这家风光一时的国有大型白酒企业的新主人。

以孔府宴酒为代表的“广告明星”企业的经历，说明了一个道理：广告效益不等于企业的核心竞争力。如今，我国的市场经济体制越来越完善，消费者的消费理念越来越成熟，单纯追求广告轰动效应的做法将很难再起到多大作用。要想使企业红火持久，关键还是要“好钢用在刀刃上”，把钱花在用来增加企业核心竞争力上，用在产品的升级换代上，用在企业的技术创新、管理创新和制度创新上。

片面追求知名度的局限性还在于知名度并不等于美誉度，而美誉度才是影响消费者购买的决定因素。再看下面的一则案例。

案例 3-5　辛迪诺商店营销策略调整案

美国著名的辛迪诺商店在开业之初进行了种种广告宣传，使商店知名度大大提高，然而产品销售却一直处于停滞状态。为此，他们带着“既然你知道我们商店，为何不来购物”的疑问作了调查。结果，多数消费者指出：我们认识你，并不等于信得过你。商店的经营者恍然大悟，及时调整了策划思路。他们把原计划作为广告宣传的费用，用来定做了许多垃圾箱放在大街小巷，上面印有该商店名称和销售的主要商品，还印有一些公益广告。这样的稍微改动，竟使得实际效果大有改观。不久，该店商品由滞销逐渐转为畅销。他们又拿出更多的钱在一些城区大建绿地草坪，使公司的形象更深入人心，让人们从内心对辛迪诺商店充满了由衷的感激、敬爱之情，进而转化为对辛迪诺商品的信赖。

如今，我国保健产品市场正处于一个诸侯纷争的“战国时期”，众多的保健产品生产厂家都在大做广告，宣扬自己产品的功效及特点。但是，广告效果却不明显。为什么商家不能针对保健产品的特点更换一下营销思路呢？保健产品毕竟不是药品，其见效慢，而且效果往往在一定程度上来自于消费者自我的心理暗示。企业巨额的广告支出何不用于公益事业？当广大消费者对企业产生好感的时候，自然会对企业的产品产生信赖，进而转化为购买行为。

第四节　企业营销策划的有悖常理误区

如今，广告宣传越来越频繁地影响公众的生活。为了出奇制胜，一些广告商或企业营销策划人员想方设法地创新。需要指出的是，在营销策划中采取一些新奇的手段是必要的，但不能让消费者产生反感或带来负面影响，切忌作那些有悖常理的策划。

案例 3-6　西安“弗蕾亚女性理疗空间”户外广告策划案

2002 年国庆期间，西安“弗蕾亚女性理疗空间”在西安市北大街金钟大厦入口处立起一块广告牌。广告牌上，一位金发美女正对着一只蹲在茶几上的洋狗喃喃自语。右上方有 11 个醒目大字做成的广告词——爱一个男人不如爱一条狗。西安“弗蕾亚女性理疗空间”策划部负责人解释，当初策划这幅广告的本意只在于强调女性应多多开创属于自己的空间，并没有把男性和狗相比或者有歧视男性等意思。一位 20 多岁的男青年说，他每天一见到这幅广告，就恨不得把它撕了，感觉那上面的广告词是对男人的一种诬蔑。人们纷纷指出，上述广告和不久前成都市某皮鞋厂挂出的“一个大男人跪吻女人高跟鞋”的灯箱广告如出一辙，都是对男性人格和尊严的极度侮辱。据报道，在那幅宽约 1m、高约 1.5m 的“一个男人跪吻女人高跟鞋”的广告画下部，有一个男人的头部、一只右手及一个女人穿着棕色高跟鞋的一只脚及一截小腿。从画面推测，这男人应是跪或趴在地上，面对女人，俯首捧住穿高跟鞋的女人脚，双唇亲吻鞋尖部。男子双眼微闭，其状甚是“陶醉”。

案例 3-7　索尼公司的海外广告策划案

日本索尼公司曾在荷兰当地推出一则宣传其新款白色版 PSP 视频游戏机的平面广告，广告中一名白人女子单手掐住一名黑人女子的下巴，面露威胁之情，标语则写着“白色 PSP 来了”。这则广告立即惹恼了全美有色人种促进会（NAACP）。他们谴责索尼公司使用带有种族歧视意味的照片推广产品，并称将会对该产品进行抵制。索尼收录机的一则电视广告也曾在泰国遭受抵制和谴责。其具体内容是：广告画面上，佛祖释迦牟尼脸色庄重，闭目凝神，潜心修炼，纹丝不动。然而，当佛祖套上索尼收录机的耳机之后，竟然凡心启动，在佛堂上眉飞色舞、手舞足蹈……佛祖之威严和宗教之虔诚荡然无存。泰国是“佛教之国”，这则广告触犯了泰国国教，激起了泰国人的愤怒。于是，泰国政府责令索尼公司立即停止播放此广告，同时规定，在随后的一年里，任何公众媒体不得刊登任何有关索尼的信息，给索尼公司造成了巨大的损失。

如果说西安“弗蕾亚女性理疗空间”广告策划只是存在性别歧视的话，索尼公司的海外广告策划则完全是损害种族和宗教尊严，其广告创意之低劣让人惊讶。无独有偶，2006 年年末，郑州吉祥如意烟酒行筹备组织并重金招聘由 78 名“吉祥男人”、88 名“如意女子”和 118 名“奥运美眉”组成的共计 284 人的“裸奔团”，将于同年 12 月 24 日圣诞节前夕在郑州二七纪念塔广场、德化步行街及河南省体育馆举行男女群体“裸奔”系列活动。参加者将得到面值 8800 元的钻石卡和现金 1 万元。这种只顾追奇求新，把公共道德乃至法律法规统统抛在一边的做法，同样不能为消费者所接受。

第五节　企业营销策划的故弄玄虚误区

在广州某茶馆曾发生过这样一件尴尬事：某人去该茶馆饮茶，饮茶的间隙，他起身去上厕所，找来找去都没有找到。最后他在一个门上看见一个标牌——“轻松山庄”，推开门后才发现原来就是厕所。有些企业在进行营销策划时，也常常会犯类似错误，策划方案故弄玄虚，让人不觉有趣，反觉无聊。

案例 3-8　“美女寻‘郎’”广告策划案

2010 年 7 月 20 日下午 2 时许，武汉的许先生上班途经武昌街道口附近，无意间看到公交车候车亭上竖着一幅大广告，广告牌上醒目地写着“美女寻‘郎’记”，大幅美女图很是吸引人。许先生年近 30 岁，还是个单身汉，便以为这是一幅征婚广告，再看看广告上的美女图片，不由得心动，于是，他按照广告牌上的电话号码打过去：“是美女征婚吗？有些什么要求？”哪知对方一接电话便笑了：“先生，对不起！我们是一家生物公司，我们登的是一幅‘寻蟑螂’‘灭蟑螂’的广告，并不是美女征婚。”

事后，许先生有点尴尬地向某报社的记者询问：“广告上的美女喧宾夺主，极易让人产生歧义，这样的广告内容规范吗？”记者随后与发布广告的生物公司取得联系。其相关负责人解释，这是公司的一则创意广告，一是为减少蟑螂真实画面带来的负面效应，二是为增加广告的吸引力。但该广告自 7 月 14 日投放市场以来，确实引起了不少人的误会，现在公司每天都会接到三四个年轻男士的电话，询问是不是有美女征婚。

对此，华中科技大学新闻与信息传播学院广告学陈教授称，这则广告从创意角度上说比较失败，因为产品的宣传没有起到应有效果，反而让人产生了“误解”；而从消费者的角度来看，该广告有愚弄人的感觉。

案例 3-9　“枪手”杀虫剂和某牛奶制品广告策划案

也许是瞄准爱看美国西部片的观众，“枪手”杀虫剂广告描述的是在一个阴森森的酒馆里，一个戴着牛仔帽的模糊身影出现在门前。牛仔从应该挂枪的腰际抽出了一支杀虫剂，像玩枪一样“刷刷刷”地在手上娴熟地转了几圈，但见“枪声响处”，地面倒下了一圈蚊子。然后出现了“枪手，走遍天下，打抱不平”等字样。整个广告的气氛和音响效果都往惊悚片的方向努力，牛仔那张胡子拉碴的脸被帽子盖了一半，最后才露出真容。一个杀虫剂广告，至于如此折腾吗？

无独有偶，一家国内知名牛奶制品厂商曾在中央电视台播出一则广告，大致内容如下：某小学广播站突然播出这样一条消息：“小明同学，你的母亲看你来了，并为你送来 ×× 牛奶……希望你健康成长……”于是在同学们一片“他母亲真爱他呀”的啧啧赞叹声和羡慕的目光中，这位小明同学激动得“泪如雨下”，一路奔跑着，扑向母亲的怀抱。如此故弄玄虚的生硬煽情，常常让受众心生感叹：中国的广告业到底怎么了?!

家住锦州的邓先生的住所附近开了一家店铺，取名为“泰国一日”。由于一直不知道该店是做什么的，邓先生自然从未光顾过，甚至还一度把它当成了旅行社。后来在一次乘车时和司机闲聊，才知道那是一家“洗脚房”。也许商家认为“泰国一日”这样一个与众不同的名字能让消费者产生正宗泰国修脚的地道与舒服的联想，但开一个店铺至少也应该先让消费者了解你是做什么的吧。

第六节　企业营销策划的美女定式误区

在营销策划中，很多时候要借助美女，比如请美女做广告、做形象代言人、做营销小姐、做导购等；销售汽车时请美女做汽车模特；销售时装时请美女做时装模特；销售手机时找来模特队表演助兴；举行各类大型活动时，组织部门也通常会临时召集很多美女来做会务工作。而现在，人们在观念和情趣上已经发生了很大的变化，策划者如果一味在美女上做文章，其结果有时可能适得其反。

案例 3-10　美国米勒啤酒广告策略调整案

美国米勒啤酒，刚刚进入市场时曾以漂亮的小姐和豪华的场面做电视广告，而且产品外包装采用金纸，看上去和高档香槟差不多。这样过了好长时间，销量总是上不去。后来公司的营销人员在广告跟踪中发现，这种宣传给人的印象是：它是一种价格较高的女性饮料。其实，米勒啤酒定位于一种价格便宜的大众饮品。于是，公司立即调整广告方案，电视广告画面中的美女不见了，取而代之的是一群劳累了一天归来的伐木工人，跑到酒吧开怀畅饮米勒啤酒的场景。同时，啤酒外包装的金纸也更换掉了。经过这样的改头换面，朴实无华的新广告重新赢得了消费大众的心，使米勒啤酒的销路大开。值得一提的是，米勒公司只选择电视媒体进行广告宣传，因为这是其目标群体——蓝领工人乐于选择的传播媒介，并将广告集中在他们喜爱的体育节目时间播出。

案例 3-11　征途网络游戏广告策划案

从 2006 年 12 月 1 日开始，电视观众在央视一套和五套的黄金时间，都能看到一个妙龄红衣女子对着手提电脑爆笑不已的广告。这条征途网络公司投放的形象广告，由于首开国内网络游戏运营商登陆电视荧屏的先河，因此备受关注。根据《京华时报》的消息，征途网络的母公司巨人投资有限公司曾于 2006 年 11 月 18 日参加了央视黄金资源广告竞标，获得央视一套在新闻联播至天气预报之间的广告时段，从而使公司获得在央视播出广告的机会。对于在央视黄金时间播出广告的具体花费，根据央视广告收费标准进行粗略计算，预计征途网络将在央视一套和五套共投入近 2000 万元的广告费用。

对于这样一个近 2000 万元的大手笔，征途网络游戏广告却设计得出奇的简单，一位很难说到底算不算美女的“美女”对着电脑莫名其妙地傻笑。很多人看后的评价是“起了一身的鸡皮疙瘩”，并表示每次看到该广告后一定要换台。诚然，征途网络公司的形象广告以简单低调的方式露面央视有其不得已的苦衷。国家广电总局曾于 2004 年 4 月发布了《关于禁止播出电脑网络游戏类节目的通知》（以下简称《通知》），《通知》规定，各级广播电视播出机构一律不得开设电脑网络游戏类栏目，不得播出电脑网络游戏节目。《通知》颁布之后，关于网络游戏的信息基本绝迹于电视荧屏。此次史玉柱突破政策封锁，以打擦边球的形式推出网游公司的形象广告其实也不能说是不高明。但期望凭借一位“美女”的爆笑便能直接带动征途游戏玩家的数量，也未免有点儿太低估中国国内游戏玩家的水平了。

在现实生活中，一些厂商把美女看成推销产品的“万能法宝”，就连一些纯粹的男性商品也要用美女来宣传。四川的“雄起酒”广告画面是一个气势磅礴的古战场场面，然后一个美女出现，手捧一杯酒。广告本身没有任何特点，只是一个美女而已。现在，市场上已难觅“雄起酒”的踪影了。当然，完全反对美女，鼓吹让人们完全放弃使用漂亮女性来做广告是不明智的，但问题的关键是要适合需要和恰如其分，而不要把美女广告视为一种广告制作的“万能公式”来粗制滥造。

【思考与讨论题】

1. 2006 年问题化妆品榜上有名的 SK-Ⅱ在宣传中提到：“使用四周后，肌肤年轻 12 年，细纹减少 47%。”这则广告被工商部门认定是明显存在误导消费者的虚假宣传，违反了《中华人民共和国反不正当竞争法》，该产品也被认定为不合格产品。结合该案例谈一谈营销策划中的信誉危机。

2. 结合案例谈谈营销策划中知名度与策划效果的关系。
3. 结合案例谈谈不良策划给消费者带来的反感及负面影响。
4. 结合案例谈谈营销策划中的故弄玄虚误区。
5. 结合案例谈谈营销策划中的美女误区。

第二部分
企业营销观念与营销机会研究

“寻找市场好比淘金。挖金子，找到金矿矿脉很重要。只有找到矿脉，坚持不懈地挖下去，才可能发财。如果东一镢头西一镢头乱刨，挖出来的只能是石头。”

——理克·布朗

从管理决策的角度来说，营销活动首先要找到市场机会的所在。只有市场机会的存在，企业营销活动才有存在的土壤，否则，纵然是用营销策划技巧武装起来的“巧妇”也会“难为无米之炊”。这样一来，如何在正确的营销观念指导下，在科学的方法和手段帮助下发现、鉴别、评价市场机会，就成为企业营销活动的首要任务。

第四章　企业营销观念探究

著名营销学家兰比尔·斯科特曾经说过："在今天的市场经济里，市场营销已不是产品之争，而是观念的较量。"麦当劳的成功难道仅靠它的汉堡包和炸薯条吗？娃哈哈矿泉水能被消费者接受仅仅因为它是一种无色无味、口感与自来水并无二致的饮用水吗？大量的事实证明：企业与企业的差异，在很大程度上取决于经营者思维方式与营销理念的差异。营销学十分强调企业要树立正确的营销观，这是因为企业的市场营销决策需要营销策划人员在正确观念指导下去制定、执行、监督和控制。可以这样讲，观念的领先与否，决定了企业的命运；没有正确的营销观念，就没有企业生存和发展的出路。

第一节　营销观念决定企业命运

营销观念是指企业进行经营决策、组织和开展市场营销活动的基本指导思想，也就是工商企业的经营哲学（Business Philosophy）。任何企业开展市场经营活动，都受一定的营销观念所支配；而营销观念是否符合市场的客观实际，关系到企业的经营成败。在具体探究企业营销观念之前，先看下面的一则小故事。

案例 4-1　两个打工者的不同命运

两个乡下人外出打工，一个去上海，一个去北京。可是在候车厅等车时，都又改变了主意，因为他们听邻座的人议论说，上海人精明，外地人问路都收费，北京人质朴，见吃不上饭的人，不仅给馒头，还送旧衣服。打算去上海的人想，还是北京好，挣不到钱也饿不死，幸亏车还没到，不然去了上海真就掉进了火坑。打算去北京的人想，还是上海好，给人带路都挣钱，还有什么不能挣钱的呢？我幸好还没上车，不然就失去一次致富的机会了。于是他们在退票处相遇了，原来要去北京的得到了去上海的票，要去上海的得到了去北京的票。

当两个打工者到了各自的目的地后，去北京的人发现，北京果然好，他初到北京一个月，什么都没干，竟然没有饿着。不仅银行大厅里的太空水可以白喝，而且商场里欢迎品尝的点心也可以白吃。去上海的人发现，上海果然是一个可以发财的城市，干什么都可以赚钱。带路可以赚钱，看厕所可以赚钱，弄盆凉水让人洗把脸也可以赚钱。只要想办法，再花点儿力气就可以赚钱。凭着乡下人对泥土的感情和认识，第二天，他在建筑工地装了10包含有沙子和树叶的土，以"花盆土"的名义，向不见泥土又爱花的上海人出售。当天他在城区和郊区间往返6次，净赚了50元。一年后，凭着卖"花盆土"，他竟然在大上海拥有了一间小小的门面。在常年的走街串巷中，他又有一个新发现：一些商店、机关、办公楼等楼面亮丽而招牌较黑，一打听才知道是清洗公司只负责洗楼不负责刷招牌的结果。他立即抓住这一空当，买了梯子、水桶和抹布，办起了一个小型清洁公司，专门负责擦洗招牌。如今他的公司已有了150多名员工，业务也由上海发展到了杭州和南京。前不久，他坐火车去北京考察清洗市场。在北京火车站，一个捡破烂的人把头伸进软卧车厢，向他要一个空啤酒瓶。就在递瓶时，两人都愣住了，因为5年前他们曾经交换过一次车票。

由上面这则小故事可以看出，观念影响人的命运，对于企业来说也是如此。曾有学者与一位非常成功的鞋厂老板聊天，并询问他成功的秘诀。这位大老板没有丝毫的犹豫，脱口说出两个字——观念。他时刻告诫自己的推销人员：“我们无论向哪家零售店推销产品，都不是在乞求他们的施舍，而是向他们提供一个赚钱的机会。”因此，当其他企业的推销人员进入一家零售店，向经理点头哈腰、卑躬屈膝地恳求其经销自己产品而往往无功而返的时候，这位鞋厂老板的推销员却是不卑不亢，反而促成了销售。鞋厂老板的话的确发人深省，市场营销为什么有如此巨大的魅力？为什么如此拨动人的心弦？其奥秘就在于市场营销观念的进步和传播使企业有了克敌制胜的思想武器，使经营者有了行动的指南。难怪有识之士早就提出：“观念也是生产力”。再看下面的一则经典案例。

案例4-2 两家鞋业公司的市场开拓策划案

有两家鞋业公司打算开拓市场，他们各自派出的市场营销人员都去南太平洋的一个小岛作调查，但却发现那个岛上的人都不穿鞋。结果，其中一家企业的营销人员认为，他们既然都不穿鞋，当然不会买鞋，也就没有鞋的市场，于是向总部发回电报，说“此地无市场，因为所有的人都不穿鞋子。”而另一家企业的营销人员则认为，他们都不穿鞋，说明鞋子市场还是个空白，开发那里的市场必将大有作为。于是，该营销人员向其总部发回一封内容截然不同的电报：“此地市场潜力很大，因为所有的人都没有鞋子可穿。”同样的市场情况，不同的营销人员却得出了完全相反的结论。这个例子也许是西方营销学大师杜撰的，但同样的产品，相同的市场，完全一致的市场调查结论，据此作出截然相反的营销决策却不能不让我们深思。

最新的统计数据表明，企业的成功，技术能力的贡献占18%，人文能力的贡献占35%，而观念能力的贡献占47%。可见，营销观念在市场营销活动中处于极其特殊的地位。正确的营销观念是企业进行营销策划的前提，错误的理念必将引导企业走向深渊。事实上，对大多数企业来说，观念是最重要的也是最需要管理的资产。然而，在现实生活中，一些看似正确的观念可能会变成扼杀企业发展的“陷阱”。

第二节 企业营销观念的典型误区

下面是从许多企业的成功经验和失败教训中总结出的几个有关市场营销观念的典型错误。

错误一：“市场营销就是使用各种营销手段向顾客推销自己的产品。”

这种观念把企业的经营活动简化为商业心理战，如排山倒海般的广告攻势，利用顾客贪便宜心理的定价，各种各样的促销手法等。在这种观念指导下，企业虽然在市场初期可能红火一时，却注定不能长久。“太阳神”失神，“飞龙”折翅，“巨人”倒下，“爱多”沉浮，“秦池”饮恨……在现实中，有很多中国企业起初也曾轰轰烈烈，但却只能“各领风骚二三年”，中国企业的“流星现象”就是这种“推销”观念下的必然产物。推销和市场营销的本质区别在于，推销是以产品为中心，以卖方需要为出发点，考虑如何把产品变成现金；而市场营销是以顾客为中心，注重顾客的欲望与需求，考虑如何通过制造、传送产品以及处理与最终消费者有关的所有事务来满足顾客的需求。市场营销需要的是热爱你的顾客而非你的产品，发现需求并满足他们，生产你能够出售的东西，而不是出售你能够生产的东西。

案例 4-3 宝洁公司（P&G）占领市场的奥秘

你可以不知道P&G的英文全称，也可以不知道P&G的确切含义，但面对铺天盖地的“飘柔”“潘婷”“海飞丝”等名牌商标和荧屏上娓娓动听的广告词，总能品味出这家公司不同凡响的气度，这就是美国的宝洁公司。宝洁的成功就在于能够通过广泛的市场调查和科学的市场细分方法，集中全力推出一种或几种定位的产品，来满足不同消费群体的不同需要。宝洁是让产品去满足顾客，而不是让顾客去适应产品。

在创业之初，宝洁公司的两位创始人看到，当时美国生产的肥皂又黑又粗糙，与其本身的功能极不相称。为了适应妇女和儿童的需求，他们要求自己的产品一是颜色要美，二是形状要美。于是，一种纯白、圆角的肥皂问世了。美国人信奉基督教，他们就利用《圣经》中的一段话“来自象牙宫的人，你所有的衣服都沾满了沁人心脾的香气！”给自己的肥皂取名“象牙”牌。很快，“象牙”牌便享誉全美以至全世界。当宝洁把在国内畅销的洗衣精投向欧洲市场时，却遭遇了阻力。经调查发现，原因就在于欧洲的洗衣机只适用固态的洗衣粉，液态的洗衣精加入后，有一部分很快从底部流出。不久，宝洁就设计出了一种名为“威液球”的产品，当洗衣机中的水加至足够多时，才释放出洗衣精，并可重复使用。这种“威液球”很快成为畅销欧洲的产品。对中国市场的占领也是一样。宝洁针对东方人对头发格外注意护养的习惯，把洗发用品作为打开中国市场的先头部队，与香港、广州的三家企业合资成立了广州宝洁公司，生产多种品牌的洗发精。宝洁生产的其他产品如香皂、牙膏、食品等也都根据销售地区的不同，而在香味、成分、包装方面有所区别。

再看下面的这则案例，也许更加耐人寻味。

案例 4-4 日清方便面投其所好打入美国市场

日本日清食品公司在准备将营销触角伸向美国食品市场之前，曾不惜高薪聘请美国食品行业的市场调查权威机构对方便面的市场前景和发展趋势进行全面细致的调查和评估。可是该权威机构所得出的调查评估结论却令日清食品公司大失所望——“由于美国人没有吃热汤面的习惯，而是喜好吃面条时干吃面，喝热汤时只喝汤，绝不会把面条和热汤混在一起食用，由此可以断定，汤面合一的方便面是很难进入美国食品市场的。”日清食品公司并没有盲目迷信这种结论，而是抱着“求人不如求己”的信念派出自己的专家考察组前往美国，进行实地调研。专家考察组调研后发现，由于世界各地不同种族移民的大量增加，美国人“汤面分食决不混用”的饮食习惯正在悄悄地发生着变化。再者，美国人在饮食中越来越注重口感和营养，只要在口味和营养上投其所好，方便面就有可能占领美国食品市场。日清食品公司基于自己的调查结论，从美国食品市场动态情况和消费者饮食需求出发，确定了自己的营销策略。

第一步，定位与宣传。日清食品公司针对美国人热衷于减肥的生理和心理需求，巧妙地把自己生产的方便面定位于“最佳减肥食品”。在声势浩大的公关广告宣传中刻意渲染方便面“高蛋白，低热量，去脂肪，减肥胖，价格低，易食用”等种种优势。针对美国人好面子、重仪表的特点，精心制作出“每天一包方便面，轻轻松松把肥减”“瘦身最佳绿色天然食品非方便面莫属”等极具煽动色彩的广告语，挑起美国人的购买欲望，获得了“四两拨千斤”的营销效果。

第二步，产品设计。为了满足美国人以叉子用餐的习惯，日清食品公司果敢地将本来用筷子夹食的长面条加工成短面条，为美国人提供饮食之便。并从美国人爱吃硬面条的饮食习惯出发，一改面条适合东方人口味的柔软特性，加工出稍硬又劲道的美式方便面，以便吃起来更有嚼头。

第三步，由于美国人爱用杯不爱用碗，日清食品公司别出心裁地把方便面命名为“杯面”，并给它起了一个地地道道的美式副名——“装在杯子里的热牛奶”，期望方便面能像牛奶一样成为美国人难以割舍的快餐食品。根据美国人爱喝口味很重的浓汤的独特口感偏好，日清食品公司不仅在面条制作上精益求精，而且在汤味佐料上力调众口，使方便面成为“既能吃又能喝”的二合一方便食品。

第四步，他们从美国食用方便面时总是“把汤喝光而将面条剩下”的偏好中灵敏地捕捉到方便面制作工艺求变求新的着力点，改变方便面“面多汤少”的传统搭配比例，研制生产了“汤多面少”的美式方便面，并将其副名更改为“远胜于汤的方便面”。迅速成为美国消费者人见人爱的“快餐汤”。

借着这四项创新的营销策略，日清食品公司果敢挑战美国人的饮食习惯，他们以“投其所好”为一切业务工作的出发点，不仅出奇制胜地突破了“众口难调”的产销瓶颈，而且轻而易举地在美国食品市场开拓出了一片新天地。

当前，一些企业一方面感叹市场难做，经营滑坡，产品积压，另一方面却固守陈旧的经营观念，把销售作为企业经营管理的重心，这首先就歪曲了市场营销的本意。营销学大师菲利普早就指出：“市场营销最重要的部分不是推销！”推销仅仅是市场营销几个职能中的一个，而且常常不是最重要的一个。因为，只要营销人员做好识别消费者的工作，发展适销对路的产品并且搞好定价，分销和实施有效的促销，商品就会很容易地卖出去。

错误二：“市场营销的根本任务是设法满足顾客需求。”

时下，各类企业大多奉行顾客导向的原则。这些企业通过各种方法把市场进行细分，对其中每种消费者的心理加以研究，希望能生产出比竞争对手更合适的产品去满足那些不同的需求。满足顾客需求对于企业的生存很重要，但一个企业要想获得长足的发展，仅限于此是不够的。记得太平洋建设有限公司总裁在接受央视记者采访时曾说过这样一段话：“企业家大致可分为三类，三流的企业家还在寻找机会，二流的企业家已经发现机会，一流的企业家则是自己创造机会。”当众多的企业仍局限于发现需求、满足需求的营销理念而苦苦支撑时，高明的商家已把视野投向新需求，努力去挖掘新市场了。先看下面的一则小故事。

案例 4-5　把木梳卖给和尚的启示

有一家效益相当好的大公司，高薪招聘营销人员。广告打出来后，报名者云集。面对众多应聘者，负责招聘的人说：“相马不如赛马，为了能选拔出高素质的营销人员，我们来出一道实践性的试题请你们回答，那就是如何设法把木梳尽可能多地卖给和尚。”绝大多数应聘者听后感到困惑不解，甚至愤怒：“出家人要木梳有何用？出这样的题岂不是神经错乱？”没过一会儿，应聘者接连拂袖而去。最后，只剩下甲、乙、丙三人。负责招聘的人向这三人交代：“以 10 日为限，届时请各位将销售成果报给我。”10 日过后，负责招聘的人问甲卖出多少，答曰：“1 把。”甲讲述了历尽辛苦以及受到众和尚的责骂和追打的委屈。好在下山途中遇到一个小和尚，他正一边晒太阳一边使劲挠着又脏又厚的头皮。甲灵机一动，赶忙递上木梳，小和尚用后满心欢喜，于是买了一把。再问乙卖出多少，答曰：“10把。”怎么卖的呢？乙说他去了一座名山古寺，由于山高风大，进香者的头发都被吹乱了。乙找到了寺院的住持说：“蓬头垢面是对佛的不敬，应在每座香案前放把木梳，供善男信女梳头。”住持认为有理，那座庙共有10座香案，于是住持买下10把木梳。负责招聘的人又问丙卖出多少，答曰：“1000把。”负责人惊问他是如何卖的，丙说他到了一个颇具规模、香火极旺的深山宝刹，那里朝圣者如云。丙对住持说：“凡来进香者，多有一颗虔诚之心，宝刹应有所回赠，保佑其平安吉祥，鼓励其多做善事。我有一批木梳，您的书法超群，可刻上墨宝‘积善梳’三个字，然后作为赠品，岂不妙哉。”住持听罢大喜，立即买下1000把木梳。“积善梳”一出，一传十，十传百，朝拜者更多，香火更旺了，于是住持还和丙签订了长期订货合同。

再看下面的一则对比案例。

案例4-6　从满足西装需求对比工业护肤品的推出

我国实行对外开放后，在20世纪80年代初兴起了一股西装热。这一市场机会是显而易见的，因而许多服装厂家都发现和抓住了这一市场机会。但由于经营厂家实在太多，西服供大于求，形成滞销，最终造成众多企业亏损。类似西服需求的这种表面市场机会往往比较明显，企业容易寻找和识别，但这一最大优点也恰恰是它的最大缺点。因为看到和利用这一市场机会的经营者也会很多，一旦超过了市场机会的容纳度（指这一机会所提供的市场需求容量所能支持的平均规模），就会造成供过于求，致使这一机会不能为企业创造机会效益，机会也就失去了它本身的价值。

同样，随着人民生活水平的提高，我国化妆品市场从20世纪80年代起也日趋兴旺。陕西户县一家乡镇企业在对市场进行认真分析之后，发现了一个隐藏在现有化妆品市场需求背后的潜在市场机会——工业护肤品需求。他们认为，目前众多企业所重视的仅仅是生活护肤需求，即日常护肤用品，但对于大多数消费者来说，有1/3的时间是在劳动岗位和劳动过程中度过的，这段时间也需要保护皮肤，而且需要特别的保护。各种劳动过程和劳动岗位由于劳动条件不同，如高温、有毒、野外等，对护肤的要求与生活护肤品差别很大。而常年在非常规环境下工作的人员，以前都只是使用普通护肤品进行护肤，从未想过应该使用更适合劳动环境的工业护肤品。该企业把这一机会作为自己的目标市场，专门生产工业护肤用品，获得了巨大的成功。陕西户县的这家乡镇企业高明之处就在于，他们能够挖掘人们本身未能察觉的潜在需求，并成功引导消费。

面对愈演愈烈的营销战，企业应该拼命争夺已有市场，还是应该去创造一种新的需求呢？有人把它形象地称为是去抢“蛋糕”，还是另做一块新的“蛋糕”。顾客有各种各样的消费需求，有些需求是明显的，大多已被企业利用；有些则是潜在的，需要商家凭借敏锐的市场洞察力去发现它、引导它、满足它，并在满足它的同时获得利润。受自身知识水平等多种因素的限制，诸多情况下，顾客往往并不清楚自己的需求是什么，需要倚仗商家的引导。如激光唱片、微波炉等，依靠对市场需求的调查恐怕是无法发展出这类产品的，因为消费者对这些产品毫无认识。因此，管理学大师德鲁克早就指出：企业的首要任务不是“满足需求”，而是“创造顾客”。

错误三："顾客是'上帝'。"

顾客是企业生存的基础，是衡量企业行为质量的准绳。所以，在很早以前，中国很多企业就提出了顾客是"上帝"的说法，尤其是在服务性行业，这种说法更深入人心。其实，这种口号作为一种经营思想是对的，但在实际执行中管理者如果不能把握它的度，可能会使企业走入误区。某名牌服装企业在创业之初经常会碰到这样的尴尬：少数无理取闹的消费者拿着穿过一周的衬衫来更换，拿着自己不小心损坏的裤子来退货……厂家片面强调顾客是"上帝"，结果"上帝"往往给企业造成很多不必要的麻烦。《扬子晚报》曾转载过这样几条新闻：一位酒店服务生在推开门送客时，不慎碰到一位顾客的胳膊，服务生急忙赔礼道歉，但这位顾客却得理不饶人，破口大骂；上海某餐厅在晚间营业时，由于突然跳闸停电，食客竟趁黑逃单；武汉某商场为顾客备了几百把"雷锋伞"，结果借出去的伞除了一位小学生归还外，其余的竟有借无还……面对这样的"上帝"，我们如何能够坚持顾客是"上帝""顾客永远是对的"的原则？

顾客是"上帝"的另一个毒害就是其暗含着"员工是奴仆"的意思。一家企业，与顾客接触最多的是员工，员工满意是顾客满意的前提。员工满意度的高低会影响顾客的满意度，因为只有员工满意，才有顾客的满意。在国外工作或生活过的人都知道，国外的很多商店，只要一到晚上6点，哪怕店内挤满顾客，老板也要礼貌告知：下班了，送客。原来，在店家看来，多开一会儿门，消费者满意了，自己受益了，但店员的利益却受到损害了，这就是成熟市场经济背景下的营销理念。

案例 4-7　美国西南航空公司对"顾客至上"的理解

美国西南航空公司总裁凯勒认为："如果认为顾客是'上帝''顾客永远是对的'，那就是企业主对员工最严重的背叛。事实上，顾客经常是错的，我们不欢迎这种顾客。我们宁可写信奉劝这种顾客改搭其他航空公司的班机，也不要他们侮辱我们的员工！"诚然，没有顾客的存在也就没有企业的存在。但从另一方面来说，企业的员工是顾客的直接接触者，是向顾客传递价值的关键。要想让顾客感到满意、得到尊重，企业必须首先让自己的员工感到满意、得到尊重；要想让顾客得到真诚完美的服务，企业必须首先对自己的员工提供真诚而完美的服务；要想为顾客提供一流品质的产品，企业必须首先将自己员工的素质塑造到一流；如果在顾客面前，企业的员工必须矮人一等，必须抛弃自尊，如果企业的员工连起码的尊重都得不到，他们又如何能够提供一流的服务？事实上，对企业来说，员工也是顾客，是企业的"内部"顾客。从这个角度来说，"首先让自己的员工感到满意、得到尊重"理念的提出，非但没有否定与弱化"顾客至上"，反而是对"顾客至上"的一种更深层次的理解，它准确地丰富和发展了"顾客"的内涵，使之更具有现代意味。这才是真正的以人为本。面对这样的尊重和关爱，西南航空公司的员工能不被感动吗？

从营销学的角度来讲，企业的顾客大体可分为客户和最终消费者两类不同的对象。客户主要指的是处于本企业下游的生产企业或经销商等，它们直接使用本企业的产品或大量销售本企业的产品，但其最终服务对象也是处于销售终端的消费者。确实有一些企业把客户当成"上帝"去小心翼翼地"伺候"，因为我们的常识是多一个客户，就能多一份可能的收益。因此，对客户的不合理要求不敢拒绝，对一些屡屡违规的客户不敢提出批评，也就把厂商之间的关系变成了不平等的关系。其实，每一个客户、每一个客户群的增加对企业来说都是有代价的。这个代价不仅是巨额的广告费用，更多的是由于企业发展客户时目的不明确、目标太多，给企业增添了管理上的负担。因此，当我们决定是否接受一个下游生产企业或经销商成为客户时，必须权衡其为企业带来的长期价值，以及争取和服务于这样一个客户所要付出的代价。

案例 4-8 东阿阿胶公司不把代理商当“上帝”

东阿阿胶公司对客户地位的认识有独到的体验。该公司过去片面僵化地理解“客户是上帝”，造成强调客户利益多，责任、制约少，其结果是“上帝给企业制造了麻烦”。实践让东阿阿胶公司认识到，厂家与经销商之间是承担相应利益、责任和义务的利益共同体。从1999年开始，企业按新标准和过去的经营资料对客户进行重新筛选，将客户数量由605家减少到200余家，制定了冲货防范措施和新开户标准，规定了现款交易数额及批次，并把客户回款的时间及数额与客户的利益紧密联系在一起，把销售任务由业务员转到客户的身上。客户没有了当“上帝”的感觉；但留下来的客户说，这种对客户表面的限制，其实为客户营造了一个更好的经营环境，不少客户的积极性更高了。东阿阿胶公司和客户结为利益共同体，从而形成了一种双赢的局面。

毫无疑问，不尊重消费者和客户的企业是愚蠢的。但同时企业也要避免把消费者和客户的地位摆得过高，厂家与顾客之间应该是一种完全平等的关系，因为他们在商品交换的过程中相互满足需求。顾客获得对商品使用功能（或再销售获利）的需求，厂家满足对利润的需求，而这种互利性就必然决定了他们地位的平等性。

错误四：“积极的市场营销应该是不断地开发新顾客。”

不少企业有这样的一种认识：开发新顾客对企业的成长非常重要，属于积极主动的进攻策略；而维持老顾客的策略偏于消极和被动，企业营销活动的更多精力应用于开发新顾客。其实，这样做是大错特错了。营销学中有一条非常重要的理论——“二八定律”（也有学者提出“三七法则”），即所有顾客中只有20%是忠于企业产品的，但这20%的顾客却提供着80%的企业利润。因此，保持与老顾客之间的持续、密切的关系，不仅可以让企业从老顾客不断重复购买中获得丰厚回报，还可能在老顾客传播企业正面口碑的推荐和影响下，带来更多新顾客。当然，商家还可以从老顾客那里获得反馈意见，促使企业提高经营管理水平和改进产品。难怪荣事达老总陈荣珍曾提出：“现在商业的观念就是卖回头客。”

案例 4-9 回扣留住食客，兄妹变成富翁

1975年，阿汉兄妹从越南逃难到美国时，身无分文。两年后，兄妹俩凭着打短工赚来的1200元美金和平时省吃俭用剩下的100kg粮食，向卖汽水的老板租用了个汽水店，开了一家兄妹餐厅。为了赢得更多的食客，仅有服务质量是不够的，阿汉采取了一个特殊策略——给食客发回扣。

任何一位食客，只要光顾他的餐厅一次，阿汉就给他立上一个户头，并记下账目。以后，这位顾客每光顾一次，账单上的数目就如实增加一笔。每年的9月30日，餐厅的财务进行年度结算，便按账单上的记载，把餐厅赚取的纯利的10%，按比例分给每位食客作为回扣，并让食客监督，使食客时时感到自己是餐厅的一员，因此能自觉地与老板亲密合作。从1977年建店开始到1987年的10年间，阿汉兄妹共发给食客回扣250万美元，这对逃难的穷兄妹也成了千万富翁（婆）。

毫无疑问，企业的成长有赖于新顾客数目的增加，但企业的生存则依赖于老顾客的重复购买。因此，企业既应不断开发新客户，更要注意维系老客户，正所谓“喜新不厌旧”。

错误五：“商场如战场，竞争就是你死我活。”

“商场如战场”是一种很流行的说法，人们常常用它来形容市场竞争的激烈和残酷，甚至被一些经营者信奉为哲理，这种观念反映在我国的市场营销上尤为突出。在经济学中，有一个非常著名的囚徒困境理论。甲、乙两人由于共同作案被捕，但是警察局却缺乏足够的证据指证他们所犯下的罪行，如果罪犯中至少有一人供认犯罪，就能确认罪名成立。为了得到所需要的口供，警察将这两名罪犯分别关押，以防他们串供或结成攻守同盟，并分别向他们讲清了他们的处境和面临的选择：如果他们两人中有一人坦白认罪，则坦白者立即释放，而另一人将重判 8 年徒刑；如果两个人都坦白认罪，则他们将各判 5 年监禁；当然，若两人都拒不认罪，因警察手上缺乏证据，那他们会以较轻的妨碍公事罪被各判一年徒刑。两个囚徒陷入一种困境：如都不坦白的话，要坐牢 1 年；但万一自己不坦白而同伙坦白，自己则要坐 8 年牢；都坦白自己只坐 5 年牢；万一同伙没坦白，自己单独坦白了可以立即释放。如此这般的结果是两个囚犯都坦白了，警察也达到目的了。但我们可以肯定的是，如果两个囚犯能够互通消息，联合起来都不认罪的话，最大的赢家就不会是警察。在激烈的市场竞争中，企业何尝不是“囚徒”？它们并非只有争斗一条路，那些了解对手、尊重对手和寻求合作的经营者，更有可能在“双赢”中收获利益。

案例 4-10　以美国新墨西哥州的南瓜大赛对比我国家电企业的价格大战

在美国南部的新墨西哥州，每年都要举办南瓜品种大赛，有一个农民成绩优秀，经常获得头奖。他在得奖之后，竟然毫不吝啬地将获奖品种的种子分送给街坊邻居。一些人对此大惑不解：“你的奖项来之不易，为什么还这么慷慨地将种子送给我们？难道不怕我们的品种超过你吗?”这位农民笑着说：“我所居住的乡镇，各家的田地毗邻。我把获奖种子送给邻居，邻居们就能尽快改善他们的南瓜品种，也就可以避免蜜蜂在传递花粉的过程中，携带邻近较差品种的花粉而影响自己的南瓜。”从某种意义上说，这位农民和他的邻居是处于相互竞争的态势，但双方却又处于微妙的合作状态中。该农民的慷慨为自己和邻居创造了和谐的发展环境，他们终于可以专心致力于品种的改良，这个镇也逐渐成为美国最大的南瓜产销基地。

然而，在自诩为企业家的人中，却很少见到如此的气度和远见。我们经常看到国内企业间白热化的广告战、价格战，其结果往往是两败俱伤。最典型的例子是我国的彩电行业，当 29 英寸的国产彩电的价格终于跌破 2000 元大关时，国外进口彩电却很少卷入价格战，产品价格始终保持在高于 5000 元的水平。试想，当中国的消费者想购买高档彩电的时候，有几个会选择国内品牌？其实，价格战中没有真正意义的胜利者，传统的纯竞争观念给市场及企业带来的消极作用是不可低估的。

所幸的是，在 21 世纪，中国商界的一批先知先觉的企业已经开始感悟“双赢”的妙处。燃具巨头万家乐和华帝，结成“万华联盟”，实现科研信息和市场信息共享，全力提升行业技术门槛，共同规范市场秩序，避免了一场两败俱伤的价格大战；走下神坛的茅台与贵州醇结盟，销售渠道优势联合，共同抵御势头强劲的川酒的进攻；国内最大的制冷企业科龙集团和最大的洗衣机生产企业小天鹅集团签订协议，决定在各自的渠道内，销售盟友的相关产品，节约了巨额的市场网络开发建设费用。当今社会是一个开放的社会，随着相互依存的经济全球化的到来，纯竞争观念已经落伍，从无数案例中总结出的商业游戏规则表明：个体的全面竞争会导致“无赢”的状况，共存双赢必将成为商业时代的主题。

【思考与讨论题】

1. 如何理解“在今天的市场经济里，市场营销已不是产品之争，而是观念的较量”？
2. 结合案例谈谈“营销”观念与“推销”观念的区别。
3. 结合案例谈谈企业营销观念中“满足需求”与“创造需求”的区别。
4. 结合案例谈谈应该如何正确理解“顾客是上帝”。
5. 结合案例谈谈企业营销观念中“商场如战场，竞争就是你死我活”的不当之处。你认为企业应该如何树立正确的竞争观念？

第五章　企业营销机会分析

市场营销能否取得成功，与企业所处的环境密切相关。营销学中有一个很著名的“水煮青蛙”的故事：把一只青蛙放在盛满温水的容器里，容器下面以慢火烧之，青蛙在水中懒洋洋地游动。随着水温慢慢升高，它的感觉变得迟钝，反应能力大大减弱，而当它最终发现环境很恐怖时，已经没有逃生的可能了。企业是社会的经济细胞，它在营销活动中要与其所处的环境在各个方面发生千丝万缕的联系。现代成功企业的经验已经证明，企业营销活动成败的关键，就在于企业能否适应不断变化的市场营销环境。许多公司的发展壮大，就是因为善于适应环境。而另有许多公司则往往因为对环境的预测不及时或对周围环境的不断变化缺乏感知，结果造成极大的被动甚至破产。

本章主要讲述营销机会分析，其重点放在分析企业的营销环境上。因为只有当营销策划人员密切注意到营销环境及其变化，做到知己知彼，方能百战不殆。具体的分析过程将按照宏观环境分析→行业竞争环境分析→企业自身分析→企业产品分析→顾客分析的顺序展开，希望有助于企业更科学、更清晰地寻求机会，从而制定和实施正确的营销策略。

第一节　企业营销调研与预测

营销调研就是系统地、客观地收集市场信息，并对这些信息进行分析和评价，为管理者有效决策提供依据的营销活动。营销调研本身不是目的，而是为了达到改进目的采用的一种手段。一般说来，营销调研包括四个方面，即产品调研、顾客调研、销售调研和促销调研。营销调研得到的数据将会影响企业营销活动的各个方面，包括产品定位、产品价格、分销渠道、促销手段、竞争策略等，因此具有极其重要的作用。

一、营销调研的意义

营销调研有助于企业开发出适销对路的产品或服务，提高市场占有率。通过营销调研，企业可以了解市场供求动态，掌握市场变化规律，摸清用户当前的潜在需要情况和对产品的未来发展要求，为企业确定战略方向、进行产品或服务的开发、改进售后服务等工作提供依据，使企业经营有的放矢，不断扩大市场生存空间，在市场竞争中赢得有利地位。

案例 5-1　日本花王公司沐浴剂与海尔集团的小洗衣机

日本的花王公司是一家制造卫生洗浴用品的国际知名大公司，该公司特别重视研究顾客的需要、开发新市场，在 6700 名员工中有 2800 人从事基础调查和研究工作。在一次市场调研中，该公司发现日本人特别钟爱温泉浴，于是公司便推出了内含温泉中特有的矿物成分、形状如大号汽水片的沐浴剂。这种沐浴剂，只要丢两片在浴缸里，就能使人享受到与温泉浴同样的洗浴效果。此产品一经推出，很快就在竞争激烈的沐浴用品市场上站稳了脚跟，赢得了大部分市场份额。

无独有偶，我国海尔集团小洗衣机的成功也得益于准确的市场调研。洗衣机市场在夏季是淡季似乎已成了洗衣机生产厂商的常识。而“海尔”人通过市场调查发现，夏季人们并不是不需要洗衣机，相反，夏季恰恰是最需要洗衣机的。因为这时候人们由于汗出得多，衣服洗得最勤，只是现有产品不适应夏天洗衣的要求。普通的洗衣机容量很大，一般为5kg左右，对于要经常洗小件衣服来说就显得不适用了。海尔由此得出结论，夏季的洗衣机市场淡季是因为没有适宜的产品造成的。于是海尔开发研制了一种容量为1.5kg的洗衣机投放市场，产生了很大的市场效应。面对业已进入成熟期且竞争激烈的洗浴用品和家电市场，花王公司和海尔集团并没有盲目投入，而是进行市场调研，根据消费者生活需要和生活习惯，有针对性地开发新产品，终于取得了骄人的成绩。

二、营销调研的局限性

市场调查和研究是营销企划中必不可少的一个重要环节，美国有73%以上的大企业都设有专门的市场调研机构，还有数以千计的专业调研公司接手其他企业的市场调研委托，像宝洁这类公司每年市场调研费就高达数千万美元。企业往往不惜花大钱委托专业市场调研公司作出一份份市场调研报告，以此作为决策的参考依据。但凡事不能走入极端，如果过于迷信市场调研，凡事都以市场调研结果为判断依据，开会讨论时也引经据典，言必数字，乃至于拿数字当令箭，过分强调了数字的魔力而一点不相信自己的判断力，肯定又要走入另一个误区。事实上，市场调研是一种专业而又复杂的运作过程，它涉及方法的选择、问卷的设计、执行的技巧与严谨的态度、资料的分析整理等。只要其中任何一个环节稍有闪失，就可能会影响到市场调研运作的可信度与有效性。

案例5-2　市场调研与可口可乐公司的“新可乐”

1985年4月23日，可口可乐公司董事长罗伯特·戈伊朱埃塔宣布了一项惊人的决定：可口可乐公司决定放弃99年一成不变的传统配方。作出这个决定，可口可乐公司是以严密的市场调研为基础的，它花费了两年时间、倾资400万美元进行了一次大规模的口味测试。13个最大城市的19万多名顾客参加了这次测试，60%的品尝者认为新可乐的口味胜过了传统配方的可口可乐，而且还有52%的顾客认为新可乐比百事可乐好。但是，在“新可乐”上市后的一个月，可乐公司每天接到超过5000个抗议电话，而且更有雪片般飞来的抗议信件，可口可乐公司不得不开辟了83条热线，雇用了更多的公关人员来处理这些抱怨和批评。“新可乐”面市后3个月，其销量仍不见起色，而公众的抗议却愈演愈烈。最终，可口可乐公司决定恢复传统配方的生产，其商标定名为可口可乐古典，同时继续保留和生产“新可乐”，其商标为新可乐。但是，可口可乐公司已经在这次行动中遭受了巨额的损失。

大量事实表明，市场调研充其量只能作为企业营销决策的参考，光凭市场调研结果，并没有办法作明智的决策。这是因为，一方面，调研活动收集到的市场资料受调查者、被调查者和调查工具本身等各方面限制，因而可能是不准确的；另一方面，市场调研的决策还涉及决策者个人的判断、智慧和胆识，以及其他主客观条件与状况等复杂因素。应该说，没有市场调研是万万不能的，但市场调研也不是万能的。当初，日本人开发出随身听的时候得到的市场反馈是：音乐应该是坐下来安静地欣赏的，没有谁会带着录音机到处乱跑。然而，事实证明这一新产品的开发是巨大的成功。我们很难想象开发互联网的时候，如果做个市场调研，顾客会作出怎样的反馈，那时连开发者自己恐怕都想象不到互联网会有今天如此多的功能。只有商家正确地看待市场调研，把它当做有价值的参考依据，既不过分抹杀它，也不过分迷信它，市场调研才会与企业营销决策真正地相得益彰。

三、调研（查）问卷的设计

在市场调研中，采用问卷进行基础资料和信息的收集是国际通行的一种调查方式，也是我国近年来推行最快、应用最广的一种调查手段。一份完整的市场调查问卷通常包括标题、引言、被访者基本资料、问卷主体、结束语诸项。严格地说，调查问卷还应有填写说明、编码和作业证明，这在很多专门的书籍中都有详细讲解，本书在此不作过多介绍。

1. 标题的设计

调查问卷的标题需概括说明调查研究的主题，使被调查者对所要回答什么方面的问题有一个大致的了解。问卷标题应简明扼要，易于引起回答者的兴趣，如“汽车消费状况调查”“我与住房——本市居民住房状况调查”等，而不要简单采用“问卷调查”这样的标题，它容易导致回答者因不必要的怀疑而拒答。

2. 引言的设计

引言一般放在调查问卷的开头，篇幅宜小不宜大。引言的书写模式通常是这样的：首先，交代谁在调查；然后，交代调查内容及目的；接下来，如有必要需进行保密承诺；如果接受调查有赠品，如酬金、礼物、奖券、产品试用等，则还要说明赠品情况；最后，如果有必要，还应说明问卷交回的方式。

3. 问题的设计

显然，调查问卷的重点部分是需要调查的问题。

（1）调查问题的布局设计。以最常见的企业产品调查为例，调查问题在总体结构上通常按照被访者基本资料、对该类产品的偏好、对调查企业产品的看法三类来安排。其中，被访者基本资料是指被访者的一些主要特征，即背景信息。如在消费者调查中，应包括消费者的性别、年龄、民族、家庭人口、婚姻状况、文化程度，职业、单位、收入、所在地区等。又如，对企业调查中，应包括企业的名称、地址、所有制性质、主管部门、职工人数、商品销售额（或产品销售量）等情况。通过这些项目的汇总，便于对调查资料进行统计分组和分类分析。在实际调查中，列入哪些项目，列入多少项目，应根据调查目的、调查要求而定，并非多多益善。

（2）调查问题的题型设计。调查问卷中常用的题型包括封闭性问题、开放性问题、半封闭性问题和顺位性问题。①封闭性问题是需要应答者从一系列应答选项中作出选择的问题。例如，问题是“您平均一天耗费多少时间阅读报纸?”回答选项是“A. 不到半小时；B. 半小时到1小时；C. 1小时到2小时；D. 2小时以上”。②开放性问题是一种只提问题，不给具体答案，要求被调查者根据自身实际情况自由作答的问题。例如，“您对本品牌彩电有什么意见?”。③半封闭性问题是封闭性问题和开放性问题的结合体。例如，问题是“您从何种渠道了解到本保健品?”回答选项是“A. 医生推荐；B. 朋友推荐；C. 电视广告；D. 报纸；E. 其他（请注明）”。④顺位性问题一般由调查者列出若干项目，由被访者按重要性决定先后顺序。顺位性问题主要有两种：一种是对全部答案排序；另一种是只对其中的某些答案排序。究竟采用何种方法，应由调查者来决定。例如，问题是“请您对下面列出的六种洗发产品：A. 飘柔；B. 海飞丝；C. 采乐；D. 百年润发；E. 伊卡璐；F. 舒蕾按喜欢的程度进行排序。”

（3）调查问题的内容设计。在调查问题的内容设计上，要注意以下几点：首先，要避免使用抽象或过于专业化的词语。例如，对于“你认为××公司营销策略如何?”这样的提问，恐怕有不少被调查者连什么是营销策略都搞不清楚。其次，应避免使用过于笼统的词语，因为过于笼统的词语对实际调查并无指导意义。例如，“你对××超市印象如何?”这样的提问，会让被调查者感到茫然。他们不明白你想让他们回答的是对什么的印象如何。是对产品，对服务，还是对购物环境？即使是对产品的印象，又指的是对产品的质量，还是对产品的价格？再次，应避免使用不确切的词语。例如，对于“你是否经常到××公司购物?”这样的提问，被调查者常常不清楚一个月去几次算是经常。此外，应避免提出带有诱导性的问题，如“很多人都认为××产品价格过高，你认为如何?”“××啤酒泡沫丰富，味道清纯，你对它印象如何?”等，因为被调查者可能会受逆反心理作用或受问题本身“暗示”的左右而不能给出实际的看法。还有，一定要避免提出被调查者忌讳和使他们感到难堪的敏感问题，如“您是否逃过税，数额是多少?”“您是否会浏览黄色网站?”等，对于该类问题，被调查者既不会如实回答，又可能产生反感。

4. 答案的设计

由于调查问卷大都由封闭式问题组成，而可供选择的答案又是封闭式问卷非常重要的组成部分，因此，答案设计得好与坏就直接影响到调查的成功与否。关于答案的设计，除了要与所提的问题协调一致之外，还要注意以下三点：

（1）答案的设计要考虑周全，涵盖被调查者所有可能的选择。曾有调查问卷出现过这样的调查问题：“您的婚姻状况如何？A. 未婚；B. 已婚。”显然，问卷设计者忽略了另外的两种可能——离婚和丧偶。

（2）答案要互斥。互斥是指两个概念之间不能出现交叉和包容的现象。在设计答案时，一个问答题所列出的不同答案必须互不相容，互不重叠，否则被调查者可能会作出有重复内容的双重选择，对资料的整理分析不利，影响调查效果。

（3）对于不得不问的敏感性和可能令被调查者难堪的问题要注意问题和答案设计的技巧性。常用的技巧有：①假定法。假定法是指用一个假定条件句作为问句的前提，然后再询问被访者的看法。（如“假设您逃税了……”）②转移法。转移法是指把本应由被调查者根据自己的实际情况填答的问题，转移到被调查者根据他人的情况来阐述自己的看法。（如“目前很多网民都有过浏览黄色网站的经历，您觉得黄色网站对他们的危害有哪些?”）③模糊处理。模糊处理主要是指通过采用档次法设计答案的办法。（如“您的工资状况如何? A. 300元以下；B. 300～800元；C：800～1500元；D：1500～3000元；E. 3000以上。”）④变化措词。（如“您没有购买音响的原因？A. 买不起；B. 住房拥挤；C. 不会使用；D. 目前用不着。”这种答案的设计有可能伤害被调查者的自尊，可将备选答案改成“A. 价格不合适；B. 住房不允许；C. 没有机会试用；D. 实用性不强。”）

5. 结束语的设计

通常，可简单地用一句话作为结束语，如“我们的访问到此结束了，感谢您的支持与合作。”

案例 5-3　武汉茂记鞋厂品牌调查访问卷

下面全文收录的，是武汉茂记鞋厂对武汉地区消费者购鞋行为因素和该厂品牌的调查问卷。

武汉地区消费者购鞋行为因素和茂记品牌调查访问卷

尊敬的消费者：

您好，我是武汉茂记皮鞋有限公司的市场调查访问员，非常感谢您在百忙之中抽出一点时间配合我们的调查。此次调查主要了解您在选购皮鞋时主要考虑的因素和偏好，以及您对武汉茂记皮鞋的了解状况，同时请您为武汉茂记皮鞋提出宝贵的建议。谢谢您的支持和配合！本次活动的赠品为茂记皮鞋通讯录、茂记皮鞋购物优惠券等。

一、您的基本资料

1. 性别

男□　女□

2. 年龄

20 岁以下□　21 ~30 岁□　31 ~40 岁□　41 岁以上□

3. 职业

学生□　企业事业单位人员□　个体工作者□　其他□（请注明）

4. 个人月收入

500 元以下□　501 ~1000 元□　1001 ~1500 元□　1500 元以上□

5. 身高（男士填）

170cm 以下□　170 ~175cm□　175 ~180cm□　180cm 以上□

二、消费者购鞋行为调查

1. 您平均一年购买皮鞋（或皮凉鞋）几双?

4 双以下□　4 ~8 双□　8 双以上□

2. 您常在什么时间买鞋?

换季时□　节假日前后（包括节假日）□　周末闲暇时□　平时，无特意安排□

3. 您买鞋的原因是什么?

旧鞋坏得不能穿了□　出了新款鞋□　随便逛，看着喜欢就买□

大减价，让利销售□　过特殊节日或出席特殊场合□　送礼□　其他□（请注明）

4. 您在什么地方买鞋?

各大商场□　鞋业超市（如江汉路百信鞋业等）□

大兴路鞋业批发市场□　商业街上的鞋业专卖店或精品店□

鞋业集散点（如汉口清芬路各自摆摊点等）□　其他地方□（请注明）

5. 您买鞋的价格常在多少?

100 元以下□　100 ~300 元□　300 ~400 元□　400 元以上□

6. 您买鞋最注重的因素是什么?（请将您选择的因素按重要性排序，用 1，2，3…表示）

价格□　款式□　舒适度□　品牌□　用料（指皮、革等不同材料）□

经久耐穿□　其他□（请注明）

7. 您对款式的要求?

新颖时尚□　新奇怪异，极具个性□　大众化，无特殊要求□　合适得体□

其他□

8. 您对鞋跟有什么要求？

女士：高跟□　平跟□

（以下为选择高跟者填写）

鞋跟的类型：小细跟□　粗点、厚实一点的跟□　坡跟□

鞋跟的高度：1～5cm□　5～10cm□　10cm 以上□

男士：您听说过隐形高跟鞋吗？

听过□　没有□

您有购买隐形高跟鞋的需要吗？

有□　没有□

您买过隐形高跟鞋吗？

买过□　没有□

您想定制合脚、增加理想高度的增高鞋吗？

想□　不想□

您愿意为定制多支出的价格为多少？

只要加钱就不定制□　50 元以内□　50～100 元□　100～200 元□

合适就好，价格是次要的□　其他□

9. 您对鞋底有什么要求？

牛筋底□　橡胶底□　泡沫底□　不太关注□　其他□

10. 您对鞋的其他方面的功能有要求吗？

保健功能□　减少或者消除脚臭□　其他特殊功能□（请注明）

11. 您经常购买什么品牌的鞋？

国际名牌，如花花公子、鳄鱼等□　国内名牌，如森达、红蜻蜓等□

省内、市内名牌，如茂记等□　其他品牌□　没有定向选择，合适就好□

三、对茂记皮鞋的了解状况及意见

1. 您听说过茂记皮鞋吗？

很了解□　有些了解□　听说过，但不怎么了解□　完全没有听说过□

2. 您是通过什么渠道了解到茂记皮鞋的？

亲戚朋友□　报纸杂志□　商店□　其他□

3. 您买过茂记皮鞋吗？

经常买□　偶尔买过□　没买过□

4. 您对茂记皮鞋有哪些印象和看法？

质量：很好□　不错□　一般，还可以□　不怎么样□　完全不行□

用料：精良□　不错□　一般，还可以□　不怎么样□　完全不行□　不会鉴别皮料□

款式：时尚□　尚能跟得上潮流□　不怎么样，很一般□　很陈旧，变化少□

售后服务（换鞋、修鞋、退鞋等）：非常满意□　基本满意□　不怎么满意□　好像没有什么售后服务□

5. 您对茂记皮鞋有什么意见？（任选您认为最重要的三项，或者自己写）

式样过于陈旧，要翻新□　质量要改进□　价格过高□　宣传不力□

售后服务要加强□　其他□（请注明）

访问完毕，谢谢您的支持！

四、营销预测的方法

科学的营销决策，不仅要以营销调研为出发点，而且要以营销预测为依据。营销预测方法大体上可以分为定性预测和定量预测两大类。定性预测法是指预测者运用自己的实践经验和判断分析能力，对研究对象未来的发展变化趋势作出估计。定量预测法依据必要的统计资料，借用数学方法特别是数理统计方法，对研究对象在数量上的未来表现进行预测。在此介绍几种基本方法。

1. 定性预测方法

（1）集合意见法。集合意见法就是集合企业内部经营管理人员、业务人员等的意见，凭他们的经验和判断共同讨论市场趋势而进行市场预测的方法。由于经营管理人员、业务人员等比较熟悉市场需求及其变化动向，他们的判断往往能反映市场的真实趋向。因此，集合意见法是进行短期或近期市场预测常用的方法。

集合意见法的具体步骤如下：第一步，预测组织者根据企业经营管理的要求，向研究问题的有关人员提出预测项目和预测期限的要求，并尽可能提供有关资料。第二步，有关人员根据预测要求及掌握的资料，凭个人经验和分析判断能力提出各自的预测方案。具体包括以下几项内容：确定未来市场的可能状态（两种或两种以上）；确定各种可能状态出现的概率（主观概率）；确定每种状态下市场指标可能达到的水平（状态值）。第三步，预测组织者计算各有关人员预测方案的方案期望值。方案期望值等于各种可能状态的主观概率与状态值乘积之和。第四步，将参与预测的有关人员分类，如厂长（经理）类、管理职能科室类、销售人员类等，计算各类的综合期望值。综合方法一般采用平均数、加权平均数或中位数统计法。第五步，确定最终的预测值。预测组织者采用统计法得到综合预测值后，还应当参照当时市场上正在出现的苗头，考虑是否需要对综合预测值进行调整。

案例5-4　某化妆品零售企业未来销售预测分析

某零售企业为确定明年化妆品的销售预测值，要求经理和业务科、计划科、财会科，以及化妆品部的销售人员均作出年度销售预测。具体步骤如下：

1）三位经理、不同管理单位和五位销售人员根据各自的分析判断，作出预测。各预测结果分别如表5-1、表5-2和表5-3所示。

表5-1　经理的预测　（单位：万元）

经　理	估计值				期望值	权　数
	最高值	概　率	最低额	概　率		
甲	5800	0.9	5500	0.1	5770	0.5
乙	6000	0.7	5500	0.3	5850	0.3
丙	5400	0.8	5200	0.2	5360	0.2

表 5-2 管理单位的预测 （单位：万元）

单位	估计值						期望值	权数
	最高值	概率	中等额	概率	最低额	概率		
业务	6000	0.2	5500	0.6	5000	0.2	5500	0.4
计划	5800	0.3	5400	0.5	3900	0.2	5220	0.3
财务	6200	0.1	5800	0.5	5000	0.4	5520	0.3

表 5-3 销售人员的预测 （单位：万元）

销售人员	估计值						期望值	权数
	最高值	概率	中等额	概率	最低额	概率		
甲	5000	0.3	3500	0.5	2000	0.2	3650	0.2
乙	4800	0.2	4000	0.6	3000	0.2	3960	0.1
丙	4500	0.2	4200	0.5	3400	0.3	4020	0.3
丁	4300	0.3	3800	0.5	3300	0.2	3850	0.2
戊	4000	0.2	3800	0.7	2000	0.1	3660	0.2

2）计算各类人员的方案预测值。根据表 5-1、表 5-2、表 5-3 所示的经理、管理单位和销售人员预测方案期望值的权数，各类综合预测值分别为

经理类

$$Y_1 = 5770\text{ 万元} \times 0.5 + 5850\text{ 万元} \times 0.3 + 5360\text{ 万元} \times 0.2 = 5712\text{ 万元}$$

管理单位类

$$Y_2 = 5500\text{ 万元} \times 0.4 + 5220\text{ 万元} \times 0.3 + 5520\text{ 万元} \times 0.3 = 5422\text{ 万元}$$

销售人员类

$$\begin{aligned} Y_3 = & 3650\text{ 万元} \times 0.2 + 3960\text{ 万元} \times 0.1 + 4020\text{ 万元} \times 0.3 \\ & + 3850\text{ 万元} \times 0.2 + 3660\text{ 万元} \times 0.2 = 3834\text{ 万元} \end{aligned}$$

3）计算企业的综合预测值。一般来说，经理的预测方案统观全局，既能体现领导部门的要求，又能反映企业经营管理的现状，因而应给予较大的权数；而业务人员的预测方案，由于与他们承担的责任有关，一般偏低，所以就应给予较小的权数；至于管理单位的预测方案，因他们直接从事经营管理活动，其预测值一般能较好反映客观实际，因此其权数应高于业务人员的方案。假设经理方案的权数为 3，管理单位方案的权数为 2，业务人员方案的权数为 1，则企业的综合预测值为

$$Y = \frac{5712\text{ 万元} \times 3 + 5422\text{ 万元} \times 2 + 3834\text{ 万元} \times 1}{3 + 2 + 1} = 5302.3\text{ 万元}$$

4）对企业综合预测值作适当调整。经过对三类人员所作预测值进行加权平均后得到的这个综合预测值既低于经理层的综合预测值，也低于管理层的综合预测值，显然是受业务层综合预测值比较保守的影响所致。为此，要对其进行调整。对企业综合预测值的调整，可以通过召开会议，互相交换意见，经过互相启发，互相补充，克服个人主观判断的局限性。在充分发表意见的基础上，由预测组织者果断拍板，确定最终预测值。

（2）专家意见法。专家意见法又称德尔菲法，是美国兰德公司于20世纪40年代末提出的。在实施时，首先组成包括经销商、分销商、营销顾问或其他权威人士的专家小组，人数不宜过多，一般在20人左右，各专家只与调查员发生联系。专家意见法有如下优点：能发挥各位专家的作用，集思广益，准确度高；采取单线联系，有利于避免偏见，尤其可避免权威人士意见对其他人的影响；有利于各专家参考别人的意见修正自己的意见和判断，不致碍于情面而固执己见。

德尔菲法的具体步骤如下：首先，提出所要预测的问题及有关要求，必要时附上有关这个问题的背景材料，然后一并寄给各专家。随后，各专家根据所掌握的资料和经验提出自己的预测意见，并说明自己主要使用哪些资料提出预测值。这些意见要以书面形式返回给调查人员。接下来，调查人员将各专家的第一次预测值和说明列成一表，再次分发给各位专家，以便他们比较自己和他人的不同意见，修改自己的意见和判断。第一次修改意见返回后，调查人员将所有专家的修改意见置于一个修正表内，再分发给各位专家作第二次或多次修改。最后，综合各位专家的意见，便可获得比较可靠的预测值。

案例5-5　某区域市场未来空调机需求预测分析

某空调机厂要对所在地区未来空调机的需求情况进行预测，聘请了9位专家，进行四轮的征询、反馈、修改汇总后得到如表5-4所示的数据。

表5-4　空调机需求德尔菲预测表　（单位：万台）

征询次数	专家									中位数	极差
	1	2	3	4	5	6	7	8	9		
1	50	45	23	52	27	24	30	22	19	27	33
2	46	45	25	43	26	24	29	24	23	26	23
3	35	45	26	40	26	25	27	24	23	26	22
4	35	45	26	40	26	25	27	24	23	26	22

从表中可以看出，专家的第一轮意见汇总得出的中位数为27万台，极差为33万台。数据表明，专家的意见相当分散。在随后的几轮征询中，专家根据反馈意见，大多数人修改了自己的意见并向中位数靠拢，因此，第二轮意见汇总后极差变小。到第四轮征询时，每位专家都不再修改自己的意见，于是得出最终的预测值。综合各位专家的意见可以认为，空调机的年需求量未来可能达到26万台。但22万台的极差也同时反映出，专家们的意见分歧仍然很大。

2. 定量预测方法

（1）时间序列分析法。时间序列分析法也称趋势外推法，它是将某一预测对象的观测值，按时间顺序排列，运用一定的数学方法使其向外延伸，从而求得变量未来数值的预测方法。比较基础的时间序列分析法为移动平均法。它是指由连续移动形成的各组数据，用算术平均法计算各组数据的移动平均值，并将其作为下一期预测值。一次移动平均法的计算公式为

$$Y_{t+1} = M_t^{(1)} = \frac{x_t + x_{t-1} + \cdots + x_{t-n+1}}{n}$$

式中，Y_{t+1}为下一期的预测值；$M_t^{(1)}$ 为第 t 期的一次移动平均值；x_t为第 t 期的观察值；n 为数据的个数，即移动平均期数。

案例 5-6 某企业季末库存预测分析

表 5-5 所示为某商业企业季末库存的资料，试用一次移动平均法对该企业下一季季末的库存进行预测。

表 5-5 某企业季末库存资料 （单位：万元）

观察期	观察期季末库存	$n=3$		$n=5$	
		$M_t^{(1)}$	$\|e_t\|$	$M_t^{(1)}$	$\|e_t\|$
1	10.6	—	—	—	—
2	10.8	—	—	—	—
3	11.1	—	—	—	—
4	10.4	10.83	0.43	—	—
5	11.2	10.77	0.43	—	—
6	12	10.9	1.1	10.82	1.18
7	11.8	11.2	0.6	11.1	0.7
8	11.5	11.67	0.17	11.3	0.2
9	11.9	11.77	0.13	11.38	0.52
10	12	11.73	0.27	11.68	0.32
11	12.2	11.8	0.4	11.84	0.36
12	10.7	12.03	1.33	11.88	1.18
13	10.4	11.63	1.23	11.66	1.26
14	11.2	11.1	0.1	11.44	0.24

由表 5-5 可以看出，季末库存额总的来说无明显趋势变动，但存在一些小的波动。为了消除随机因素引起的不规则变动，对观察值作一次移动平均，并以移动平均值为依据预测库存额的未来变化。为了对比不同移动平均期数的预测误差的不同，分别取跨越期 $n=3$ 和 $n=5$ 同时计算。

1）当 $n=3$ 时，计算一次移动平均值，并将其作为下一期的预测值。

$$M_3^{(1)} = \frac{x_3 + x_2 + x_1}{3} = \frac{(11.1 + 10.8 + 10.6)\text{ 万元}}{3} = 10.83\text{ 万元}$$

$$\vdots$$

$$M_{13}^{(1)} = \frac{x_{13} + x_{12} + x_{11}}{3} = \frac{(10.4 + 10.7 + 12.2)\text{ 万元}}{3} = 11.1\text{ 万元}$$

2）计算各期由移动平均值所估算的预测值与实际观察值的离差绝对值，并计算平均绝对误差。

$$\text{MAE} = \frac{\sum |e_t|}{n} = \frac{6.19\text{ 万元}}{11} = 0.563\text{ 万元}$$

当 $n=5$ 时，可同理计算得到预测值和平均绝对误差（见表 5-5）。此时，$\text{MAE}=\frac{\sum|e_t|}{n}=\frac{5.96\text{ 万元}}{9}=0.662$ 万元，明显大于 $n=3$ 时的预测误差，所以确定移动平均期数为 3。

3）对下期（第 15 期）季末库存额进行预测。

$$Y_{15}=M_{14}^{(1)}=\frac{x_{14}+x_{13}+x_{12}}{3}=\frac{(11.2+10.4+10.7)\text{ 万元}}{3}=10.77\text{ 万元}$$

从这个例子可以看出，一次移动平均可以消除由于偶然因素引起的不规则变动，同时又保留了原时间序列的波动规律，而不是简单地仅用若干个观察值的平均数作为预测值。另外，每一个移动平均值只需几个观察值就可计算，需要储存的数据很少。但是，一次移动平均市场预测法也有其局限性：一方面，这种方法只能向未来预测一期；另一方面，对于有明显趋势变动的市场现象时间序列，一次移动平均值存在滞后偏差。

（2）因果关系分析法。企业在市场营销活动中，各种不用的经济变量之间往往是相互依存、相互联系的，一个变量的变化会引起另一个变量的变化，这就是因果关系。回归分析是研究两个以上变量之间相关关系的方法，它从定量的角度寻找变量之间的因果关系，从而判断某些因素的变化对其他因素的影响。例如，通过建立销售量与价格、广告费、推销人员数量等的相关性数学模型判断价格、广告费，以及推销人员数量的变化对销售量的影响程度。

回归分析的主要步骤如下：首先，从一组原始数据出发，确定变量之间的定量关系，即确定模型的具体形式和模型参数的估计值；其次，对这些定量关系式的可信度进行统计检验；再次，从影响因变量的许多变量中判断和选择最重要的影响因素；最后，利用模型进行预测。一元回归分析是最简单的回归分析，它研究一个自变量 x 与因变量 y 的线性相关关系，其基本公式为

$$y=a+bx$$

式中，a 和 b 为回归系数，根据一系列的 x_i 值和对应的 y_i 值求得；这里的 x_i 和 y_i 是变量 x 与 y 的历史数据（共有 n 个历史数据）。参数 a 和 b 的值可通过如下公式求得

$$a=\bar{y}-b\bar{x}$$

$$b=\frac{\sum_{i=1}^{n}x_iy_i-n(\bar{x}\bar{y})}{\sum_{i=1}^{n}x_i^2-n(\bar{x})^2}$$

除了知道两变量之间的关系外，还要知道这种关系的程度如何，因此要进行相关性分析。相关系数是用来描述变量之间关系密切程度的指标，其计算公式为

$$r=\frac{\sum_{i=1}^{n}(x_i-\bar{x})(y_i-\bar{y})}{\sqrt{\sum_{i=1}^{n}(x_i-\bar{x})^2\sum_{i=1}^{n}(y_i-\bar{y})^2}}$$

相关系数通常的取值范围为 $-1\leqslant r\leqslant 1$。r 越接近 1 或 -1，表示 x 与 y 的关系越密切；r 越接近 0，表示 x 与 y 的相关关系越弱。

案例 5-7　某公司产品销售额预测分析

某公司在某段时间（10 个季度）的销售额 y 与广告费支出 x 见表 5-6，根据企业第 11 季度的广告预算，试用一元线性回归法对该季度的销售额进行预测。

1）求回归方程。

表 5-6　回归系数计算表　（单位：万元）

序　号	x_i	y_i	x_iy_i	x_i^2
1	4	500	2000	16
2	6	500	3000	36
3	1	100	100	1
4	2	300	600	4
5	2	200	400	4
6	1	200	200	1
7	3	300	900	9
8	7	700	4900	49
9	9	800	7200	81
10	5	600	3000	25
合计	40	4200	22300	226

$$其中，\bar{x} = \frac{\sum_{i=1}^{n} x_i}{n} = \frac{40\ 万元}{10} = 4\ 万元；\bar{y} = \frac{\sum_{i=1}^{n} y_i}{n} = \frac{4200\ 万元}{10} = 420\ 万元$$

$$b = \frac{22300\ 万元 - 10 \times 4\ 万元 \times 420\ 万元}{226\ 万元 - 10 \times 4^2\ 万元} = 83.3；a = 420\ 万元 - 83.3\ 万元 \times 4 = 86.7$$

因此，一元一次回归模型为

$$y = 86.7 + 83.3x$$

销售额与广告费用的这个相关模型表明，销售额随广告费的增长成正比增长。广告费每增加 1 万元，销售额增加 83.3 万元。在没有广告费的情况下也有一定的销售额 86.7 万元。需要注意的是，这种模型通常都会有一定的有效范围。销售额不会随广告费的增长而无限上升，广告费超出一定限度后，销售额的增长将呈下降趋势。

2）模型的显著性分析

相关系数计算表如表 5-7 所示。

表 5-7　相关系数计算表　（单位：万元）

序　号	x_i	y_i	$x_i - \bar{x}$	$(x_i - \bar{x})^2$	$y_i - \bar{y}$	$(y_i - \bar{y})^2$	$(x_i - \bar{x})(y_i - \bar{y})$
1	4	500	0	0	80	6400	0
2	6	500	2	4	80	6400	160
3	1	100	−3	9	−320	102400	960
4	2	300	−2	4	−120	14400	240
5	2	200	−2	4	−220	48400	440
6	1	200	−3	9	−220	48400	660
7	3	300	−1	1	−120	14400	120

（续）

序　号	x_i	y_i	$x_i-\bar{x}$	$(x_i-\bar{x})^2$	$y_i-\bar{y}$	$(y_i-\bar{y})^2$	$(x_i-\bar{x})(y_i-\bar{y})$
8	7	700	3	9	280	78400	840
9	9	800	5	25	380	144400	1900
10	5	600	1	1	180	32400	180
合计	40	4200		66		496000	5500

$$r=\frac{5500}{\sqrt{66\times496000}}=0.961$$

$r=0.961$ 说明广告费与销售额具有很强的正相关关系，用求得的回归方程近似地描述广告费与销售额之间的关系是可信的。若将第 11 季度的广告支出代入该回归模型方程式，就可求得该季度销售额的预测值。更多关于显著性检验和置信区间的探讨，请读者查阅相关统计学书籍，本书在此不作更多阐述。

第二节　企业宏观环境分析

企业总是处在不断变化的宏观环境中。宏观环境变化既可能为企业提供机会，也可能形成某种威胁。一般来说，宏观环境因素可以概括为以下四类：政治法律环境 P（Political and Law）、经济环境 E（Economic）、社会文化和自然环境 S（Social and Cultural）以及技术环境 T（Technological），PEST 法则是分析宏观环境的基本工具。企业的主要外部环境影响因素如图 5-1 所示。企业一般不可能控制宏观环境因素及其变化。例如，仅靠几个企业的力量是不可能改变国家的政策法令和社会的风俗习惯的，更不可能控制人口的增长

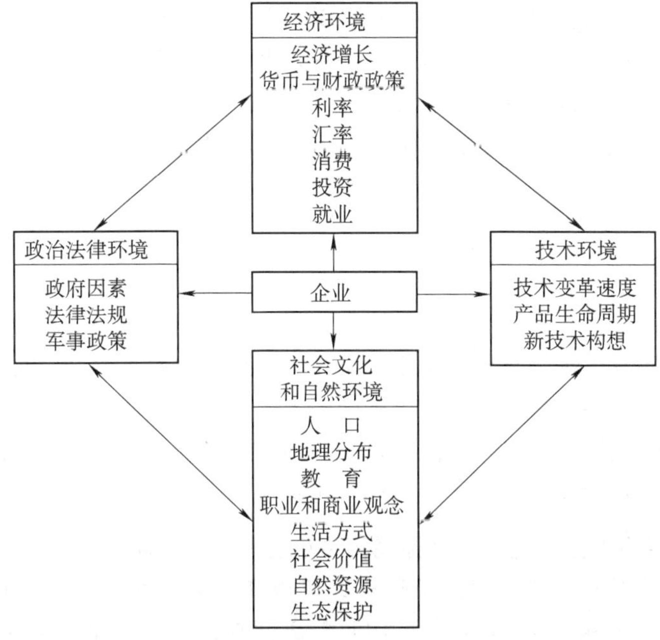

图 5-1　企业的主要外部环境影响因素

及消费时尚，等等。然而，企业可通过了解宏观环境因素及其变化趋势来主动制定和调整营销战略，或顺势而发，充分利用宏观环境提供的机会；或料事于未然，及时化解宏观环境可能给企业带来的不利影响。

一、政治法律环境

企业宏观环境中的政治法律因素主要包括：①政治的稳定性。企业在进入某市场之前，特别是进入国外市场之前，不仅要考虑该地区目前的政治气氛，还要考虑未来的政治稳定性，包括社会变迁、政治改革、政策法规的连续性等。②国家的发展战略。在市场上想长期生存的企业不得不关注国家的发展战略，以期享受财政、金融、贸易等方面的优惠政策，并能从国家的发展规划中找到企业自身的发展方向。③相关立法等。国家对企业立法通常有以下三个目的：一是保护各企业利益不受损害；二是保护消费者的正当权益；三是保护社会的更大利益不受失去约束的商业行为的危害。企业应当熟悉国家的相关法律法规，从而用来正确指导自己的营销决策。

案例 5-8 哈默的酒桶创收案

19 世纪中期，美国一些地方的居民开始寻求以法律手段制裁酒徒。这种呼声渐渐得到了全国范围的响应，特别是以维护传统家庭为己任的妇女。1919 年美国国会通过宪法第 18 号修正案，也就是《全国禁酒令》，并于 1920 年起正式生效。

当美国大组织家哈默 1931 年从苏联回到美国时，当时的美国正处于总统大选时期。哈默深入研究了当时美国的政治形势，分析后得出结论：罗斯福将会执掌美国政权。哈默认为，罗斯福曾经在竞选纲领中提出要废除《全国禁酒令》，一旦罗斯福新政得势，1920 年公布的禁酒令就会废除，压抑已久的全国范围内对啤酒和威士忌的需求将全面释放，并将直接拉动对酒桶的需求。哈默在苏联住了多年，十分清楚苏联人有制作酒桶用的白橡木可供出口。于是，他毅然决定向苏联订购几船木板，并在纽约码头附近设立一间临时性的酒桶加工厂，后来又在新泽西州建造了一个现代化的哈默酒桶厂。

当哈默的酒桶从生产线上滚滚而出之时，正好是罗斯福掌管总统大权和废除禁酒令之际。美国人对啤酒和威士忌的需求空前高涨，各酒厂产量也随之直线上升。哈默的酒桶顿时成为抢手货，企业一举获得了非常可观的盈利。

二、经济环境

经济环境是指构成企业生存和发展的社会经济状况及国家的经济政策，包括社会经济结构、经济体制、经济发展状况及发展速度、宏观经济政策要素、生产力布局、银行信贷和市场发育程度等。衡量这些因素的经济指标有国民生产总值、就业水平、物价水平、消费支出水平、消费支出分配规模、国际收支情况以及利率、通货供应量、政府支出、汇率等国家货币和财政政策等。与政治环境相比，经济环境对企业生产经营的影响更加密切和具体。

案例 5-9 从温州老板出逃透视我国民营中小企业融资环境

2011 年，全国各地尤其是温州频繁曝出民间借贷资金链断裂以及老板跑路的消息，其中还有不少担保公司老板跑路的传闻。2011 年 9 月后，在温州的一些网站开始流传一份《近期温州老板跑路清单》，其中涉案金额达到了几千万、几亿甚至十多个亿的规模。温州地区中小企业出现生存问题，是其疯狂借取高利贷导致的必然结果，更反映出我国民营企业融资环境的严峻。

目前，我国的民营中小企业信用市场还没有完全建立起来，对银行来说，贷款给这样的民营企业存在巨大的风险，通常要求抵押贷款。而一些没有资信却迫于发展的中小民营企业，只能转向民间借贷资本寻求资金。温州民间资本超过6000亿元，且每年以14%的速度增长，其中参与民间借贷的资本约1100亿元，占全市银行贷款的20%左右。近年来，由于劳动力价格和原材料价格大幅度上涨，企业的生存压力增大。加上国家推行紧缩的货币政策，央行连续数次提高存款准备金率，提高官方融资门槛的同时，也提高了民间借贷的成本。2011年以来，温州民间借贷综合利率持续上扬，2011年8月，温州民间借贷综合利率首次突破25%，比年初提高了2.08个百分点，同年9月份，民间借贷综合利率又升到25.44%，处于阶段性高位。而在温州做实业，大多数中小企业的毛利润不会超过10%，一般为3%~5%，借高利贷却又无法偿还，终于把温州民营中小企业逼上绝路。有识之士指出，温州老板跑路事件反映出作为企业的老板要认清形势，合理企业发展步伐。但政府也应出台鼓励性经济政策，加大对中小企业的信贷支持，同时逐步规范民间资本市场。

三、社会文化及自然环境

社会文化环境是指企业所处的社会结构、社会风俗和习惯、信仰和价值观念、行为规范、生活方式、文化传统、人口结构和规模以及地理分布等因素。自然环境是指企业所处的自然资源与生态环境，包括土地、森林、河流、海洋、生物、矿藏、能源、水源、环境保护、生态平衡等方面的发展变化。

社会文化和自然环境对企业生产经营产生的影响是不言而喻的。以社会文化环境为例，不同的国家、地区和民族对图案、颜色、数字、动植物等都有不同的喜好与不同的使用习惯，因此消费嗜好、消费模式、消费行为等都有很大不同。例如，中东地区严禁带六角形的包装；英国忌用大象、山羊作商品装潢图案；墨西哥人视黄花为死亡，红花为晦气，但喜爱白花，认为白花可驱邪；可白花在许多亚洲国家代表死亡和丧事；德国人忌用核桃，认为核桃是不祥之物；日本人忌荷花、梅花图案，以绿色为不祥；南亚有一些国家忌用狗作商标；在法国，仙鹤是蠢汉和淫妇的代称，法国人还特别厌恶墨绿色，这是基于对第二次世界大战的痛苦回忆；新加坡华人很多，所以对红色、绿色、蓝色都比较喜好，但视黑色为不吉利；我国港台商人忌送茉莉花和梅花，因为“茉莉”与“末利”同音，“梅花”与“霉花”同音。我国是一个多民族国家，各民族都有自己的文化传统和风俗习惯。企业营销人员应了解和注意不同国家、地区和民族的消费习惯与爱好，做到“入境随俗”。

案例5-10　宝洁公司的教训

美国婴儿尿布头号生产商、世界知名的市场营销战略之王——宝洁公司跨国经营婴儿尿布的教训具有代表性。宝洁公司在20世纪80年代把美国市场上最受欢迎的婴儿尿布引出国界，进入中国香港和德国的市场。在一般情况下，宝洁公司每进入一个市场都要经过“实地试营销”，以发现可能存在的问题。但是这次宝洁公司认为，这种尿布已经在美国销售多年，受到普遍好评，因此，决定跨越试销阶段，直接进入中国香港和德国的市场。可是，接下来的事情却大大出乎宝洁公司的意料。香港的消费者反映，宝洁公司的尿布太厚，而德国的消费者却反映，宝洁公司的尿布太薄，吸水性能不足。同样的尿布，怎么可能同时太厚又太薄呢？宝洁公司经过详细调查才发现，婴儿一天的平均尿量虽然大体相同，婴儿尿布的使用习惯在中国香港和德国却大不相同。中国香港的消费者把婴儿的舒适当成做母亲应关注的头等大事，孩子一尿就换尿布，因此，宝洁公司的尿布就显得太厚了；而德国母亲比较制度化，早晨给孩子换块尿布，然后到晚上再换一块，于是宝洁公司的尿布就显得太薄了。

四、技术环境

技术环境是指目前社会技术总水平及变化趋势、技术变迁、技术突破对企业的影响，以及技术对政治环境、经济环境、社会环境之间的相互作用的表现等。这里所说的技术当然包含了硬件技术和软件技术两个方面。硬件技术是指一切对企业颇为重要的物质化的新技术，包括新材料、新能源、新工艺、新设备和新产品等；软件技术是指可以直接用于生产产品的信息化技术，同时还包括管理思想、经营策略等。技术的进步和变革在为企业提供机遇的同时，也对其形成了威胁。

案例 5-11　“百万”与“彩虹”的滞与销

近年来，蓉城成都市场上出现的一件事颇为引人注目：闻名遐迩、以往销路极好的百万牌蚊帐连年滞销积压，而彩虹牌电热灭蚊器却在市场上占尽风头。两种商品，同为避蚊，在市场上一衰一盛，呈现出巨大的反差。

百万牌蚊帐是由成都百万蚊帐有限公司生产经销的，总经理是大名鼎鼎的“杨百万”——杨义安。1980 年，杨义安以 500 元起家，凭着他的精明办起了蚊帐作坊（后改为公司），自产自销精美实用的尼龙蚊帐和花边锦纶长丝蚊帐，“洁而雅、柔而实”的“百万”蚊帐很快在市场上走红。1998 年销售蚊帐 9 万余顶，遍及全国 20 多个省、市、自治区，总产值 500 万元。接着，杨氏挟勇而进，在全国最大的国营百货商店上海“一百”和北京王府井百货大楼占得一隅，设下“百万”蚊帐专柜。那时，“百万”蚊帐销遍天下无敌手，连港澳报纸也称杨义安是“中国蚊帐王”。殊不知，市场像“三月的天，娃娃的脸”，说变就变。现在的“百万”公司一片萧条，企业已经全面停产，100 多名职工无活可干。

是人们的生活环境不再需要驱蚊避蚊了吗？当然不是。在“百万”蚊帐为销售发愁时，成都电热器厂生产的彩虹牌电热灭蚊器却凯歌高奏，涌进千家万户，产量和质量都夺得全国同行业的桂冠。几年前，这家成都市轻工局所属企业曾面临崩溃。厂长刘荣富没有退缩，发动全厂 400 多名职工出主意、想办法，千方百计调动科技人员积极性，开发中小型家用新产品。经科技人员紧张攻关，企业终于试制成功了灭蚊器，并随后从日本引进了灭蚊药片生产线。“彩虹”电热灭蚊器一投放市场，就以其神效、价廉、使用方便大受欢迎，当年就销出 25 万个、灭蚊药片 60 万盒。工厂乘胜前进，进一步增加品种，改进功能，9 个月便实现产值 2800 万元，利润 350 万元。

当前，新技术俨然成为一种“创造性破坏”因素。如晶体管危害了真空管行业，复印机伤害了复写纸行业，汽车使铁路的经营日趋惨淡，电视拉走了电影的观众，数码相机打击了光学相机的销售。对于这种“创造性的破坏力量”，如果率先掌握它，就会为企业带来大量垄断利润；如果老行业对新技术的出现不予理会，甚至压制它、轻视它，那么，那些老行业的生意必定衰落下去。

需要指出的是，企业的经营活动总是要受到宏观环境的制约，希望在没有任何限制条件下经营完全是一种幻想。企业要想在竞争中生存，必须能够巧妙地避开甚至是利用限制条件为企业发展寻求机会。据说，上海市作出1t以上货不可进入中环的决定没过几天，日本企业就造出了载重0.9t的货车。蟹肉是美国人餐桌上的美味佳肴，当美国政府制定出禁止捕捞巨蟹的法令后，日本的一家企业立即组织力量进行技术攻关，制造出了色泽、肉质与蟹肉一样美味的“人造蟹肉”，成为美国市场上的畅销产品。正是某些条件的“限制”，使日本企业找到了市场机会。把限制条件换个角度思考，其所提供的正是市场机会。正所谓环境无好坏，营销无定法，而真正起决定作用的是营销策划人员的智慧和眼光。

第三节 行业竞争环境分析

企业所直接面临的是其所在的行业。迈克尔·波特在《竞争战略》一书中，从产业组织理论的角度，提出了产业结构分析的基本框架——五种竞争力量分析（Five Forces）。波特认为，在每一个行业中都存在着五种竞争力量，即潜在竞争者、替代品的威胁、购买者的讨价还价能力、供应者的讨价还价能力以及现有竞争者之间的竞争。按照波特的五种因素模型，一个行业的竞争，远不止仅在现有竞争对手之间进行，而是存在着五种基本的竞争力量。我们可以把供应者和购买者的讨价还价能力看成是“纵向”的竞争，其他的三项是“横向”的竞争。它们之间的关系如图5-2所示。这五种竞争力量对企业的行业环境产生作用，它们的状况及其综合强度，决定了行业竞争的激烈程度，进而决定着整个行业获得利润的能力。

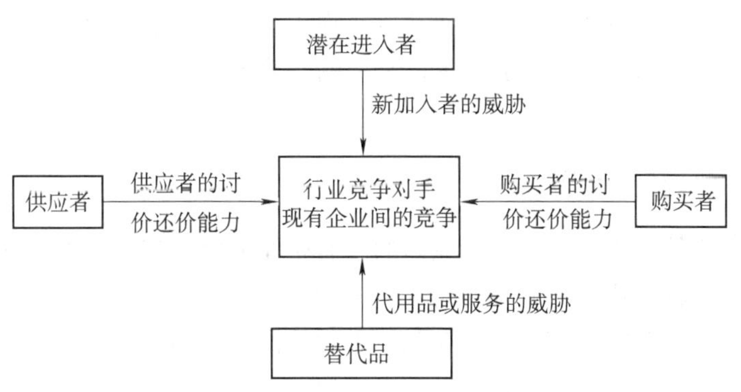

图5-2 驱动产业竞争的力量

一、潜在进入者的威胁

高额利润永远是企业追求的主题。当某一个行业，尤其是某一个新兴行业获得高额利润时，不仅会刺激行业内的现有企业增加投资来提高生产能力，而且会吸引行业外的潜在进入者进入该行业。潜在进入者的进入将在两个方面减少现有厂商的利润：一方面，进入者会瓜分原有的市场份额，获得一些业务；另一方面，进入者减少了市场的集中，从而激发现有企业的竞争，导致减小了价格—成本差。对于一个行业来说，进入者造成的威胁，即进入威胁的大小取决于其面临的进入障碍与准备进入者可能遇到的行业内现有企业的反击强度。如果进入障碍大，原有的企业激烈反击，进入者难以进入本行业，那么潜在进入者的威胁就会小。

二、替代品的威胁

替代品是指那些与本行业的产品具有同样功能或者说功能可以相互替代的产品。替代品往往是新技术与社会新需求的产物。对于现有的行业来说，替代品的威胁是不言而喻的。例如，我国当年有 13 家企业联合成立了“华录集团”，雄心勃勃地要发展中国的录像机产业。但是由于我国 VCD 影碟机的快速发展，使得华录集团彻底失败了。可以说替代品与本行业产品的较量是一个淘汰和反淘汰的过程。正因为如此，本行业与生产替代品的其他行业进行对抗常常表现为本行业采取共同措施和集体行动。当然，如果替代品是一种顺应时代发展潮流的东西，并且具有强大的实力，此时与替代品的竞争就是不现实、不理智的。那么，在这种情况下，还不如采取积极引进的态度跟上时代潮流，谋求新的发展。

三、供应者和购买者的讨价还价能力

五种竞争力量模型的水平方向是对产业价值链（Value Chain）的描述。它反映的是产品或服务从获取原材料到最终的产品分配和销售过程。企业战略分析的一个中心问题就是如何组织纵向链条。产业价值链描述了厂商之间为生产最终交易的产品或服务所经过的价值增值过程。产业价值链上的每一个环节，都具有双重的身份：对其上游单位而言，它是购买者；对其下游单位而言，它是供应者。购买者和供应者的讨价还价能力主要取决于价值升值的两个方面——功能与成本。讨价还价的双方都希望自己能够在交易中获得更多的价值增值。因此，购买者希望买到物美价廉的产品，而供应者则希望提供质次价高的产品。较强讨价还价能力的供应者和购买者将极大地瓜分掉行业利润，并加剧整个行业的竞争。

四、行业内现有企业的竞争

行业内现有企业的竞争是指一个行业内的已有企业为争夺市场占有率而进行的竞争。行业内现有企业的竞争就是狭义上所说的竞争。不同的行业现有企业间的竞争激烈程度是不一样的，有的比较缓和，有的比较激烈。在竞争激烈的行业，如我国的彩电行业，多数企业获利较低；而竞争相对缓和的行业，如我国的电信业，许多企业获利丰厚。

综合以上分析，一个行业的获利能力和水平，并不单纯地取决于产品的外观或者其技术含量的高低，也不仅仅取决于现有竞争者的规模和数量，而是取决于行业的结构特征。比如说一个行业的产品科技含量很高，但是却面临着供应商强大的讨价还价能力或者被其他产品所替代的威胁，那么这一行业的多数企业就很不容易经营。

案例 5-12　中国化妆品行业的主要竞争力量分析

1. 进入威胁

整个化妆品行业存在着市场细分明显、产品多样化等特点，且进入化妆品市场的设备投资、技术含量、员工培训等要求并不高，从而潜在进入者的进入壁垒相对于其他行业来说较低。但与此同时，近年来随着我国化妆品行业的快速发展，政府部门已经从不同角度加强了对化妆品的管理，逐步完善了化妆品管理的法规体系，这在一定程度上提高了潜在进入者的进入门槛。另外，对于多数潜在进入者来说，最大的进入障碍是能否顺利获取分销渠道。由于分销能力的限制及对风险的厌恶，分销商往往不愿意经销新进入厂家的产品，新进入者必须建立自己的销售网络，而这对资金和管理能力都提出了更高的要求。

2. 替代产品压力

首先，消费者使用化妆品主要是改善生理状况从而达到健康、美丽的目的。虽然消费者可以通过医学手段，如各类手术、物理治疗、化学治疗等达到上述目的，但是这类替代品具有费用高、风险大等缺点，并不适合作为日常保养的手段。其次，虽然一些具有保健与养颜功效的药品对化妆品也有不同程度的替代作用，但消费者普遍认为这类产品的总体质量不高，且见效时间长。再次，一些自然的保养手段，如睡眠、运动等也具有一定的替代作用，但它对消费者的自身要求较高，如良好的生活习惯、坚强的毅力以及较高的减压能力等，否则短期内很难获得良好的效果。可见，基于消费者对各种替代产品的不信任以及替代产品自身的缺陷，化妆品行业具有较低的替代威胁。

3. 供应者讨价还价能力

化妆品生产企业的主要原料有单甘酯、甘油及各种香精等，这些原料的价格直接影响着产品的成本。近年我国宏观经济显出微热征兆，出现结构性通货膨胀，原材料成本持续上升，这在一定程度增大了企业运营的压力。但是，在国内外市场上存在着众多的供应商，供应量丰富，供应商之间的竞争激烈且难以形成供应商联盟，因此企业可以较容易地获得这些原材料，从而削弱了化妆品企业的供方讨价还价实力。

4. 购买者讨价还价能力

在化妆品市场上，由于化妆品品牌众多，竞争激烈，具备一定实力的经销商和终端卖场，尤其是连锁大型超市，具有很强的讨价还价能力，它们给化妆品企业施加了巨大的压力，迫使厂家在保证质量的情况下让利。而作为最终购买的消费者，随着获取信息的途径日益增多和产品选择的丰富性，也迫使化妆品企业必须从价格、质量、效果、包装、品牌等各方面入手，不断提升消费者对自身产品的满意度从而获利。因此，整个化妆品行业来自买方的压力较大。

5. 现有企业之间的竞争

中国香料香精化妆品工业协会统计数据显示，截至2010年年底，我国获得化妆品生产许可的化妆品企业有3267家。其中，外资、合资企业在中国化妆品市场上占主导地位，占据了近80%的市场份额；而占中国化妆品企业总数近90%的本土化妆品中小企业，仅有20%多的市场份额。包括欧莱雅、资生堂、佳丽宝在内的化妆品跨国巨头正展开新一轮战略布局，不约而同地通过化妆品专营店抢占我国内陆市场。同时，跨国公司在不断巩固高端市场的基础上，又开始向低端市场渗透，化妆品行业内现有企业的竞争日益激烈，重组及并购浪潮兴起，行业集中度进一步提升。

通过以上的分析可以看出，我国化妆品行业已经进入买方市场的时代，现有企业之间的竞争构成行业竞争的主要力量。面对激烈的市场竞争和强劲的国外对手，我国本土化妆品生产企业如何认清自身的竞争优势，把握有潜力的细分市场并形成自己独有的定位和品牌形象，是目前亟须解决的重要问题。

第四节　企业自身分析

当公司要拓展某一新的业务或进行新的投资以及制订销售计划时，所用的战略分析方法之一便是 SWOT 分析。SWOT 是英文 Strengths、Weaknesses、Opportunities 和 Threats 的首字母，即企业本身的竞争优势、竞争劣势、机会和威胁四个英文单词的首字母组合。SWOT 分析有其形成的基础，按照企业竞争战略的完整概念，战略应是一个企业“能够做的”（即组织的强项和弱项）和“可能做的”（即环境的机会和威胁）之间的有机组合。SWOT 分析方法的根本目的是把自己公司和竞争对手公司的优势、劣势、机会和威胁进行比较，然后决定某项新业务或新投资是否可行。表 5-8 列出的是 SWOT 分析的矩阵框架。

表 5-8　SWOT 分析的矩阵框架

<table>
<tr><td rowspan="2">内部环境
外部环境</td><td>内部强项（S）</td><td>内部弱项（W）</td></tr>
<tr><td>1. ……，……
2. ……，……
3. ……，……</td><td>1. ……，……
2. ……，……
3. ……，……</td></tr>
<tr><td>外部机会（O）</td><td rowspan="2">SO 战略
依靠内部强项
利用外部机会</td><td rowspan="2">WO 战略
利用外部机会
克服内部弱点</td></tr>
<tr><td>1. ……，……
2. ……，……
3. ……，……</td></tr>
<tr><td>外部威胁（T）</td><td rowspan="2">ST 战略
依靠内部强项
回避外部威胁</td><td rowspan="2">WT 战略
克服内部弱点
回避外部威胁</td></tr>
<tr><td>1. ……，……
2. ……，……
3. ……，……</td></tr>
</table>

通过 SWOT 分析，可以将公司的战略与公司内部资源、外部环境有机结合起来。其中，优势、劣势分析主要是着眼于企业自身的实力及其与竞争对手的比较，而机会和威胁分析则是将注意力放在外部环境的变化及对企业的可能影响上。进行 SWOT 分析有利于自己的公司在开展新业务前考虑是否会充分发挥自己的长处，避免自己的短处，以趋利避害，化劣势为优势，化挑战为机遇。同时，也使自己的公司知道该从学习什么入手来面对市场商机，即所谓的知己知彼，百战不殆，从而降低公司的经营和投资风险。可见，实事求是地明确公司的资源优势和缺陷，了解公司所面临的机会和挑战，对于制定公司未来的发展战略有着至关重要的意义。

SWOT 分析方法为企业提供了四种战略选择：SO 战略、WO 战略、ST 战略和 WT 战略。SO 战略是利用企业内部长处去抓住外部机会的战略。例如，奔驰企业就是利用自身技术先进和质量上乘的声誉去扩大生产，以利用市场对豪华汽车需求增长的机会。WO 战略是改进内部弱点来利用外部机会的战略。有时企业外部有机会，但其内部由于某一弱点使企业不能利用这个机会。例如，企业可以通过引进先进的设备、技术和人才来提高产品生产工艺和质量，以适应生产出口产品的需要。ST 战略是利用企业的长处去避免或减轻外在威胁打击的战略。例如，某企业自身实力雄厚但是开发的新产品在市场上竞争激烈，企业就可以投入资金作好公司产品和形象的宣传，扩大产品的知名度。WT 战略是直接克服企业内部弱点和避免外部威胁的战略，目的是将弱点和威胁弱化。WT 战略是防御性战略，如果一个企业面对着许多外部威胁和内部弱点，那么它可能真的处在危险的境地了。

案例 5-13　宝洁公司的 SWOT 战略组合分析

在使用 SWOT 分析方法时，有机地将企业的内外部因素结合起来是最困难的，它需要领导者具有洞察力、想象力以及非凡魄力。下面通过表 5-9 所示宝洁公司的 SWOT 战略组合，来说明 SWOT 分析法的具体应用。

表 5-9　宝洁公司的 SWOT 战略组合

内部环境 / 外部环境	内部强项（S）	内部弱项（W）
	1. 优越的品牌管理制度，强大的产品研发能力 2. 强势的企业文化——PVP（宗旨、核心价值、原则） 3. 强大的营销专业能力 4. 丰沛的世界性组织资源	1. 缺少随经济环境变化不断发展壮大的团队 2. 缺乏面临产品过剩时代的管理经验 3. 对迅速演进的零售业态、媒体形态认识不够 4. 习惯按西方营销理念，以五星级的方法经营二三成市场
外部机会（O）	SO 战略	WO 战略
1. 消费者生活水平提高，趋向个性、新颖、实惠、效果良好的产品 2. 公众户外卫生意识增强，纸巾市场迅速成长 3. 消费者日益成熟，知道如何挑选品牌 4. 互联网的日益普及使得信息传播渠道扩大	S1O1：加快研发能够迎合消费者个性需求的独特产品 S3O2：利用强大的营销专业能力迅速、有效地抢占纸巾市场 S4O4：通过互联网健全、完善组织资源，加大网络广告投入比例	W3O3：重新认识零售业态、媒体形态，以便更好地加以利用，为调研品牌状况、加速品牌传播提供方便 W2O4：利用互联网信息传播渠道，随时了解产品销售情况，学习处理过剩产品的管理经验
外部威胁（T）	ST 战略	WT 战略
1. 日用消费品竞争日益激烈 2. 来自日本联合利华的强势攻击 3. 恒安集团纸巾的全方位应战 4. 消费者环保意识增强，对产品安全、环保的要求提高	S1T1：模准其他公司产品的品牌性能，在此基础上创造出更加优越的品牌 S2T2：充分挖掘自身企业文化优势，打败对手 S2T4：发挥企业文化优势，创造出更多环保、安全的产品	W1T1：在日益激烈的市场竞争中，发展壮大团队，加强团队合作，提高竞争能力 W3T4：从重新认识零售业态、媒体形态的过程中，了解消费者对环保的要求程度 W4T2：将东方经营思想渐渐融入到企业经营理念中来，从对手那里学到更多东方经验。

需要说明的是，分析直观、使用简单是 SWOT 分析的重要优点，即使没有精确的数据支持和更专业化的分析工具，也可以得出有说服力的结论。但是，正是这种直观和简单，使得 SWOT 分析不可避免地带有精度不够的缺陷。由于 SWOT 分析采用定性方法，通过罗列 S、W、O、T 的各种表现形成一种模糊的企业竞争地位描述，所以，以此为依据作出的判断，不免带有一定程度的主观性。因此，在使用 SWOT 分析方法时要注意方法的局限性，在罗列作为判断依据的事实时，要尽量做到真实、客观、精确，并提供一定的定量数据弥补 SWOT 定性分析的不足。

第五节 企业产品分析

波士顿咨询集团法（又称波士顿矩阵法、四象限分析法、产品系列结构管理法等）是由美国大型商业咨询公司——波士顿咨询集团（Boston Consulting Group）首创的一种规划企业产品组合的方法。这种方法用来分析企业的产品品种及其结构是否适合市场需求的变化，以便将企业有限的资源有效地分配到合理的产品结构中去，从而最大限度地保证企业利润。

对于一个拥有复杂产品系列的企业来说，一般决定产品结构的基本因素有两个，即市场引力与企业实力。市场引力包括市场销售量（额）增长率、目标市场容量、竞争对手强弱及利润高低等，其中最主要的是反映市场引力的综合指标——市场销售增长率，这是决定企业产品结构是否合理的外在因素。企业实力包括市场占有率和技术、设备、资金利用能力等，其中市场占有率是决定企业产品结构的内在要素，它直接显示出企业竞争实力。市场增长率与市场占有率既相互影响，又互为条件。这两个因素相互作用，会出现四种不同性质的产品类型，形成不同的产品发展前景，即市场增长率和市场占有率“双高”的产品群（明星类产品），市场增长率和市场占有率“双低”的产品群（瘦狗类产品），市场增长率高、市场占有率低的产品群（问号类产品）和市场增长率低、市场占有率高的产品群（现金牛类产品）。波士顿矩阵模型如图 5-3 所示。

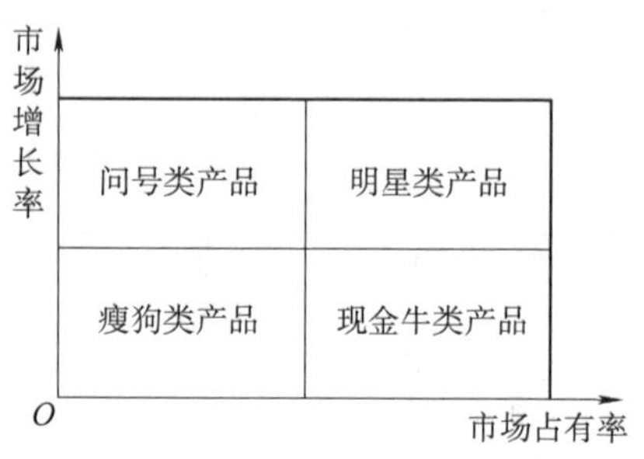

图 5-3 波士顿矩阵模型

市场增长率可以是本企业的产品销售额增长率或销售量增长率，时间可以是一年或是三年甚至更长时间。市场占有率可以是相对市场占有率或绝对市场占有率，但是要用最新资料。其基本计算公式为：本企业某种产品绝对市场占有率 = 该产品本企业销售额或销售量/该产品市场销售总额或销售总量。本企业某种产品相对市场占有率 = 该产品本企业市场销售额或销售量/该产品市场占有份额最大者（或特定的竞争对手）的销售额或销售量，或本企业某种产品相对市场占有率 = 该产品本企业绝对市场占有率/该产品市场占有份额最大者（或特定的竞争对手）的绝对市场占有率。企业通过将产品按各自的市场增长率和市场占有率归入不同象限，使得对其现有产品组合情况一目了然，便于对处于不同象限的产品作出不同的发展决策。企业应该全力扶植明星类产品，尽力保护现金牛类产品，大力挤压无发展前景的瘦狗类产品，尽力培养和改进有希望的问号类产品，实现产品及资源分配结构的良性循环。

案例 5-14 雀巢公司的产品分析（英文案例）

Nestle has five subsidiary companies operating in the UK with specific responsibilities, including Nescafe (coffee), Carnation (condensed milk, dried milk and pet food), Crosse & Blackwell (soup, sauces and tinned vegetables), Findus (frozen food) and Chambourcy (yoghurt).

Coffee, along with condensed milk and dried milk products, are the most profitable products of this company. These three products, especially coffee with Nescafe Gold Blend and other varieties, have created absolute competitive advantages over its competitors. Although the market demand has not grown significantly in the last few years, high market share can maintain the company with higher and stable cash flow. These products, so, belong to Cash Cow products.

With the increase of healthy eating awareness, yoghurt has become more and more popular because of its character (less calorific) and perceived value (healthy). High market growth rate and market share are in line with the typical character of Star product.

Frozen food market has long been dominated by Ross and Bird' eye, Nestle has not got higher market share. Although the technology improvement (microwaves and freezers) provides strong support for market growth, high investment, R&D and distribution costs will definitely increase the risk playing in this market. Clearly, there are considerable advantages accruing to the earlier entrants and main players. The same situation can be found in the pet food market. On the one hand, decreasing family sizes, ageing population and increasing affluence sustain the market growth; On the other hand, pet food market has long been dominated by non-Nestle brands, Nestle has only got a small share. So, the two products are Question Mark products.

There are many heavyweight players in the soup, tinned vegetables and sauces markets, such as Crosse & Blackwell and Heinz, Nestle has not got a higher market share. On the other hand, according to company's data of the last few years, the market growth rate of these products was very low, and it is also unlikely that the demand for these products will grow in the future. They are either constrained by consuming opportunity (e. g. soup, it is a children filler and consumed only in winter), or against consuming concept (e. g. tinned vegetables, they are perceived not healthy compared with fresh vegetables). So, all of them are Dog products.

On the basis of all the analysis, Nestle Company should put a lot of resources in frozen food and pet food products in the hope that they will eventually increase market share and generate cash returns in the future. For the soup, tinned vegetables and sauces, the option for Nestle Company is to phase these products out. (However, some organizations do go for the strategy of re-inventing and injecting new life into Dog products.) For Coffee, along with condensed milk and dried milk products, although there is little need to invest heavily on such Cow products, attention should still be paid to try to prevent chances that the products may slip into decline from happening. Heavy investment, however, should be given to yoghurt, it may become a new Cash Cow for Nestle in the future.

当然，波士顿矩阵的局限性也很明显。首先，对于增长率和占有率高低的划分目前尚无权威的标准（一些学者以 10% 的市场增长率和 20% 的市场占有率为高低标准的分界线）。其次，由于考虑的因素较少，容易因为遗漏重要问题而产生偏差，造成决策失误。因此，企业在定位产品以后要进一步进行详细分析，以弥补该模型比较粗糙的缺陷。

第六节 顾客分析

没有顾客，企业就不能生存；没有顾客分析，企业就不能制定出有效的市场营销计划和产品开发策略。这里所说的顾客，既包括购买一般用品的消费者，也包括购买原材料、设备、装置等的组织购买者，以及像学校、医院这样的机构和政府采购部门。了解顾客购买行为，在营销学中有一个最基本的框架，即按照“谁在购买（Who）?”“在哪里购买（Where）?”“在什么时间购买（When）?”“如何购买（How）?”“为什么购买（Why）?”的

4W1H 程序进行分析，以求得一个整体顾客印象，从而保证企业能够制定出正确的营销决策。

一、谁在购买

对于购买一般用品的消费者，商家对他们的识别往往与商家本身的产品定位及目标市场的选择密切相关。张裕酒厂从不生产低档葡萄酒，因为该厂认为，目前国内葡萄酒的主要消费者是注重品位和生活质量的中高收入者。广州电信公司曾和广州市公交公司联合推出一种既可用于乘车又可用于打电话的磁卡，推出后销量极佳。这是因为，广州电信公司清楚地知道，磁卡的主要消费者是没有手机的学生、工人等低收入者，而这些人的主要交通工具是公交车。

对于组织、机构以及政府采购部门的购买者，可根据参与购买决策的程度分为五类：①倡导者，即第一个提出或想到购买特定产品的人；②影响者，即对最后购买决策具有影响能力的人；③决策者，即通过批准预算来作最终决策的人；④购买者，即实际从事购买行为的人；⑤使用者，即消费或使用该产品或劳务的人。虽然并不是每项购买决策中都会出现这五种不同的角色，但大致上随着购买金额的增大和购买产品的重要性的增加，参与购买决策的角色会越多。营销人员必须分析出每种角色对购买决策的影响程度，从而针对特定角色制定特定的营销组合策略，以吸引其购买。例如，某个职员需要一台计算机，他只是一个倡导者或者只是一个被动的使用者，此时，营销人员的重点公关对象应是具有决策能力的部门经理。在促成组织、机构以及政府部门购买行为时，分析角色作用非常重要。

案例 5-15　日本索尼公司磁带录音机热销的奥秘

1950 年，日本索尼公司制造出第一批磁带录音机。这批录音机每台重达 30kg，定价为 17 万日元。尽管机器又大又重，但性能很好。盛田昭夫认为，只要制造出优质产品，订单就会雪片似地飞来。一切准备就绪，他们拿着录音机四处示范表演。凡是看过演示的人，无不为这种奇妙的产品而称好，但没有一个人愿意出钱购买，索尼公司的美梦似乎就要破灭了。

这次教训把盛田的注意力引向市场。经调查发现，当时日本一个大学毕业的工薪人员月薪还不到 1 万日元，17 万日元可是一笔惊人的数额。而且，录音机对日本人来说，还是一个新鲜事物。一天，盛田信步踱进一家古玩店，看见一位顾客正在用大把的钞票购买一个花瓶。“这个花瓶的价格比我们录音机还要高！但录音机的实用价值显然高于花瓶，为什么就是无人购买呢?”盛田十分纳闷。经过仔细琢磨，他终于悟出了其中的道理：要卖出我们的录音机，首先必须找到那些能够认识我们产品价值的人。盛田注意到，战后日本速记员和外语教师奇缺，法院人工记录不仅工作繁重而且效果不佳。于是，他们向日本最高法院演示了录音机，立刻就卖出 20 台。随后，他们又向学校推进，使录音机成为必不可少的教学工具。就这样，索尼录音机迅速开辟了市场。

二、在哪里购买

分析顾客作出购买决策的地点，是分销渠道决策的重要依据。营销人员首先应该了解消费者最常在什么地方购买，是在家、在办公室、在网络上、在专卖店、在超级市场、在便利店，还是在杂货店，然后制定和调整营销组合策略。一家社区小店曾异想天开地要经营家电，不久就因无法经营而停业了。在人们毫不犹豫地选择在大型百货商场或家电专营公司购买家用电器的今天，社区小店还是老老实实地经营食品和日常用品吧。

三、在什么时间购买

通过分析顾客在何时购买、购买的频率和每次购买的数量，营销人员便可知道在什么时间进行促销、促销时间有多长最为合适，还可以推算出市场总容量。顾客的购买时间可具体划分为一年中的哪个月份、某月中的哪个日期和一天中的哪个时段。鲜奶的销售，可按季节来划分时段，在夏季时顾客购买频繁，购买的量也多，在冬季则正好相反。而快餐的销售，则是按一天内的不同时段来划分的，一般可分为早餐、午餐、晚餐和夜宵四个时段。分析各个时段的顾客购买情况，便会在特定时段安排更合适的人手、更准确的促销方式。如麦当劳餐厅在晚上 10 点后对汉堡包采取降价措施，便是一种吸引顾客的手段，因为在那个时段顾客人数较少。

四、如何购买

我们可以根据顾客在整个购买过程中的介入程度和不同产品品牌间的差异程度，将消费者的购买行为分为 4 种（见表 5-10）：①复杂的购买行为。此时，消费者专心仔细地购买，并会注意现有各品牌间的重要差别。这种行为主要发生在购买风险产品、第一次购买产品和购买花费较多的产品时。②减少失调的购买行为。此时，消费者对于看起来没有什么差别的各品牌产品的购买持慎重态度，虽然购买行为完成得很迅速，但一旦买下产品，消费者往往会产生一种后悔的感觉，因为他注意到了该产品的缺点而同时又关注到了其他品牌产品的优点，为了减少这种不协调感，他会开始学习以便证明自己的决策是正确的。③习惯性的购买行为。此时，消费者会基于一种习惯而不是品牌忠诚去购买品牌间无多大差别的产品。消费者通常对那些价格低廉、经常购买的产品介入程度很低。④寻找品牌的购买行为。此时，消费者低度介入购买过程中，倾向于改变品牌的选择。虽然各品牌间的差异很大，但是他改变对于品牌的选择并不是因为对产品不满意，而是因为可供选择的产品品种过多。

表 5-10 消费者购买行为类型

介入程度 / 品牌差异	高度介入	低度介入
品牌间的差异很大	复杂的购买行为	寻找品牌的购买行为
品牌间的差异很小	减少失调的购买行为	习惯性的购买行为

对于复杂的购买行为，营销人员要让消费者弄明白自己的品牌在重要属性方面的声望，让消费者学习有关该类产品“好坏”的辨别方法以及对产品属性的理解；对于减少失调的购买行为，营销人员可通过沟通手段来增进消费者的信念，使购买者对自己选择的品牌有一种满意的感觉；对于习惯性的购买行为，营销人员可通过各种广告来加强消费者对品牌的熟悉程度，以促使其选择购买本企业品牌，此时，应多运用短期持续信息的广告促销手段，多使用电视广告，少用印刷品广告；对于寻找品牌的购买行为，可以采用做经常性的提醒广告来培养和鼓励消费者购买习惯的办法，也可采用提供各种优惠、赠券、免费样品以及以宣传

试用新产品为特色的广告活动来刺激顾客进行产品品种选择的办法。

我们在超市购物的时候都有这样的经历：在排队等待付款的过程中，可能会随手拿起一块巧克力、口香糖或几节电池放在自己购物的篮（车）子里。商家把这些商品放在顾客触手可及的地方，因为他们懂得，对于这些低介入度的商品，商家最需要做的就是提供购买便利。目前，网络营销在国内渐成时尚，某高校学生在写毕业论文时曾打算研究如何通过网络来销售房屋、珠宝、汽车等高档商品。对于这种选题，指导教师提出了质疑：网络作为一种媒体，企业用它来宣传自己销售的房屋、珠宝、汽车等高档商品是无可厚非的，但试图通过网络来直接促成对该类产品的销售是不切合实际的。抛开网络安全因素不谈，对于这样高介入度的商品，试图通过提供购买便捷来促成销售似乎并不是一个有效的办法。

五、为什么购买

顾客为什么会购买某种商品，属于我们常说的购买动机的问题。很多人认为顾客购买某种商品就是为了获得该商品的使用功能。然而我们经常会发现这样的情况：有些年轻妇女很喜欢去逛街，然后采购回一些她们可能根本不穿的衣服、鞋子……很久以后，偶然从衣柜的某个角落翻出这些东西的时候，恐怕连她们自己都搞不懂当初为什么要买它（们）。消费者购买动机问题是一个非常复杂的问题，但能否准确洞察和把握消费者的消费心理，却可能决定着企业的命运。曾有这样一则报道：20 世纪 90 年代初，上海的一家大型百货商店推出一款价格为 75 万元的天价情侣手表。几个月过去了，该款手表无人问津。半年后的一天，当一位年轻的富商和他的女友光顾此店并决定买下这款情侣手表时，商店的经理非常兴奋。为表达商家对这对情侣顾客的祝福和尊敬，在请示了相关领导后决定对该款情侣手表打 8.5 折。接下来发生的事情恐怕是这个百货商店经理做梦都没有想到的，那位年轻的富商非常生气，携女友拂袖而去。商店经理的失误就在于他没有认识到消费者买的就是这个价位，而且价格越高、买的人越少，这类消费者便感到越能炫耀自己的特殊身份、地位或事业有成。

案例 5-16 “家庭服务公司”关门倒闭的思考

日本曾出现过一家“家庭服务公司”，主要经营“寄存食品”。该公司把各种食品集于一箱，“寄放”在顾客家里，顾客不必先付钱，却可随意取用，一个月结算一次。这是一种方便顾客的推销方法，并且填补了日本经营方式中的空白。经营伊始，公司从上到下，人人觉得这个主意新鲜而富有创意，为老百姓着想，一定能成功。经理也兴奋不已，身先士卒，努力维持公司的业务。一箱又一箱的“寄存食品”走进了数以千计的家庭，其中茶叶、速食面、味精、糖、醋、油……应有尽有，质量上乘。一个月后，用作投资的 300 万日元化成了一箱箱食品，分居在各家各户。公司开始派人逐家检查存货，收回货款，补充食品。可是出乎意料的是，送去的食品箱大都原封不动，公司顿时陷入困境。几个月后，公司囊空如洗，不得不黯然关门，宣告破产。

这家公司为什么会遭此惨败呢？就在于他们没有做到准确地分析顾客的心理、投其所好。日本妇女婚后大多待在家里，处理家务，带养孩子，生活颇为单调。逛街购物虽辛苦，但在她们的眼里并非一项负担，而是一种具有乐趣的活动，因为这样能使她们涉足外部世界，呼吸新鲜空气，猎取轶闻趣事。所以，她们并不欣赏“家庭服务公司”的这种做法，公司倒闭自然也就在所难免。与之形成鲜明对比的是，中国的一家超市对消费者的心理研究到了极致。这个超市把婴儿尿布和成人啤酒摆在相邻的货架上，是因为超市经营者认识到：如今，家庭中由丈夫购买婴儿用品的行为越来越普遍，由于传统观念的束缚，大男人买尿布被认为很没面子，于是，丈夫们通常在买完尿布后还要购买啤酒，以“证明”自己主要是来买啤酒的，只是顺便购买了孩子用的尿布而已。

顾客是企业服务的对象，是企业经营活动的出发点和归宿。企业的一切营销活动都要以满足和引导顾客的需要为中心。因此，顾客是企业最重要的环境因素。企业经营的实践证明，谁能赢得顾客对企业的信任和支持，谁就能在市场上立于不败之地。顾客可以从不同的角度以不同的标准进行分类。例如，按照购买动机和类别分类，整个市场可分为消费者市场、生产者市场、中间商市场、政府市场等，每一种市场都有其独特的顾客群。企业要依据4W1H 的基本分析框架，认真研究为之服务的不同顾客群，研究顾客的类别、需求特点、购买动机、购买规律以及从事购买的人员或组织、购买的方式等，使企业的营销活动能针对顾客的需要，符合顾客的愿望。

【思考与讨论题】

1. 结合案例谈谈 PEST 理论在宏观环境分析中的运用。
2. 结合案例谈谈五种竞争力量分析理论在行业竞争分析中的运用。
3. 结合案例谈谈如何运用 SWOT 理论对企业自身状况进行分析。
4. 结合案例谈谈如何运用波士顿矩阵理论对企业产品进行分析。
5. 结合案例谈谈进行顾客分析应该回答的 4W1H 问题。

【实战演练】

1. 假设你是国内某品牌葡萄酒厂的营销人员，请设计一份消费者消费偏好和对该品牌葡萄酒认可程度的调查访问卷。

2. 分析一下新近出现的能够对钢铁企业产生显著影响的政治、法律、经济、社会、人文、技术等方面的变化趋势有哪些。假设以一个钢铁企业为对象，外部环境因素中哪些能够为它带来可以利用的机会，哪些会给它带来威胁？

3. 试分析产业竞争五种基本力量对纺织行业的影响。

第三部分
企业目标市场的选择与竞争策略

“谁能比竞争对手更好地解决市场中心问题，且这种能力被市场认可，便会取得成功……市场营销战略就是将优势集中在市场的最小因素上。”

——诺尔特·魏思曼

在找到市场机会后，就要对如何利用这种机会作出决策。这种决策的性质属于战略决策的范畴，它对企业营销活动起着方向性、引导性和统领性的作用，处于中枢神经的地位，对企业成败有着至关重要的影响。我们把营销战略决策称之为“STP”战略。

第六章　市场细分及企业目标市场的选择

正如我们所知道的，顾客所购买的不是产品本身，而是产品所提供的价值。产品价值是顾客从产品中获得的一系列利益的总和，它既可以是实实在在的功效，又可以仅仅是通过购买产品获得的尊崇、赞誉、社会地位等形象价值。面对激烈的市场竞争，如何在合理的成本水平下更多更好地为顾客提供价值是每个企业成功的关键。人们在感冒的时候，会选择服用东胜制药的“白加黑”，是由于与其他的感冒药相比，“白加黑”不仅能治疗感冒，还可以让患者“白天不瞌睡，晚上睡得香”。显然，如果一个企业在各个方面都能更多更好地为消费者提供价值，它将毫无疑问地在市场上占领绝对优势地位。然而几乎没有一个企业可以做到这一点。东胜制药厂可以成为生产优良感冒药的大厂家，却不可能也不会同时制造出具有同样影响力的眼药、胃药、心脏病药……甚至食品或服装。当一个企业集中它的全部资产、人员和精力用于提供或改进一种类型的价值时，它一定会比那些同时在多个市场上竞争的企业做得更好。

在很多人眼中，一个成功的企业主要依靠的是企业的核心竞争力，也就是企业超出竞争对手的人力、物力或技术等特殊资源。Honda 公司在生产小引擎上有核心竞争力，但 Briggs and Stratton 公司在生产小引擎上同样存在核心竞争力，为什么后者却没有像 Honda 公司那样成功？对于这个问题，当然不能通过对比两家公司的核心竞争能力，而是要通过比较两家公司的营销原则才能作出准确的回答。Honda 总是针对新型应用市场，而 Briggs and Stratton 却总是致力于使它的引擎尽可能地便宜，目标分属两个完全不同的市场。核心竞争力是企业在竞争中成功的重要原因，但不是起决定性作用的因素。认为沃尔玛的成功完全来自于它在物流管理上的优势，或把英特尔的成功仅仅归因为其在微处理器设计上的能力，就把企业核心竞争力的作用看得过重了。统观国内外所有的领先公司，它们从来没有设法在各个领域都独占鳌头，而选择自己的目标客户，缩小商业范围，已经被许多企业看成是在竞争中获得成功的重要法则。

第一节　市 场 细 分

市场细分（Segmenting）是美国市场学家温德尔·史密斯（Wendell R. Smith）在 20 世纪 50 年代提出来的。这一概念自提出以来，日益受到工商企业的重视，现已成为市场营销理论的重要组成部分。所谓市场细分，就是从区别消费者的不同需求出发，根据消费者需求及购买行为的差异性，把整体市场细分为两个或两个以上具有类似需求的消费者群。市场细分的目的是帮助企业选择和确定自己的目标市场，从而实施有针对性的市场营销策略。

一、市场细分的方法

商品包括生活消费品和工业品，商品类型不同，细分方法也有所差异。以生活消费品为例，一般可选择人口（Segmentation by Age，Gender，Income or Race）、地理（Segmentation by Region)、心理（Segmentation by Life-style，Personality，Values or Attitudes)、利益（Segmentation According to Product Characteristics）和规模大小（Segmentation by the Number of Users）五个因素作为细分标准。具体细分时可应用发散思维的方式，得出一系列细分市场。例如，自行车市场按地理细分可分为国内市场、国际市场，其中国内市场还可进一步细分为华中市场、西南市场、东北市场等。此外，同样的商品市场细分的方法也不是唯一的，自行车市场还可按用途细分为普通自行车市场、山地自行车市场、比赛用自行车市场等。若按人口细分，则可分为男车市场、女车市场、儿童用车市场等。

案例 6-1　汽车市场与人口（性别）细分

随着妇女社会地位的提高以及都市白领女性的不断涌现，有专家指出，未来 10 年，约 6% 的新车将由妇女购买。面对汽车市场的这一变化，一些精明的汽车制造商通过捕捉男女间的细微差别，设计出了更适合妇女驾驶的车型。具体表现为：后备箱更容易开启，座位更易调整，安全带更舒适。同时，由于与男人相比，妇女更注意安全，因此他们还加强了汽车的安全设施，如增设安全气囊和遥控门锁等。与传统的按消费者收入水平细分汽车市场（高档汽车、中档汽车和低档汽车）的做法不同，性别细分为众多汽车制造商提供了一片新的发展天地。

案例 6-2　牙膏市场的利益细分

利益细分是美国营销学家拉赛尔·哈雷（Russell L. Haley）提出来的一种细分方式。他认为，市场细分应该是建立在人们在消费某种特定产品时所欲获得利益的基础上的，这才是真实的市场细分得以存在的基本原理。利益细分的典型例证是对牙膏市场的细分。

第一种为经济型。这类购买者主要寻求利益为低价，多为低收入成年人，他们高度自主，注重价值，认为所有的牙膏都大同小异，因而对品牌无特殊偏好，只购买促销降价或低价品牌的商品。

第二种为防蛀型。这类购买者主要寻求利益为预防龋齿，多为有孩子的成年人（因龋齿在少年儿童中多发），所偏好的主要品牌为佳洁士、洁诺、高露洁、两面针含氟牙膏等。

第三种为防治牙周病和牙齿过敏者。这类购买者主要寻求利益为治疗效果，多为中老年口腔和牙病患者，性格独立，多倾向保守，是牙膏的大量使用者，所偏好的品牌主要有两面针中药牙膏、冷酸灵、洁银、蓝天六必治等。

第四种购买者主要注重牙齿洁白和美容化妆效果，这类购买者的寻求利益为洁白美观的牙齿，多为吸烟者和善于交际、性格外向的人，偏好的主要品牌有中华超洁、黑妹加倍洁白等。

最后一种购买者为味觉和外观爱好者，气味和外观是其主要寻求的利益，品牌决策者通常是儿童，他们喜爱清凉薄荷及各种果味牙膏，这类牙膏在儿童中的使用量远远超过其他种类的平均使用量，这类购买者所偏好的品牌主要有小白兔彩条、两面针儿童牙膏、喜乐儿童牙膏等。

二、市场细分的意义

1. 找出市场机会

市场细分的实质是根据消费者需求的差异性，把整体市场划分为若干子市场。每一个细分市场都是具有类似需求的消费者构成的群体，分属不同细分市场的消费者对同一产品的需求有明显差异。市场细分可发现消费者未被满足的需求，找到市场机会。

案例 6-3 "小鸭—圣吉奥"名扬华夏

进入 20 世纪 90 年代以后，我国洗衣机市场竞争相当激烈，加上进口产品的冲击，国内很多洗衣机企业的经营都面临着困难，济南洗衣机厂也陷入了困境。在当时的洗衣机市场上，全自动洗衣机有"小天鹅""金羚"和"荣事达"等名牌在争霸；单缸、双桶及半自动洗衣机被"威力""荷花"等品牌占领。面对竞争如此激烈的市场，济南洗衣机厂没有退却。该厂的决策者通过市场调研、分析，运用市场细分的原理与方法，发现在国外已较为普及的滚筒式洗衣机在我国市场上仍是一片空白，除个别国外品牌外，市场上尚无国产品牌滚筒式洗衣机，而随着我国人民生活水平的不断提高，人们的需求必将越来越多样化。于是，他们决定马上引进设备和技术，生产滚筒式洗衣机。结果，该产品一经投放市场，立即受到消费者的欢迎，产品畅销全国。济南洗衣机厂不仅走出了困境，而且成为国产滚筒式洗衣机的名牌企业，"小鸭—圣吉奥"也从此名扬华夏大地。

案例 6-4 功能性泡泡糖的成功奥秘

20 世纪 90 年代初，江崎糖业进军泡泡糖市场。当时日本泡泡糖市场年销售额约为 740 亿日元，其中大部分为"劳特"所垄断。其他企业想挤进泡泡糖市场真是难上加难，可江崎糖业对此却并不畏惧。总经理江崎深信，即使是已经成熟的市场也并非无缝可钻。市场在不断变化，机会总是能找到的。为此，江崎糖业成立了新市场开发班子，专门研究霸主"劳特"产品的不足，寻找现有市场的缝隙。经过周密调查，他们终于发现了"劳特"的一些不足之处：①以成年人为对象的泡泡糖市场正在扩大，而"劳特"却仍旧把重点放在儿童泡泡糖市场上；②"劳特"的产品主要是果味型泡泡糖，而现在消费者的需求趋于多样化；③"劳特"多年来一直只生产单调的条板状泡泡糖，缺乏新鲜式样；④"劳特"产品的价格是 110 日元，顾客购买时除了付出一张 100 日元面额的整币外，还需另掏一枚 10 日元的硬币，往往感到不便。

"出其不意，攻其不备"，江崎糖业决定采用《孙子兵法》中的战略原理打入泡泡糖市场。他们详细了解了成年人对泡泡糖的需求，决定生产功能性泡泡糖，以对付"劳特"的果味型泡泡糖。不久，江崎糖业便推出四大产品：司机用泡泡糖，使用了浓度薄荷和天然牛黄，以强烈的刺激消除司机的困倦；交际用泡泡糖，可清洁口腔、祛除口臭；运动用泡泡糖，内含多种维生素，有益于消除疲劳；轻松型泡泡糖，通过添加叶绿素，可以改变人的不良情绪。

其实，江崎糖业的成功来源于公司对泡泡糖市场的两次市场细分：首先，通过人口（年龄）细分，发现未被满足的成人市场。其次，再对成人市场进行利益细分，发现泡泡糖除了可以用于满足口感上的需求（该市场已被"劳特"的果味型泡泡糖所占领），还可以有解困、洁腔、消除疲劳和改善情绪的作用，而能够提供这些功能的成人泡泡糖产品在当时市场上还未出现。

2. 集中有限资源

通过市场细分，可使企业集中人、财、物和信息等资源条件投入到目标市场，形成经营上的规模效应，这一点对于中小企业和非国有企业来说意义更大。因为中小企业的资源及市场经营能力有限，在整个市场上或较大的子市场上不是大企业的对手，只能在市场细分的基础上，填补市场的空缺，见缝插针，拾遗补漏，变整体劣势为局部优势，才能使自己在竞争中不断发展、壮大，而不是到处参与竞争。

案例 6-5　日本 HIS 旅行社的成功经验

HIS 是日本一家国际廉价机票服务旅行社的简称，开办 20 年来，公司靠着经营廉价机票和国际旅行社服务取得了令世人刮目相看的绩效。HIS 创业者泽田秀雄的事业始于 1980 年。这年，泽田在东京新宿车站附近的一幢大楼里租了一间屋子并雇用了一名员工，用自己留学归来所赚到的苦力钱再加上投资股票所得共 1000 万日元作为资本，办起了一家以供应廉价机票为特色的国际旅行社。当时，日本到海外旅游的人每年不过三四百万，且以团体旅游为主，日本大型旅行社的主要业务就是经营团体旅游。HIS 看准了个人旅游尚未被重视的市场空隙，异军突起，打出了以接待散客，尤其是以接待青年学生为主的经营旗号，同时建立了一个比正规国际机票便宜的廉价机票销售机制。泽田以有限的资源（1000 万日元）瞄准细分市场（个人旅游市场），通过为这一细分市场提供充分服务，建立了自己的事业。任何一个企业，其资源都是有限的。为了使企业资源得到最有效的利用，就必须对企业所面临的市场范围加以限定，从而使企业能够集中有限资源，更好地服务于特定目标市场。

3. 回避力量雄厚的竞争对手

在市场竞争中，并非只有大的公司才能生存。通过市场细分，小型企业可以巧妙地避开力量雄厚的竞争对手，降低营销风险。

案例 6-6　理通公司的电子琴如何立足于市场？

日本是电子琴的生产王国，它的产品遍布世界各地，其质量似乎是无懈可击，但深圳理通电子公司就偏不信邪。他们经过市场调查，并通过对日本电子琴产品的认真分析、研究，发现日本电子琴档次虽然高，但价格也高，而且功能不齐全，其消费者主要是高收入人群，产品难以为普通消费者所接受。而普通消费者在任何国家或地区都是占绝大多数的，市场需求迫切，潜力巨大。因此，理通公司就组织力量，集中公司主要的人力、财力、物力，广泛收集各方面的技术与市场信息，开发出功能齐全、价格低廉的电子琴，很快得到消费者的青睐。产品不仅行销国内市场，还远销欧美，打进日本本土。理通公司也从一家不知名的电子小厂一跃成为跨国经营的名牌大厂。要是理通一开始就生产高档产品，跟日本人来一番硬斗的话，恐怕很难胜过对手，不易占领市场。

4. 突出产品卖点

在市场营销的人士中经常会听到这样的“高论”：“全国各地都是我们企业的市场，所有的人都是我们的用户或潜在用户。”这话听起来很有企业家气魄，但它恰恰违背了“市场细分”这一营销的基本法则。适合于所有人的产品往往会令消费者犹豫观望、无所适从。

案例 6-7　保暖内衣为什么“暖”不起来？

有一段时间，国内保暖内衣广告频繁出现在电视、报纸等大众媒体上，众多影视明星更是身着各种品牌的保暖内衣轮番上阵亮相，令消费者眼花缭乱，而降价、打折、买内衣送金卡等促销活动也在如火如荼地展开，甚至关于保暖内衣中塑料夹层使用与否的“战火”还烧到了中国环境标志委员会。但广大内衣厂商期望的销售业绩并没有与广告和其他营销手段的大量投入成正比。一面是消费者面对众多品牌的保暖内衣的声嘶力竭的叫卖无所适从、犹豫观望，甚而怀疑否定；另一面却是厂家使尽浑身解数、焦急不安，整个保暖内衣市场处于一种胶着状态。面对这个刚刚热了几年就很可能陷入进退维谷境地、重蹈当年 VCD 命运覆辙的市场，企业有必要用一种全新的眼光和心态去面对。

保暖内衣为什么"暖"不起来呢？这与厂家对市场的认知有关。众企业在市场销售上策略雷同，根本就没有对这一市场进行过细分。企业应该在选择自身最具优势的领域开发产品的基础上，在一定范围内限定其目标顾客，并据此制定针对性强的营销方案和策略。只有通过细分整体市场，企业才能在激烈的同类产品竞争中脱颖而出。但统观整个保暖内衣市场，却鲜见有对市场科学地进行细分、确立明确的目标顾客群并展开针对性营销的厂家。在广告模式、市场定价、营业推广形式等方面，各厂家都表现出惊人的、令人费解的雷同或相似。这正是导致目前众多品牌的保暖内衣在市场上形象模糊、缺乏个性，在消费者心中印象平淡、缺乏比较的主要原因。因此，及早细分市场、确立自己的目标群体，并依此制定和实施有针对性的营销策略，才是保暖内衣企业摆脱目前尴尬局面的现实选择。

第二节　企业目标市场的选择

企业面对若干个细分市场，如何确定哪个或哪几个为目标市场（Targeting）呢？这里存在着一个目标市场的评价问题，即一个良好的目标市场应当具备的条件是什么。

（1）市场要有一定规模和广阔的发展前景。这里的一定规模是指适度规模，是一种相对概念，即大公司适合于选择市场容量大的细分市场，相反，小企业适于进入规模较小的细分市场。但是，无论规模大小，目标市场都必须有广阔的发展前景。

（2）市场要有一定的盈利潜力。即使市场有规模、前景看好，但是，企业选择这一市场并不意味着能够长期盈利。每个市场都会有竞争者、新加入者和来自新产品的威胁。市场的进入壁垒低，会导致竞争对手的增多，激化市场竞争，降低盈利水平。新的替代产品上市，会影响本企业产品的市场需求。此外，消费者和原材料供应商的议价能力，也会影响市场的未来盈利水平。

（3）市场要与企业的目标、资源和优势相适合。有吸引力的细分市场并不一定是最好的市场，只有符合企业长远发展目标、能充分利用企业资源条件，并能发挥企业优势的细分市场，才是良好的目标市场。

企业只有通过市场细分和对细分市场的综合评价，才能进而决定进入哪个或哪几个细分市场。目标市场的选择模式可分为五种，如图 6-1 所示。

一、选择单一市场

选择单一市场，是指企业只生产某一种产品，并向某一特定的顾客群提供该产品。这一模式多见于中小型企业或企业的发展初期。集中营销有利于企业清楚地了解细分市场的需求，树立良好的美誉度，易于被市场接受，较快地在市场站稳脚跟。然而，集中营销较易受到个别细分市场不景气的影响，风险比一般情况大。

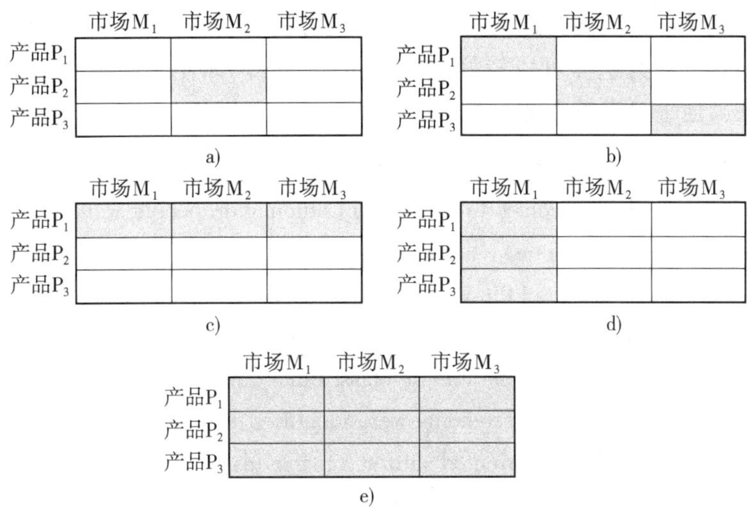

图 6-1　目标市场的选择模式

a）选择单一市场　b）选择多个市场　c）选择产品专门化

d）选择市场专门化　e）选择完全市场覆盖

案例 6-8　英国某油漆公司的单一市场策略

英国一家小型油漆公司，在投产之前对室内装饰用漆市场进行了调查研究。企业营销人员访问了许多潜在消费者，了解他们对产品的各种不同需求，对市场作了以下细分：油漆市场的60%，是一个大的普及市场，这个市场对各种油漆产品都有潜在需求，但这家装饰材料公司无力参与这个市场的竞争，因此不予考虑。另外还有四个细分市场：①没有劳动力的家庭主妇市场。这个市场的顾客群的特点是不懂得室内装饰需要什么油漆，但是要求油漆质量好，并且要求油漆商提供设计、油漆效果美观。②油漆工助手市场。这个市场的主顾需要购买质量较好的油漆，替住户进行室内装饰，他们过去一向从老式金属器具店或木材厂购买油漆。③老油漆技工市场。这些主顾的特点是一向不购买已调好的油漆，而是购买颜料和油料，自己调配油漆。④对价格敏感的青年夫妇市场。这一市场的顾客群的特点是收入较低，租赁公寓（单元房）居住。按照英国人的习惯，租赁公寓的住户在一定时间内必须油刷住房，以保护房屋。因此，这些住户购买油漆不求质量好，只要比白粉刷浆的效果稍好一点就行，但要求价格便宜。

该厂经过研究，根据自己的人力、物力资源条件，决定选择租赁公寓居住的青年夫妇这一细分市场作为目标市场，并制定了一套相应的营销策略：在产品上，只经营单一规格和品种的油漆（当然，可根据顾客喜好在油漆颜色和装罐大小上适当调整）；在分销渠道上，将产品分销到目标消费者住宅附近的每个零售店，该市场地区如果出现新的零售店，立即招其来订购本厂产品；价格方面，保持单一的低廉价格，没有任何特价，不跟随其他市场的油漆厂家调整价格；促销方面，宣传内容以“低价”“满意的质量”为口号，以适应目标顾客群的需求，定期变换商店布置和广告文本，创造全新形象，并变换使用广告媒体。由于这家企业准确地选择了目标市场，制定了正确的营销策略，因此取得了很大的成功。

二、选择多个市场

选择多个市场，是指企业有选择地进入几个不同的细分市场，其中每个细分市场都可提供有吸引力的市场机会，但彼此之间很少或根本没有任何联系。这种多细分市场模式通常优于单细分市场模式，因为这样可以较好地分散企业风险。即使其中某一细分市场失去吸引力，企业仍可在其他细分市场上继续盈利。

案例 6-9 通用汽车公司的多市场策略（英文案例）

GM recognized that when it comes to the kind of automobile people want, there were four segments based upon socio-economic class: the working class, the middle class, the upper-middle class (the affluent), and the upper class (the very wealthy). The company then came out with five automobile models. For the working class, GM manufactured the Chevrolet, targeted to the person living in rural area. Pontiac was directed to the middle class. Buick and Oldsmobile were targeted to the affluent. Within this segment, two sub segments were identified: one was the more traditional affluent customer, an honorable and family-oriented citizen, living in the metropolitan area, looking for a four-door sedan. The Buick was targeted towards this sub segment. The Oldsmobile, on the other hand, was targeted to the affluent customer who bought a car for personal enjoyment. Accordingly, the Oldsmobile had a rocket engine and an innovative (at the time) body with only two doors. Finally Cadillac was manufactured for the wealthy.

Once the four segments were identified by GM, a unique marketing mix was developed for each. For each segment, the product designs and components were different (with Cadillac always leading with state-of-art technology); prices were different (with a Chevrolet priced initially at $ 3000 and Cadillac at $ 15000). Finally, promotional and positioning campaigns and media vehicles were different. For example, the Cadillac was advertised only in the print media, never on TV, because of the belief that only working-class people watched television. Wealthy people in those days read The New Yorker, Times, Life and Look magazines. The magazine advertisements for Cadillac showed a full-page picture of the Cadillac, with very little copy of information about the car itself; instead it showed men dressed in tuxedos and women dressed in formal gowns on their way to the opera or the theatre.

三、选择产品专门化

选择产品专门化，是指企业单一生产和经营某一种或某一类产品的策略。产品专门化策略在具体应用中有两种选择：①企业专门生产或经营某一类产品（广义产品专门化）；②企业专门生产或经营某一具体品种的产品（狭义产品专门化）。企业选择哪一种形式，要根据内外条件和市场需要来决定。产品专门化策略能有效地发挥企业优势，增大产品特色，适宜在中小企业与大企业开展竞争时采用。

案例 6-10 “可口可乐”与“红牛”的不同市场选择策略

红牛集团从1995年进入中国市场便选择单一市场策略，企业在众多市场中只选择唯一的一个子市场——青年人市场作为自己的目标市场，并只生产一种产品——“红牛”功能饮料满足这一市场，产品的单一和价格的居高不下塑造了“红牛”的贵族饮料形象。而可口可乐公司在20世纪60年代以前采取产品专门化策略，即只从事一种产品——“可口可乐”的生产，供应给老年人、中年人、青年人和儿童。企业向所有细分市场提供同一种产品，这种模式可以分散市场风险，利于企业发挥生产、技术潜能。需要指出的是，可口可乐公司狭义产品专门化策略的成功在一定程度上存在特殊性。一般来说，由于面对着不同的顾客群，采取产品专门化策略的公司在产品档次、质量或款式等方面也应有所不同。如某显微镜生产商不生产其他仪器，仅向大学实验室、研究所和企业实验室销售显微镜，而且针对不同的客户群体销售不同种类的显微镜。再看下面的一则案例。

案例 6-11　美国爱迪生兄弟公司的广义产品专门化策略

美国爱迪生兄弟公司是在美国众多服装鞋帽公司中只经营鞋子的专营商店，该公司共开设 900 家鞋店，这些鞋店分为四类以适应不同细分市场的要求：查达勒连锁店出售各类价格高昂的鞋，贝克连锁店出售各类中档价位的鞋，伯特连锁店出售各类便宜的鞋，威尔达连锁店则向顾客出售各类式样时髦的鞋。即使四种连锁店位于同一条大街上，它们的营业额也不会相互影响，爱迪生兄弟公司也变成了全美最大的鞋业零售企业。

四、选择市场专门化

选择市场专门化与选择产品专门化的做法恰好相反，企业只是向一群特定的顾客提供各种产品和服务，即企业面对某一特定的顾客群，生产他们所需的多种产品。这样，企业就能在潜心研究顾客总体需求的基础上，通过获得这一顾客群体的认可，尽可能多地争取利润。选择市场专门化，还可以在一定程度上分散经营风险，树立良好声誉。采取这种方法选择细分市场的最大缺点，就是当该顾客群突然萎缩时会给企业带来沉重打击。

案例 6-12　市场专门化策略在实战中的运用

市场专门化策略在实战中的运用屡见不鲜，如某化学仪器公司为大学实验室提供一系列产品，从烧杯、酒精灯到显微镜、示波器等（可以想见，如果大学实验室突然削减经费预算，它们就会减少从这家市场专门化公司购买仪器的数量，这将使该企业发生严重危机）。还有的企业为美容护理院提供一整套产品，从美容产品到美容专用椅子、镊子、发夹都可以提供。再如，国内一家电器生产企业专以居民厨房为目标市场，生产电饭锅、电子打火灶、抽油烟机、洗碗机以及消毒柜等各类厨房小电器，满足家庭厨房需求。

五、选择完全市场覆盖

选择完全市场覆盖，是指企业生产多种产品，满足市场上所有顾客群的要求，以覆盖整个市场。这一模式通常适用于有较大规模和足够实力的特大型企业。

案例 6-13　宝洁公司洗涤用品市场完全覆盖策略

宝洁公司在洗衣粉（液）市场上，通过市场细分，推出了 11 个品牌，形成了对洗衣粉（液）市场的全面控制。其代表性产品包括“汰渍”（强效，能洗净纤维内层）、“博德”（带有织物柔顺剂的洗衣粉，使织物柔顺、无静电）、“埃拉”（天生的去污能手，能洗去各种污渍）、“奥克雪”（含有漂白剂，使衬衫更亮白）、“醉肤特”（含有纯天然的清洁剂，适合洗涤内衣及婴儿衣物）、“象牙雪”（中性洗剂，洗后不留化学成分）、“甘原”（含酶洗衣粉，洗后留有怡人清香）、“碧浪”（高效清洁洗衣粉）等。

在洗发水市场上，宝洁公司推出了“柔顺、亮泽”的“飘柔”、给头发“营养”的“潘婷”以及能“有效去除头皮屑”的“海飞丝”三大品牌，产品充斥中国市场。

在肥皂市场上，宝洁公司推出了“象牙”“柯克斯”“洁美”“海岸”4个品牌的产品，基本垄断了肥皂市场。

在香皂市场上，宝洁公司推出了“舒肤佳”和“爵士”两种品牌的产品，尤其是“舒肤佳”，已成为国内香皂市场的第一品牌。

需要指出的是，在具体的商业实战中，企业在运用上述五种策略时，一般总是首先进入最有吸引力的细分市场，只是在条件和机会成熟时，才会逐步扩大目标市场范围，进入其他细分市场。比如，丰田公司首先将一种小汽车推上市场，然后再推出更多型号的汽车，接下来再增加大型汽车，最后推出豪华型汽车。日本公司不会在第一个细分市场上浅尝辄止，而只是将它作为继续发展的起点的做法，常常令其竞争对手——美国汽车公司坐立不安。

第三节　企业产品市场的定位

当企业进行市场细分并通过综合评价各方面因素确定了自己的目标市场后，接下来要做的就是为自己的产品在选定的目标市场中确定一个位置。市场定位（Positioning）是企业进入市场的“切入点”。许多定位成功的企业，皆能取得骄人业绩，事业如日中天，而不懂定位或定位不准的企业，即使手中握有过硬的产品，却常常是“捧着金饭碗讨饭吃”。于是，一些人感到疑惑：市场定位的秘诀何在？要说秘诀，其实只有一个，那就是找准“定位点”！

案例6-14　定位中的“长板理论”

管理学中的木桶原理，大家都非常熟悉。木桶理论认为一个桶装水的多少，不取决于木桶的长板，而取决于木桶的短板，如果存在短板，水就会从短板处流失，水最多装到短板的高度。因此，管理人员应该尽快修补“短板”，消除“短板”的限制。但是，在市场定位中，营销人员不能遵守这个“木桶原理”，不应该更多关注木桶的“短板”，而是要集中注意“长板”，找出“木桶中最长的长板”，甚至把“长板”加长，让“长板”的作用发挥到极致。至于“短板”，木桶倾斜一下就解决了，或者等企业有了足够的实力以后再慢慢修补。这就是市场营销的“长板理论”。根据该理论，定位一定要设法突出企业或产品的优点。因为定位本就“不是对产品做什么”，而是要在消费者心中树立产品的独特形象。海尔的产品并非完美无瑕，但其只反复传播海尔“真诚到永远”的优质服务。正如职业院校毕业的学生素质总体低于普通本科高校，但职业院校只宣传自己毕业生的动手能力是最强的。

下面，列举一些成功企业的市场定位“点”，供大家品味：“健力宝”与体育结缘，以“运动饮料”定位，奠定了其中国第一运动饮料的地位；“长虹”以“民族品牌”定位，“以产业报国，以民族昌盛为己任”，喊出了亿万中国民众的心声；“金利来”是“成功男士的象征”；“迪士尼”是“儿童的乐园”；“康泰克”以“缓释”定位，一粒药能在12h内持续发挥作用，在众多感冒胶囊中脱颖而出；通用公司的“雪佛兰”始终以大众车的形象定位，而该公司的“凯迪拉克”几乎成了豪华车的代名词，是身份和地位尊贵的象征。选准了定位点，有了鲜明而独到的市场定位，就能体现企业和产品的特色，使企业和企业的产品从千千万万同类者中脱颖而出，昭显于市场，赢得竞争优势。

案例 6-15　对北京二锅头定位的思考

二锅头如同北京烤鸭一样，已经成为北京的标志产品。不少外地人到北京来总喜欢喝二锅头酒。但作为招待客人的东道主北京人总觉得不太有面子。这种感觉是由于二锅头“优质低价”的平民化定位造成的。电视剧《北京人在纽约》里有这样一个场景：男主角王启明与对手大卫饮酒。王启明豪气十足地说：“今天我们喝中国酒。”说着拿出一瓶北京红星二锅头：“中国老百姓就认这个！”可见二锅头“平民酒”定位的影响之大。

当前，二锅头的这种定位极大限制了其向高档酒行列进军的脚步。二锅头是否可以考虑重新定位，不但要让喝的人愿意喝，而且要让请客的人少花钱又不丢面子。二锅头曾经打出过“二锅头，不上头”的广告，但这仅仅是抓住了产品的特色，而没有抓住消费者的心理。有学者提出，二锅头应该针对男人心理，选择“二锅头，男人的酒”为定位点。这样既打破了二锅头向高档酒延伸的限制，又迎合了二锅头度数高、酒劲儿大的特征。最重要的是，喝二锅头的男人会觉得特有面子。毕竟，男人最希望得到的评价就是：这男人，纯爷们。

从众多的定位实例可以看出，企业营销的成功离不开对产品进行准确的市场定位，而市场定位的关键在于特色二字。营销策划如果可以比作“画龙”，那么市场定位则是“点睛”，有了恰当而准确的市场定位这个“点睛”之笔，则营销策划的“龙”就腾飞有望了。根据营销理论中 STP 不分家的惯例，本书在本章中对企业产品市场的定位只进行了一些简单介绍，在第八章产品策划中，对产品定位问题将会作详细的讲解。

【思考与讨论题】

1. 结合案例谈谈目标市场营销的概念。
2. 结合案例谈谈生活消费品市场的细分方法。
3. 结合案例谈谈市场细分的意义。
4. 结合案例谈谈一个良好的目标市场应当具备的三个基本条件。
5. 结合案例谈谈目标市场选择的五种基本策略。

第七章　企业目标市场的竞争策略

在上一章中，我们已经讨论过如何细分市场，如何选择细分市场，以及如何在目标市场上进行产品定位。现在，我们认为企业已经进入了目标市场，正在与其他同类产品生产企业进行竞争。此时，我们可以根据企业在目标市场中的地位，将它确定为市场领导者、市场挑战者、市场追随者和市场补缺者中的一种角色。市场领导者应拥有 40% 以上的市场份额，在市场上居于领导地位；市场挑战者应拥有 30% 以上的市场份额，正在为获取更多的市场份额而奋力竞争；市场追随者应拥有 20% 以上的市场份额，只图稳住目前形势，不希望扰乱市场局面；市场补缺者只掌握了约 10% 的市场份额，专为大公司所忽略的更小的细分市场服务。

第一节　市场领导者的竞争策略

大部分行业都有一个被公认的市场领导者，这个居于市场领导者位置上的企业在该行业里占有最大的市场份额，它通常在价格变化、新产品引进、分销覆盖和促销强度上，对其他企业起着领导作用。汽车生产领域里的通用汽车公司、摄影器材领域里的柯达公司、计算机行业里的 IBM 公司、日用化工消费品领域里的宝洁公司以及软饮料行业里的可口可乐公司等，都是行业里的市场领导者。分析在目标市场中处于领导者地位的企业营销策略选择的目的，是为了让企业这一优势地位得以继续保持，有效地防止其他有实力的挑战者的挑战。处于优势地位的市场领导者，要想继续保持市场统治者的地位，应该在以下三个方面不懈地作出努力。

一、扩大总市场，获取更多利益

对于市场领导者而言，总市场的扩大给其带来的收益也将最大，这是明显的道理。例如，软饮料行业市场进一步扩大，收获最多的将是可口可乐公司。扩大总市场有三种方法可供选择。

1. 招徕新用户

招徕新用户就是设法吸引那些潜在的购买者，如可以通过广告手段让更多的受众认识企业的产品，可以通过公共宣传使潜在的购买者了解这一产品的新性能、新用途。

案例 7-1　强生公司的婴儿洗发精

寻求新用户最典型的一个例子是强生公司生产的婴儿洗发精。婴儿洗发精最初是专为婴儿准备的洗发产品，但是随着人口出生率的下降，婴儿洗发精的销量也开始下降。强生公司的营销人员偶尔注意到家庭中的其他成员也使用婴儿洗发精洗头，于是决定将婴儿洗发精卖给成人使用。强生公司通过向成人开展一番广告活动，使得短时期内家庭成员中使用婴儿洗发精的人数大幅上升，强生公司也因此获得了丰厚利润。

2. 增加新用途

企业可以通过发现和推广产品的新用途来扩大总市场。这种方法不仅可以扩大需求量，还可以使该产品的销售经久不衰。

案例 7-2 阿哈默公司的碳酸氢钠

生产碳酸氢钠的阿哈默公司，偶然发现有些家庭使用碳酸氢钠作为冰箱的除臭剂。于是，公司向公众开展了一场大规模的广告和宣传活动，专向大众介绍这一新用途。阿哈默公司这种努力的结果是使得全美有一半的家庭将装有碳酸氢钠的开口盒子放进了冰箱。后来，阿哈默公司发现一些家庭用碳酸氢钠来消除厨房里的油脂火种，经公司的大力宣传，又使这一用途广为人知，碳酸氢钠的销量也直线上升。

3. 说服消费者更多地使用产品

通过说服产品使用者增加使用量也是扩大市场需求量的有效途径。说服产品的使用者增加使用量的办法有许多，但最常用的是：①促使消费者在更多的场合使用该产品；②增加使用产品的频率；③增加每次消费的使用量。

案例 7-3 法国米其林轮胎公司的轮胎

为了促使人们更多地使用本公司的产品，法国米其林轮胎公司采用了更巧妙的办法——向法国人宣传最好的旅馆在法国南部。公司通过大量的媒体宣传，促使越来越多的法国人驱车去南部旅行。这样一来，大量汽车的行驶里程增加了，轮胎的置换率也自然随之上升。米其林轮胎公司甚至还出版了一些带有地图和沿线风景的导游书，以进一步推动这项旅游活动。法国米其林轮胎公司的做法其实正是利用了营销策划中的一个重要技巧——设置陷阱。

二、采取有效的行动保护现有市场份额

企业在努力扩大市场总规模的同时，还必须着力保护现有市场份额不受侵犯。事实上，处于领先地位的企业必须时刻防备竞争者的挑战，保卫自己的市场阵地。例如，可口可乐公司要提防百事可乐公司，柯达公司要防备富士公司，通用公司要小心应对福特公司的挑战，等等。市场领导者为保护自己的地盘能做些什么呢？最具建设性的回答是不断提高和创新。领先者切忌满足现状，必须在产品创新、服务水平的提高、分销渠道的畅通和降低成本等方面处于该行业的领先地位。

案例 7-4 宝洁公司保住市场领导地位的策略

宝洁公司被公认为是日用化工消费品行业的市场领导者，它在八个重要的商品类别中，品牌销售量均居第一位，如一次性婴儿尿布、洗洁剂、卫生纸、纸巾、软化剂、牙膏等。宝洁公司为了保住其市场领导地位，主要采取了以下五条策略：

（1）注重顾客需求，提供质量最好的产品。宝洁公司不断进行连续的市场营销研究，以了解顾客的意愿，推出符合顾客意愿的产品。对推出的每一种产品，宝洁公司都要精益求精，使其质量超过一般标准，并随时准备改进产品质量。

（2）注重产品创新，提供多种品牌。宝洁公司不仅对每一个市场机会下功夫分析研究，从而研制出最佳产品，而且还是一个积极的产品创新者，它通过不断推出新产品来吸引顾客，如防蛀牙膏“佳洁士”的推出和有效去头屑洗发露“海飞丝”的推出都是产品创新的

例子。同时，宝洁公司还习惯于在同类产品中推出多个品牌，以满足不同顾客的需求。比如经常提到的宝洁公司的十种品牌洗涤去污剂，这十种品牌在顾客心目中有不同的定位，从而满足了不同的顾客需求，因此也占据了最多的市场份额。

(3) 注重品牌扩展，提供多种规格。宝洁公司善于使老品牌焕发青春活力，这就是品牌扩展战略，即用它现有的强势品牌名称去推出新产品，例如"象牙"牌已从肥皂扩展到液体肥皂和一种清洁剂，这样做既能使产品迅速获得广大消费者认可，又有效地降低了广告费用。同时，宝洁公司生产的品牌拥有多种规格和形式，这给予它的品牌更多的货架陈列空间，有效地防止了竞争者的渗入。

(4) 注重销售促进，投入大量广告。宝洁公司能保住市场领导地位的一个重要原因是它有一支优秀的销售队伍和采取了最有效的促销手段。花费巨额资金进行广告宣传活动来提高知名度和影响消费者购买，也是宝洁产品长盛不衰的重要原因，仅在1991年，它就花费了约21.5亿美元的广告费用。

(5) 注重品牌管理，提高生产效率。宝洁公司是著名的品牌管理系统的创始者，在这一系统中，每个经理负责一个品牌，这种制度使宝洁最大限度地利用了资源，最有效地控制了市场。其他竞争者虽然也常设立这种系统，但都没有宝洁做得那么成功。宝洁公司在提高生产效率方面也是不遗余力的，它花费大量的资金来发展和改进生产系统，以便在该行业中获取最低的制造成本。

三、进一步扩大市场份额

扩大现有市场份额，是市场领导者提高投资收益率、保持领先地位的一个重要途径。研究表明，市场占有率高于40%的企业的平均投资收益率是市场占有率10%以下的企业的3倍。平均来说，市场份额有10%的差异，则投资收益率将有5%的差异。因此，许多企业致力于提高市场占有率，如通用电气公司（GE）要求，在其涉足的每一个市场中至少成为第一或第二，否则就退出。

但是，也有些研究者对上述观点提出不同意见。这是因为，一方面，对某些行业的研究发现，除了市场领导者以外，有些市场占有率低的企业，依靠物美价廉和专业化经营，也能获得很高收益；另一方面，市场占有率与收益率并不总是成正比的。除了许多国家有反垄断法，当企业的市场占有率超过一定限度时，就有可能受到指控或制裁的因素外，更重要的原因是由于为提高市场占有率所付出的成本导致市场占有率的提高并不一定增加企业收益。只有在以下两种情况下市场占有率与收益率才成正比：一是单位成本随市场占有率的提高而下降；二是当企业为提高市场占有率为顾客提供更优质的产品时，销售价格的提高大大超过提高质量所投入的成本。

第二节　市场挑战者的竞争策略

在行业中处于第二、第三甚至更低地位的企业，被称为市场挑战者或市场跟随者。有一些居次要地位的企业，实力是相当雄厚的，如福特公司、百事可乐公司和高露洁公司等。分析市场挑战者的策略，目的是让居于市场次要地位的企业采取正确的竞争策略，在激烈的市场竞争中保持住自己的地位或争取到更多的利益。一般说来，居次要地位的企业有两种策略可供选择：一是挑战策略，即向竞争者挑战，努力争取市场领先地位；二是追随策略，即安居次要地位，在与竞争者和平共处中求得尽可能多的利益。居次要地位的企业要根据自己的实力和环境提供的机会与风险，来选择挑战策略或追随策略。

市场挑战者如果选定挑战策略作为扩大市场份额的方法，有三类进攻目标：一是市场领导者。进攻这类企业是一个高风险与高回报共存的战略，进攻前应仔细研究市场领导者在哪些领域提供的产品或服务没有或无法满足顾客需要，这一空白领域将成为挑战者的绝佳进攻对象。比如佳能公司通过开发小型复印机市场夺取了该行业市场领导者施乐公司的大片市场份额，从而一跃成为市场领导者。二是实力相当者。进攻这类企业时要选择那些经营不善或财力拮据的企业作为目标，设法夺取它们的市场。三是弱小者。进攻这类企业风险最小，也最容易奏效，通过不断地兼并小企业来扩充自己的实力，扩大市场占有份额。

市场挑战者确定好进攻目标后，有五种策略可供选择，即正面进攻、侧翼进攻、包围进攻、迂回进攻和游击进攻。当然，一个市场挑战者不可能同时运用五种战略，但也很难单靠某一种策略取得成功，通常应设计出一套战略组合即整体战略，借以改善自己的市场地位。

一、正面进攻

正面进攻就是集中全力向对手的主要市场阵地发动进攻，攻击的目标是对手的强项，而不是弱点。正面进攻的胜负取决于双方力量的对比，如果进攻者不具有超过对手的实力优势，则进攻会遭到失败。正面进攻通常有以下两种方式：

（1）降价。降价就是相对于竞争对手提供较低的卖价，若竞争对手没有进行相应的降价，这种方法就是有效的。

（2）降低成本，取得低价。降低成本可使产品价格降下来，然后在此基础上展开价格竞争。这是正面进攻的另一种常用方式，需要进攻者在产品研究与开发方面投入大量经费，努力获得陡峭的经验曲线，把产品生产成本降下来。日本丰田公司在美国汽车市场上的成功，就是成功地运用了这一价格策略的结果。

二、侧翼进攻

侧翼进攻就是集中优势力量攻击对手的弱点，通常采取声东击西的方式，佯攻对手正面，而实际上攻击对手的侧面或背面。侧翼进攻有以下两种方式：

（1）地理位置上的进攻。地理位置上的进攻，就是在本国或全球范围内寻找对手力量薄弱、绩效不佳的地区作为进攻区域。

（2）细分市场上的进攻。细分市场上的进攻，就是努力寻找出市场领导者或其他竞争对手没有覆盖的市场需要，并在这一细分市场上一冲而入开展业务，填补这一市场空缺。

侧翼进攻的策略符合发现需要并设法满足它的传统市场的营销观念，因而侧翼进攻相比正面进攻而言，有更多的取胜机会。

三、包围进攻

包围进攻就是同时向对手的前方、后方、侧翼发动进攻，在市场上提供比对手品种更多、质量更佳的产品，迫使对手不得不同时在数个方向上应付挑战。

包围进攻要取得胜利，要求进攻者拥有优于对手的资源，并确信包围计划的完成足以打垮对手。日本精工公司运用包围进攻的策略在全球市场上取得了成功，它通过提供种类不断变化、款式不断更新的手表，以及能在每一个主要手表分销点分销产品的优势，击溃了其竞争者。仅在美国，该公司就提供了400种款式的手表，以至其竞争对手不无羡慕地认为，“精工公司在款式、时尚、特征、用户偏好和任何可以刺激消费者的方面都击中了目标”。

四、迂回进攻

迂回进攻是一种间接的进攻策略。企业运用这种策略，完全避开了竞争对手的现有市场领域，绕道攻入了较易进入的市场，扩张了自己的实力。迂回进攻有以下三种方式：

（1）实行产品多元化，发展与现有产品无关联的其他类产品。

（2）实行市场多元化，使企业现有产品进入新地区的市场。

（3）发展新技术，通过开发和研究下一代新技术推出新产品，迫使对手在自己占优势的领域里应对竞争。在高技术行业利用发展新技术的策略来攻击竞争对手是常用方法之一。

五、游击进攻

游击进攻就是在各个不同领域向对手展开小规模的、不连续的攻击，意在消耗对手的实力和扰乱对手的部署，打击对手的士气。小企业常因无力发动有效的正面进攻或侧翼进攻而选择游击进攻的策略。游击进攻的方式有以下三种：

（1）有选择地降价。

（2）连续的、短期的促销战。

（3）向对手展开法律行动（起诉、控告等）。

游击进攻虽然适合于财力不足的小企业，但是持续的进攻也会付出很大代价，因此小企业必须决定是进行少数几次的主要进攻，还是进行一连串的小型攻击。

案例 7-5　在挑战中前进的百事可乐

在软饮料市场上，可口可乐公司是当之无愧的市场领导者，而在此行业中位居次席的百事可乐公司则是理所当然的市场挑战者。虽然百事可乐一直在向可口可乐发动进攻，但却始终屈居第二，而在这一系列的挑战中，百事可乐也发展壮大了起来。

恩瑞克自20世纪50年代执掌百事可乐公司以来，改变了公司原有的经营方式，在如下五个方面进行了改革：

（1）改良饮料配方，使百事可乐的口味不逊于可口可乐。

（2）重新设计了饮料包装形式和公司的各种标志，使之发挥整体广告宣传的作用。

（3）重新策划广告，大量增加广告投入，提升公司品牌形象。

（4）集中力量攻占可口可乐所忽视的市场。

（5）集中力量攻占美国的25个州和海外的25个地区市场，与可口可乐公司展开争夺战。

经过这一系列变革，百事可乐的营业额有了较快增长，市场占有率也大大提高。

从20世纪80年代开始，迅速崛起的百事可乐公司开始向可口可乐公司发动游击战。这场游击战主要是开展各种针对可口可乐的促销活动，其中最为著名的有两次活动。第一次活动发生在1985年，可口可乐在迎接其诞生100周年之际，突然宣布改变沿用99年之久的产品配方，采用新配方。出人意料的是，这项花费几百万美元研究开发费用的新配方在市场上引起了轩然大波，消费者对新配方大为不满，可口可乐的形象顿时下跌。百事可乐公司及时抓住了可口可乐公司的这一失误，特地制作了一个电视广告节目，宣扬百事可乐品牌。这一次，百事可乐赢得了巨大胜利，市场份额开始增加，品牌形象深入人心。后来可口可乐公司虽然迅速纠正了失误，但也损失了上千万美元，同时也失去了许多市场。另一次活动是在1987年，那时可口可乐为了夺回失去的市场，投资250万美元并雇用了1000多人，拍摄了一个时间长达60秒的电视广告。百事可乐的反应是在1988年年初，它利用当时最受欢迎的歌星——迈克尔·杰克逊制作广告，单是支付演唱酬金就花了500万美元。

百事可乐同时向可口可乐发动了侧翼进攻。百事可乐公司总裁韦恩·卡拉维认为："百事可乐公司与其他公司不同，其他公司是随着消费者增多而发展，我们则认为，市场发展到一定程度就要考虑另辟市场……只要还没有失败就要坚持下去的想法是错误的，在当今社会中，知道要失败就要赶快改变战略，否则早晚会一败涂地。"因而，从20世纪60年代起，百事可乐便向可口可乐未曾满足的领域拓展业务，并迅速成为多角化经营企业。自1977年涉足快餐业以来，百事可乐快餐公司以其优质、低价的食品和高效、多样的服务赢得了顾客的青睐，并成为世界上赢利最多的公司之一。目前，百事可乐公司下属有三家快餐公司——比萨饼屋、肯德基炸鸡店和特柯贝尔快餐店。百事可乐快餐公司的年利润率高达20%，远远超过快餐业巨头麦当劳公司的8%，这使得久负盛名的麦当劳也感受到了巨大压力。

百事可乐公司在向市场领导者进行的挑战中发展起来，将其与可口可乐产品销售量之比从1:12提高到了1:2。到1988年，百事可乐公司已登上全美十大顶尖企业榜，成为称雄百年的可口可乐公司最强劲的竞争对手。

第三节　市场追随者的竞争策略

作为在行业中处于第二、第三甚至更低地位的企业，在竞争中既可选择挑战策略，又可选择追随策略。根据美国管理学专家李维特的观点，产品模仿战略和产品创新战略一样可以盈利。这是因为，开发和创新一种产品要投入巨额资金，而另一家企业通过模仿或改进革新者推出的新产品，虽然不能取得市场领导者地位，但因为无需承担用于创新的费用而稳获高额利润。

因此，市场追随者可采取产品模仿或改进策略来取胜，不用图谋去与市场领导者正面交锋或取而代之。特别是在那些资本密集、固定成本高和基本需求停滞的行业中，如钢铁和化工工业，各企业常常效仿市场领导者，为顾客提供类似的产品，各企业之间也不相互争夺顾客，反对获取短期市场份额。根据李维特的观点，市场追随策略是一种行之有效的策略，事实上大多数居第二位的公司喜欢追随市场领导者，而不是向市场领导者发起挑战。当然，市场追随者必须选择一种具体的追随方式，认定一条不会引起竞争性报复的路线。一般说来，市场追随者的追随方式有如下三种：

1. 紧密跟随

所谓紧密跟随，是指市场追随者在产品、分销、广告等方面尽可能仿效市场领导者。采取这种策略，只要企业不从根本上侵犯到市场领导者的地位，直接冲突就不会发生。

2. 距离跟随

所谓距离跟随，是指市场追随者在目标市场、产品创新、价格水平和分销渠道等主要方面追随市场领导者，但在包装、广告、价格等方面与市场领导者又有些差异。采取这种策略，可使市场领导者忽视市场追随者的存在，避开竞争。

3. 选择跟随

所谓选择跟随，是指市场跟随者不是盲目跟随，而是择优跟随，在跟随的同时还要进行某些改变和创新。也就是说，这种跟随者只在某些方面紧跟市场领导者，而在另一些方面又发挥自身的独创性。比如，市场追随者可改进市场领导者的产品，避免与市场领导者发生正面冲突。

案例 7-6　我国医药保健品企业的追随策略

近年来，我国医药保健品行业出现了一个不良现象，即过剩的产品引发了激烈的市场竞争，许多医药保健品企业不得不面对严酷的现实。为了求得生存，取得一定的市场份额，不少企业采取市场跟进追随策略，尽可能地在细分市场和营销组合中模仿市场领导者的做法，躲在市场领导者的影子里求发展，以规避市场风险。

曾热闹一时的补钙、补血、补脑、补铁、补肾、补维生素产品直至现在的增高产品等市场中，每一个领先产品的细分市场都会出现一连串的市场追随者。如补血产品方面的红桃 K 曾一度“笑傲江湖”，但随后跟进的血尔口服液、女人缘胶囊则通过各自差异化的卖点和诉求分割了作为市场领导者红桃 K 的很大一部分市场。再如汇仁肾宝，自从打出了男人需要补肾的“肾好，生活好”的宣传诉求后，一度把男性消费者潜在的需求迅速引爆成现实需求，补肾益寿胶囊和各种品牌的六味地黄丸于是迅速跟进，市场规模达到了 10 亿元左右。其实，不光是中小医药保健品企业，一些实力强、品牌大的企业同样也会采取跟进策略。比如万基药业集团，除了以其洋参系列产品与金日、康富来三分天下之外，后继推出的许多产品如牦牛骨髓壮骨粉、乌鸡白凤丸、欧德活脑素等，都是循着市场上的消费热门和需求的变化而采取跟进追随策略谋求发展的。这部分产品一般很少在媒体上作宣传，由于卖点突出，功能明确，更主要的是在售点终端的生动化陈列和多样化的促销方式上下了功夫，同样取得了不俗的成绩。

市场追随策略通常强调的是模仿，即紧密或近距离追随市场领导者的产品策略和营销策略，而不是自己去开创新产品和新的营销思路。虽说采用这种策略可省去大笔产品开发费用，但明显的局限是它没有实力与市场领导者抗衡，因为它只希望在整个市场发展时能从中获取利益。所以，作为市场追随者，在现今条件下的市场推广与运作中，应致力于争取给目标市场带来差异化的、明确独特的利益，让产品与消费者之间迅速建立起某种全新的情感联系。西安杨森推向市场的一些药品基本上是市场上早就有的产品，但通过采取选择性跟随策略，终于成了大气候，如达克宁栓的功效定位于治本，暗示竞争对手的产品存在只能扼制脚气使其暂缓发作的局限性，最终将达克宁栓推上了市场领导者的宝座。

第四节　市场补缺者的竞争策略

在现代市场经济条件下，任何一个企业都不可能面面俱到地为这一市场的全体顾客服务，而只能满足于市场上某一部分顾客的某种需求，这是由顾客需求的多样性、变动性以及企业所拥有资源的有限性所决定的。因此，在现代市场上总是存在着一些被大型及实力较强的企业所忽略或无法顾及的某些市场，而这些市场的存在则为另一些企业提供了生存和发展的机会。这种有利的市场位置，称为补缺市场。而在市场竞争中，不与主要的企业竞争，只是精心服务于补缺市场的企业，称为市场补缺者。市场补缺者通过专业化市场营销来赢得补缺市场的策略就是市场补缺者策略。市场补缺者策略对于小型企业的生存和发展有着很大的意义。这是因为补缺市场的特征与小型企业自身的资源和能力所必需的市场环境相适应，所以这种策略是小型企业运用有限的资源和能力在激烈的市场竞争中扬长避短、避实就虚、游刃有余地生存和发展下去的根本策略。例如中国的娃哈哈集团，正是运用了这种市场补缺者策略，在当时竞争激烈的营养液市场中，选择了生产适合于儿童的营养液，填补了市场空白，异军突起，使一家校办工厂发展成为中国最大的饮料食品工业集团。

从本质上说，补缺市场是一个更小的细分市场，企业在这样一个微型的细分市场上，由于非常了解顾客的需要，因而提供的产品虽然是高溢价、高附加值，但仍然有大量顾客购买，这就使得这些市场补缺者获得了较高的投资盈利率。采取市场补缺策略能够使企业生存下去的关键原因是实行了“专业化”，即利用分工原理，专门生产和经营具有特色的或是拾遗补缺的、为市场所需要的产品或服务。一般来说，企业可以在以下七个方面中找到自己的专业化方向：

1. 为最终使用者提供产品或服务的专业化

顾名思义，这种专业化是指企业专门为最终使用用户提供服务或产品，如会计师事务所专门为企业提供财务、会计方面的咨询服务。

2. 纵向专业化

纵向专业化是指企业专门在营销链的某个环节上提供产品或服务，如专业的设备搬运公司开展的业务。

3. 地理区域专业化

地理区域专业化是指企业专门在某个地区进行营销活动。

4. 服务专业化

服务专业化是指企业专门为市场提供一项或几项服务，如手机银行业务的出现。

5. 产品线专业化

产品线专业化是指企业专门生产一种产品或一种产品线，如专门生产中央空调用的直燃机。

6. 定制专业化

定制专业化是指企业专门按客户的订单生产产品，如军工企业从事的就是典型的定制专业化生产。

7. 顾客类型专业化

顾客类型专业化是指企业专门为某类顾客服务，例如劳斯莱斯汽车的服务对象是特定的，即皇室成员、贵族、政府要员或富商。

案例 7-7　从追随到补缺：我国小型服装企业的发展之路

我国小型服装企业为数众多。在我国实行改革开放之前，由于经济发展水平较低，人们对服装的需求处于一种长期的“饥饿”状态，因此在改革开放之后，人们对服装的需求表现出一种“饥不择食”的消费心理，非常重视对服装产品的获得，从众模仿的着衣行为较为普遍。为了满足这种急剧增长的服装市场消费需求，许多小型服装企业应运而生，形成了一支庞大的队伍。小型服装企业由于资源和能力有限，它们采用的只能是仿效追随的经营策略。它们了解市场的方法，仅仅是去观察哪家企业的服装卖得好，然后迅速仿效生产出来，仅需如此，就可获得不薄的利润。在当时的市场环境下，这种仿效追随策略对于小型服装企业的生存是行之有效的。但也正是这种使它们尝到过甜头的仿效追随策略使得它们始终浮在市场的表面，对市场的变化漠然视之，根本没有意识到来自市场的严峻挑战，从而难以审慎地适时调整自身的经营战略。

今日的服装市场，随着我国经济的发展以及人们物质生活和文化生活水平的不断提高，已从卖方市场过渡到了买方市场，人们的着衣观念发生了本质的变化，他们开始重视服装产品的特色、质量、个性，并根据场合、环境穿着不同的服装，以体现自己的文化素养、审美情趣及品位。服装已成为典型的异质性产品，其生产注重的是小批量、多款式、多花色，以符合人们的消费心理。加之目前信息自动化等技术广泛应用于服装的设计、生产和销售领域，服装的设计手段、生产工艺、技术装备迅速更新换代，服装产品的市场生命周期越来越短。目前，我国已形成了一批以资产规模经营为纽带，以名牌产品为龙头，拥有世界一流的服装生产设备和技术的大型企业集团，再伴以发达国家的外资服装企业的涉入，致使服装行业的竞争日趋激烈。面对如此严峻的市场环境，许多小型服装企业仍然采用仿效追随策略，以致市场“克隆”现象严重，价格竞争激烈。在这样的“竞争”中，蒙受损失最大的还是小型服装企业自身，导致它们在目前激烈的市场竞争中捉襟见肘、步履维艰。

小型服装企业若想避免被淘汰的厄运，必须改变惯用的市场仿效追随策略，变被动为主动，只有采用市场补缺者策略，才能不断适应市场环境，在激烈的市场竞争中生存和发展下去。纵观国内外许多服装企业发展的成功经验，不难发现运用市场补缺者策略对于小型服装企业有着极其重大的意义。我们不妨看看法国卡芬公司的创业历程。卡芬女士（原名卡门·德托马托）是近几十年来享誉法国的21家著名时装公司行列的卡芬公司的创始人，她生活的环境是一个人才辈出、举世公认的法兰西时装王国，要想在服装业上开拓局面，其难度之大是不难想象的。然而，卡芬女士正是在这个领导世界服装潮流的国度里发现了一个补缺市场。她说：“我的身高只有1.55m，在女性中是比较矮的，年轻时看着时装展示会上那些长腿细腰的模特儿，我总是在想，时装总是为那些高挑女性设计的，而个子不高的女性则常常被忽略和遗忘。女性都爱美，美并不是高个儿女性的专利，个子不高的女性也希望穿得漂漂亮亮，为什么没有人愿意替她们设计时装呢？既然如此，我应承担起这个责任，用自己创造性的劳动，去填补时装设计的这一空白。”正是基于这一点，1941年，经过精心筹备，卡芬在巴黎金字塔大街开设了自己的服装店。当时正是德国法西斯占领巴黎、耀武扬威的时期，占领军对法国人做生意有许多限制，但卡芬服装店由于具有自己的特色，开业后有许多身材不高的女性光顾。1945年德国投降后，卡芬把服装店迁移到了终日人群熙熙攘攘的香榭丽舍大街，并首次推出“卡芬公司”的牌子。由于她专为身材不高的女性设计时装，做工又十分考究，公司总是门庭若市。卡芬女士回忆往事，庆幸自己“敢为天下先”，选择了当时无人竞争的领域——女性服装细分市场中矮个儿女性服装市场，是一个正确的决策，给她日后带来了巨大的成功。从卡芬公司的成功经验中可以看到，市场补缺者策略是小型服装企业生存下去进而谋求发展的最佳策略。

【思考与讨论题】

1. 企业四种市场地位的划分标准是怎样的?
2. 结合案例谈谈市场领导者的竞争策略。
3. 结合案例谈谈市场挑战者的竞争策略。
4. 结合案例谈谈市场追随者的竞争策略。
5. 结合案例谈谈市场补缺者的竞争策略。

第四部分
企业营销组合策划

“哪里有问题，哪里就能找到解决问题的方法。如果你找到了解决问题的方法，那么这块市场蛋糕就是属于你的。”

——菲利普·科特勒

为实施特定的营销战略，必须设计与之匹配的战术方案。一般来说，目前在营销学中占主流地位的营销战术是“4P”策略。尽管近年来学者提出了许多种营销战术的理论构架（如4C、4R等），但由于其实用性和可操作性不足，最终没有在实务界流行起来。本书依然采用经典的4P理论战术模型，来讲述企业营销组合策划的要点。

第八章　产品策划

从这一章开始，我们将系统地介绍企业如何有效地组织营销活动。1964年，美国的伊·杰·麦卡锡教授首先概括出营销组合的四类基本变量：产品（Product）、地点（Place）、促销（Promotion）和价格（Price），简称“4P”。所谓营销组合，就是企业可控制的这四类变量的组合，营销组合整体上的优劣在较大程度上决定了企业竞争能力和竞争地位。“营销组合”是一个非常重要的概念，它与市场营销观念、市场细分和目标市场等概念组成了营销理论体系的基础。

产品策略是企业在制订战略计划时首先要解决的问题，是制定营销组合战略的基石。企业必须首先回答它应为目标市场提供哪些产品和服务，以及如何提供这些产品和服务。

第一节　产品及产品组合的含义

一、产品的概念

在现代市场营销观念影响下，产品的概念也发生了变化。传统的产品概念局限于特定的物质形态和具体用途，现代的产品概念则认为产品是能满足人们某种欲望或需要的一切东西，归结为消费者或用户期求的实际利益。毫无疑问，产品的内涵和范围都扩大了。有形的物品实体固然是产品，而无形的延伸利益也归结为产品。例如，可以给买主带来附加利益和心理上满足感和信任感的售后服务、产品形象、销售者声誉等，也属于“产品”。

案例8-1　服装商店的“形象设计服务”

美国、德国的一些服装商店，不久前推出一种“形象设计服务”。店里专门聘请形象设计专家为每一位顾客设计形象。专家根据顾客的身材、气质、经济条件等情况，出主意，做参谋，指导顾客该买什么服装，配什么领带或饰物，头发做成什么式样，穿什么颜色和款式的鞋，等等，从而使服装及其各种配套物品相得益彰，充分体现顾客的长处，达到风度可人的理想境界。这项服务推出后，立即受到广泛欢迎。一时间，服装商店顾客如云，而且都是服装、饰物整套整套地购买，商店收入顿时大增。

服装商店为顾客设计形象为什么会使商店顾客如云、收益大增？从市场营销角度出发，可以将产品分解为三个层次：形式的产品、实质的产品和延伸的产品。形式的产品是指向市场提供的产品实体或劳务的外观。实质的产品是指通过形式的产品提供给购买者的基本效用或利益。顾客购买某项产品并不是为了获得产品本身，而是为了满足某种需要。延伸的产品包括消费者在取得产品或使用产品过程中所能获得的额外利益，也就是顾客所购产品的延伸部分与更广泛的服务，如产品知识的介绍、使用技术的培训、产品的维护与修理，以及销售前后的各种服务保证等。

在本案例中，实质产品是购买服装的目的，即给购买者带来的利益、购买服装的用途，如求美、打扮、保暖和其他社会需要。形式产品是指服装的款式、花色、规格、布料等看得见、摸得着的东西。延伸产品就是为顾客设计形象，即根据顾客的身材、气质、经济条件等情况，指导顾客购买适身合体的服饰。可见，美国、德国的这些服装商店不仅像一般服装商店那样出售有形能用的服装（即产品的前两个层次），而且还提供了附加利益——为顾客设计形象（产品的第三个层次），从而为消费者提供了更全面的服务，使顾客获得了更大的满足。

消费者的需要实际上形成了一个系统。企业所出售的也应该是一个系统，即有关的实物和延伸利益组成的整体。产品整体概念的形成，是市场营销理论的一个重大发展。随着科学技术的进步和生产力水平的提高，人们的消费需求日益多样化，企业不但要提供适应消费者需要的形式产品和实质产品，而且要提供更多的延伸产品。曾一度火爆的“知青餐厅”和“毛家菜馆”就能给我们带来一些启示：消费者去这种餐馆消费并不单单是去购买店家提供的饭菜，他们的目的还在于获得对特殊历史时期的感情追忆和文化怀念这些延伸产品。企业只有从产品的整体概念出发来研究产品策略，才能在市场竞争中立于不败之地。

二、产品组合及组合四要素的含义

所谓产品组合，是指企业生产经营的全部产品的有机结合方式，包括产品的宽（广）度、长度、深度和相关性四个基本要素。产品组合的宽度是指企业生产经营的产品大类有多少，即拥有几条产品线。产品线多则为“宽”，否则为“窄”。产品组合的长度是指企业所有产品线中产品项目的总数。产品组合的深度是指产品线中每一产品品牌含有多少产品品种。产品组合的相关性是指各条产品线在最终用途、生产条件、分配渠道或其他方面相互关联的程度。

案例 8-2 宝洁公司的产品组合

表 8-1 给出了宝洁公司的产品线宽度和产品线长度的大致情况。

表 8-1 宝洁公司主要产品一览表

洗衣粉	牙膏	肥皂	纸尿布	纸巾
象牙雪 汰渍 奥克雪 碧浪 醉肤特 博德	佳洁士 登奎而 格利	象牙 柯克斯 洁美 海岸	帮宝适 露肤	媚人 白云 旗帜

由表 8-1 可以看出，宝洁公司的产品组合宽度是 5，即洗衣粉、牙膏、肥皂、纸尿布、纸巾五条产品线；产品组合总长度为 18，即洗衣粉 6 + 牙膏 3 + 肥皂 4 + 纸尿布 2 + 纸巾 3 = 18，每条产品线平均长度为 18 ÷ 5 = 3.6；假设佳洁士牙膏有三种规格、两种配方，则佳洁士牙膏的深度为 3 × 2 = 6；宝洁公司的产品全部属于洗涤和卫生用品，在最终用途和生产条件以及分销渠道等各方面都具有很强的相关性。

第二节 产品开发的创意技巧

在当今的市场竞争中，一种趋势已经越来越明显，那就是产品的同质化。一方面是厂家为争夺同一市场而疲惫不堪，另一方面则是消费者面对众多同质产品而无所适从。因此，厂家开发出的与众不同的新产品是其在激烈竞争中生存的法宝。新产品的开发是从创意开始的。所谓创意，就是开发新产品的设想。虽然并不是所有的设想或创意都可以变成产品，寻求尽可能多的创意却可为开发新产品提供较多的机会。在产品开发中，创意的常用技法通常可以有以下五种：

一、模仿创造法

模仿创造法是指通过简单的模拟仿制已知事物来构造未知事物的方法，它可分为仿生法和仿形法。仿生法是指被模仿的已知事物是我们熟知的某种生物；仿形法是指仅仅模仿已知事物的形状而进行创造的方法。模仿创造法是人类创造性思维常用的方法。

案例 8-3　雷达与头盔的诞生

人们很早以前就认识到蝙蝠具有超强的夜间飞行能力。有科学家曾做过这样的试验：把一些蝙蝠的眼睛蒙上，将它们放在一间挂满铃铛的黑暗房间里。通常人们会认为，房间里一定是铃声不断。然而蝙蝠在屋子里却自由飞行，轻松地避开了房间内的所有铃铛。科学家们通过仔细研究，终于发现蝙蝠是通过回声定位发现前方的障碍物的。人们仿造蝙蝠的这种本能发明了雷达，专门的装置不断发出超声波，当遇到空中的物体时声波会反射回来被雷达接收，从而发现空中的物体。

与运用仿生法制造雷达相比，头盔的出现却是运用仿形法的杰作。第二次世界大战期间，一位美国将军到一家医院去慰问那里的伤员。当问到一名伤员是如何死里逃生时，这名伤员回答，当敌机轰炸时他正好在厨房，于是顺手抄起做饭用的铁锅扣在头上。尽管深受重伤，但由于头部仍然完好无损，因此存活了下来。这位美国将军大受启发，于是类似于饭锅形状的头盔产生了。

二、移植参合法

移植参合法是指将某一领域的原理、方法、技术或构思移植到另一领域而形成新事物的方法，它是人们思维领域的一种“嫁接”现象。生物领域的嫁接或杂交可以产生新的物种，企业同样可以通过对其他产品或领域的原理、方法、功能等方面进行移植、嫁接，从而形成新的产品。

案例 8-4　多媒体计算机的发明

现代计算机具有很多的功能，但开发者开发该产品的初衷却只是为了计算，通过发明一种速度更快、精度更高的机器把大量的人力从繁杂枯燥的计算中解脱出来，难怪这种称为 Computer 的机器在早期便被直接地译成了“计算机”。随着电视的普及以及计算机技术的不断发展，有人思考：能否把电视机的音像功能移植到计算机领域呢？于是一种全新的更优产品——多媒体计算机产生了。该产品在原有强大的计算功能的基础上，拓展了视听功能，也使得计算机不再仅仅是一种办公设备，更成了人们日常休闲娱乐的工具。

三、需求法

需求法是产品开发中最常用的创意来源，因为根据社会经济形势的发展和市场需求的变化生产符合市场需要的产品是市场营销最基本的法则。

案例 8-5 李威·斯达斯与牛仔裤的出现

19 世纪 50 年代，美国西部出现淘金热潮，当时年仅 20 岁的李威·斯达斯也加入其中。当他到达西部的时候，发现并非满地都是黄金，于是只好开了一家小商店来谋生，经营一些小商品，卖给那些淘金的人。在经营中他发现，当时矿工穿的裤子都是用普通布做的，很不耐磨，李威·斯达斯就用做帐篷的帆布缝制了一批裤子。帐篷布很坚韧，用帆布做的这批裤子很快被矿工抢购一空。就这样，李威·斯达斯开始专门生产这种帆布裤子，源源不断地供应给数以万计的淘金工人。李威·斯达斯自从设专厂生产帆布裤子起，就认真研究矿工们的劳动特点，不断改进裤子的样式和设计。例如，考虑到矿工们时常要把矿石样品放进裤袋，用线来缝裤袋容易裂开，他便把裤子臀部的口袋从用线缝改为用金属钉钉牢，扣子则改用铜锌合金做。又如，为了方便矿工收集不同的矿石样品，他在这种裤子上的不同部位缝制了多个口袋。上述的改进满足了矿工们的部分需求。然而，由于帆布太硬，矿工穿着总有不舒服的感觉。不久，他发现法国有一种哔叽布既有耐磨的特点，又有柔软的长处，于是，他使用这种布料加工裤子，并在设计上更为讲究，使它缝得比较紧身一些，就这样，形成了牛仔裤的独特风格。从事牛仔裤生产和营销的公司从那时起就一直坚持不懈地注重“牛仔裤文化”的策划与传播，所以，该产品盛行百余年仍兴盛不衰。

四、逆向思维法

相传很久以前，人们都是赤脚走路的，有一个国王去乡间旅游，因道路坎坷而扎伤了脚。国王于是下了一道命令，将所有道路都铺上牛皮。用牛皮铺路太不经济，一个商人灵机一动，他想，为什么非要用牛皮铺路而不去包脚呢？于是，皮鞋诞生了。逆向思维法的核心思想就是改变人们固定的思维模式和轨迹，反其道而行之。逆向思维法的运用常常会获得意想不到的效果。当很多人习惯于到动物园中隔着铁笼观看动物时，有人想到，为什么不可以把人关在笼中而把动物放出来呢？于是，森林公园产生了。当很多餐馆习惯丁招徕顾客到店中就餐的时候，一个精明的饭店老板想到，为什么不能把食物送到顾客家里去呢？于是，外卖出现了。美国的吉列和埃斯黛·劳德公司更是把逆向思维法运用到了极致。

案例 8-6 换位思考，风景那边也美好

男人要刮胡子，女人要用香水。女人绝少刮胡子，男人多不用香水。如果有人想向窈窕淑女推销刮胡刀、向精壮男子兜售香水，难免被认为异想天开。然而，美国有两家企业偏偏这样干了，而且获得了巨大的成功。

向女人推销刮胡刀的是美国的吉列公司。它的创始人金 C. 吉列在 1901 年发明了世界上第一副安全刮胡刀片和刀架，由于用它刮胡子舒适方便，产品很快风靡全球。到 1920 年，世界上已经有大约 2000 万男人用上了吉列安全刮胡刀。进入 20 世纪 70 年代，吉列公司的年销售额已经达到 20 亿美元，成为世界著名的跨国公司。然而，吉列公司并不满足已有的成绩，而是不断寻找新的销售市场。在 1973 年，公司经过一年周密调查后发现，“新大陆”不在别处，恰恰就在妇女之中。原来，美国有几千万成年女性经常要刮除腿毛和腋毛，其中 2300 多万人是购买男用刮胡刀来完成这一保持美好形象的大事的，女士们一年在这方面的花费达 7500 万美元。相比之下，美国妇女一年花在眉笔和眼影上的钱不过 6300 万美元。如果将男用刮胡刀加以改进，更好地满足妇女的这一特殊需要，定能赢得几千万女士的“芳心”，独占市场。于是，吉列公司为这些妇女精心设计了专用“刮胡刀”。它的刀头部分与男用刮胡刀并无差别，只是刀架选用了色彩鲜艳的塑料，握柄由直型改为弧形以利于妇女使用，并在上面印了一朵美丽的雏菊。在推销这一新产品时，公司还根据妇女的心理特征选择了“不伤玉腿”作为广告主题，突出了新产品的安全性。新型雏菊刮毛刀一面市，立即成为畅销产品，吉列公司自然获利颇丰。

无独有偶，在吉列公司向妇女用品发起攻势之际，美国的化妆品女王埃斯黛·劳德则打起了男人的主意。20 世纪 80 年代中期，埃斯黛·劳德的化妆品在美国和世界各地就已享有盛名，但是她却发现自己的丈夫和儿子经常面部干涩地回到家中。因为市面上很少有像样的男用化妆品，而且当时的男子普遍认为化妆品是女人才用的，对此不屑一顾。作为一名精明的企业家，埃斯黛·劳德从许多人熟视无睹的现状中看到了生财之道，她决心改变习俗和偏见，开拓新的市场。经过反复试验，她率先推出了一套包括香水、须后露和护肤露在内的男用系列化妆品，并根据大仲马的名著《三个火枪手》中风度翩翩的男主角的名字，将新产品命名为阿拉米斯。同时，她还针对男人的心理，拟定了一句响亮的广告口号——真正的男人都用香水。填补了市场空缺的阿拉米斯很快成为畅销品。埃斯黛·劳德为此投入的研制和推销费用总共为 25 万美元，而所得的回报却超过此数几十倍、上百倍。通过不断开发新产品，埃斯黛·劳德最终成为亿万富商。

五、组合创造法

组合创造法是指将多种因素通过建立某种关系组合在一起从而形成组合优势的方法。组合创造法是现代生产经营活动中常用的方法。组合创造法可以是原理组合、结构组合、功能组合、材料组合、方法组合。无论什么组合，一是要考虑其前提条件能否组合；二是要考虑组合后的结果是否更优。带橡皮头的铅笔是橡皮与铅笔简单的材料组合，而 MP3 则是音响与 U 盘的功能组合。后者通过对放音功能与存储功能的结合，开发出了品质和用途更加优良的全新产品。

案例 8-7 跨越不同行业的产品组合

一般来说，企业对行业市场机会大都比较重视，因为它能帮助企业充分利用自身的优势和经验，发现、寻找和识别的难度也比较低。但是，行业市场机会在行业内部会遭到同业间的激烈竞争，而失去或减弱机会效益。因此，一些企业就试图在行业领域之外寻求市场机会。可是，出现在某个企业行业领域之外的市场机会，绝大部分又是别的企业的行业市场机会，对外行业的企业而言，进入的难度更大。不过，由于各企业都比较专注于行业的主要领域，因而在行业与行业之间有时会出现“夹缝”，从而形成真空地带。这种现象大多发生在行业与行业之间的交界处。在这些交界处，行业会出现交叉、重合，而这些行业间的结合部一般是企业最容易忽视的地方。在这些区域，消费者的需求往往不能得到充分满足，甚至还会产生出一些新的消费需求，这就为新产品的推出提供了可能性。

行业与行业之间的交界处存在的边缘市场机会，一方面仍可以发挥企业的部分优势，另一方面，由于它们比较隐蔽，难以被大多数企业发现，企业更容易取得机会效益。但是，边缘市场机会的寻找和识别难度也是比较高的，需要营销人员具有丰富的想象力和大胆的开拓精神。例如，1980 年美国由于航天技术的发展出现了许多边缘机会，传统的殡葬业与新兴的航天工业结合起来，产生了“太空殡葬业”，生意还非常兴隆。再如，陶瓷和摄影是两个相距较远的行业，但“陶瓷照片镶嵌”却将这两个行业结合起来，从而产生了一种全新的产品。还有，在医疗行业和餐饮行业的结合部出现的保健食品、药膳餐馆等，也都是利用边缘市场机会开发新产品的极好例证。像把沙发和床组合在一起推出沙发床的这种产品组合是家具行业中许多企业都容易想到并效仿的，而不同行业组合形成的新产品由于往往要求开发企业同时具有两个行业的知识和技能，因此能有效避免同类竞争。

需要指出的是，对于新产品开发的理解不能仅局限于开发全新产品上，对原有产品在外形、功能、包装上的改进，甚至只是对原产品进行重新定位，都属于产品开发的范畴。

案例 8-8 产品开发中的加加减减

日本有家专做布制玩具狗的小企业，在玩具狗市场激烈的竞争中，这家企业的老板自觉难敌大企业，生意很萧条。一天，他忽然发现无论哪家生产的玩具狗都没有舌头，而狗在伸出舌头的时候才是最可爱的。于是，他在玩具狗嘴上钻了个孔，安上一段红塑料管当舌头，做成了“带舌头的尖嘴狗”，使之在同行业产品中独具特色。同时，由于加工这种狗舌头的工序简单，成本微乎其微，所以成品玩具狗仍按原价出售，这种新式玩具狗很快便成为深受人们喜爱的畅销品。更有趣的是，另外一个日本人以每只狗 70 日元的批发价买得“带舌头的尖嘴狗”，再把两只配对放在小塑料篮中，让其前肢搭出篮缘，伸着红舌，使之更加可爱，并以此申请了专利。结果，他以每只小狗平均 170 日元的价格卖出，仍有许多人争相购买。他就这样利用“加倍”的办法，凭空获取了加倍的利润。

恰到好处地利用“减去”的原理，收效也可以很好。我国一汽集团制造的汽车，质量曾达到极高水平。后来企业意识到，在绝大多数地方并不需要质量过剩的汽车。于是，他们改进设计和工艺，去掉了“过剩”的质量，使汽车成本和售价相应降低，销路反而更好。又如，日本家电行销天下，但近年来日本家电厂商正兴起一场“简单操作大变革”，对过去一直追求的多功能、多按钮、难操作的产品化繁为简，有的产品的按钮竟然从 20 多个减至几个。日立公司新制作的录像机，其遥控器的小按钮就只设计了“录、放、停”3 个，一目了然，这样就满足了消费者对操作简单的需要，深受人们欢迎。

案例 8-9 美国橘汁的重新定位

在美国市场上，橘汁本是一种公众早餐中的佐餐饮料。该产品味道好、热量低，是天然的有助于健康的产品。但是，美国人只把它作为早餐饮品，这样橘汁市场就很小了，且销量处于停滞的状态。为使橘汁这种产品迅速扩大产销量，橘汁的制造者便开始不停地向公众灌输一套新的观念，期盼使之作为一种天然的、健康的饮料打入饮料市场。橘汁制造商采用了这样的广告口号：“它不再只是吃早饭时饮用。”该广告暗示，传统的饮用习惯仍然可以保留，但是在其他时间饮用也是合适的。第一批电视广告的描述对象是从事体育活动的年轻人。第二批广告主要是描绘在午饭时间自助餐厅内饮用橘汁的场面。第三批广告主要是强调“天然的和有益于健康的”主题，画面中，在花园中劳动的少女和老祖母在休息时都饮用橘汁。这些巧妙有效的广告一步步地向消费者提供这样的信息：喝橘汁的可以是儿童、少年、青年、中年人和有活动能力的老年人；橘汁既可在午饭时饮用，也可在吃饭之余或娱乐休息时喝一杯提神。总之，橘汁由传统定位——维生素 C 保健早餐饮品，转向了新定位——消暑解渴、提神、恢复体力的饮品。通过接受重新定位的广告，许多关心健康和食品营养价值的美国人经过比较，认为用碳酸盐化合物做成的饮料，如可口可乐或百事可乐是没有热量也没有营养价值的，咖啡和茶中又含有咖啡因，而橘汁则是天然富有营养的，可以使人“身心爽快”，并“在任何时间都可饮用”，于是便纷纷转向购买橘汁这种新型饮料。结果，本来只有部分美国人把它作为早餐饮料的橘汁，成了大众化的饮料，销量成倍地增长。

第三节　产品定位策划

一、产品定位的含义和重要性

提到产品定位，可能每个策划人员都能讲得头头是道，却很少有人能做得好。营销经典著作通常对定位作这样的阐述：“定位以产品为起点，但它不是关于产品本身的，而是关于顾客心理的问题，它是指你如何在顾客的心目中为你的产品确立一个位置。”目前，我国市场正处于从未有过的“战国时代”。众多品牌不断涌现，产品间的差异性越来越小，产品同质性越来越高，市场竞争日益激烈。如何才能在竞争中脱颖而出？当众多的企业策划活动还在集中力量宣扬产品本身的时候，一些高明的策划人已开始对顾客展开“攻心之战”。因为他们清楚，面对千人一面的商品，消费者在商品的“汪洋大海”中作出选择并不容易，他们往往要选择在自己心中有一定位置的品牌。

当众多 VCD 品牌都在述说“超强纠错，数码科技，全面兼容”令消费者无所适从的时候，“万宝路”所宣扬的自由、奔放、豪爽、充满原野气息和力量的男子汉形象与香烟本身却没有任何关系。再有，单就产品而言，可口可乐、百事可乐、非常可乐很难说有什么大的区别，但它们的定位却各具匠心。可口可乐定位在“正宗、传统、文化”上，百事可乐定位在“年青一代的选择”上，而非常可乐则大打民族牌，定位在“中国人自己的可乐”上。再看下面的两则案例。

案例 8-10　X 霉素上市前的定位策划

作为华南医药行业的“旗舰”企业之一，A 药业有限公司研制了众多拥有自主知识产权的新药，国家级新药——X 霉素（抗生素品种）就是其中之一。抗生素一直以来就是医药市场上的龙头产品，在医药市场上的竞争最为激烈。“抗生素最难做”，这是接手策划的 B 策划公司与药厂打交道时听得最多的一句话。因此，为 X 霉素进行上市的营销策划，对 B 策划公司来说无疑是一场挑战。

X 霉素属于大环内酯类抗生素，广谱抗菌，临床上主要用于呼吸道感染及淋球菌、衣原体、支原体导致的生殖器官感染、软组织感染等。从市场的角度来看，X 霉素的上市面临着众多的困难和阻力。首先，一般性抗感染用药市场已被广谱抗菌的老牌抗生素如青霉素类等牢牢占领，无论是医院还是零售终端，氨苄青霉素、羟氨苄青霉素始终都是治疗常规感染的首选药物。这些药物最初是通过医院销售的优势而带动零售的，受医生权威推荐的影响，这一类药物品牌在消费者心中留下了根深蒂固的印象。要改变消费者的固有观念，需要一定的时间。作为要求在短期内成功上市的 X 霉素来讲，不宜在这一细分市场上与上述老牌品种“硬拼”。其次，治疗深度感染和交叉感染的市场又被作用强劲的头孢菌素类抗生素，如头孢拉定、头孢氨苄等品种所占领，这些药物因作用明显已成抗生素中的王牌。而且，由于竞争的激烈和成本的下降，头孢菌素类抗生素的价格一路下跌。新品如进入这一细分市场，必定利润微薄，从而导致投入与产出不相称。因此，X霉素也不宜定位于这一市场。最后，用于治疗呼吸道感染和软组织感染是X霉素的主要功能之一，而这一细分市场又被众多的其他大环内酯类抗生素如乙酰螺旋霉素、麦迪霉素等所占领，并且价格不高，利润相对较低。显然，X霉素进入这一市场也是不很合适的。由此看来，面对已经被瓜分得七零八落的市场，X霉素只能另辟蹊径，找出市场的薄弱点和空缺点，强势进入，才能在激烈的市场竞争中突出重围，获得成功。

为确保策划的科学性和市场推广的万无一失，B策划公司对抗生素药品的临床趋势及在OTC市场的状况进行了一次全面调查。精心设计的问卷很快被收回，通过归类和数据处理，来自医生、店员和消费者三方面的调查结果在证明了上述分析准确的同时，策划公司得到了一个意外的收获：在抗生素的细分市场上，专用于治疗性传播疾病的抗生素非常少，在国内形成品牌的抗生素几乎没有，但是这一细分市场却具有非常大的市场潜力。X霉素恰恰对淋球菌、支原体、衣原体等导致性传播疾病的病原微生物有较强杀灭作用。经过讨论，B策划公司决定将X霉素定位为专用于治疗性传播疾病的抗生素药品。

定位的问题解决了，但怎样进行诉求呢？受传统观念的影响，一些中药、西药如果兼有治疗性病的功效时，往往在说明书上“犹抱琵琶半遮面”地附加一句“也可用于泌尿系统感染”。殊不知，很多消费者医学知识有限，根本就不明白泌尿系统感染包括哪些病、有何症状等。针对治疗性传播疾病这一细分市场的现状，经过一番论证，B策划公司在决定X霉素的广告诉求时从加强与患者的有效沟通出发，选择了“明线”的方式，既打破传统，又顾及消费者的面子。于是，在坚持以药理学为依据，集中力量突破重点的战略目标下，将X霉素的广告诉求表述为“强效杀菌，淋病克星”。性病患者在选择药品时，通常会选择X霉素，而不是其他可能效果更好的抗生素药品，因为“X霉素是专门用来治疗性病的药品”的理念已经深入到了消费者的心里。X霉素成功上市的关键就在于它不是在产品本身上做文章，而是重点突破消费者的心理防线。

案例8-11 消毒碗柜产品和力丽减肥功能饮料的定位失误

最近，一个提法在业界出现的频率很高，那就是重新定义消毒碗柜。其实，无所谓重新定义，只不过多年以来发展的方向错了，而且仅仅错在到底在卖什么上面。我们先来看一看消毒碗柜当初发明时的情况。一天，康宝的青年工人小陈在生活中突发灵感：家里的碗碟、茶具经常受到蟑螂、蚂蚁、苍蝇的污染，用布擦不干净，在锅里煮又很麻烦，用药物消毒又怕有药液残留，产生副作用。于是，他提出想做一个既能存放碗筷，又有消毒作用的家电，并称之为“电子消毒碗柜”。消毒碗柜就是这样诞生的。请注意，“消毒碗柜”，“消毒”是定语，代表具有消毒功能，而碗柜才是其基本的定位。可以说，在发明者眼里，这个东西本身就是碗柜。但是后来，在产品设计开发上，在消毒碗柜的行业推广过程中，企业却舍本逐末了，大肆强调其消毒的功能，甚至一段时间以后，将“消毒碗柜”中的“碗”字也省掉了，“消毒柜”成了这种商品的主要名称。对同一种产品的定位不同，直接决定了这个产品的发展空间有多大。消毒碗柜发展了近20年，当同期开始在国内市场发展的微波炉早已进入千家万户时，除了在气温高，湿度大，病毒、细菌繁殖较快，厨房餐具易被污染的华南地区消毒碗柜在普通家庭有一定的拥有量以外，我国其他地区消毒碗柜的拥有率明显偏低。消毒碗柜产品市场的低迷与商家的错误定位是有很大关系的。从消费者角度来说，“消毒”不是生活中必需的，而“碗柜”却是生活中离不开的。现阶段，我国消费者的消毒意识不够，还需要培养和教育。而且，普通消费者对消毒碗柜杀菌效果根本无法直观观察和考证。因此，商家应该调整营销思路。如果卖的是具有消毒功能的“碗柜”，就像具有健康功能的空调一样，“消毒”只是这种商品必须具备的一种功能，而它的本质就是放碗筷的地方，是让家里更整洁的一种必备的厨具。这样，消费者接受起来应该会更容易一些。说服消费者出高一点的价格买一件能体现品味的家具，要比教育消费者改变自己的卫生习惯、提高全民的消毒意识更现实。

无独有偶，力丽减肥功能饮料产品定位策划的失败也有相似的原因。力丽减肥饮料是目前为止国家卫生部唯一批准的减肥功能饮料，然而第一个市场进入者却没能够成为行业的先行者，力丽没有像它的广告“力丽来到中国”那样喊响华夏大地，而是在一年多的运营后便悄然被市场抛弃，成为了“先烈”。力丽的策划、操作团队核心人物，是曾经服务于哈慈、妆王等公司的营销高手×××。但力丽的老板请她来，最起码有一点是错误的：桂生悦一开始就把这个产品当做保健品来策划、操作，这才挖来一位对饮料行业陌生的保健品操作高手，这已经注定了力丽“从一开始就走向一条不归路，是死胡同”。力丽是一种“饮料产品”，只不过是一个“具有特殊功能（即减肥）的饮料”。不管如何，饮料才是其基础功能。而×××把力丽作为一个保健品来策划营销时，就已经把力丽定位为一个减肥产品了。主体是减肥产品，只不过挂了一个“饮料”的名字而已。“肥”是消费者的忌讳，有谁会承认自己胖，整天拿着一大瓶饮料在大街上喝？力丽产品的价值一开始就发生了错位，“谁喝力丽，表明谁胖”的标签效应，注定了力丽饮料的夭折。定位错了，无论选择哪个消费群体都难免失败。

通过上面的两则案例，可以充分认识到定位对产品成功的重要性。这里，还有一项内容需要简单介绍一下，就是对于定位的诉求，也就是厂家如何把产品的定位信息准确地传递给顾客，许多企业通常的做法是通过广告宣传，而日本丸万公司对其打火机产品在定位诉求上的“别出心裁”却让人回味无穷。

案例 8-12　日本丸万公司打火机的定位诉求

日本丸万公司的气体打火机已经成为日本的世界性特级品，它的生产量在最近十多年来一直高居世界首位。该公司生产的打火机之所以能称霸世界，性能优良、高端定位是原因之一，但更应该归功于公司董事长片山丰高明的定位诉求。丸万公司并没有花大力气去宣传其产品的优质和高档，而是先发制人，比别人抢先一步在钟表店里销售其产品（如今，日本的钟表店都在卖打火机，但十多年前在钟表店里是看不到打火机的，打火机一般都是在百货店或是在附带卖香烟的杂货店里出售）。摆在灯光黯淡的杂货店、香烟店里，上面掩盖着一层尘埃的打火机和摆在窗明几净、灯光明亮的钟表店里的打火机相比，给人的印象当然相差十万八千里了。钟表店一向被人们认为是贵重物品商店，买卖贵重物品的商店出售打火机，立刻会在消费者心里产生这样的印象：丸万公司的气体打火机是质量优良的高级品。丸万公司的做法，使其出尽风头，也让公司获得了丰厚利润。

二、产品定位策划的实战要点

从营销学原理出发进行分析，产品定位在实战中有以下一些基本方法：

（1）以商品特性或顾客利益定位。把品牌和商品特性结合起来或把品牌和顾客利益结合起来的方法是经常运用的定位方法。以速食面为例，“华丰”牌方便面就是运用“您可知道您食用的华丰牌方便面是不含防腐剂的”这样的表现方式把不含防腐剂作为品牌定位的。如属于新产品，用原有的产品从未诉求过的特性来定位也是相当有效的。例如“康泰克”感冒胶囊，它反复强调的是该药品独具的特性——每12h吃一粒即可，这无疑会让患者感到极大的方便，比起需要4h吃一次、每次吃3粒的其他药品来，“康泰克”已经先胜了一筹。

（2）以价格和品质定位。有些商品类别经消费者认知而呈现一定的序列，如品质好、价钱高的商品（所谓高档品），价格适中而实用的商品（所谓大众化商品）等。以价格和品质的关系作定位策划，是一种常见的定位方法。例如，奇瑞公司绝不生产高档车，它的所有车型都是面向普通百姓，以大众化商品定位的。

（3）以使用场合和用途定位。这是一种把品牌和产品的使用目的结合起来的定位方法。如海尔新推出的一款滚筒洗衣机，就定位于它是“干洗”衣物时使用的。

（4）以商品使用者定位。这是把商品和使用者结合起来的一种定位方法。如“万事发”香烟把产品定位为医生、艺术家、影星、名流等所用的香烟，其广告目的一方面提示它的主要消费者是这方面的人士，促请未使用该产品的同类消费者使用；另一方面，则起到传递信息的作用，提示非同类消费者也应该使用这种产品。

（5）以商品类别定位。有些商品以商品类别进行定位的方法十分灵验。如有人把向来被视为酒类的啤酒定位为清凉饮料，并通过广告宣传推广，获得了扩大销售量的效果。又如，过去人们总把手表定位在金银珠宝的首饰类别，美国天美时（Timex）手表却一反常规，把它定位在超级市场上的自选商品类别，结果使其销售量成倍地增加。

（6）以文化象征定位。以文化象征定位，是指使用本民族的一种文化特征标志与本商品品牌结合起来的一种定位方法。如万宝路香烟一贯用牛仔作为品牌象征，许多中国餐馆悬挂红灯笼，都属于以文化象征进行的定位。这种只要提示某种象征就能使人联想到的品牌，其销售效果也是不错的。

（7）以竞争定位。既然定位就是要在人们的印象中强调本企业品牌及产品与竞争者品牌的不同之处，从而确立自己品牌的地位，那么当然可以考虑直接用竞争来作定位的方法。如拜耳化学公司，其品牌就是确定要比世界其他同类竞争者更优，通过广告把此定位信息传递给顾客，直接表现自己品牌与竞争对手的关系。又如，美国的百事可乐饮料就定位在与可口可乐饮料竞争的位置，七喜汽水更是定位在“非可乐的软饮料”上，说明自己是可口可乐和百事可乐的替代品。

第四节 新产品上市策划

有关统计数据表明，新产品上市的成功率仅为10%。新产品上市后的失败率居高不下，使得人们不得不去研究为什么有些产品遭到失败而有些产品却能获得成功，哪些是导致新产品成功上市的关键因素。

案例8-13 零点啤酒的成功上市策划案

2000年1月1日0时0分，伴随着新年钟声的响起，圣泉集团推出的“零点啤酒”在合肥各大迪厅、酒吧上市。当天晚上的“零点奇迹夜”上市活动给人们留下了深刻印象。1个月后，零点啤酒打破了合肥啤酒市场竞争格局，在中高档啤酒市场中独树一帜。同年3月底，借助圣泉强大的网络优势和产品档次的差异化，零点啤酒的销售网络在安徽全省迅速铺开。

1. 寻找“差异化”

（1）高品位定位。针对1999年皖啤市场中高档啤酒缺乏主导品牌的情况，零点啤酒避开与中档产品的正面厮杀，独辟蹊径，定位于高品位，最终达到了上切下压的目的。在目标市场选择上，零点啤酒将目标群细分，主要选择了思维活跃、消费能力强、有个性的20～30岁的青年人为焦点目标对象，避免了目标群的宽泛而无针对性。

（2）品牌名称个性化。个性化的产品名称是创造个性化消费的一个重要先决条件。在产品命名上，选择“零点”符合产品内涵，即“零度长贮，口味更清更爽”；而2000年又被一些人认为是新千年的开始，这使“新开始，新希望，尽在零点”有了落脚点，且符合时代潮流；同时，“零点”与啤酒的利益点“零度长贮工艺”直接联系起来，使公众有较好的消费认同感。市场销售情况表明，零点啤酒迅速获得了消费者特别是年轻消费者的认同。

（3）整体包装差异化。零点啤酒包装差异化表现在三个方面：①零点啤酒包装设计采用整体蓝色调，清爽、深邃，极富幻想，与传统绿色啤酒包装差异很大；②采用500mL的专用瓶形，改变传统的640mL的瓶形、容量，在货架展示上异常突出，比传统640mL瓶更显精致和安稳；③在瓶颈上装饰“零点故事”情趣卡，赋予零点啤酒一种特有的文化内涵和情趣。三方面差异的结合，使零点啤酒的外观形态在众多啤酒中脱颖而出，个性十足。

（4）独特的制造工艺。零点啤酒的差异化还在于它与众不同的制造工艺——独特的零度长贮工艺。影响啤酒购买的因素中，口味的重要程度占70%以上。为了创造良好的口感，零点啤酒采用独特的超强净化工艺。在零度以下，以最理想20天冷贮结晶出更可口的成分，口味更清爽、更纯净；在零度长贮工艺的基础上，采用位于地下218m的深岩水作为酿造用水。所有这些，都赋予零点啤酒与众不同的品质和口感，加上独特的外形包装，零点啤酒很快便受到年轻消费者的青睐。

（5）差异化沟通——“低密度理性策略”。安徽酒业每年都有新品上市，各厂家广告量特别是电视广告量逐年成倍增长。面对“看广告就会醉”的酒广告，人们已经麻木。为此，圣泉集团一反常态，在传播上，采用了“低密度理性策略”，即“理性”占70%，“感性”占30%，将重点放在宣传“独特工艺”上，并且绝不花大量的广告费进行电视广告轰炸，避免造成受众反感。零点啤酒正是通过从产品利益点诉求到产品知名度的建立，最后建立品牌形象的理性策略，配合适度的诉求，实现了与消费者的有效沟通。

2. 产品宣传推广

首先，圣泉集团发起了上市推广的第一冲击波——打造知名度。2000年1月1日，零点啤酒以“零度长贮工艺”为传播主题的广告在《新安晚报》上与消费者见面，其电视广告在安徽卫视热门栏目“圣泉超级大赢家”中强档推出，在合肥文艺台“今夜不寂寞”栏目上冠名，并辅以海报、吊旗等。总之，运用多种形式在诸多不同的媒体上对零点啤酒进行了立体组合宣传。同年2月，零点软新闻宣传陆续在各大报纸上与消费者见面，重点介绍“零度长贮工艺”给消费者带来的利益。由于每周有3～5篇文章见诸报端，使消费者对零点啤酒的概念和内涵有了较深刻的理解和记忆，也使零点啤酒长贮工艺诉求在啤酒同质化营销中脱颖而出。3个月后，零点啤酒的销售网络在安徽省全面铺开，创下了3个月内产品进入成长期、上市费用少（3个月76万元）、成长时间短、上升速度快的奇迹。

其次，零点乐队的加盟，掀起了新一轮消费高潮。同年5月，为掀起新一轮消费高潮，进一步扩大零点品牌知名度及影响，圣泉集团决定邀请与零点啤酒同名的零点乐队作为其形象代言人，以吸引年轻消费群体，加深消费者对零点啤酒的印象，培养忠诚消费。2000年6月初，一版以零点乐队为产品代言人的形象广告在安徽卫视及各地市电视台播出。广告一经投放，就得到广大年轻消费者的喜爱。同年6月中旬，欧锦赛又为“零点乐队”篇广告提供了一个与目标消费群体沟通的佳期。同时，差异化包装及独特的长贮工艺带来的良好口感使零点啤酒在江、浙等省外市场热销，省外市场拓展工作被提上日程。同年8月，零点乐队演唱会在合肥、蚌埠倾情推出，演出现场异常火爆，再一次掀起了“零点”舆论热潮。

3. “零点”销售通路——1+8网络模式

销售通路无疑是决定市场竞争力的重要因素，随着啤酒销量的扩大，其边际消费群体也随之扩大。虽然这有助于短时间内提高销量，但如不加以限制，将会对零点啤酒的主要目标消费群体形成概念冲击，使消费群体的个性化与产品个性化脱节，最终将失去主要目标消费群体，这对品牌的长期发展极为不利。针对一度出现的“供不应求”的状况，圣泉集团采取收放适度策略，放弃了一部分利润，策略性限量带动了经销商进货和消费者品尝。这种策略实施的结果，反而促进了销售。“零点”对通路进行重整的过程如下：

首先是压缩层次。“零点”变逐级批发这种冗长渠道形式为以总经销为中心、以“二批”为重点的直辖终端通路模式，即“零点1+8”通路模式（总经销→8大分销商→终端）。这种通路形式加强了终端管理，使终端满意度增加。

其次是界定区域。以合肥市来说，8大分销商分区管理终端，厂家、总经销、分销商共同开发市场，开发后的市场尽量让8大分销商管理，从而充分调动了分销商的积极性，这对稳定市场起到了积极作用。

最后是强化服务。零点啤酒采用“助销”形式，对每一个分销商，厂家均派一名助销员（有严格的助销职责）协助管理终端。这样，不仅强化了终端销售能力，也加强了厂家对终端的直控能力。

“零点1+8”通路模式是一次创造性的网络结构优化重组，是厂家、商家“共建”的良好形式。在实际操作中，它强力推动着零点啤酒的销售。

4. 活动行销形成又一轮冲击波

（1）情趣卡带来情趣无限。在差异化营销整合中，零点啤酒现场促销活动成为一道风景线。其中，每月一期不同版别的情趣卡极具特色。情趣卡除具有可读性外，还标注“收集此卡有意外惊喜”的字样。圣泉集团针对此卡设计了两期寄卡抽奖促销活动，奖品为空调、制作精美的蓝色零点时尚手表等。由于广告传播到位，中奖率较高，至第二期活动结束时，情趣卡回收量近183kg，达10万张之多。

（2）中秋节、国庆节真情奉献。针对中秋节、国庆节，圣泉集团组织了两次连续促销活动。“摘月化零点”——中秋送金戒指活动在中秋节前一周内在全省展开。在万家团圆之时，圣泉集团为消费者乐中添喜，预先准备的815枚金戒指悉数送出，加强了与消费者的情感沟通。国庆节期间，“零点缤纷世界游”满足了部分消费者假日出游的心理需要。两次活动连续推出，一波高于一波，在啤酒淡季来临时回报了消费者，再次强化了“零点”的品牌影响力，提升了品牌形象。到10月份，零点啤酒销量突破23000t，近400万箱。

通过对圣泉集团推出的零点啤酒的案例分析，可以总结出新产品成功上市策划的一些实战要点：

1. 独特的产品形象

新产品能否成功的最关键因素是该产品能否给消费者带来独特的利益和超值的享受，这就要求厂家通过差异化策略给消费者一个购买产品的理由。正是由于在产品定位、产品名称、产品包装、制作工艺、宣传诉求上的与众不同，让零点啤酒在众多的啤酒品牌中脱颖而出。在国内市场中，农夫集团的“农夫果园”进入果汁这个很有潜力但同质化程度又相当高的市场时，将差异化策略更是运用得淋漓尽致，值得许多企业学习和借鉴。首先是推出混合口味，产品设计差异化。市场上PET包装的果汁饮料口味繁多，但这些产品一般都是单一口味，如统一的“鲜橙多”、汇源的“真鲜橙”、可口可乐的“酷儿”，还有“三得利”等，而且目前市场上的主要竞争停留在单一的橙汁口味。农夫果园作为一个后进的品牌，在产品设计上没有像一般的厂家那样依照现有的口味跟进，而是独辟蹊径，选择了“混合口味”作为突破口，凭此屹立于强手如林的果汁市场。其次是“喝前摇一摇”，宣传诉求差异化。当其他果汁厂家都在大力宣扬产品品质的时候，农夫果园以一个动作强调其浓度，那就是“摇一摇”。“摇”这一动作暗示了果汁中有“货”，含有丰富的果肉纤维。再次，是在包装、容量、浓度上的标新立异。市场上PET包装瓶口一般为28 mm，而农夫果园的瓶口直径达到了38mm。大瓶口更具人性化，饮用时能够使整个口腔充满果汁，让味蕾更多地品尝果汁原味。在容量上，农夫果园也显得别出心裁。农夫果园目前有两种规格，即600mL和380mL。而市场上的PET果汁饮料，如统一、康师傅、健力宝、汇源、酷儿等都为500mL或350mL，农夫果园在容量上比同类产品多100mL和30mL。这样做，有利于其在终端店头的陈列和促销员的口碑推荐，也为其价格策略做好了铺垫。在浓度上，农夫果园独树一帜。对于果汁产品来说，通常的产品浓度为10%，农夫果园则在PET果汁饮料中率先向高浓度靠拢。包装标签上，“果汁含量≥30%”的字样显得异常醒目。此外，农夫果园的价格策略也采取差异化。目前，果汁市场中产品的一般出厂价在每瓶2元左右，农夫果园在终端的销售价格为3.5~4元，明显高于同类果汁饮料，通过开辟PET高端市场，自觉回避了同类产品的价格竞争。可以说，正是这些差异性的整合，形成了农夫果园的核心竞争力，使其能迅速赢得市场。

2. 最佳的上市时机

上市时机的选择对新产品的成功至关重要。台湾某大酒店研制出的一种套餐，在选取上市时机上非常高明。他们在人类登月成功后马上推出该套餐，并命名为“登月套餐”。同时，餐饮佳肴的名称均使用登月术语，立刻引得消费者争相前往就餐。选择最佳的上市时机其实就是在“企业营销策划的基本原理和技巧”一章中谈到的“抢点”。上市时“点”抢得好，不仅可以使产品易于为消费者所接受，而且能让企业以较少的投入获得较大的回报。2000年1月1日0时0分，伴随新年钟声的响起，圣泉集团推出了零点啤酒。零点啤酒在“零点奇迹夜”于合肥各大迪厅、酒吧的上市无疑会对消费者产生极强的冲击力，并给人们留下深刻印象，从而为该产品的成功增加砝码。

3. 强大的宣传造势

新产品上市前，厂家可以通过各种媒体进行产品宣传，旨在制造神秘感，造成一种

“犹抱琵琶半遮面”的感觉。例如，曲美减肥药上市前3个月就大力宣传，造成市场饥渴感，引起了轰动效应。对大多数新产品来说，在进入市场以后，其知名度、品牌忠实度、消费者认知度都很低，产品处于生命周期的引入期，成为明星类产品还是迅速成为瘦狗类产品而被淘汰，仍然充满挑战，这就更需要厂家大力进行产品宣传。在案例8-13中，为提高产品的知名度，圣泉集团首先通过推出以“零度长贮工艺”为传播主题的报纸广告、在安徽卫视热门栏目“圣泉超级大赢家”中插播电视广告，以及对合肥文艺台“今夜不寂寞”栏目进行冠名，并辅以海报、吊旗等方式，对零点啤酒进行立体组合宣传。随后，圣泉集团陆续在各大报纸刊登以重点介绍“零度长贮工艺”给消费者带来的利益为主题的零点软新闻。其实，啤酒的主要生产流程为糖化、发酵、过滤、灌装和杀菌，过滤之前均要经过零度以下的低温贮藏，以析出蛋白质，利于过滤。但正因为这是极为普通的生产工艺，众多啤酒企业并没有传播。零点啤酒先入为主，因势导利，让“零点长贮工艺”诉求在啤酒同质化营销中脱颖而出，建立了自己的品质基石。尤为难得的是，圣泉集团邀请与啤酒同名的“零点乐队”加盟，充分利用零点乐队巨大的影响力，稳步实施占领华东、进军全国市场的战略布局。

4. 有效的促销（营业推广）手段

“企业营销策划的基本原理和技巧”一章中曾谈到人们在生活中的习以为常现象。当消费者已经习惯了某个品牌的产品时，要改变消费者的消费习惯是很困难的。这就要求厂家采取一些让利促销手段，先给消费者一些甜头让他们去尝试你的产品。但是，让利促销活动的设计一定要“因地制宜，别出心裁”，这样才能取得好的效果。在案例8-13中，圣泉集团首先推出抽奖促销情趣卡，这样的促销方式在啤酒产品中并不多见。丰厚的奖品配合较高的中奖率，极大地促进了产品销售。此外，节日是品牌推广的最佳时刻，更是让消费者与产品亲密接触的绝佳良机。针对中秋节、国庆节两个节日，圣泉集团连续组织了“摘月化零点”——中秋送金戒，以及国庆节“零点缤纷世界游”两次促销活动。在加强与消费者进行情感沟通的同时，充分借助“假日经济”营造的消费高潮，不断提升品牌的影响力，拉动人们购买零点啤酒的热情。

5. 顺畅的产品通路

产品通路指的是产品由生产厂家到最终消费者这一流动过程中所涉及的所有环节。顺畅的通路来源于两个方面：一是销售渠道是否通畅，二是终端理货是否科学。销售渠道的通畅主要涉及销售渠道的合理选择，而终端理货工作主要包括产品上架、布置焦点广告、营业人员培训、及时补货、帮助终端促销、及时退换不合格产品等。渠道和终端工作是否扎实、完善，对销售有很大的影响，特别是在广告打出之后。消费者开始采取购买行动时，由于通路的不顺畅造成产品流动受阻或消费者购买不方便，将会大大影响销售额，甚至抹杀掉大量广告和促销手段作用下在消费者中产生的产品好感和购买热情。“零点通路”的网络模式，通过压缩层次和界定区域，使销售渠道的布局趋于合理，从而充分调动起分销商的积极性，这对稳定市场起到了积极作用。此外，通过“助销”服务协助管理终端，提高了终端的销售力，为零点啤酒的成功上市提供了坚实的保障。

6. 科学的计划和管理

新产品上市的整个过程一定要有周密的计划，包括销售计划、广告计划、费用预算、铺货量预算、回款计划、促销计划、公共关系计划、市场拓展计划和服务计划等，然后根据目标管理的原则，对每一计划的实施、监督、评估进行严格科学的管理。以销售计划和管理为例，目前许多企业在新产品上市时缺乏计划，产品一上市反应热烈，马上大面积推广，无计划地销售，从而使好产品过早成熟，不久就在市场中消失了。零点啤酒随着产品销量的扩大，其边际消费群体也随之扩大。圣泉集团意识到，虽然这有助于短时间内提高销量，但却存在失去主要目标消费群体——高收入的年轻消费者，进而丧失市场竞争力的风险。酒类行业历来是竞争非常激烈的行业，而造成目前酒类市场拼价格、拼广告、拼促销这样恶性竞争的根本原因，是啤酒企业营销策略的同质化，产品缺乏个性，目标群体模糊。如果品牌在消费者心目中丧失清晰的形象，即使短时间内获得了销量，也不利于企业的中长期发展。于是，“零点”采取收放适度策略，放弃了一部分利润，并进行策略性限量，重新建立消费群体的个性化与产品个性化的联系，从而实现了科学计划和有效管理的完美结合。

第五节　产品包装策划

实现产品增值最便捷的一个方式就是包装上的改进。出色的包装会直接提高产品的销量。我国古代有一则“买椟还珠”的寓言，足以说明包装对于产品的重要性。扬州玩具厂生产的熊猫玩具，过去的包装粗糙简陋，每12只装一箱，打不开销路。后来改变包装，在熊猫颈部套上金色电化锌项链，采用单只彩印开窗纸盒包装，并配有竹子图案，每年增加外汇收入几十万美元。东北的人参以大包装运到香港后，被港商重新包装，改为精美小礼盒包装，价格上涨了几十倍。长期以来，我国企业对产品包装缺乏正确的认识，没有给予充分的重视，以为只要产品好，包装再粗糙也无所谓，结果形成了“一流产品，三流包装”的尴尬局面。很多优质的出口产品，在国外只能在地摊上销售，严重损害了中国产品的形象。以下介绍的是产品包装策划的一些实战要点。

一、明确包装目的

厂商在进行包装策划之前要弄清楚包装主要为产品带来什么用处，即包装的目的。一般来说，对产品进行包装主要出于以下考虑：保护产品、方便运输及使用、促销、传递产品信息和展示产品文化等。不同的包装目的要求有不同的包装材料、包装设计、包装结构、包装定位和包装策略。

案例 8-14　苏州的“檀香扇”包装策划案

苏州是我国的一座历史名城，苏州出产的“檀香扇”小巧玲珑，驰名中外。以前“檀香扇”的包装只考虑其保护产品的功能，因此包装平淡，毫无特色。后来企业营销策划人员认为“檀香扇”包装的目的应在于重点宣扬产品的文化品位，因此将原包装改成锦盒包装。古色古香的锦盒突显了该产品的民族特色和档次，全新的包装使得苏州的“檀香扇”一跃成为工艺品，产品的价格也有了大幅度上调。厂商在并未对产品本身做任何改进的情况下，只是对包装目的作了重新理解，便获得了丰厚的回报。一般说来，低档商品包装的主要目的应该是保护商品，方便运输，新产品包装则应主要考虑其促销和传递产品信息的功能，而特色产品和高档商品的包装则应重点显示产品的文化品位。

二、合理包装设计

合理包装设计是指根据具体的包装目的决定包装的大小、形状、材料、色彩、文字、图案、档次等。包装的目的直接决定着包装的设计。比如，仅就保护与方便功能而言，易拉罐装啤酒比瓶装啤酒优越，但是若就文化功能和促销功能而言，瓶装则比罐装优越，因为瓶装更能体现啤酒的高品位与价值，因此真正优质高档的啤酒一般都是瓶装的。

案例 8-15 用包装传递爱的信息

我国果冻生产厂家最早出现于1985年，而广东喜之郎集团有限公司（以下简称“喜之郎公司”）直到1993年才开始进入果冻生产行业，比整个行业晚了整整8年。然而根据中央电视台调查咨询中心“全国城市消费者调查”的结果显示，喜之郎公司已经占领了我国果冻市场超过80%的份额。是什么让喜之郎公司迅速成长为国内果冻企业的老大呢？除了产品本身的质量以外，喜之郎的创意包装和独特的营销战略是保证其市场占有率年年提升的重要原因。1998年，喜之郎的新型产品——“水晶之恋”系列正式上市。在消费定位上，“水晶之恋”系列产品改变传统的儿童目标市场，聚焦于年轻情侣。但果冻与“水晶之恋”原本是两个意义完全不同的词汇，为了建立消费者的认知，公司为“水晶之恋”创造性地设计了“爱的造型”与“爱的语言”，将果冻的造型由传统的小碗样式改造为心形。封盖上两个漫画人物相拥而望，更为这种心形果冻平添了几分魅力，并且迅速得到了市场的认可。

无独有偶，国外一家巧克力糖公司推出一款名为“爱情巧克力”的系列产品。公司将巧克力放在一本外形像书的包装盒内，包装盒的名字就叫做“爱情书”。公司还聘请了许多社会学、心理学等方面的专家在每一颗糖的糖纸上写上一句富有哲理的话，爱情书被分为不同的阶段，不同的阶段有不同话语的糖纸。例如，当两个青年男女初次见面时，男生可以送给女生第一册爱情书，由于大家关系不明确，糖纸上写的内容也只是如“成功在于勤奋”这样一些泛泛的话。当两人互相有了好感再次见面时，男生就可以送出第二册爱情书，这时糖纸上的话语就会有些暧昧，如“你长得真漂亮”。随着关系的进一步深入，糖纸上的话语也越来越浓情蜜意。到了最后，女孩子收到这种巧克力并不是用来吃而是急于想知道糖纸上的话语。“爱情书”外包装盒以及“爱情糖纸”内包装的推出不仅彰显了产品差异性，使其和普通的巧克力区别开来，而且提高了品牌忠实度。因为爱情书是连续的，买了第一册就要连续买下去。

三、选择包装策略

确定了产品的包装目的和包装设计后，还要考虑如何选择包装策略的问题。这一问题主要是针对企业有多种产品时应如何进行包装而言的。企业可采取的包装策略有如下七种：

（1）同类包装策略。同类包装策略是指企业生产的各种产品，在包装上采用相同的图案、颜色、标记来体现企业的统一形象。这种策略可以节约包装设计的成本，也有利于新产品的推销。

（2）异类包装策略。异类包装策略是指企业生产的各类产品，都有自己独特的包装，采用的是不同的设计风格、包装材料和包装结构。这种策略的优点是各类产品的营销业绩、市场印象不会相互影响。

（3）等级包装策略。等级包装策略是指对同一种商品按等级的不同进行不同的包装，高档商品用高档包装，中档商品用中档包装，低档商品则用低档包装；也可以是同一等级产品用不同等级的包装，以适应不同顾客的需求。

（4）复用包装策略。复用包装策略是指产品的包装物还可以有其他用途，这样，顾客购买产品后也顺便获得了包装所带来的利益。这种策略可用于产品的促销，例如某些药品的包装物还可以用来作水杯。

（5）配套包装策略。配套包装策略是指把多种相关的商品配套包装在同一包装物内，如常见的女性化妆品按套销售（每套商品中包括粉蜜、粉霜、香粉、香水、口红等多种化妆品），高级名酒包装内附带有银质小酒杯等。上海锦华工艺玩具厂将原先滞销的塑料包装玩具改为图案新颖、包装美观的组合玩具，将狗、熊、兔、猫四种长毛绒动物玩具巧妙搭配，配套包装成组装盒，侧面是明亮的玻璃纸，四个栩栩如生、活泼可爱的小动物清晰可见。改变包装后的玩具十分美观，极为畅销。

（6）附赠品包装策略。附赠品包装策略是指为了刺激顾客的购买欲望，除核心产品外，包装物内还附有图片、实物、奖券等其他与核心产品无关的东西赠送给消费者。例如，“康师傅”干脆面在包装内附有小虎队旋风卡，每包方便面中都装有一张不同的旋风卡，如宝贝虎、机灵虎、冲天虎、旋风虎、勇士虎、霹雳虎等。孩子们对此爱不释手，渴望拥有整套旋风卡，惹得他们经常不断地购买附有这种卡片的方便面。一时间，味道各异的康师傅干脆面，随着各种五彩缤纷的旋风卡走进了千家万户。

（7）改变包装策略。探索包装方面的创新是全世界企业都在做的事情。如充填式、二次利用式、易开启式、易存贮式、气泵式、喷雾式、可微波透射式等不同包装方式五花八门。包装上的不断创新会给顾客带来更多、更好、更快的利益，因而会吸引更多的顾客来购买。当然，改变意味着新鲜的同时，也意味着陌生，一个成熟的企业不宜过于频繁地改变企业的产品包装，尤其是当消费者已经习惯了原来的包装时。

四、避免包装误区

在进行包装策划时，还要考虑不同国家和不同地区的生活习惯和风俗以及消费者的普遍心理，避免步入包装误区。事实上，就连可口可乐这样的大公司也曾在产品包装上栽过跟头。可口可乐公司曾在西班牙推出 2L 装大瓶可乐，结果却发现销售不出去。因为西班牙家庭里的冰箱不够大，无法容纳这种大瓶可乐。

案例 8-16　BIC 香水与卡提·萨克威士忌的包装策划失误案

BIC 香水公司曾推出一种价格为 5 美元的香水，价格虽低廉，却无法大量销售，其原因就在于香水瓶外形如打火机，不招女士喜欢。该公司投入 1100 万美元来研制该产品，结果只售出 600 万美元的产品，这是包装失误的典型例子。另一则包装失误的案例是美国的卡提·萨克威士忌在日本市场的失败。在进入日本市场之前，卡提·萨克威士忌在日本已有很高的知名度，但真正进入日本市场后，却发现很难销售，也根本敌不过日本国内另一品牌威士忌“陈年”。公司调查后发现，产品滞销的原因就在于卡提·萨克威士忌使用了黄色标签和黄色的包装，虽然黄色在美国很受欢迎（如柯达的金黄色，麦当劳大“M”的金黄色），但却为日本人所讨厌。在日本人眼中，黑色才是男性气概的体现，喝黄色包装的威士忌不能体现自己的男性气概，而“陈年”威士忌由于使用了黑色包装，因而得以畅销日本。

第六节 产品生命周期策划

一、产品生命周期的含义

产品生命周期理论认为，每种产品或服务的生命都是有限的，且体现出一定的周期性。产品生命周期可分为四个阶段：引入期、成长期、成熟期和衰退期。在引入期，产品销售额缓慢增长，这是因为要克服消费者的购买习惯与促进一个新产品的使用有一定困难；在成长期，产品已成功地被人们所认识，因而有越来越多的人去购买，产品销售量迅速增长；在成熟期，产品的销量继续增长直至顶峰；然后产品便进入衰退期，销量开始下降。研究产品生命周期的目的，是使企业更好地了解本企业产品的发展趋势，适时地调整营销策略和推出新产品，使企业能够在动态的市场环境中生存和发展，顺利取得有利的市场地位。

案例 8-17　以香烟为例理解三种形式下的产品生命周期

产品生命周期概念可用来分析产品大类（如香烟）、产品形式（如机制卷烟）和产品品牌（如555牌香烟）。这三种形式下的产品生命周期长度各不相同。产品大类拥有最长的生命周期，甚至很多产品类生命周期无限长。相对来讲，某种品牌的生命周期最短、最不稳定。产品形式的生命周期则介于两者之间。人类吸食香烟（产品大类）的历史恐怕至少已有几千年了，吸烟的危害性虽然人人皆知，但香烟产品在今后很长一段时间内还会继续存在下去。市场上最近推出了一种替代品——“如烟”，当人们最终选择这些类似香烟的替代品时，也许香烟产品大类才会最终消亡。机制卷烟（产品形式）也有上百年的历史了，但某一具体品牌，像早年的大前门牌、握手牌、姿丽牌香烟却渐渐被人们遗忘了，这些品牌香烟的生命周期只有几年。

二、传统的产品生命周期理论及其运用

在产品生命周期的不同阶段，产品和市场状况等都具有不同的特征，企业只有掌握这些特征并相应采取各种市场营销策略，才有望获取较好的营销效果。

1. 引入期的特征与营销策略

产品在引入期的主要特征，是产品技术、性能不够完善；生产批量小，试制费用大，产品成本高；用户对产品不太了解，销量小，需做大量广告，推销费用较大；企业利润较少或无利润，甚至亏损；市场竞争者较少等。

根据这些特征，企业营销的重点应是提高新产品的生命力，使产品尽快地为用户所接受，促使其向成长期过渡。此时，采用的营销策略通常有四种：①高价高促销策略。即以高价格和高促销费用推出新产品，以便先声夺人，迅速占领市场。采用这一策略的市场条件，是已经知道这种新产品的顾客求新心切，愿出高价购买，企业面临潜在竞争者的威胁，急需尽早树立品牌等。②高价低促销策略。即以高价格、低促销费用来推出新产品。实施这种策略的市场条件，是市场容量相对有限，产品确属名优特新，需求的价格弹性较小，需要者愿出高价购买，潜在竞争的威胁不大等。③低价高促销策略。即以低价格和高促销费用来大力推出新产品。这种策略可使产品以最快的速度进入市场，并使企业获得最大的市场占有率。采用这一策略的市场条件，是市场容量相当大，需求价格弹性较大，消费者对这种产品还不

熟悉，却对价格十分敏感，潜在竞争比较激烈等。④低价低促销策略。即以低价格和低促销费用推出新产品。压低价格的目的是使消费者能快速接受新产品，低促销费用则能使企业获得更多利润并增强竞争力。实施这一策略的市场条件，是市场容量较大，消费者对产品比较熟悉且对价格也较敏感，有相当多的潜在竞争者等。

2. 成长期的特征与营销策略

产品在成长期的主要特征，是产品基本定型且大批量生产，成本大幅度下降，消费者对产品已相当熟悉，销售量急剧上升，利润也随之增长较快，大批竞争者纷纷介入，竞争显得激烈等。

在这一阶段，企业可考虑采用如下策略：①进一步提高产品质量，降低成本，设法改进或提高产品的功能，增加新的规格和款式，以满足潜在顾客的需要；②开拓新市场，寻找新的用户，以扩大产品的市场份额；③广告宣传要从介绍产品转到宣传特色上，树立产品形象和知名度；④增强销售渠道功效；⑤选择适当时机降低价格，既可吸引更多消费者，又可打击竞争者。

3. 成熟期的特征与营销策略

产品在成熟期的主要特征，是销售量虽有增长，但已接近和达到饱和状态，增长率呈下降趋势，利润达到最高点并开始下降，许多同类产品和替代品进入市场，竞争十分激烈等。

产品处于成熟期的经营情况较为复杂，应从企业和产品的实际出发做好营销工作。实力不很雄厚或产品优势不大的企业，可采用防守型策略。即通过实行优惠价格、优质服务等，尽可能长期地保持现有市场。对于无力竞争的产品，可采用撤退型策略。即提前淘汰这种产品，集中力量开发新产品，以求东山再起。如企业实力雄厚，产品仍有相当竞争力，则应积极采取进攻型策略。进攻型策略往往可以从三方面展开：①产品改革策略。即通过对产品的性能、品质、花色等方面的明显改良，以留住老顾客，吸引新顾客，从而延长成熟期，甚至打破销售的停滞局面，使销售曲线又重新上扬。②市场再开发策略。即寻求产品的新用户或是寻求新的细分市场，使产品进入尚未使用过本产品的市场，如从城市扩展到农村。③营销因素重组策略。即综合运用价格、分销、促销等多种营销因素来刺激消费者购买，如降低价格、开辟多种销售渠道、增加销售网点、加强销售服务、采用新的广告宣传方式、开展有奖销售活动，等等。

4. 衰退期的特征与营销策略

产品在衰退期的主要特征，是替代品大量进入市场，消费者对老产品的忠实度下降，产品销售量大幅度下降，价格下滑，利润剧减，竞争者纷纷退出市场等。

对此，企业可以采取的对策往往有三种：①收缩策略。即缩短战线，把企业的资源集中使用在最有利的细分市场、最有效的销售渠道和最易销售的品种、款式上，以求从最有利的因素中获取尽可能多的利润。②持续策略。由于在衰退期许多竞争者相继退出市场，而市场对此产品还有一定需求，因此生产成本较低的企业可继续保持原有的细分市场，沿用过去的营销组合策略，将销售量维持在一定水平，待时机合适时再退出市场。③撤退策略。当产品已无利可图时，应当及早果断地停止生产，致力于新产品的开发。否则，不仅会影响企业的利润收入、占用企业有限的资源，更重要的是会影响企业的声誉，在消费者心中留下不良的企业形象，不利于企业今后的产品进入市场。

案例 8-18 美国杜邦公司在产品成熟期的营销策略

如前所述，产品在成熟期的经营情况较为复杂，应从企业和产品的实际出发，选择防守型策略、撤退型策略或是进攻型策略。“杜邦”是美国实力雄厚的大财团之一，杜邦化学公司更是以不断挖掘产品的新用途，进而不断延长产品的生命周期而被营销界传为美谈。尼龙是杜邦化学公司于20世纪40年代开发出的新产品，最初用在军事上，如制作降落伞、绳索等。尼龙的销售量很快趋于饱和，产品处于成熟期，并随着销售额的不断下降而即将滑入衰退期。但杜邦公司并没有选择放弃，而是积极开发尼龙的新用途（属于进攻型策略中的市场再开发策略）。通过大量的试验，杜邦化学公司的研发部门发现尼龙还可以做衣料，而且特别适用于针织品，于是尼龙很快进入了针织品市场，开始了它的第二个快速成长期。后来，杜邦公司又陆续把这种产品的用途扩展到轮胎、窗帘布、地毯等领域，尼龙又因此不断地进入新的成长期。每次开发新用途，杜邦公司都使尼龙产品由成熟期转入新一轮的成长期，以至于直到今天，我们仍能够看到尼龙的影子。

三、传统生命周期理论的局限性

产品生命周期理论将产品生命周期分为引入期、成长期、成熟期和衰退期四个阶段，虽然该理论被普遍接受，然而没有任何证据表明大多数产品的寿命是按照这个规律发展的。目前，人们至少发现了16种以上的生命周期曲线，比如循环—再循环型、扇形、倒V字形（或金字塔形）等。并且，到目前为止，也没有任何证据表明不同阶段产品生命周期的转折点是可以准确界定的。

案例 8-19 某公司进军跳舞毯市场失败案

1999年，跳舞毯进入中国市场并很快在中国市场上流行起来。2000年，国内某著名电子产品公司决定进入跳舞毯市场，并依靠公司强大的技术优势在同年5月份推出了自己的产品。然而，从5月份开始，跳舞毯市场节节走低。该公司认为这可能是天气炎热的原因，只要再加大宣传力度就可以再次激活市场。为了再次启动跳舞毯市场，该公司决定在宣传上给跳舞毯重新定位。借着推出健舞操光盘的机会，该公司决定把跳舞毯定位为健身产品。为此，该公司还专门请国内著名的健身操专家和北京体育大学的老年健身操专家分别编排了一套健身操，在中央电视台《健美5分钟》栏目中长期播出，试图借助该节目再次引起市场对该公司跳舞毯的关注，部分健身操节目还制作成了光盘随跳舞毯赠送给消费者。与此同时，该公司又拍摄了时长3min的系列专题片在全国各地卫星电视台播出。然而，市场并没有多大起色。该公司的跳舞毯处于无人问津的境地。到了2000年年底，市场上已几乎看不到跳舞毯的踪迹了，该公司的产品虽偶尔还能在个别摊位上看见，但也被摆在不起眼儿的地方。2001年，该公司终于承认在跳舞毯市场上全面失败，损失惨重，最终只能以很低的价格甩货，或者作为促销品随影碟机赠送给消费者。

跳舞毯是一个什么样的产品？它的生命周期应该具有怎样的特征？其实，只要分析一下这种产品的特点就知道了。首先，跳舞毯是一个时尚性产品，其成长轨迹具有明显的超常规发展的特点，生命周期曲线应属于金字塔形（∧形）而非波浪形。跳舞毯在短短几个月的时间内就可以达到24%以上的普及率，这说明市场的占有率已经比较高了。一般而言，此时应该认为市场已接近饱和。对于一个非生活必需品，能够达到如此高的市场普及率，做长线产品本身就存在巨大的风险。其次，能否成为一个长线产品市场，要看是否有众多的竞争对手共同参与市场的开发。跳舞毯市场的现象可以形象表述为该公司“种树”，众多的小公司“摘桃”，等到整个市场滑坡时，那些灵活的小公司都纷纷淡出市场，该公司却看不到竞争对手的行为，还在继续“耕耘”。根据经济学的理论，当一个市场没有竞争者参与的时候，要么是已进入垄断市场，要么是进入衰退的夕阳行业了。跳舞毯与呼啦圈的共同之处在于，它们都不是生活必需品，都比较廉价，开发和生产几乎不存在技术门槛。不是生活必需品决定了它的普及率不会很高，价格低廉又决定了其市场很容易普及，不存在技术门槛则决定了它的竞争对手很容易进入。在这种前提下，跳舞毯生命周期的长度注定不会太久。因此，该公司在当初决定生产跳舞毯时就应当确立短线操作的战略，以短、平、快的预案进入市场，赚一把就走，不要拖泥带水。随着夏季到来，天气变热，消费者自然会对跳舞毯逐渐冷淡。对于一个时尚的、生命周期很短的产品来说，从此退出市场应该是顺理成章的事情。但该公司却不这样想，他们错误地认为跳舞毯产品刚刚进入市场，仍然处于引入期，在这个时期，公司应该继续加大宣传力度和资金投入。对产品生命周期理论的僵化运用以及对产品生命周期曲线形状的判断失误，决定了该公司最终失败的命运。

通过本案例可以看到，企业完全依靠产品生命周期理论，不结合产品特点和市场实际进行营销肯定是不够明智的。某些处于成熟期或衰退期的产品，经过产品改进及营销战略的调整往往可能重新开始走俏，销售增长率迅速提高，重新变成市场领导者，从而保持更长的成熟期或重新进入新一轮的生命周期。而另外一些产品，即使刚刚进入市场，也可能会由于营销环境的变化而迅速消亡。以录像机为例，该产品在中国市场上仍然处于引入期的时候便由于 VCD 影碟机的快速发展而走向衰退。此时如果不顾技术的进步而僵化地运用产品生命周期理论，当影碟机时代到来时对录像机产业仍然加大投入，肯定会使企业血本无归。

第七节　产品（或品牌）延伸策划

品牌延伸是品牌经营的五大基本战略之一，早在 20 世纪初就盛行于欧美发达国家，世界著名企业大多是靠品牌延伸实现其快速扩张的。据统计，在过去的 10 年里，美国新崛起的知名品牌中，2/3 是靠品牌延伸成功的。品牌延伸有许多优点：一个有口皆碑的品牌，往往能帮助企业更加顺利地涉足新的产品种类，增加新产品的知名度，使消费者更愿意接受新产品。同时，也为企业节约了巨额的新产品广告促销费用。此外，优秀的延伸产品还能起到增强核心品牌形象的作用。因此，品牌延伸已成为企业品牌运作的重要武器，国内外许多企业都把品牌延伸看成企业发展的灵丹妙药而纷纷仿效。

然而，品牌延伸战略也有其自身的适用条件，存在着失败的风险。首先，一个品牌的延伸一旦失败，还会损害其核心品牌的声誉。其次，即使新产品表现不俗，核心品牌也不一定适用新产品，用得过滥还会使核心品牌丧失其在消费者心目中的独特地位。例如，凯迪拉克曾经推出一款“西麦窿”轿车，其目标顾客是那些并不富裕却希望以较低价格购买凯迪拉克产品的顾客。这款产品虽然不错，但结果却使凯迪拉克原来高贵的形象受到严重损害。我们还可以进一步设想一下，哪位消费者愿意购买“骆驼”牌赛车、“来福灵”（一种杀虫剂）牌面包、“白猫”（清洁剂）牌汽水呢？最后，品牌延伸还可能蚕食原有的品牌资源。

为了增加销售，有的公司不断推出主要品牌的系列产品。一方面，开发太多的新产品会使公司有限的资源被分散掉，难以集中力量发展主打产品；另一方面，新旧产品之间功能出现相似性，新产品蚕食掉了老产品的市场份额。诸多例子告诉我们，品牌延伸对企业而言，既可能是一本万利的好事，也可能是前进中万劫不复的深渊。所以，在营销企划中对品牌的延伸一定要慎之又慎。

案例 8-20　海尔集团的品牌延伸策略

海尔集团是我国家电行业中的特大型企业，拥有2万名员工。品牌延伸已成为海尔为获得更大发展、更大利润而采取的手段，由于海尔品牌的高知名度和良好的品牌形象，海尔通过品牌延伸不断进入新领域，从而扩大了企业规模，获得了更大利润。

海尔人知道，光有名牌没有规模，市场份额就扩大不了；光有规模没有名牌，规模也维持不了多久。海尔是从生产冰箱起家的，从1984年到1991年，海尔只生产一种产品——电冰箱，并先把冰箱创出品牌。因为海尔冰箱是名牌，它在市场上是供不应求的，名牌形成的竞争力为海尔扩大生产规模提供了保障。从1992年到1995年，海尔品牌逐步延伸到电冰柜、空调等制冷家电产品市场；1997年，海尔进入黑色家电领域；1999年，海尔品牌的计算机成功上市。现在，海尔集团已拥有包括白色家电、黑色家电、米色家电在内的58大门类9200多个规格品种的家电产品群，几乎覆盖了所有家电产品，在消费者心目中树立起海尔家电王国的形象。随着海尔根据消费者的需求对市场不断细分，“敢于创新、精益求精、真诚、负责、高品位”等品牌个性逐步形成。海尔从一个冰箱名牌做起，在7年的时间里，通过专心致志地做一种产品，积累起一套高素质的员工队伍和一套科学的管理模式。因此，它可以轻易地进入相关性较大的领域，从而实现多元化扩张。这一方面表现为新产品凭借海尔品牌的优势，以较低的成本、较快的速度、较大的把握打入市场，很快在市场上位居前列，另一方面，还表现为延伸产品对原有品牌具有积极影响。

从1984年到1999年的15年间，海尔共兼并了18家企业，盘活了亏损额超过5亿元的15亿元资产。海尔兼并扩张的理念是“东方亮了再亮西方”，具体的做法是吃“休克鱼”。所谓“休克鱼”，是指硬件条件很好但管理不善的企业。这种企业由于经营不善而落到市场的后面，一旦有一套行之有效的管理制度，把握住市场，很快就能重新站起来。海尔擅长的恰恰就是管理，这就找到了结合点。所以海尔实施兼并扩张不是靠大量的资金注入，而是输入海尔的管理文化和无形资产，实施名牌运营。海尔兼并“红星”就是成功的一例，“海尔文化激活休克鱼”的案例还被写进了哈佛的教材，成为第一个进入哈佛教材的中国企业。

通过对海尔公司品牌延伸的案例分析，可以得出产品（或品牌）延伸策划的一些实战要点：

（1）品牌延伸要以一定的品牌优势为基础。在没有巩固品牌忠诚度之前过早地进行品牌延伸，其结果极有可能是“拔苗助长”。海尔集团不打无把握之仗，它不断积蓄力量，等到冰箱生产的软硬件均已成熟后才开始将品牌延伸到冰柜、空调器、电视机等其他家电领域。这时的海尔集团在管理、销售、服务、知名度、信誉度等方面，已形成了较强的品牌优势。以这些优势为基础，发挥海尔的品牌效益，无疑给了延伸产品以最大的支持。

（2）品牌延伸的长度和速度要合理。有些企业总是过分看重品牌的价值，盲目崇拜品牌家族的魅力，因而想最大限度地利用品牌资产。但是，对品牌的掠夺性开发会给企业带来无法衡量的损失。品牌延伸有一个长度和速度问题。延伸长度太短，浪费品牌资产；太长，“品牌伞效应”会减弱，子品牌无法及时得到母品牌的有力支持，成长艰难；太慢，浪费品牌机会；太快，则会造成母品牌被严重透支。宝洁公司的清洁剂早在 1939 年就开始品牌延伸，时至今日才延伸出了象牙雪、汰渍、欢乐、德希、碧浪等 20 多个品牌，平均 3 年延伸一个，但每个品牌如今都成了世界名牌。名酒五粮液从 1994 年开始品牌延伸，到 2002 年的 8 年间，已延伸出了百余个品牌。其品牌延伸长度是宝洁的 5 倍，其延伸速度是宝洁的 36 倍。五粮液品牌延伸的数量之多、速度之快，恐怕前无古人。这百余个品牌，绝大多数都处于成长期，都需要“五粮液”这个母品牌的形象支持，“五粮液”已经不胜其累，品牌资产被严重透支。在案例 8-20 中，海尔虽然在消费者心目中树立起了其家电王国的形象，但品牌延伸的长度和速度是否合理尚值得探讨。

（3）延伸产品与原产品在技术、销售、产品类别、档次上具有较大的相关性。品牌延伸应当注意延伸的范围，不应造成负面影响。不当的品牌延伸不但不利于新产品推广，而且有可能连累到母品牌产品。有许多知名企业都犯过类似的错误。张裕集团是我国葡萄酒生产专家，几年前，“张裕”在局部市场推出的张裕矿泉水目前基本销声匿迹。2004 年，“麦当劳”在全球范围内大举进军以童装为主导的儿童用品领域，并统一使用由 McDonalds 延伸来的子品牌——“McKids”。食品与童装两者之间的品牌属性差别很大，很难自然过渡，因此，“麦当劳”对子品牌的支持是很有限的。更可笑的是荣昌肛泰成名后竟然推出了化妆品，不知消费者在使用荣昌化妆品时会有何感受。

（4）延伸产品必须具有较好的质量、性能和市场前景。毫无疑问，没有质量保证的产品或品牌是没有生命力的。因此，在产品质量上，不仅要保证原有品牌的质量优势，更要保证延伸产品的质量，使消费者感觉海尔不仅冰箱的质量好，其空调器、洗衣机、电视机的质量也好，从而产生海尔产品质量高的信念。这在客观上也促进了海尔“敢于创新、精益求精、真诚、负责、高品位”等品牌个性的逐步形成。

除了要重视产品质量外，在品牌延伸前，企业对延伸产品必须作出充分的市场论证分析，确定品牌延伸的方向，从而保证延伸产品具有较好的性能和市场前景。当海尔总裁张瑞敏获知四川等地的农民抱怨清洗地瓜非常不便时，马上组织人员开发出适于洗地瓜和土豆的“大地瓜”洗衣机；当通过市场调查得知人们在夏天洗衣不方便时，又立刻组织人员研制出容量适合洗少量衣服的小洗衣机，这两款延伸产品均深受消费者的欢迎。

（5）延伸产品之间应该有较为明显的市场区隔。品牌延伸理论认为，每一个延伸品牌都必须选择自己的细分市场，形成独特的市场区隔，塑造独特的品牌个性，形成独特的市场价值，吸引独特的消费群体。如果延伸品牌没有区隔，其结果是一方面多个品牌挤在同一市场空间内相互竞争，品牌内耗，造成大量品牌死亡；另一方面，一些市场又留下空当，给竞争对手以可乘之机。宝洁的洗发水中，海飞丝是去头屑的，飘柔是柔顺飘逸的，沙宣是乌黑亮泽的，市场区隔非常明显，所以品牌延伸也非常成功。五粮液延伸出的百余个品牌，价格主要集中在 30～80 元，看不出其在风格、个性和消费群体上有什么差异。大量同质产品挤在相同的市场空间内，由于缺乏足够的市场容量而相互竞争，既破坏品牌形象，又破坏渠道体系，还会造成市场混乱。在案例 8-20 中，海尔集团的产品虽然都是家电产品，但分属于冰箱、电冰柜、空调器、微波炉、洗衣机、电视机、手机、计算机等领域，相互间的市场区隔非常明显。

(6) 品牌延伸的运作要科学。品牌延伸既然不可避免地要利用企业内部资源，那么，开发太多的新产品显然会使公司有限的资源被分散掉。然而，海尔集团品牌延伸的运作却与众不同，它的做法被形象地比喻为吃“休克鱼”。对此，张瑞敏总裁分析认为，从国际上讲，企业兼并经历了大鱼吃小鱼、快鱼吃慢鱼、鲨鱼吃鲨鱼三个阶段。但在中国，无论小鱼、慢鱼还是鲨鱼，只要是活鱼，就不会让你去吃，而吃死鱼又会闹肚子。活鱼不让吃，死鱼不能吃，因此，只有吃“休克鱼”。海尔进入洗衣机领域就是吃“休克鱼”的典型案例。1995 年，青岛市决定将亏损 1 亿多元的青岛红星电器股份公司划归海尔。海尔认为，红星失败的原因不在技术上，也不在资金上，关键是管理不到位，员工凝聚力差。海尔最先“进驻”“红星”的人是海尔集团常务副总裁杨绵绵率领的海尔企业文化中心资产管理中心的人员。通过“敬业报国，追求卓越”这一海尔精神的灌输，加盟海尔的“红星”很快出现了蒸蒸日上的新气象，3 个月便扭转了亏损局面，第 5 个月就盈利 150 万元。

【思考与讨论题】

1. 结合案例谈谈营销策划中产品定位的意义和方法。
2. 结合案例谈谈新产品开发中的创意技巧。
3. 结合案例谈谈如何进行新产品上市策划。
4. 结合案例谈谈产品生命周期理论的局限性。
5. 结合案例谈谈过度产品延伸的不良后果。

【实战演练】

浙江的很多烟民都知道，1996 年市场上冒出了一种“杉杉”牌香烟。以“不要太潇洒”的“杉杉”西服享誉全国的宁波杉杉集团忽然把目光盯在了烟民身上，宁波的广大消费者对此褒贬不一。

“杉杉”牌香烟，是宁波烟草公司经与杉杉集团股份公司商议后，利用“杉杉”商标的知名度，委托杭州卷烟厂制造的。据悉，自“杉杉”牌香烟上市以来，各地一些企业纷纷仿效。如“金利来”“七匹狼”和“雪豹”等都已涉足或即将涉足烟草行业。

宁波烟草公司经理认为，香烟本身是很好的广告媒体，一盒“杉杉”牌香烟的传播效果比一套“杉杉”西服还要好。“杉杉”走“烟衣联姻”之路，其他行业也可借鉴。

而宁波市计委经研所高级经济师卢军则对“杉杉”此举不以为然。他认为，杉杉集团股份公司的企业形象定位是“环保与绿化”，况且“杉杉”寓意常青、健康、向上，而烟草行业及其产品则是健康和环境的大敌，二者形同水火。

杉杉集团推出“杉杉”牌香烟，到底是属于品牌延伸还是自毁品牌？请用市场营销学理论加以分析（建议采取召开辩论会，实行正、反两方辩论的形式进行）。

第九章　价格策划

在复杂的市场环境中，企业应以怎样的价格向市场推出自己的产品和服务，始终是一个萦绕在经营者心头的重要问题。营销活动中的价格策划并不仅仅意味着定价方法与技巧的简单组合，而是要将企业整体的价格工作作为一个系统来加以统一把握。这就必须系统地处理好企业内部不同产品价格之间的关系、同一产品不同生命周期阶段的价格关系、本企业产品价格与竞争者产品价格间的关系、产品价格与替代品和补充品价格间的关系，以及企业价格策略与营销组合中其他策略如产品策略、渠道策略、促销策略等之间的关系。所谓企业营销价格策划，就是企业为了实现一定的营销目标而协调处理上述各种价格关系的活动。它并非仅仅是价格的制定，而是指在一定的环境条件下，为了实现特定的营销目标，协调配合营销组合的其他有关方面，在构思、选择并在实施过程中不断修正价格战略和策略的全过程。

第一节　影响产品价格的因素

在一个炎热的夏天，美国的一个杂货店新进了一批凉席，进货价为 90 美分 1 张。该业主按照利润率 10% 的行业惯例，依据成本加成法把凉席售价定为 90 美分 × （1 + 10%） ≈1 美元，以为炎热的夏天会使购进的凉席销售一空。结果出乎该业主的意料，凉席销售得并不好。由于凉席进价较高，业主只能以每张降价两美分销售。可是意想不到的是，只便宜了两美分的售价为 98 美分的凉席却被一抢而光。因为消费者认为凉席很便宜，还不到 1 美元。该业主无意之中的成功让我们认识了一个道理：营销策划学中的定价方法（以市场为导向）与经济学中的定价方法（以成本为导向）有着根本的区别。营销策划学中的产品定价除了考虑成本因素，更要考虑市场类型、需求状况、消费者对产品的认知、消费者心理、企业营销策略等。实践表明，影响产品价格的因素主要有以下 5 个：

1. 市场类型

市场类型会影响产品的价格。在经济学中，将市场划分为四种类型，每种类型市场上的定价考虑都有所不同。在完全竞争市场上，无需进行营销调查、产品开发、定价决策、广告和促销活动，产品价格就是市场所公认的价格。在垄断竞争的市场上，有众多的竞争者存在，各个竞争者提供的产品是有差异的，企业定价时应根据产品差异来确定价格水平。在寡头垄断市场上，产品仅由几个对彼此的价格和市场营销战略极敏感的企业提供，外来竞争者很难进入该市场。该市场上的企业既不敢轻易降价也不敢轻易提价。而在完全垄断市场上，只有一家企业，并无竞争对手，该企业可能是政府部门，或政府部门授权垄断者（如电力公司），或私人垄断者。在政府垄断的情况下，制定价格主要是为公众服务，不为盈利。授权垄断则允许企业通过定价获得合理收益率。私人垄断者则可以根据自身目标自由设定价格。

案例 9-1 “左旋四”事件

美国的药品行业一直是全美盈利最多的行业。但是，批评家指出，这一成功是以牺牲消费者利益为代价才取得的。一个著名的例子就是“左旋四”事件：一位伊利诺伊州的农妇发现，她服用的治疗癌症的药片的有效成分和她用来给羊治病的药片的成分一模一样。人和羊同食一种药片并没有使她感到不安，真正使她痛恨的是，羊用的药片每片售价才几美分，而人用的药片每片售价高达 5 ~6 美元。为此，她以价格欺诈为由将提供此药的强生公司告上了法庭。“左旋四”事件突出反映了药品定价的问题，越来越多的人开始关心药品行业是否正在利用垄断地位制定高价。

2. 需求状况

市场需求也是影响企业制定价格的要素之一，不同的需求水平会导致企业制定不同的价格。通常情况下，价格与需求之间呈正相关关系，即需求越大，价格越高，需求减少，价格下降。

案例 9-2 美国布莱克与德克尔公司蛇形灯的定价

美国布莱克与德克尔公司设计了一种蛇形灯，该种蛇形灯几乎能吸附于任何东西上，从而能让工人在黑暗的下水道里修理漏水接头时腾出手来。该产品还能像眼镜蛇一样树立起来，照亮作业人员的工作区。据调查，对于这样一个平均成本只有6 美元的产品，消费者愿意为其支付30 美元。这就是消费者需求导致商品价格明显高于价值的典型例子。当然，考察需求对价格的影响通常是以供给不变为前提条件的，当需求和供给同时发生变化时如何对价格产生影响，则要具体情况具体分析。

3. 消费者对产品的认知

不要认为消费者都是专家。在经济学中，有一个重要的理论称为“不对称信息”，即消费者和厂家对产品信息的掌握是不对称的。厂家非常清楚自己的产品，而消费者对于该产品的制造原理、工艺、成本以及功效的了解是有限的，这就为厂家制定的产品价格偏离价值提供了可能性，尤其是对于新产品和高科技产品来说，更是如此。

案例 9-3 Intel 公司 CPU 产品的定价

Intel 公司销售 CPU 芯片时，在充分考虑消费者对产品的了解程度的基础上，采取相应的定价策略。每当 Intel 公司开发出一种新的芯片时，总是先定一个很高的价格。为这种新的高科技产品制定较高的价格很容易吸引专业计算机用户和商业用户。随着时间的推移，当消费者对 CPU 产品制造成本情况开始了解，同时有竞争者的类似芯片出现时，Intel 公司便会大幅降低 CPU 芯片价格，以吸引一般的家庭计算机用户。通过这种方法，Intel 公司从不同的细分市场中收获了尽可能多的利润。

4. 消费者心理

在所有影响产品价格的因素中，消费者心理是最难琢磨的一个。很多研究消费者行为的学者已经总结出一些规律，商家如果能巧妙地利用消费者心理，往往会取得意想不到的效果。本章开篇谈到的销售凉席的例子，其实就是杂货店业主在无意中利用了消费者的心里感觉，促进了产品销售。

案例 9-4　小服装，大学问

我国的衬衫质量本来比美国好，但是在美国，美国产的衬衫卖价为 35 美元，我国的衬衫定价总是比人家低一点。因为我国商家普遍认为，薄利多销，价格低一点一定好卖。然而，实际的结果却和预想的相反，价格低却没多少人买，销路总是比不上美国衬衫。后来，我国商家把价格提到 38 美元，从此一举扭转了销售低迷的状态。无独有偶，北京一个经营服装的个体户，从南方购进一批黑色螺纹紧身裤，标价为 18 元，可怎么也卖不动。失望之余，他恶作剧地在标价 18 后加了一个 0，此举居然引得顾客蜂拥而至，几天内，这些标价 180 元一条的裤子就被抢购一空。该个体户且喜且愕，对着大把的钞票频频叹道："真邪门了！"其实，该个体户的成功正是他无意中利用了顾客"高价必然高质量"的消费心理。

5. 企业营销策略和战略

企业营销策略和战略也会影响到产品的定价。价格是 4P 营销组合工具中的一种，要和产品、促销、渠道以及公司战略相互配合才能发挥更好的作用。在某些情况下，厂家的定价纯粹是一种宣传促销手段。例如，商家可以通过制定一个较高或较低的价格而制造一个新闻"热点"，从而带动其他产品的销售。还有一些情况，厂家的定价主要是为了达到扩大市场占有率或击败竞争对手等的战略目的。

案例 9-5　东京滨松町某咖啡屋的咖啡定价

一杯咖啡 5000 日元，难道也有人消费吗？当东京滨松町的一家咖啡屋推出一种 5000 日元一杯的咖啡时，就连一掷万金、毫不吝惜的东京豪客也不禁大惊失色。这消息不久就传开了，抱着好奇态度或为了彰显身份的顾客蜂拥而来，使得该店应接不暇，该咖啡屋当然很快就出了名。然而，老板盈利的手段却不在于此。这家咖啡屋跟豪华夜总会一样，也是出售气氛的地方，它主要经营 100 日元左右一杯的咖啡、果汁或汽水，它的收入主要来源于这些廉价的饮料。用 5000 日元才能买到一杯咖啡，这比任何形式的宣传都有用，而且深入人心。这样一来，把那些好奇的、想彰显身份的、攀比的、尝试性的顾客都吸引过来了，从而也就带动了其他层次的顾客。

一位高校学生在他的毕业论文《浅谈酒吧的营销策略》中论述到价格策略时，列出了多种以成本加成为基础的酒水价格的计算方法，费了很多笔墨说明酒水价格的准确值应该如何确定。他的指导老师看过论文后对他说："价格围绕价值上下波动是初中生就应该掌握的知识，优秀的营销策划人员在进行价格策划时主要考虑的往往不是成本，即使是在竞争激烈的今天，企业也完全可以通过定位或差异化等手段制定与众不同的产品价格，避免恶性竞争。尤其是在酒吧这样讲究'情调'和'品位'的地方，为产品定价其实具有很大的灵活性。"

第二节　产品定价策略

所有的商业企业都面临着为其产品定价的问题。对于许多消费者来说，价格是决定他们是否会购买的关键因素之一；对于公司而言，价格更是决定其产品市场份额和利润率，进而决定公司命运的最重要的因素之一。通常，企业可以选择的产品定价策略有以下几种：

一、薄利多销策略

薄利多销策略是指企业有意识地把商品的销售价格制定在相对低廉的水平上以刺激需求，从而实现总利润的最大化或提高市场占有率。根据经济学的“弹性理论”，这种策略主要适用于需求弹性比较大的商品定价。

案例 9-6　“沃尔玛”的天天平价策略

沃尔玛从一家小型的零售店，迅速发展成大型零售集团，进而成为全球第一零售店品牌，其成功经营的关键就在于商品定价。沃尔玛始终如一地坚持“平价原则”，坚决维护它的经营宗旨和企业形象。沃尔玛商场内的商品种类繁多，家庭所需要的物品在这里几乎都有出售。每一家沃尔玛销售网点，都有醒目的“天天平价”广告牌，同样的商品，沃尔玛商场内的就是便宜。比如购买两支“目标”牌牙膏，在其他超级市场，每支需要 1.99 美元，而在沃尔玛，只需 1.36 美元。沃尔玛提倡的是低成本费用、低价格的经营思想。一般的零售商，毛利润都要求保持在 45% 左右，而沃尔玛只有 30%。公司每周六早上都要召开经理人员会议，只要有分店报告某商品在其他商店比沃尔玛便宜，那么公司就会立即决定降价。沃尔玛集团的创始人沃尔顿说：“我们重视每一分钱的价值，因为我们服务的宗旨之一就是帮助进店购物的每一位顾客节省每一分钱。”

二、厚利限销策略

厚利限销策略是指有计划地将产品价格定得较高，并将产品的供给量控制在一定的范围之内。该策略主要适用于高档商品和奢侈品的定价，通过销售这种高档、名贵的商品来满足消费者自尊和较高声望的需要。

案例 9-7　劳斯莱斯汽车的价格策略

英国的劳斯莱斯汽车，可谓是“厚利限销”的典范。在当今世界汽车行业里，名牌产品为数众多。美国的通用、福特，日本的凌志，法国的雪铁龙，德国的奔驰、宝马等，都是消费者心仪的名牌。而这些名牌中的名牌，当属劳斯莱斯。据说劳斯莱斯汽车的许多部件都是手工制作的，其完美的质量，令世人瞩目，而其昂贵的价格，也令人咋舌，某些车的价位已近 400 万美元，高出其他品牌汽车价位几倍甚至几十倍。劳斯莱斯汽车是订货供应，福特汽车在 1916 年生产了 50 多万辆，到 1982 年，年产量已达 400 多万辆，而劳斯莱斯汽车平均月产 60 多辆，从 1904 年到 1963 年的 60 年间总产量只有 4 万辆！不仅如此，它的限销还表现在售卖上。劳斯莱斯一共有三个系列，它的“银灵”，以蓝黑两色为主调，只卖给国家元首、政府高官和有爵位者；“银羽”为中性颜色，卖给绅士名流；“银影”为灰白色，卖给一般的富豪。劳斯莱斯汽车的售卖，选择权在公司。公司要先对顾客资格进行审查，之后才能决定其可以订购何种系列的车。由于供应量太少，就连美国前总统艾森豪威尔想拥有一辆劳斯莱斯轿车都未能如愿，这更使劳斯莱斯身价倍增。

三、阶段定价策略

阶段定价策略是根据产品在生命周期的不同阶段及各种产品本身特点采用的阶梯式递增或阶梯式递减的定价策略，以此最大限度地获得利润。阶段定价策略主要包括渗透定价策略和撇脂定价策略，后者主要适用于对新产品的定价。

案例9-8　日本公司进入美国市场的渗透定价策略

日本企业进驻海外市场时总是采用渗透定价策略，即将产品价格定得比竞争者低，以吸引潜在的顾客。有时，他们甚至甘心接受早期发生的亏损，因为他们把这种亏损视为一项长期投资。渗透策略的目的是扩大市场占有率，忽视眼前利润。通过刻意确定低廉价格所建立起来的市场占有率，使企业能够长期处于市场领导地位。由于日本产品在海外的售价比在日本境内还要低，因而日本公司常常被竞争者指控为“倾销”产品。日本产品的低价策略对于消费者而言，则是用较少的花费获得了较多的价值，这对日本企业进一步推广其产品有利。而产品的大量销售又会带来规模效应，从而降低生产成本。一旦产品已经被市场所接受，企业便可以适当提高价格，获得更大的经济利益。

案例9-9　雷诺兹圆珠笔的撇脂定价策略

圆珠笔的原始设计早在1888年就已经问世，但迟迟未能形成生产规模，因而并不为世人所知。1945年，精明的雷诺兹看准了这一产品拥有巨大的市场，便组织人员昼夜攻关，只用了一个月便生产出了改进产品，赶在了其他竞争对手的前面。之后，雷诺兹带着仅有的一支圆珠笔样品来到纽约一家著名的金贝尔百货公司，向公司主管展示并介绍了自己所生产的圆珠笔的不凡之处：“它既可以在水中写字，又可以在高海拔地区写字。”这是一般墨水钢笔所无法做到的。雷诺兹精心策划的展示果然打动了这些老板，他们当即向雷诺兹订货2500支。当时这种圆珠笔的生产成本仅为0.80美元，但是雷诺兹却将售价定为12.50美元，超过成本10多倍。他认为，只有这个价位才能令人觉得圆珠笔与众不同，有利于扩大销售。雷诺兹还抓住当时第二次世界大战刚刚结束，世人对美国在日本投放的两颗威力无比的原子弹普遍有种神秘感的心理，别出心裁地把他的这种笔称为“原子笔”。1945年10月29日，当金贝尔百货公司首次出售这种奇妙的“原子笔”时，竟然出现了5000人抢购的壮观场面，公司不得不请来50名警察维持秩序。随后，美国各地商店向雷诺兹索要“原子笔”的订单像雪片一样飞来。短短6个月内，雷诺兹为生产圆珠笔投入的2.6万美元资本，竟然取得了155万美元的税后利润。等到几百家企业杀入这一市场后削价竞争时，雷诺兹已经赚得钵满盆满，全身而退，另谋新的发展天地去了。

当然，以厚利多销为目的的撇脂定价策略的成功，必须依靠一定的条件，其一是产品要具有独占地位，其二是要有广阔的市场需求。在竞争的条件下，厚利多销难以持久，但是企业经营者只要敏锐地抓住这个短暂的机会，就能大有所获。

四、逆向定价策略

逆向定价策略是指由消费者制定产品价格的方法，这种策略通常针对可选商品。一些企业在推出主要产品的同时，提供可选产品或附件与之搭配。企业首先决定哪些产品应包含在主干产品价格内，哪些作为可选品。然后，对每种可选品制定一个价格，提供给顾客的是一揽子可选品价格表。

案例9-10　几家公司的逆向定价策略

汽车销售商在销售汽车时，常提供电动窗户控制器、CD唱机、光线调节器以及汽车装饰等各种可选品。在宣传广告中，产品价格既可以包含所有可选品价格，也可以只包括一部分，还可以什么也不包括。广告受众可根据自身需要与可选品价格来决定选取哪些可选品，从而“制定”最终产品的价格。把逆向定价策略运用得最好的是美国DELL公司，该公司所有计算机配件都是可选品。进入该公司销售店，如果消费者询问DELL计算机售价是多少的话，销售人员一定会反问：“您需要多少钱的电脑?”根据顾客的价位要求组装电脑已成为该公司的基本营销模式，对价格的可控性会让消费者在购买时有安全感。

近年来，一些商家设计出一种更为开放、更为彻底的逆向定价策略——君子定价。企业在销售商品或服务时，并不按常规做法标明销售价格，只标明进货价或将进货发票复印件附在商品上，让消费者完全自行定价。这种独特的君子定价方式，常会吸引大量顾客，并有助于确立良好的企业信誉，大大扩展企业的知名度，提升企业形象。在北京和上海就有过运用这种温文尔雅的君子定价策略获得成功的例子，而在美国著名的迪士尼乐园，所有商店的零售物品均不标价，而由顾客凭感觉付钱。当然，君子定价策略受到消费者素质、经济收入水平等条件的限制，应用时要慎重。在现阶段，君子定价更多的是作为促销手段，或是为了配合企业的整体营销思路而实行的一种定价策略。

五、转移定价策略

转移定价策略又称为附属品定价策略，是指企业将主体产品定一个低价，而将附属品定一个高价。这是因为，一般来说附属品是易耗品，附属品的较高价格和较大销量不仅完全可以弥补主体产品低价的损失，而且可以赢得很大利润。显然，该策略只适用于互补品定价。

案例9-11　吉列公司的转移定价策略

吉列公司在19世纪末开始投产剃须刀架和刀片时，产品质量并非最好，且制造成本比竞争对手高许多。当时竞争对手给剃须刀架定价为5美元，给刀片定为2美分，这种价格是与生产这两种产品的成本相适应的。然而5美元的刀架在当时太贵了，因为当时一般工人一天也挣不到1美元，价格显然成了“自己动手”剃须修面的一项障碍。吉列在定价时，力图寻求一种全新的定价办法。吉列刀架的零售定价为55美分，批发定价为20美分（这仅为制造成本的1/5)。但吉列的刀架却只能使用吉列自己设计且已获专利的刀片，这种刀片成本不足1美分，但吉列却将之定价为5美分。采用这种定价方式，吉列获得了大量顾客，因为刀架价格已不再是障碍。吉列采用这种定价法，尽管每把刀架都亏本很多，但却能从销售量很大的刀片中得到补偿并盈利。相对于竞争对手的产品而言，吉列公司的刀架和刀片并无优势，但却通过定价赢得了顾客，因为顾客觉得购买到了便宜而有价值的东西，使顾客觉得他们的这项花费是值得的。吉列公司这种独到的定价方法，使它在剃须刀市场上垄断了近40年。

六、差别定价策略

差别定价策略又可称为价格歧视，它是指企业针对顾客、产品、消费地点和消费时间的不同制定不同的价格，其实质是市场细分后的定价。

1. 针对不同顾客制定不同价格

针对不同顾客制定不同价格是指针对同一种商品或服务的不同消费对象，收取两种或两种以上的价格，比如我国公共汽车对身高1.10m以下的儿童免票，公园对老年、儿童收取低票价等。

案例 9-12 美国航空公司的价格策略

把差别定价策略运用得最为经典的是美国航空公司。当面对激烈的市场竞争，其他航空公司都在降低机票价格时，美国航空公司没有简单地这样做，而是首先将市场细分为私人旅游乘机和商务乘机。私人旅游乘机对价格比较敏感，而因公事乘机的乘客对安全快捷以及服务更感兴趣。降价可以极大地增加私人旅游乘机的乘客量，但对商务乘机乘客量的影响并不大，对他们降价只会白白损失公司利润。该航空公司通过分析还认识到，私人旅游乘机由于其较强的计划性乘客往往提前 1～3 个月就开始订票了，而商务乘机的乘客由于业务的突发性和偶然性往往提前订票的时间较短，通常是 1～2 周。于是，美国航空公司只对提前超过 2 周订票的票价进行打折，而短期订票价格维持不变，从而最大限度地获取了利润。

2. 针对不同产品制定不同价格

针对不同产品制定不同价格，也称为产品线定价策略，它是指企业使自己的商品有意形成多种档次、多种包装，这样就形成了多种价格。实行档位价格有很多好处，它可以满足不同层次的消费者，就是同种商品，因为实行了不同的包装而采用档位价格，也可以满足不同消费层的消费心理。高价可以满足高消费的炫耀心理，低价可以满足低消费的虚荣心理，中间价可供心态稍为平衡的人选择。这样，便使自己的商品形成了一种立体消费层。柯达公司提供的产品分为三种，除了普通的柯达胶卷外，还有适用于特殊场合、定价较高的柯达忠诚金胶卷以及一种低价位的称为快乐时光的季节胶卷。

3. 针对不同地点制定不同价格

针对不同地点制定不同价格的做法相当普遍。例如，学校对跨学区上学的学生收取较高的学费，对在球场的不同位置看球的观众收取不同的票价，剧院也会根据座位的差别收取不同的票价。

4. 针对不同时间制定不同价格

针对不同时间制定不同价格通常是指在不同的季节、日期甚至时刻制定不同的价格。比如，电厂对商业客户收取的能源费在白天、周末和晚间都不同。该策略的运用还可以体现在从商品上市开始计算，针对不同的销售时段制定不同的价格，直至售完为止。

案例 9-13 法林联合公司的“自动降价商店”

美国波士顿法林联合公司开设了一家自动降价商店。这家商店承诺，如果一件衣服在货架上陈列了 13 天还未售出，就自动降价 20%，再过 6 天仍未售出，再降 50%，再过 6 天，降价 75%。如到第 25 天还无人问津，就将衣服从货架上取下来送到慈善机构。这家商店的商品大多数属于中档商品，种类齐全，物美价廉，加上美国人生活节奏快，所以往往不等商品降到最低价格就已被抢购一空。这种定价方法从表面上看是商店蒙受了巨大的损失，但其结果却是商家获得了丰厚的回报。其原因就在于，商家向顾客显示了对自己商品的信心，同时给了顾客以责任感。

七、心理定价策略

心理定价策略是指企业在制定产品价格时运用心理学原理，针对不同类型消费者的购买心理来制定价格。这种策略主要包括运用尾数定价、整数定价、吉利定价、声望定价和招徕定价（特价品定价）等方法。

1. 尾数定价

尾数定价又称零数定价法，是指企业将本可以定为整数的商品价格，定为低于这个整数的零数价格。这种方法利用了消费者求廉的心理来增加销售量。在本章开始部分，卖凉席的老板正是无意间运用了尾数定价法获得了较大的收益。这种方法适用于低价位、购买较为频繁的日用品。零数定价法之所以会促进销售，在于它能带给消费者特殊的心理暗示。首先是让人从心理上感觉到价格便宜。比如，当顾客看到 0.98 元时会把 1 元钱作为参照物，比较的结果是“还不到1 元钱”，而1.01 元却多于1 元钱。0.98 元和1.01 元虽然只相差3 分钱，但在顾客心理上却相差悬殊。其次是零数定价给人以定价精确合理的感觉，进而使顾客容易对厂家产生信任。

2. 整数定价

整数定价是相对于零数定价而言的。即将本可以定为有零数的价格定位于接近这个零数的整数。比如，一件高级时装定价为 799.96 元的效果远不如定价为 800 元效果好。适用整数定价的商品往往是高档商品、奢侈品、时尚品等，其目标顾客多属于高收入阶层，他们一方面有能力承受较高价格，同时高价也能满足其追求地位、名牌、炫耀身份的心理。另一方面，整数定价也简化了交易，免去了找零的繁琐和尴尬。

3. 吉利定价

由于文化传统、风俗习惯和流行观念等因素的影响，现代人特别喜欢讨口彩，对某些数字有特殊的偏爱。例如，中国人大多对数字“8”较为钟爱，因为“8”的谐音是“发”，它预示着将要发财，会带来发达的好运。因而人们对带有数字“8”的各种商品、电话号码等趋之若鹜。另外，4451（事事如意）、1635（一路顺风）、9257（就爱我妻）等数字的谐音也常为人们所用。因此商家可以利用人们这种求吉利的心理来对商品进行定价。

4. 声望定价

对于那些在消费者心中有较高声望的产品宜定为高价，这样反而会促进购买，因为消费者相信其物有所值。

案例 9-14　“巴厘克”在日本推销的经历

在民族手工业品市场上，印度妇女制作的手工艺品——巴厘克久负盛名，颇受欢迎。有一次，一位印尼商人带着巴厘克到日本推销，举办了轰动一时的巴厘克表演。许多日本名流、贵妇虽慕名而来，但都不愿意购买。经调查才发现是嫌巴厘克价格太低，有失买者身份。得知这一情况后，印尼商人立即将价格提高到原来的 4 倍以上。巴厘克在日本的身价倍增，很快被抢购一空。价格常被看作质量的代名词，高昂的价格通常代表优良的质量和颇高的知名度。名牌产品、首饰珠宝等尤其如此。消费者购买这些产品，就是为了满足其借助名牌、高价来彰显其身份、地位的欲望。因此，这些商品又被称为炫耀商品。如果这些商品定价低了，反而会卖不出去，因为购买这些商品的顾客是对高价（而不是低价）比较敏感的富有阶层。

5. 招徕定价

招徕定价也称为特殊品定价策略，是指利用消费者求廉的购买动机，将少数几种商品定成低价，甚至低于经营成本，以吸引消费者前来购买。消费者每次购物时，不见得仅购买一种商品。他们被廉价的招徕商品吸引过来后，顺便也会购买其他商品。而其他商品却并不是低价的，这不但弥补了招徕商品的低价损失，同时也增加了销售额。招徕定价也可反向操作，即将某种商品价格定得极高，此时的定价其实已经变相成为商家制造“轰动效应”的宣传手段了。

八、其他定价策略

其他定价策略包括以促销为目的的定价策略，如折扣定价策略（这一点将在促销策划的相关内容中重点讲解）；根据市场类型制定的定价策略，如随行就市定价策略和垄断定价策略；以及偏重于针对消费者心理的习惯定价策略、议价定价策略等，在这里就不一一介绍了。

第三节　产品价格调整策略

产品价格制定后，并不是一成不变的，企业往往要根据实际情况的需要进行价格调整。可选择的价格调整策略不外乎调低价格（降价）和调高价格（涨价）两种。

一、价格调整策略中的降价策略

在一些情况下，企业往往需要对其产品的价格进行下调。这些情况包括：当生产能力过剩，产品大量积压时；企业产品市场占有率大幅度降低，为夺回失去的市场时；企业自身生产技术或管理水平提高，产品生产成本降低时，等等。一些企业认为，在竞争中，让利必得市。然而事实往往并非如此，很多企业陷入降价的泥潭不能自拔，最终走向破产。因此，企业在实施降价策略时一定要慎重考虑。

案例 9-15　格兰仕的降价策略

在微波炉市场上，格兰仕素有“价格杀手”“价格屠夫”的称号。通过多次降价，格兰仕不断抢占竞争对手的市场。格兰仕的绝对低价不仅令消费者趋之若鹜，同时又对竞争对手产生强大的威慑力，最终成就了它在世界微波炉市场上的霸主地位。

1996 年 8 月，格兰仕为了扩大自己的市场占有率，率先在全国宣布大幅度降价，降价幅度达 45%。当时一些国外品牌的在华经销商及国内竞争对手没有意识到这是格兰仕抢先一步争夺市场份额的狠招，反而错误并自负地认为格兰仕降价销售是在清理积压品。当他们醒悟过来时，格兰仕已远远地冲在前面，与他们拉开了距离，使那些国内外品牌再也无力追赶。通过降价，当月格兰仕创造了超过 50% 的市场占有率的骄人业绩，全年的占有率也达到了 35%。1997 年春节之后，格兰仕的促销手段更是一招狠似一招，且花样翻新，层出不穷。在北京、上海这两座中国最大、最有影响力的城市，格兰仕实施了“买一送一”的营销策略，即买一台微波炉同时送一台价值 380 元的电饭煲。这项活动取得的成效之大甚至都超出了格兰仕人的期望。以北京为例，在活动的 5 天有效期内，格兰仕共售出 15000 台微波炉。由于大大地超出了期望，以至于赠品远远不够派送，格兰仕只得在报刊上刊登启事：日后一定补送赠品以答谢新老客户的厚爱。当年 6 月份微波炉进入销售淡季时，格兰仕反而加大了促销力度，先是在众多媒体上造势，宣布开展与上次活动内容一样的“买一赠一”活动，并且将活动时间延长至 1 个月。接着，从 7 月上旬开始，又将活动从“买一赠一”升级为“买一赠三”，赠品包括微波炉专用饭煲、电风扇和电饭锅，同时将这一活动扩展到了全国20多个大中城市。通过降价销售，格兰仕获得了长足的发展。2000年，格兰仕共生产微波炉1200万台，占中国市场的份额近70%，占全球市场的份额近35%，稳居全球第一。

格兰仕的案例为企业在实施降价策略时提供了如下一些可采用的实战要点：

1. 保证产品和服务质量，避免步入低价低质的误区

格兰仕的前身为桂州羽绒制品厂，在进入微波炉行业之后，它先后卖掉了年盈利上千万元的金牛型企业——羽绒厂和毛纺厂，以便把资金向微波炉生产集中，倾全力投入生产要素来保证主体产品微波炉的生产，并针对不同的市场区域不断推出新产品来满足消费者的个性化需求。同时，随着市场不断扩大，公司努力通过提高产品质量和服务水平来巩固市场。例如，格兰仕推出了“三大纪律、八项注意”的规范服务；推出了为顾客诚心、精心，让顾客安心、放心的“四心级”服务；以及一地购物，全国维修的跨区域服务等。这些都是格兰仕巩固市场的重要策略。低价格、高产品质量和高服务质量历来也是日本企业进驻海外市场时的制胜法宝。日本企业往往把价格、品质与服务视为三项不同的特性而加以结合，这种整合的做法在日本机械工具制造商进入美国市场时得到充分体现。日本机械工具制造商不断地将价格定得比竞争者（美国厂商）低，以吸引那些竞争者的顾客；然后，努力提升产品品质，尽量采用先进技术，提高工具的精确度和可靠性；与此同时，他们了解到故障时间必须缩短至最小，因而他们在美国建立起了服务站和备用零件中心网，倾力为顾客提供迅捷的整套维修服务，以赢得客户对公司的信任。

2. 价格调低幅度要明显，保证让消费者得到实惠

格兰仕的降价策略，是要么不降价，要降就大幅度地降。所以，格兰仕每次下调价格，调价幅度都在20%以上，有时甚至达到40%。如此高的降价幅度，能够在消费者心中产生极大的震撼效果，并对竞争对手形成巨大的震慑作用。这也是格兰仕降价策略较为成功的重要因素。

3. 大力降低生产成本是企业降价策划能够顺利执行的根本保证

进入微波炉市场以后，格兰仕微波炉的产销量从1993年的1万台达到了2000年的1200万台，一举成为全球微波炉市场的龙头老大。格兰仕发动的价格战只不过是表现形式，而真正在背后支持价格战的是格兰仕以规模经济为基础的总成本领先战略。格兰仕基本上是企业规模每上一个台阶，就大幅下调一次价格。比如，一旦自己的规模达到125万台，就把出厂价定在规模为80万台的企业的成本价以下。此时，格兰仕虽然利润很少，但还有利润，而规模低于80万台的企业，多生产一台就多亏一台。而当企业规模达到300万台时，格兰仕又把出厂价调到规模为200万台的企业的成本线以下，结果规模低于200万台且技术无明显差异的企业立即陷入亏本的困境。格兰仕通过规模效应使成本不断降低，从而在家电业创造了市场占有率达到61.43%的神话。康柏的成功与格兰仕有异曲同工之妙。菲弗尔在刚刚出任公司总裁后便把康柏计算机降价1/3。康柏计算机降价后不仅没有赔本，反而成为业界少有的盈利公司。谈到康柏的经营之道，菲弗尔说：“对于康柏来说，降价与低生产成本和进行规模生产是并行的，只有这样，才能既减轻顾客的负担，又使康柏获得理想的利润。”为保证盈利并满足日益增长的需求，菲弗尔要求生产的各个环节降低成本，并要求工厂24h连续生产。在康柏转入批量生产时，每一道工序的造价都要尽可能地降低。1993年，康柏计算机的生产量从原来的150万台提高到了300万台，与此同时，全部生产成本几乎下降了1000万美元。

4. 降价策略与其他促销形式及宣传密切配合

消费者对于降价可能会有一些负面的反应，他们可能会认为产品原来的价格过高，公司在经营上可能出现了问题，产品的质量可能下降了，等等。因此，企业在采取降价策略时，降价与沟通方案必须同时实施。长虹在1996年降价时，在广告和许多媒体上宣扬产品的民族性，借以让消费者理解长虹降价是为了抗击国外品牌，维护民族工业的发展。除了与宣传密切配合，企业还可采取一些促销形式，变明降为暗降，从而使降价的负面影响最小化。例如，格兰仕实施过“买一送一”的营销策略，即买一台微波炉送一台价值380元的电饭煲，这种形式就比直接让格兰仕微波炉的价格下调380元更容易被消费者接受。格兰仕的价格下调，变化多，力度大，同时配以强大的媒体宣传、促销攻势等，使其降价活动实现了最大的效果。从这一点来看，格兰仕在产品市场推广和价格策划方面可谓优秀之极。

二、价格调整策略中的涨价策略

在一些情况下，企业往往需要对其产品的价格进行上调。例如，在产品成本提高、产品需求过剩、面临通货膨胀等情况下，产品涨价势在必行。“高价格意味着高质量”是永远的价格准则，当许多商家仍迷信于让利得市的时候，一些聪明的商家却反其道而行之。然而，市场营销大师科特勒在其专著《营销管理》中谈到价格策略时，第一句话便是“没有两分钱不能抵消的品牌忠诚”。因此，企业在实施涨价策略时一定要小心谨慎。

案例9-16 鲍洛奇的“中国炒面”

20世纪40年代初期，鲍洛奇经营的重庆公司的中国炒面终于问世并堂而皇之地走进了美国各地的超级市场。鲍洛奇在广告宣传上为中国炒面增添了一层神秘的东方色彩，再加上富有刺激性的意大利味，使爱好新奇的美国人完全被征服了。而在定价策略上，鲍洛奇经过一番思索和考察，果断地制定了提价促销的经营策略，将中国炒面的价格提高了许多。他手下负责价格的员工惊讶万分，对鲍洛奇说：“你疯了？这样会一袋卖不出去的。”鲍洛奇却充满自信地回答：“你等着听好消息吧！”随后，改进了设计包装和商标的中国炒面，便以同类产品中的最高价格推向市场。产品提价之前，鲍洛奇已作了大量的广告宣传，让消费者认为吃中国炒面是家庭地位的某种象征，是三餐之外的最佳营养食品。提价后的中国炒面包装新颖，品质优良，又一次迎来了销售高潮。由于定价超过成本很多，重庆公司获得了高额利润。时隔不久，鲍洛奇又传出中国炒面要再一次提价的消息，消费者中的投机心理占了上风，人们纷纷购买储存，中国炒面几乎脱销。不久，稍有改装的中国炒面再度出现在货架上，价格真的作了较大变动。市场调查表明，人们不仅没有意识到价格的昂贵，反而认为它本来就应该是这样的价格。鲍洛奇的心理价格赢得了市场。他认为，重庆公司那时还是一个资金有限的小公司，经不起“薄利”“降价”的市场竞争，只能走这招险棋。鲍洛奇同时也深知，质量上的任何差错，都会使辛辛苦苦建立起来的优质产品信誉遭到毁灭。因此，他反复告诫员工要高度重视质量问题，自己也日夜守在生产线上。当他要外出时，便把检查质量的重任托付给他母亲，要母亲亲自品尝每一批产品的口味。

席卷全美的经济大萧条来临了，为了渡过难关，几乎所有的产品都在大幅度降价，亏本抛售，市面上到处挂着降价推销的大幅广告。然而此时，重庆公司的产品却坚持原价出售，而且摆在货架最醒目的地方。那是公司最艰难的时期，工厂几乎全部停产。鲍洛奇又一次赢得了顾客的信任，当经济开始缓慢回升时，中国炒面又一次迅速占领了食品市场。中国炒面的成本其实很低，鲍洛奇却将这个普通食品成功地打入优质名牌产品的行列，在十几年的时间里，实现了超过2亿美元的营业额。

鲍洛奇的案例为企业在实施涨价策略时提供了一些可效仿的实战要点：

1. 提供优质产品是使消费者愿意在较高价格下购买的基础

消费者的心理其实是非常微妙的：希望便宜，但又害怕跌入低质陷阱；不愿意花高价购物，但潜意识里又认为高质量的产品必然是高价的。对于任何一个企业来说，降价并非是唯一出路，如果产品质量上乘的话仍然可以走高价路线。但是，高价路线必须与高的产品质量并行。而且，质量上的任何差错，都会使辛辛苦苦建立起来的优质产品信誉遭到毁灭。因此在案例9-16中，鲍洛奇反复告诫员工注重产品质量，自己也日夜守在生产线上。能做到如此，鲍洛奇的中国炒面迅速地征服了一贯挑剔的美国人也就不足为奇了。

2. 注重产品改进，有理由的涨价更容易为消费者所接受

从一般意义上讲，企业产品的价格上涨，消费者是不愿意接受的，他们心里可能会产生不平衡。因此，产品涨价需要与产品改进同时进行。实际上，在大多数情况下，产品的改进只需要一种形式上的变化即可，如推出一种新的产品型号或仅仅是在产品外观上略加改变等。在案例9-16中，为配合涨价，鲍洛奇将中国炒面进行了一些改变：改进了设计包装和商标。这些简单的变化，能给消费者一种似乎是质量提升后的全新产品的印象，人们不仅没有意识到价格的昂贵，反而认为它本来就应该是这样的价格。

3. 注意与消费者沟通，避免有价无市的局面

降价需要厂商与消费者有效沟通，涨价时更是如此。许多产品在价格上涨很长一段时间后，产品才慢慢为消费者所接受，其损失的市场是可想而知的。更为严重的是，此时如果有竞争者乘虚而入，企业就可能会陷入危机。因此，在产品提价之前，鲍洛奇作了大量的广告宣传，让消费者认为吃中国炒面是家庭地位的某种象征，是三餐之外的最佳营养食品。难怪配合新颖的包装和优良的品质，提价后的中国炒面反而出现了销售高潮。

第四节　价格策划的基本原则

价格策划是企业对定价和调价策略综合和合理运用的过程。诺贝尔经济学奖获得者乔治·斯蒂格勒曾经说过："价格作为营销战的一把利器，可以克敌，也可能伤己。"因此，企业在进行价格策划时，一定要把握一些基本原则。

案例9-17　古井酒厂的价格策划案

1987年，我国投资过热拉动了消费过热。通货膨胀使得物价上涨，特别是名牌产品上涨幅度更大。1988年7月28日，国家放开了名烟名酒的价格，一夜之间，名烟名酒身价倍增，抢购风潮持续强劲。在这股抢购风中，许多厂家都在研究如何提高产量、提高价格、抢占市场，但是，安徽古井酒厂厂长王效金却反其道而行之。他召集本厂科研人员和销售人员秘密研究古井酒的"降价"问题。他要求销售人员根据市场情况，立即拿出"降度降价"

的风险分析报告。由于国家对名酒规定了一个计税基准价，企业不能随意降价。要避开政策的约束，实质上必须开发一个新产品，用形式降价打入市场。根据国内白酒低度化发展趋势，王效金要求科研人员立即研制55度古井贡酒。一开始，厂里的科研人员和销售人员并不理解此举的真正含义。在当时，古井酒厂产品供不应求，批量购货要找领导“批条子”，交款后还要排队等货。

随着白酒大战的激烈化，1989年春节过后，酒类由卖方市场逐渐转向买方市场，特别是原料涨价，资金回笼过缓，一大批白酒厂开始摇摇欲坠。中国十大名酒厂，昔日门前车水马龙，此时却变得“门前冷落车马稀”。直到此时，古井酒厂的科研人员与销售人员才真正意识到半年前王效金这一招数的高明。同年7月底，在全国白酒黄山订货会上，王效金突然宣布古井贡酒实行降价保值销售，55度古井贡酒降价率为69%。一下子，古井酒厂就与到会客户签订了5100t销售合同。此举触怒了其他酒厂，国内8大名酒厂联名上书国家主管部门，状告古井酒厂的“倾销”行为，并要求国家工商部门予以制裁。同年11月份，中国白酒厂家聚会太原，经过最后的审议，对古井贡酒实行的“降度降价”在法律上认可为“技术性处理措施”，不属于不正当的倾销行为。无奈之余，白酒厂家纷纷效仿，但是，古井酒厂却赢得了几个月的宝贵时间，抢先一步占领了大片市场，打了一个漂亮的“价格时间差”战。

1990年1月31日，《中国食品报》报道，按利税排名，古井酒厂一举挤进中国500家最大工业企业行列，在白酒行业中的排名跃居第三位。1991年，古井酒厂利税排名由中国500家最大工业企业中的倒数第三，跃为第254位。

通过对古井酒厂的案例分析，可以得出企业进行价格策划应遵循的一些基本原则：

1. 价格策划的目的性

在经济学的价格理论中，强调定价的总目的是盈利。但是，在具体的商务实践中，为了达到这一根本目标，企业往往将定价作为一种战术来采用。盈利定价并不是唯一的，正是为了达到长期的赢利目的，企业有时会在短期内牺牲利润，以低利润、零利润甚至负利润定价来渗透市场，扩大或巩固市场占有率，以达到阻击竞争对手、垄断市场的目的。在案例9-17中，古井酒厂的产品降价即是如此。面对白酒市场的激烈竞争，“降度降价”是战胜对手、占领市场的最佳选择。

价格策划的目的性非常重要。任何策划方案都是在目的驱动下进行的。例如，如果为了保护原有市场占有率，或原产品失去市场优势，为了清存货物，企业往往采取拼价策略，若要拼，就必须拼到底，拼到底价，将竞争者彻底击垮。若策划方案在“拼”上做得不够，就会导致实施中的惨败。相反，若企业行销新产品，为了尽快收回投资，就应该用撇脂定价法。企业进行价格策划时，既应注意前期高价投入的时机和节奏，又要注意后期跟随者进入市场时降价转移风险的节奏。若策划不能兼顾这个关键阶段，就会给实施带来风险。总之，价格策划的方案必须与目的相匹配才能真正起到作用。

2. 价格策划的前瞻性

市场或销售出现问题时才想起用价格策略去解决，是很不可取的。在多数情况下，价格策划需要未雨绸缪、高瞻远瞩。前瞻性原则要求策划人员要有一定的预见能力，能准确判断即将到来的形势或即将发生的事件，并进行相关的筹划与准备。能不能在第一时间反应和行动，能不能比竞争者更快地满足瞬息万变的市场需求，往往成为决定企业兴衰的重要因素。在案例9-17中，名烟名酒抢购风潮持续强劲之时，安徽古井酒厂厂长王效金便以其富有前瞻性的战略眼光敏锐地把握住了中国白酒行业的发展走势——当时正是酒类产品由卖方市场向买方市场转变的前夜。在其他竞争对手尚未觉察到市场销售所潜伏的危机而一味提高产量和价格时，古井酒厂反其道而行之，开始秘密研究产品的“降价”问题，从而能够在市场形势发生变化后从容面对、占得先机。虽然其他厂家随后纷纷效仿，但古井酒厂利用价格策划中先行效应所带来的竞争优势，将众多竞争者甩在了身后。

3. 价格策划的合理性

定价不是一成不变的，价格策划也不是单纯以低价和降价为研究对象。价格策划时采用低价还是高价、降价还是提价，具体情况应具体分析。若企业产品有明显的竞争力，公司的营销努力应集中在提高产品附加值的研究上，如改变包装装潢、款式或质量，这样一来，可以通过制定较高价格去获取更大的价差利润。而无明显竞争力的产品，则宜采取薄利多销的定价策略。若行业总市场发展向卖方市场过渡，厂家在调整价格时应重点考虑提价及相关的配套措施。反之，若行业总市场发展向买方市场过渡，厂家在调整价格时则应重点考虑降价及相关的配套措施。

4. 价格策划的适时性

价格相对稳定性是商家经营的基本原则，变化频率过高的厂家会失去消费者的信任。但是，相对稳定并不是说不能变化，只要时机选择得合适，企业仍然能利用价格因素直接获利或达到排斥竞争者的目的。在案例9-17中，古井酒厂价格策划方案——“降度降价”的策略早在半年前就开始制定了，但是只要市场高价名酒仍在走俏，突然降价就是愚蠢的行为。价格策划方案是在全国白酒销售大面积滑坡的情况下才抛出来的，具体时机选择在1989年7月底，在全国白酒黄山订货会上。由于时机得当，抢“点”及时准确，古井酒厂当场便与到会客户签订了5100t销售合同。

5. 价格策划的适度性

企业定价有上限和下限的限制，企业的产品价格变动应该在上下限规定的区间内变动，突破这个区间有可能带来意想不到的副作用。例如“长城”葡萄酒是红酒中的一般价位品，如果它突然将价格提高到与法国进口葡萄酒相同，消费者肯定难以接受。相反地，茅台、五粮液、古井等国产名酒，如果价格趋同于普通价格的白酒，则会降低名牌的品格，从长远来看对企业行销会产生消极影响。在案例9-17中，55度古井贡酒降价率为69%，如此高的降价幅度，虽然能够在消费者心中产生极大的震撼效果，并对竞争对手形成巨大的震慑作用，但幅度是否合理，仍值得商榷。

此外，对大多数产品来说，价格策划除了要限制在价格自身的区间变化外，还要兼顾价格变化的时间区间。一般来说，战术价格调整多数控制在1～3月，或者是价格调整使得营销目的已经达到，商家就应该立即研究新的价格战术，采用新的价格策划方案。

6. 价格策划的技巧性

由于国家对名酒规定了一个计税基准价，企业不能随意降价，因此古井贡酒的降价不是简单地降低产品价格，而是采取推出“新酒”的迂回策略，变明降为暗降，以打“擦边球”的形式，有效地避开了政策的约束。难怪国家主管部门经过最后的审议，对古井贡酒实行的“降度降价”在法律上认可为“技术性处理措施”，不属于不正当的倾销行为。

需要指出的是，企业进行价格策划虽然在理论上非常明白，操作起来也比较简单，但是，在商务实践中定价和调价却是让厂家十分头痛的事情。如今，价格战术作为营销的一把利器已博得企业的普遍关注，研究价格理论，搞好企业产品的价格策划，对当今企业在激烈竞争的市场中不断地赢得优势具有十分重要的意义。

第五节 价格战的应对策略

企业产品市场份额的扩大与其销售价格存在着密切的关系。通常，一种产品价格的下降会增加市场对它的需求量。因此在市场运作过程中，价格竞争常常被企业视作取得市场占有率、打败竞争对手的重要手段。那么，如果竞争对手发动价格大战，企业该如何应对呢？

一、在战争开始前结束它

《孙子兵法》有云："不战而屈人之兵，善之善者也。"大量的案例提醒我们，"伤人一千，自损八百"，往往是价格战的必然结果。因此，在价格战开始前就结束它，往往是商家的最佳选择。通常，有两种办法可以考虑：第一个办法是确保你的竞争对手理解你将动用所有资源把可能发生的价格战进行到底的态度和决心，同时通过展示自身的实力，警告它们进行价格战的后果是什么，从而使竞争对手不敢轻易发动价格战；第二种方法是通过联合达成共赢，避免价格战。

案例 9-18 中国筷子"联合抗战"记

长期以来，我国国内企业之间为了争夺一个国外客商，竞相压价，竞相为客商提供优惠条件的"龙虎斗"时有耳闻，以至于我国出口商品在国际市场上被戏称为"一流的商品，二流的包装，三流的价格"。这样做的结果既扰乱了市场，也给国家和企业造成了巨大的外汇损失，同时也不利于树立品牌形象。

卫生筷子并不是大宗出口商品，但却相当有代表性地反映出当前生产及外贸出口的秩序。一个产品风光了，千百个厂家争相上马，结果使市场过度饱和；一种商品走俏了，千百家外贸企业蜂拥而至，秩序趋于混乱，随之而来的是低价竞争，自相残杀。鉴于中国卫生筷子出口极度混乱的局面，在业内一些有识之士的呼吁、奔走下，中国北方箸业协会成立了。1996 年 2 月 5 日，大连经济技术开发区东方大厦第六会议室内的气氛有些紧张，20 多位日本商社的谈判代表正襟危坐。中国北方箸业协会会长、大连森兴箸业有限公司总经理刘保国郑重宣布：鉴于卫生筷子出口价格太低，已无利可图，中国北方 300 多家箸业公司决定共同提高卫生筷子对外出口价格，涨幅为 20%，新的价格从即日起正式执行！面对态度强硬的中国箸业公司，日方代表无可奈何地摸出签字笔，心犹不甘地签了字。不过，日商并未放弃努力。谈判间隙，他们找遍了 300 家中方箸业公司，但日商得到的，全部是绝无妥协的回答。"联合抗战"使得协会内所有中方箸业公司都获利颇丰。

二、运用非价格手段反击

单纯采用价格手段是层次比较低的商业竞争，企业在策划中更要善于运用非价格竞争手段，避免卷入价格战的漩涡。

案例 9-19 用价值营销对抗价格战

“价值营销”不同于“价格营销”，它是通过向顾客提供更大、更多、更好的价值，创造出新的竞争优势。围绕顾客价值的最大化，“价值营销”提出了以下价值组合：产品价值、品牌价值、服务价值和终端价值。

（1）产品价值。通过产品创新，重整产品价值，摆脱同质化引起的价格竞争。价格战的起因之一是产品同质化太严重，因此对产品进行差异化创新，如采用新技术，改进产品的质量、性能、包装和外观式样等，以重整产品对顾客的价值，是应对价格战的有效利器之一。通过产品价值的提升来应对价格战的成功例子是长虹精显背投。20 世纪 90 年代的长虹，给所有人的印象就是会打“价格战”，掀起数次降价风波，是全行业亏损的始作俑者。然而，就在 2001 年以后，长虹一举改变了自己的形象，推出具有一定技术含量和高附加值的高端产品——“精显王”背投彩电。2002 年，“精显王”销量超过了 1100 万台，长虹也一举成为全球销量第二的背投彩电大王。

（2）服务价值。通过服务增加产品的附加价值，在同类产品竞争中取得优势。以服务对抗价格战取得成功的例子是海尔。海尔这个品牌从成形以来，就一直坚守着“服务”的定位并传播着这个理念，在企业行为上更是处处严格要求。无论在什么地方，海尔产品一到，服务就到了，甚至是产品未到服务先到。多年来的坚持使消费者一想到海尔就会跟上服务好的评价，其结果也是有目共睹的：海尔可以在相对的高价上维持市场份额。

（3）品牌价值。从以产品为中心的营销转变为以品牌为中心的营销，有效避免价格战。皮尔卡丹衬衫，原是由北京绅士衬衫厂生产的。20 世纪 90 年代，每件标价 50 元人民币的北京绅士牌衬衫，一旦贴上皮尔卡丹的品牌，在市场上就卖 450 元。皮尔卡丹的价格是这样定的：50 元钱是衬衫的使用价值，400 元钱是品牌的价值。皮尔卡丹为了这 400 元的价值，投入了巨大的人力成本、资金成本、形象塑造成本，从而使得消费者穿了皮尔卡丹的衬衫会感到自信、尊贵、有面子，心里得到极大的满足。同样，没有消费者认为麦当劳是经济快餐，甚至都了解快餐食品并不健康，可仍然趋之若鹜，这就是品牌的价值。

（4）终端价值。通过超值的购买体验强化客户终端价值，从而淡化价格对客户购买的影响。以终端价值对抗价格战的成功例子是皇明太阳能热水器。由于行业的不成熟，作为太阳能行业第一品牌的皇明不得不应对来自杂牌的价格冲击，为了超越价格战，皇明提出了终端形象工程。工程的几大部分包括消费误区教育体验、家庭健康热水中心使用体验、明星产品性能技术体验、个性化配件增值体验、品牌文化震撼体验、服务力体验，等等。让顾客从终端体验中认识到皇明与杂牌的差异，从而稳守行业领导品牌的地位。

三、将价格战进行到底

有的时候，企业实在是很难避开价格战，如某个竞争对手的低价已经威胁到一个企业的核心业务时，报复性的降价行动既可以表明企业将长期而坚决地将斗争进行到底的决心，还能因此树立强悍的企业风格和形象，对未来其他可能的“挑衅”企业产生威慑作用。特别是本企业有足够的成本优势、财力优势时，参与价格竞争也是明智的选择。但是，价格竞争有几个长期后果：首先，可能会让顾客持币观望，期待更低的价格。其次，企业降价会形成一种低档次的形象，可能会让消费者对该产品产生怀疑。再次，降价可能会让市场中的其他成员以为它们的利益会被削薄。因此，企业如果决定参与价格战，就应深思熟虑，精心组织安排。

案例 9-20 休布雷公司的价格战

休布雷公司在美国伏特加酒的市场中属于营销出色的公司，其生产的史密诺夫酒，在伏特加酒市场上的占有率达到23%。20世纪60年代，一家公司推出了一种新型伏特加酒，其质量不比史密诺夫酒差，但每瓶价格却比它低1美元。这对史密诺夫酒来说显然是一种严峻的挑战。但休布雷公司摆脱传统的竞争思路，采取了一个令竞争对手意想不到的反击策略，将史密诺夫酒的价格再提高1美元，而不是降低1美元或更多。同时，公司又新推出商标为“瑞色加”和“波波”的两种伏特加酒。前者的定价与竞争对手的新伏特加酒的价格一样，后者的价格则比竞争对手的新伏特加酒低得多。结果，休布雷公司不仅摆脱了危机，而且也遏制了对手发动的攻势。那么，休布雷公司的应战妙在何处呢？

首先，合理利用价格尺码即高价意味着高质量，这已成为消费者较为常见的一种消费行为及消费心理。提高史密诺夫酒的价格无疑是提高了它的身份，使其以休布雷公司产品中高档品的身份出现在消费者面前。此举不仅使竞争对手的新产品沦为一种更加普通的品牌，更值得注意的是，它有着不给竞争对手抢先占领高档酒市场的效能。

其次，即使竞争对手的产品沦为普通品牌，也不能让其独霸。休布雷公司推出与竞争产品同价的“瑞色加”酒，无疑是在中价位酒或普通酒的市场上也要和竞争对手进行猛烈“厮杀”。

再次，如果休布雷公司仅采取上述两项措施，面对这种反击，竞争对手还可能把它的攻击目标再转向低价位伏特加酒市场。但是，休布雷公司依然不给对手这种先机。“波波”酒的一同推出，无疑是抢先占领低价位酒市场的先发制人的应战策略。

再看一个类似的案例。中国台湾的“康师傅”方便面开始进军大陆市场时，推出了一款定价为3元的碗面，由于没有竞争对手，“康师傅”方便面迅速占领了中国大陆市场。这令“统一”公司非常不爽。因为在台湾，“统一”的规模比“康师傅”还要大。于是，“统一”在大陆市场也推出一款碗面，并把价格定为2.80元，比“康师傅”少0.2元钱。面对“统一”的叫板，“康师傅”没有简单地降价，而是把碗面的价格上涨为3.20元，并推出另外一款碗面，定价为2.50元。这样一来，“统一”方便面便处于一种很尴尬的境地。高档方便面，人们会选择3.20元的“康师傅”，而便宜的方便面，人们会考虑价格更低的2.50元“康师傅”。在与“康师傅”的价格大战中，“统一”方便面明显地处于劣势。

四、全线撤退

在极少数情况下，放弃可能是比较好的选择。所以，一些企业不选择加入价格战。相反，它们会放弃某些市场，以免被卷入一场持久而代价高昂的战争。

案例 9-21 3M 和宝洁公司的放弃策略

在20世纪90年代中期，录像带市场发生价格战，边际利润急剧下降，3M公司毅然退出该市场。尽管录像带是3M公司最早发明的，但该公司坚持技术创新，宁愿放弃一些市场份额，也不加入一场无利可图的价格战。

宝洁公司放弃“润妍”也是一个大手笔。“润妍”是宝洁公司推出的“植物黑发”洗发液，由于上市之前耗费了大量的时间，错过了最好的上市机会，产品上市后的表现在宝洁公司整个产品线中一直居于末流，市场份额只有3%左右。如何挽救这个产品呢？换了别的企业肯定是要打价格战，通过降价的方法来提高市场份额。但宝洁公司的管理者毕竟具有大师的水平，根本不采取这种流失品牌价值的“计策”，而是放开更加远大的战略眼光，让表现不佳的“润妍”退出市场。然后，宝洁公司花巨资收购“伊卡璐”，重新占领原来“润妍”针对的目标市场。和纯粹的放弃相比，这种“有进有退”的做法更高人一筹。

对于价格战，海尔集团总裁张瑞敏有自己独特的认识：“只有疲软的产品，没有疲软的市场。市场既有供大于求的一面，也有一些需求还没得到满足的一面。如果我们的眼睛只盯着总体供大于求的一面，而不去研究消费者多种多样的需求，就必然走向悲观主义，结论似乎只有拼价格一条路了。其实，在所谓供大于求的情况下，我们完全可以创造出若干小的供不应求的市场，即把市场细分，不断适应各个消费层次的需要，创造出新的市场、新的价格，跳出在原有产品、原有价格上打转转的思维方式。”

【思考与讨论题】

1. 结合案例谈谈影响产品定价的要素。
2. 结合案例谈谈价格策划中的一些定价策略。
3. 结合案例谈谈价格策划中采取降价策略和涨价策略的一些实战要点。
4. 结合案例谈谈价格策划的基本原则。
5. 结合案例谈谈价格战的应对策略。

第十章　广告策划

我们每一天的生活几乎都是从接受广告开始的。如果你不是一个离群索居的人，那么，每天将会有300~500条甚至更多的广告信息通过你的眼睛或者耳朵侵入你的大脑：在你家的楼道里或者你的信箱里，在出租车的收音机里或者在公交车的车身上、车厢里，在你随便阅读的每一份报纸当中，当然还有在广告比人还多的大街上或者广告比节目还多的电视节目里，甚至在你单位计算机的荧光屏或者传真机上……恐怕很多人都有类似的经历：耐心地看了半天广告，终于盼到喜爱的电视剧了，可是电视剧的主题曲一播完，仍然要插播一段广告。许多电视剧在播放过程中要多次插播广告，把完完整整的故事情节搞得支离破碎也就罢了，最让人无法忍受的是广告播完后刚好一集结束，让人看了半天的广告后，盼来的却是演员表。如今，虽然强制性的接收广告越来越使观（听）众反感，但我们又不得不承认广告已然融入我们每个人的生活当中。

第一节　广告及广告策划的含义

一、广告

美国市场营销协会给广告下了如下的定义：广告是广告的发起者以公开支付费用的做法，以非人员的任何形式对产品、劳务或某项行动的意见和想法的介绍。理解广告的含义要注意把握以下四点：

1）广告的发起者以公开支付费用的做法（无需企业付费的媒体宣传是公关）。

2）非人员（由人员直接介绍和推销企业产品是人员推销）。

3）任何形式（广告并非仅限于报纸、广播、电视等大众媒体，也不应拘泥于固定的模式）。

4）对产品、劳务或某项行动的意见和想法的介绍（广告要有目的性）。

案例10-1　作家毛姆的广告

毛姆是一位著名的英国作家，他的《人的绊脚石》和《六便士》等作品都非常出名，他的文章也深受公众喜爱，尤其是年轻人更喜欢读他的作品。可是这位大作家在年轻时，作品销路非常不好，几乎没人知道他的名字。有一次，他写了一本自认为不错的小说，依旧卖得不好。他忍不住愁上心头。不久，他想出了一个绝妙的点子——在报纸上登了一则征婚启事：本人性情温和、年轻、兴趣广泛，最喜爱运动和音乐，拥有亿万英镑财产，独身一人，愿寻找一位气质和修养都与大作家毛姆作品中的女主人翁一样可爱的少女做我的伴侣，与我共同度过美好的人生。启事登出后，他的书很快卖完了。以征婚启事的形式为自己的小说做广告，作家毛姆的做法恐怕连许多营销人员都会自叹不如。

二、广告策划

美国广告学家科利认为，广告策划工作纯粹是对限定的观（听）众传播信息并刺激其行动，广告策划的成败应视它是否能有效地把想要传达的信息在正确的时候、用正确的方式、以正确的成本、传达给正确的人。

案例 10-2 中央冷冻公司食品果冻的广告策划案

果冻这种新产品在2005年夏、秋两季的旺销，是基于成功的广告策划的一个很好的实例。在这个案例中，这种新产品的制造者（广告主）——中央冷冻公司，在产品研制到达可以问世的标准后，就将整套推广工作，包括对产品的命名、包装设计、商标设计、市场研究、广告策划等，全部委托国华广告公司代理。国华广告公司接受了这样整套的工作，深感责任重大，使出全力来为广告主研究设计。

首先，广告公司会同广告主列出了新产品在市场中的竞销对象，如冰淇淋、冰棍、水果等。在详加分析比较后，找出新产品有几项优点：它和很多水果一样，都不含淀粉，在营养和味道方面，也胜过冰淇淋。它又和冰淇淋一样，在凉快和简便性方面胜过水果，而且能止渴，同时也比其他产品卫生。根据这些优点，广告公司首先研讨为产品命名。开始由大家分别提供了50余个名称，然后从中选出了3个。最后，再从这3个名称中选定这个新颖、读来顺口易记、也符合产品本质的名称——果冻。

接着，广告公司又研究确定了几个工作重点：对于广告诉求，决定以“零下40度的滋味”7个字为重点、为标题。这7个字是策划中非常精彩的一笔，它的确可列为广告标题（诉求点）中的佳作。它的创意构想非常出色，不仅包含了产品的各项优点，而且十分新颖独特。

对于销售对象，广告主提出的主张是以成人为主；而广告策划者所提出的研究结论是以儿童为主。广告主和广告策划者，双方曾为此多次讨论。在广告策划者的恳切建议下，广告主接受了广告公司所提出的诉求对象为儿童的主张。

对于商标，广告主在广告公司所设计的多种图案中，最后选定一个简明的C字图案为商标，使消费者容易记认，同时这个字图也代表了厂商的名称。广告公司同时提出，应再选取一个代表商品的形象，使消费者一看到这个形象就会想到这种商品。经过多次筛选，终于选定了一个在日本很流行、有两个大耳朵且胖得可爱的米老鼠为形象。

对于包装，广告公司则遵照了广告主的主张，以塑料袋为主，配合美观精致的米老鼠图案，刺激消费者对它产生一见钟情的感觉。而有了这个感觉，消费者的购买欲也自然而然地会随之产生。

对于售价，广告主决定每个只售1元。这种售价，极适合一般消费者的购买力，也增加了广告代理业者执行广告必能获得成功的信心。

对于广告媒体的选择运用，策划者决定先以报纸、电视、售点广告为主，并编制了广告歌曲应用在电视广告中，以引起儿童的注意和学唱。

按照该策划的实施步骤，在一切准备完毕后，便开始作区域性的销售。先从南方地区开始试销，竟然一鸣惊人，销售量直线上升，引起冷饮业的极大重视。其旺销之势，连广告主也感到意外。一个月后，销路扩展至中南部地区，三个月后，已进入夏季，进而再扩大至北方地区，并渐渐扩至全国。广告主在这一套计划中，虽然支付了约80万元的广告费用，但很顺利地达到了大量销售的目的，也获得了超出预计的经营利润。

从这个实例中我们可以看出，广告主与广告代理业者的坦诚合作，是促成这种新产品成功的最主要因素。广告主非常尊重广告代理业者所提供的研究和计划，广告代理业者受到这样的鼓励，也会尽心尽力地为广告主服务，从而有效地把想要传达的信息（零下40度的滋味）在正确的时候（春夏时节清凉食品需求的高峰期），用正确的方式（报纸、电视、售点广告等），以正确的成本（仅80万元），传达给正确的人（儿童）。

第二节　广告策划的创意

任何一个脍炙人口、深入人心的广告都有一个良好的创意。广告策划的创意具体表现在四个方面：构思、语言、形式和运作。

一、构思上的创意

构思可以说是广告的灵魂，相比之下，设计不过是躯壳而已。一旦确定了有优势的广告构思，就有了几分胜算的把握。

案例10-3　脑白金的广告构思

在很多人看来，脑白金的广告“土得掉渣”，既无华丽的语言，又无高科技的电视制作。有趣的是，就靠着“送礼就送脑白金”这一在网上被传为“第一俗”的广告，“巨人”史玉柱彻底翻了身，创下了几十个亿的销售额。在2001年，脑白金每月平均销售额竟高达2亿元。

土广告打下大市场，不是用偶然性能解释的。20世纪70年代，A. 莱斯和J. 屈特提出了奠定他们营销大师地位的广告定位论。他们认为，广告应该在消费者心智上下功夫，力争创造一个心理独有的位置，特别是“第一说法、第一事件、第一位置”等，创造第一，才能达到在消费者心中留下难以忘记、不易混淆的印象的优势效果。而“今年过节不收礼，收礼只收脑白金”的广告语就抢占了这么一个独一无二的定位——既与传统中用以送礼的烟酒等“不健康礼品”有高低之分，又从主要把目标市场锁定在寻求保健效果者本人的其他保健品中突显出来！正是这充满霸气的与礼品之间划上的等号，塑造了脑白金与众不同的形象，使得消费者一想到礼品，就不由得想到脑白金。

在我国这样一个礼仪之邦，礼品市场有多大？这个等号的价值又有多大呢？其实，脑白金敢于划这个等号也只是洞悉了一个简单事实：由于我国经济水平的限制，保健品本就存在“买的不用，用的不买”的购买者与使用者分离的现象，保健品需求变成购买力在很大程度上是间接的。至于功效颇有争议的脑白金，走直接道路更加困难，所以礼品的定位的确高人一等。实际上，脑白金购买者对该产品持信任态度的仅为6.2%。大部分消费者怀疑其功效却还趋之若骛，关键就在于脑白金是买来送礼的。用于送礼的脑白金，购买者往往关心的是其档次、蕴含的祝福甚至于包装等，对其功效反而并不太关心了。这很容易理解。俗话说，礼到情意到，礼品送出去，购买者的心意也就送出去了，至于到了最终使用者那里功效如何，那就是厂家的责任了。脑白金做广告没有像其他保健品那样给消费者上医学知识普及课，充分表现了厂家在广告策划构思上的精妙。

在广告构思上富有创意的另一个大家比较熟悉的公司是农夫集团。当别的矿泉水公司大力宣传水质的时候，农夫集团的“农夫山泉有点儿甜”强调的却是口感；当其他果汁企业都在重点宣扬口感的时候，农夫集团的“农夫果园，喝前摇一摇”强调的却是浓度。广告构思上的独树一帜让农夫集团的产品从众多同类产品中脱颖而出。

二、语言上的创意

构思上的独特创意若能配以精妙绝伦的语言，则会大大提升广告的效果，很多经典的广告用语常常令人经久不忘。早在19世纪末，中国最早的报纸广告上，就出现了南洋兄弟烟草公司为其新产品“白金龙”香烟制作的广告词：“饭后一支烟，胜过活神仙。”事实证明，当初的广告词已成为如今瘾君子的座右铭。同是登在报刊上的香烟广告，国外某香烟的广告语则是正话反说：“吸烟有害健康，××香烟也不例外！”一正一反，一褒一贬，异曲同工，广告语艺术的魅力由此可见一斑。请看下面的一则由经典广告语编写的小笑话。

案例10-4　校长与学生

有一个学生爬墙出校，被校长抓到了。

校长责问：“为什么不从校门出入？”

学生答曰：“不走寻常路。”（美特斯邦威）

校长又问：“这么高的墙，你就不怕受伤？”

学生（指着裤子）说：“一切皆有可能。”（李宁）

校长又问：“翻墙是什么感觉？”

学生（指着鞋子）说：“飞一般的感觉。”（特步）

第二天，该生从正门进学校，又遇见校长。

校长问：“怎么不翻墙了？”

学生答曰：“我选择，我喜欢。”（安踏）

第三天，该生穿得像个小混混，被校长发现。

校长说：“学校里不能穿混混装。”

学生答：“穿什么就什么。”（森马服饰）

第四天，该生穿背心上学，在校园内再次与校长相遇。

校长说：“穿背心在学校也是不允许的。”

学生答：“男人，简单就好。”（爱丁堡服饰）

校长大怒：“我要记你大过！”

学生问：“为什么？”

校长答：“我的地盘我做主！”（动感地带）

做广告最常见的就是策划者“王婆卖瓜”式的自卖自夸，而上面引用的几则广告语不仅构思新颖、不落俗套，而且语言精妙绝伦，从而使这些广告具有很强的冲击力，给消费者留下非常深刻的印象。

三、形式上的创意

谈到广告，很多人的脑海中立刻会显现出在电视、报纸、杂志等大众媒体上连篇累牍地介绍自己公司或产品的广告实例。然而，日本航空公司曾经寓广告于电视节目之中，通过赞助拍摄电视剧《空中小姐》，无形中向人们传递日航出类拔萃的温情服务（电视广告的形式创新)，在本章的开篇我们也看到通过征婚启事做广告的案例（报纸广告的形式创新）。其实，广告的形式可以是多种多样的。下面再以户外广告和POP广告为例，看一看在这两种媒体上做广告的形式创新。

案例10-5 Araldite胶水的户外广告

户外广告主要有路牌广告、交通广告、招贴广告、灯光广告、旗帜广告、气球广告等。Araldite胶水的户外路牌广告至今让人回味无穷。Araldite公司在公路边广告牌的框架上挂上了一块大大的铁板，在铁板上粘挂着一辆真正的轿车。粘轿车用的是什么？当然是Araldite胶水。铁板上的广告标题是："它（胶水）也可以把柄粘在茶壶上。"

新奇又伟大的想象力产生了新闻的连锁反应。几年过去了，粘在铁板上的轿车纹丝不动，铁板上的广告标题却有了变化："悬念（悬挂）正在持续中。"一个月之后，在原来轿车的上面又添加了一辆轿车，广告标题也换成新的了："压力增加了。"又过了几个月，当人们再次经过这个路牌广告时，突然发现铁板上的两辆轿车不见了，平滑的铁板上有着车身大的破洞。此时新的广告标题读后令人震撼："How did we pull it off（我们是怎样把它扯下来的)?"Araldite胶水。至此，没有人不为这新颖、奇特的路牌广告击掌称好。可以相信，尽管路牌广告的读者群流动性大、偶遇性强，但Araldite胶水广告给所有见过它的人留下的都是过目不忘的深刻印象。

案例10-6 某电风扇的POP广告策划案

POP广告即售点广告，如柜台广告、货架陈列广告、模特广告、圆柱广告以及在购物场所内的传单、彩旗、招贴画等。某电风扇的POP广告的创意设计是把该产品放在大商场的橱窗，旁边醒目地写着："从××××年×月×日起昼夜连续运转。请你计算一下，至今已连续运转了多少小时?"独特的广告形式引起了大众的好奇心，有人甚至在半夜三更时去察看该电风扇是否仍在转动。

四、运作上的创意

广告的运作，按照通常的理解就是把制作的一组或几组广告通过选定的媒体按事先的计划进行播放的过程。澳大利亚一家航空公司独特的广告运作就使得一则普通的广告产生了巨大反响，让人回味无穷。请看下面这个广告案例。

案例10-7 广告片中的"错误"

澳大利亚一家航空公司曾经在美国播映一部广告电视片，该广告在介绍澳大利亚迷人风光的同时，鼓励大家乘坐该航空公司飞机前往观光。广告画面表现的是一男子正坐在沙滩上的一张飞机座椅上休息，荧屏上同时打出一句广告语"你坐上澳航，就感到已置身澳大利亚。"

按专业眼光，此广告片没有多少创意，但很少有人能料到，广告人的策划和创意都在广告片播出后紧接着开始彰显光彩了。首先，人们想不到的是澳大利亚这家航空公司一位负责人竟会亲自站出来"揭发"自己公司在荧屏上播的广告片是假的，并迅速召开新闻发布会，阐述真相，甚至还下令撤销播映这一广告。于是许多海外媒体一哄而起，纷纷报道，并详细描述该航空公司广告中"假"的方面。闹了几天之后，人们才搞清楚，原来，广告片中所谓的"假"其实仅仅是沙滩的景色不是在澳大利亚拍的，而是在夏威夷拍的。如果不是自己“揭发”，观众是无论如何看不出来的。但正是因为这一“揭发”，才“制造”出来一个“大新闻”。

那么，澳大利亚这家航空公司为什么要自己“揭发”自己呢？据该航空公司的有关人士私下称，澳大利亚沙滩的景色其实比夏威夷还美。所以，应该拍澳大利亚美丽的海滩。于是这些“悄悄话”又被拿到媒体上轰轰烈烈地发布了。于是，一个新的概念——澳大利亚海滩比夏威夷还美，去夏威夷海滩不如去澳大利亚海滩，而去澳大利亚海滩就请乘澳大利亚这家航空公司的飞机。就这样，搭乘该航空公司班机去澳大利亚观光这一美丽愿望潜移默化地被广告人巧妙地“输入”并“刻印”进许许多多人的脑海中去了。一则平淡无奇的电视广告通过巧妙的运作产生了无比神奇的效果。

第三节 广告策划的媒体选择

一、广告媒体

广告媒体或媒体广告可以分为六大类。第一类为印刷品广告，包括报纸广告、杂志广告、电话簿广告、画册广告、火车时刻表广告等。第二类为电子媒体广告或电波广告、电气广告，包括电视广告、电影广告、电台广播广告、电子显示大屏幕广告、幻灯机广告等。第三类为户外广告，主要包括路牌广告（或称广告牌，它是户外广告的主要形式，除在铁皮、木板、铁板等耐用材料上绘制、张贴外，还包括广告柱、广告商亭、公路上的拱形广告牌等）、霓虹灯广告和灯箱广告、交通车厢广告、招贴广告（或称海报）、旗帜广告、气球广告等。第四类为邮寄广告。邮寄广告是以邮寄的方式散发广告。广告主采用邮寄售货的方式，供应给消费者或用户广告中所推销的商品。以这种形式邮寄的广告载体，包括商品目录、商品说明书、宣传小册子、明信片、挂历广告以及样本、通知函、征订单、订货卡、定期或不定期的业务通信等。邮寄广告是广告媒体中最灵活的一种，也是最不稳定的一种。第五类为POP广告。POP广告是英文Point of Purchasing Advertising的大写首字母缩写，译为售点广告，即售货点和购物场所的广告。世界各国广告业都把POP广告视为一切购物场所（商场、百货公司、超级市场、零售店、专卖店、专业商店等）场内场外所做广告的总和。POP广告的种类就外在形式的不同可分为立式、悬挂式、墙壁式和柜台式四种；就内在性质的不同可分为室内POP广告和室外POP广告两种。室内POP广告是指商店内部的各种广告，如柜台广告、货架陈列广告、模特儿广告、圆柱广告、空中悬转的广告、室内电子广告和灯箱广告。室外POP广告是售货场所门前和周围的POP广告，包括门面装饰、商店招牌、橱窗布置、商品陈列、传单广告、活人广告、招贴画广告、广告牌、霓虹灯、灯箱和电子显示屏广告等。第六类为其他广告。它是指除以上五种广告以外的媒体广告，如馈赠广告、赞助广告、体育广告、包装纸广告、购物袋广告、火柴盒广告、手提包广告等。企业在选择广告媒体的时候要重点考虑三方面的因素：媒体因素、市场因素和企业因素。

二、媒体因素与广告媒体选择

媒体因素是指媒体本身的一些特点，即优势和局限性。媒体本身所具有的优势和局限性是选择媒体的基础。

1. 报纸广告

报纸广告是指以报纸为媒体刊登的广告。

报纸广告的优势是覆盖面宽，读者稳定，转递信息灵活迅速，新闻性、可读性、知识性、指导性和记录性“五性”显著，白纸黑字便于保存，可以多次传播信息，制作成本低廉等。

报纸广告的局限性在于，它以新闻为主，广告版面一般不可能居突出地位，广告有效时间短，日报只有一天甚至半天的生命力，多半过期作废，广告的设计、制作较为简单粗糙，广告照片、图画运用较少，因此视觉冲击力不强。

2. 杂志广告

杂志广告是指以杂志的封面、封底、内页、插页为媒体刊登的广告。

杂志广告的优势是阅读有效时间长，便于长期保存，内容专业性较强，有独特的、固定的读者群，如妇女杂志、体育杂志、医药保健杂志、电子杂志、汽车摩托车杂志、家用电器杂志等，有利于有的放矢地刊登相对应的商品广告。

杂志广告也有其局限性，如因周期较长不利于快速传播，由于截稿日期比报纸早，杂志广告的时间性、季节性不够鲜明，而且杂志通常页码较多，广告易被忽略。此外，专业性的杂志也会由于其较强的专业性使得接触对象不广泛。

3. 电视广告

电视广告是指以电视为媒体播放的广告。电视广告可以说是所有广告媒体中的“大哥大”，它起源较晚，但发展迅速。

电视广告的优势很明显，它收视率高，插播于精彩节目的中间，观众为了收看电视节目愿意接受或者不得不被动地观看广告，虽然带有强制性，但观众一般可以接受。电视广告形声兼备，给人强烈的感观刺激。而且，看电视是我国家庭夜生活的一项主要内容，寓教于乐，寓广告于娱乐，收视效果佳，其广告效果是其他广告媒体无法相比的。

但是，电视广告的局限性也很明显，主要体现在电视广告制作成本高，电视播放收费高，而且瞬间消失，使企业通过电视做广告的费用很高，小型企业无力承担。

4. 广播广告

广播广告是指以无线电或有线广播为媒体播送的广告。

广播广告的优势有很多：由于广播广告传收同步，听众容易收听到最快最新的商品信息，而且它每天或在一定的时段内反复播送，重播频率高，受众层次广泛，传播速度快、空间大，加之广告制作费也低。

广播广告的局限性是，只有信息的听觉刺激，没有视觉刺激。据统计，人的信息来源60%以上来自于视觉。

5. 户外广告

户外广告通常制作成本较低，但流动性和变化性都很差，传播范围窄。

6. 邮寄广告

邮寄广告的广告信息大多瞄准那些最有可能购买公司产品或服务的人，针对性强。并且由于是一种无声媒体，常会令对手难以察觉，待要反应时已措手不及。然而，由于搬迁等原因，商家需不断更新邮寄地址和名单。

7. POP 广告

POP 广告成本低，可弥补一般媒体广告的不足，强化零售终端对消费者的影响力。但是，由于流动性差，这种形式广告的传播范围有限。

案例 10-8 一家小咖啡店的广告媒体选择

一位锦州商人的咖啡店三天后就要开张了，他打算在本市电视台做一期广告，并征求某专家的意见。这位营销专家谈了自己的几点看法：①电视广告从拍摄到播出需要一段时间，三天是否来得及？即使能够制作出来，在未事先预定的情况下，三天后播出恐怕也不现实。②电视广告播放时间较短，通常以秒来计算，能让多少人看到？③电视广告费用较高，一家不大的咖啡店做电视广告在经济上是否合适？鉴于电视媒体的这些局限性，这位营销专家建议该商人考虑做报纸广告和 POP 广告。报纸广告可以选择目前在当地比较受欢迎的报纸——《锦州晚报》。与此同时，直接在咖啡店外摆放花篮，设置气球、彩旗，做一些这样的 POP 广告，不仅花费不多，而且效果也还不错。

三、市场因素与广告媒体选择

市场因素主要是指消费者特征、产品特点和销售范围等。

1. 根据消费者的特征选择广告媒体

人们总是依个人品味来选择适合的媒体，而不同消费群体在消费特点、消费习惯上有很大差异，对媒体的接触习惯也不尽相同。一般地说，受教育程度较高者和白领人员偏重于印刷媒体，他们更多地接触的是杂志和报纸；受教育程度较低者则偏重于电波媒体，通常更爱听广播和看电视。因此，企业要配合目标消费者的性别、年龄、受教育程度、职业及地域性等来决定选择何种广告媒体。

2. 根据商品的特性选择广告媒体

既然各种商品的特性千差万别，就应该根据商品特性来选择广告媒体。显然，为价值千万元的别墅做广告和为普通公寓做广告的媒体选择应当有所不同。此外，日常生活用品广告和工业用品广告的媒体选择策略也完全不同。前者的广告媒体选择应注重广泛性，面向全体的消费大众；后者的广告媒体选择应注重针对性，因为此时面向的是特定的工厂、老板和其他高管等。

3. 根据商品的销售范围选择广告媒体

商品究竟是在全国范围内销售还是在有选择的某一或某些地域销售，这关系到广告接触者的范围大小。企业应根据商品的销售范围经济有效地选择广告媒体，以免因广告媒体选择不当而影响广告传播效果。

案例 10-9 在“黄金时间”用电视做方便面广告合适吗？

对于方便面这种商品，很多厂家主要选择电视这种媒体并且在“黄金时间”大做广告。这种选择是否恰当？我们试分析一下方便面的消费群体及他们的特点即可得出结论。爱吃方便面的主要是哪些人？其主要消费群体应该是学生、单身人士、出差在外者、年轻人、工作忙碌的人等。而这些人是否有更多条件、更多时间、更多机会在“黄金时间”收看电视呢？尽管电视已经普及，但时间等条件却不允许他们常在“黄金时间”守在电视机旁。比如学生，学校、家庭能在这些时间让他们看电视吗？而且根据这些人的生活特点，他们能否有耐心坐下来看电视中的这些广告？他们会不会立即转换频道？而有条件、有时间、有耐心坐在电视机前享受电视节目的人，不喜欢转换频道、连电视广告也要看的人，是否爱吃方便面？比如老年人和已婚人士，他们平时大多数时候都是自己做饭吃，他们会吃方便面吗？那么方便面的广告主要利用电视这种媒体并且选择在“黄金时间”播放是否是最佳选择呢？这的确值得商榷。

四、企业因素与广告媒体选择

不同的企业之间虽然存在着巨大差异，但依照如下原则选择广告媒体却是对于任何企业都适用的：

（1）根据企业销售方法的特征选择广告媒体。销售方式究竟是以推销员为主还是以零售商为主，这要看广告主运用什么样的销售策略。销售策略不同，选择广告媒体的标准也不同。

（2）根据企业的促销策略选择广告媒体。比如计划开展一个赠送样品的广告活动，就要选择那些能配合赠送活动的广告媒体。

（3）根据广告主活动的基本目的和广告预算的分配额及企业的经济承受能力选择广告媒体。

此外，对于同行竞争者使用广告媒体的情况与策略也应纳入企业选择媒体时的考虑范围，以达到“知己知彼”的效果。

案例 10-10　创业初期的希望集团钟情户外广告堪称精明

广告主在选择广告媒体的时候一定要从自己公司的实际情况出发，不要一味追求大媒体。在这方面，希望集团对于广告媒体的选择堪称精明，也确实给希望集团带来了巨大的经济效益。希望集团是一家主要生产猪饲料的民营企业，其产品的购买群体主要是农民。创业初期，由于公司资金紧张，希望集团的广告形式主要选择的是在路边、田间、乡村集镇的墙上做广告，即把产品广告做到农民的住宅附近。由于形式简单、直截了当、针对性强，这些户外广告在花费不多的情况下，给希望集团带来了滚滚财源。

需要指出的是，选择广告媒体并非非此即彼。选择多种广告媒体，对不同媒介合理分配广告费用，不仅可以节约资金，更重要的是还可避开不同媒体的短处，发挥各自的长处，让不同媒体交叉影响，从而产生互动效应，最大限度地增强广告的效果。下面的案例在利用媒体的互动效应方面就有一定代表性。

案例 10-11　“野马”汽车的广告媒体组合策划案

美国汽车骄子艾科卡推销“野马”汽车就是通过运用广告媒体组合的策略而获得成功的。它的这项运作采取了如下几个步骤：

（1）举行“野马”汽车大赛，邀请各大报社参加，请 100 名新闻记者亲临现场采访。于是，所有相关的报纸杂志均如期报道了大赛盛况。

（2）新车上市的前一天，根据广告媒体选择计划，委托所有相关报纸刊登整版广告。

（3）根据广告定位要求，在有影响的《时代周刊》和《新闻周刊》杂志上刊登广告画面，标题是“真想不到”。

（4）从新车上市开始，委托各大电视网连续不断地播放“野马”汽车广告。

(5) 选择最显眼的停车场，竖立巨型广告牌，上面写着“野马栏”三个字，以引起人们的注意。

(6) 在全美最繁忙的飞机场和所有度假饭店的门厅里陈列“野马”汽车，以实物形象激发消费者的购买欲望。

(7) 为了达到直接销售的目的，表明公司忠诚的服务态度，向全国各地小汽车用户邮寄广告宣传品。

结果，“野马”的广告媒体组合策略获得了巨大成功，汽车销售量猛增，仅头两年就获纯利11亿美元。艾科卡一举成为“野马之父”和美国的传奇人物。

第四节 广告策划的基本原则

有一句话说得好：“经营企业而不做广告，就像在黑暗中对着一个美丽的姑娘暗送秋波，虽有一番情意，姑娘却不知道。”但是，今天我们又不得不承认，广告效力已大不如前，无处不在的广告对消费者的影响力似乎越来越小。一位小企业家在和朋友聊天时，谈到了他对广告的感觉：“广告有如鸡肋，不能不做，可效果又似乎并不明显。”那么，该如何提高广告的效力呢？本节总结了广告策划的八大原则，这些原则应贯穿于广告内容设计和具体运作的整个策划活动中。

一、真实性原则

真实性原则是指广告传递的信息内容要真实、准确、明晰，不得造假、夸大和含糊。这是广告活动的根本原则和基本规范，广告策划者必须恪守这一原则。要做到真实性，首先必须实事求是地反映商品的特性、功能、价值及相关服务，不能言过其实，表里两张皮。其次，要做到真实性，还必须要求广告表述得准确贴切、清楚明确，不能含糊不清。真实性原则是一个关系到广告合法性的重要原则，对此，广告策划人必须高度重视。

案例 10-12 蒙妮坦奇妙“换肤霜”的骗人伎俩

1993年，蒙妮坦奇妙“换肤霜”在我国的许多报纸上刊出大量广告，大肆渲染：“奇妙换肤霜不用打针吃药，不用开刀动手术，使用一次，就可以使皮肤由粗糙、灰暗、苍老，变成细腻、光洁、富有光彩和弹性，具有‘焕然一新’的奇效。”在这些广告中，很多都是整版的报纸广告，广告形式均是有标题的长篇文章，有些还署有作者姓名。一些广告的标题就颇为夸张，如“奇妙换肤霜在上海卖疯了”“奇妙换肤霜为何能‘疯’靡全国”“换肤记——‘蒙妮坦’奇妙换肤霜”，等等。有的广告还使用颇具诱惑力但又近似于天方夜谭的虚假事实作比较宣传：“眼前两位20分钟前肤色还相差无几的姑娘站在一起……一位肤色白皙，光泽细腻，神采奕奕，活脱脱一个玉女下凡；另一位却仍是一脸暗淡，明显地疲惫……而这仅仅是使用了一次蒙妮坦系列护肤品的效果。”

其实，对于这种广告，只要稍有理智的人都会怀疑它的真实性。但是，由于该“换肤霜”在全国媒体上进行狂轰滥炸式的广告宣传，使得一些原本理智、持怀疑态度的消费者也很难经得住诱惑。抱着试一试的心态去购买的消费者可能占了很大部分，而“换肤霜”看准的和玩的就是这一伎俩。等他们把钱骗够了而消费者发觉上当受骗后，他们早就溜之大吉了。该“换肤霜”的广告还盗用医学界的名义进行误导：“医学界的代表普遍对‘蒙妮坦’的疗效表示肯定。在上海××人民医院美容部和××区中心医院皮肤科……临床验证中没有一例中毒过敏现象及产生任何副作用……奇妙换肤霜适用于任何一种类型的皮肤……”而事实是消费者在使用过程中，不但没有看到换肤美容效果，反而出现了严重的副作用，如脸部红肿、出现斑点、皮肤变黑等。最后，国家有关部门对该化妆品进行了严厉处罚，责令停止刊播该产品的相关广告，并处以巨额罚款。

二、实效性原则

超凡脱俗、卓尔不群是许多广告人追求的目标。在消费者被浩如烟海的信息包围的今天，平庸单调的广告的确很难引起消费者的注意。然而，有些广告人就执迷于追求别出心裁、哗众取宠的效果，结果往往是消费者记住了广告，却忽视了是什么产品的广告。广告能否给消费者留下深刻印象非常重要。但广告不是纯艺术，所以广告决不能只用艺术的标准评价。广告的实效性通常体现在两个方面：其一是找准卖点，寻找说服消费者的充足理由。时下有一些广告用语让人听了很不舒服，如“有眼光的人都选择××产品”“聪明的人都会选择××产品”，这类广告用语非但没有说服力，反而会让消费者产生逆反心理。其二是拉近与消费者（或受众）的距离，注重广告的亲和力。在当前的广告创作中，由于受传统计划经济的影响，企业本位的思想较为严重，一些企业只顾从企业的角度来“自卖自夸”，全然不顾消费者的感受。相反，一些成功的广告策划则往往善于缩短或消除企业及其产品与消费者的心理距离，虽然朴实无华，但却充满了感染力和亲和力。

案例 10-13　雕牌洗衣粉的电视广告

纳爱斯集团曾经拿出 1 个亿的资金投资一则题为《懂事篇》的电视广告，该广告将品牌欲诉求的情感与社会事件相结合，在表达上拿捏得恰到好处。一时之间，全国人都被同一个故事打动了：年轻妈妈下岗了，为找工作而四处奔波。懂事的小女儿心疼妈妈，帮妈妈洗衣服，天真可爱的童音说出“妈妈说，雕牌洗衣粉只要一点点就能洗好多好多的衣服，可省钱了！”门帘轻动，妈妈无果而回，正想亲吻熟睡中的爱女，不经意间看见了女儿的留言——“妈妈，我能帮你干活了！”，年轻妈妈的眼泪不禁随之滚落……这份母女相依为命的亲情与产品融合，成就了一个感人至深的婉丽的产品故事，声声童音在心头萦绕，拂之不去，“雕牌”形象则深入人心。整个广告细腻而不落俗套，平实中见精彩，让人过目难忘。

广告找好了角度，常常能迅速打动消费者。“雕牌”的《懂事篇》，就是这样一个以情动人的广告，该广告紧紧抓住当前因国企人员分流等一些原因而造成的“下岗”这类普遍的社会现象，只用这则简单朴实的故事在消费者心头轻轻一挠，不知让多少深有此感的观众为之感而落泪。据统计，广告播出的第二年，纳爱斯“雕牌”洗衣粉的销量达到 89 万吨，相当于所有在华跨国公司洗衣粉总量的 5 倍，超过国内前 10 家的总和。“雕牌”的市场份额高达 40%，一举奠定了其在洗衣粉市场的霸主地位。

需要指出的是，为追求广告的实效性，策划者通常会寻求理性或感性的诉求路线。但由于单纯的理性诉求存在着平淡、乏味、生硬等缺点，而单纯的情感诉求又存在着信息较弱、理据不足等缺点，所以越来越多的广告策划人开始注重将两者结合起来使用。请看下面的一则报纸广告案例。

案例 10-14　姗拉娜止痘系列化妆品的报纸广告

姗拉娜止痘系列化妆品报纸广告的广告词是这样写的：

哇，小痘痘不见了！

一点点的了解

一点点的相知

一点点的依恋

一点点的钟情

是姗拉娜

让我们快乐又开心！

姗拉娜对付青春痘的四大功效

- 抑制皮脂腺过度分泌皮脂
- 疏通皮脂分泌通道，防止毛孔阻塞
- 消除青春痘，并抑制其产生
- 修复留有青春痘痕迹的受损肌肤

姗拉娜止痘系列化妆品

专业全程护理·值得信赖的理想选择

三、原创性原则

原创性原则要求广告制作要新颖独特，富有创造性，既不能简单重复和模仿别人，也不能一味重复和模仿自己。犹记当年，一家企业打出“长城电扇，电扇长城”，另一家便“凤凰音响，音响凤凰”。这种照搬照抄别人现成的“创意”或“模式”的行为是不科学、不老实的，也不可能有好的效果。下面的三则简单模仿广告，同样既无新意，又很牵强。

案例 10-15　三则拙劣的模仿广告

原创：实不相瞒，天仙牌电扇的名气是“吹”出来的。

模仿：实不相瞒，美乐的名气是看出来的。

原创：人头马一开，好运自然来。

模仿：美乐一开，好运自然来。

原创：××矿泉水，口服心服。

模仿：××西服，身服心服。

第一组例子中，原创句中“天仙牌电扇的名气是‘吹’出来的”巧用歧义，风趣幽默；而模仿之作“美乐的名气是看出来的”生硬呆板，让人感觉味同嚼蜡。这样的广告丧失了语言的鲜活性。第二组例子中，模仿之作“美乐一开，好运自然来”也是没有考虑电视本身特性的瞎模仿。第三组例子中，原创句中“口服心服”贴切自然，妙趣横生；而模仿之作中的“身服心服”则显得别扭造作。

四、和谐性原则

广告策划不是孤立的文字表达，在其设计和运作中要注意和谐。广告的和谐性原则要求：一方面，广告本身作为一个整体，要创作得让人感到和谐得体；另一方面，广告要与具体投放的地域环境和目标客户的特征等相和谐。

案例 10-16 几则有失和谐的电视广告

某柴油机厂商曾在电视上做过这样的一组广告：首先在画面上出现的是一个美女，紧接着就推出了柴油机，广告词紧随其后——“××牌柴油机”。柴油机广告非得用美女来做，未免有些太离谱了。又如，1997年常见这样一句广告语：“汽车要加油，我要喝红牛”，也许创作者想以此说明红牛饮料对人的作用就像加油对汽车的作用一样，但这两件事合在一起会让人产生不愉快的联想。再如，蓝天六必治牙膏广告，地道的京津地区方言，让人感觉亲切，在北方很受欢迎。但该广告在广州的电视台投放时一字未改，由于广东人听不懂该方言，所以很难在广州本地人心中引起共鸣。

五、变化性原则

“企业营销策划的基本原理与技巧”一章中曾谈到策划中的变化性，丽珠得乐的报纸广告宣传策划就充分体现了这一点。广告中的四篇文章构成一个完整的系列，每一篇文案都有一个人物当主角，或演员，或教师，或司机，或摄影师，他们都是生活中普普通通的人，但经历却很感人，他们虽默默无闻，但有很强的敬业精神，四篇文案饱含情致，容易唤起目标消费者的共鸣，广告语“其实，男人更需要关怀”道出了生活中人们容易忽视的一个问题，深得人心。

案例 10-17 丽珠得乐在报纸上刊登的系列广告

下面，是丽珠得乐在报纸上做的一个系列广告。

其一，演员篇

他是一个演员，虽然总演一些小角色，但他依然痴心不改，苦苦求索。一颗颗新星不断地从他身边升起，而他依旧是个小角色，个中的酸、甜、苦、辣……他的欢乐与苦恼只有他自己知道。啊……男子汉！这是一个普通男人的生活轨迹。在许多人看来，似乎是男人，就应该活得轰轰烈烈，所以在许多场合，平凡的他常常被忽视……据医学专家研究，生活压力大、身心过度疲劳的人易患胃病，而在众多的胃病患者中，男人占大多数——其实，男人更需要关怀。

其二，教师篇

他是一个教师，他的影集好厚好沉，他如数家珍地讲述着关于每一个身影的故事，这给了他最大的满足。然而随着这些故事的继续，他的青春渐渐耗尽，负重的身躯不再挺拔……据医学专家研究，生活压力大、身心过度疲劳的人易患胃病，而在众多的胃病患者中，男人占大多数——其实，男人更需要关怀。

其三，司机篇

他是一个货车司机，白天、黑夜、风里、雨里，他自己不清楚跨过了多少条河，翻过了多少座山，日复一日，年复一年，青春就在这漫长的道路上悄悄地流逝……据医学专家研究，生活压力大、身心过度疲劳的人易患胃病，而在众多的胃病患者中，男人占大多数——其实，男人更需要关怀。

其四，摄影师篇

他是一个摄影师，人们都以为他的职业浪漫神秘，其实东奔西走、废寝忘食的疲惫都铺垫在不被了解的另一面，他喜欢透过镜头看世界，然而镜头前的辉煌常常遮住了镜头后的他……据医学专家研究，生活压力大、身心过度疲劳的人易患胃病，而在众多的胃病患者中，男人占大多数——其实，男人更需要关怀。

六、连续性原则

重复是记忆之母。刘易斯·卡罗尔的《猎鲨》中有这么一句："我已经说过三遍了，无论什么，只要我说过三遍，就是真的！"这用来描述广告的投放效果似乎也很合适。广告专家艾尔文·阿肯保姆曾在1977年提出了有效展示的概念，指出广告展示存在一个下限，低于这个下限，广告信息与消费者就无法建立牢固的联系，广告就会浪费。研究同时发现，同样的广告播放多次会增加20%～200%的记住率。特别对于消费者低参与度的产品，广告展示的频次需要更多才能达到诱发购买的目标。

案例10-18　娃哈哈纯净水的电视广告

1996年4月娃哈哈纯净水面市时，在当时众多瓶装水纷纷以纯净、健康、卫生为诉求点的情况下，独辟蹊径，开拓出了一条情感诉求路线，创作出一组以青春、时尚为基调，以"明星歌曲策略"为重要特色的系列广告。

娃哈哈先是以青春偶像、当红歌星景岗山作产品形象代言人，并连续5个月在22个省会城市进行纯净水与磁带连环签售活动。伴随着那首青春浪漫、脍炙人口的流行歌曲，也就是娃哈哈的广告语"我的眼里只有你"，娃哈哈的产品——娃哈哈纯净水也深入到娃哈哈的目标消费群体——广大青少年心中，产生了巨大而持久的广告效应。至1998年，娃哈哈纯净水进入市场的第三个年头，娃哈哈制定的销售目标是1996年的10倍。为完成这一目标，娃哈哈选定的新的形象代言人，是同样广受欢迎，但与景岗山有着不同风格的歌手——毛宁。广告语上升为"心中只有你"。新的合作效果同样令人惊喜。1999年，歌星王力宏接着成了"娃哈哈纯净水"新的广告代言人。随着大范围的现场推广、广播电视报纸广告大密度传播以及媒体对歌星的跟踪采访、歌迷的歌曲点播，一时间，王力宏的这首"爱你等于爱自己"娃哈哈广告歌曲，优美动听的旋律传遍了大街小巷。忽如一夜春风来，令人耳目一新。

"明星歌曲策略"贵在轰动，更贵在坚持。娃哈哈的成功首先要归功于不间断的广告策略。尤为难得的是，在连续性中娃哈哈还体现着变化性，不同时期的形象代言人和广告语都有所不同，防止了受众的视（听）觉疲劳。

七、一致性原则

广告之父大卫·奥格威一直告诫广告人，广告一定要谨守单一诉求。可惜许多广告人总是置其忠告于不顾，恨不得把商品的一切卖点都罗列于广告之上，或者频繁变化诉求点，造成产品形象模糊。经验已经证明，成功的广告总是只向消费者承诺一个利益点，并且这个主张一定是强有力的，这样才能集中打动、感动和吸引消费者来购买商品。在广告的变化性原则中所举的丽珠得乐报纸广告的例子，虽然广告角色不断变换，但都贯穿着一个共同的主题——"其实，男人更需要关怀"，实现了变化性和一致性的完美结合。

案例 10-19　“蓝色快乐”的美特斯·邦威能否真的快乐？

始建于 1994 年的美特斯·邦威借“不走寻常路”，成功地踏上了建立品牌之路。它在 2002 年的销售额超过 15 亿元，在全国开设专卖店近 800 家，与佐丹奴、真维斯、班尼路三家港资品牌并驾齐驱，四分天下。

美特斯·邦威的成功来源于其独特的产品个性。美特斯·邦威的目标受众是 20 ~ 25 岁为主的年轻人，他们已经开始具有自己的思想，有积极独立的生活主张和生活态度，他们不愿随波逐流、被人云亦云的社会所淹没，渴望真实的自我并表明自己的品位。美特斯·邦威主张“不走寻常路”“每个人都有自己的舞台”的独特的品牌形象和品牌个性，将他们的这种心理特征描绘得淋漓尽致。同时，天王郭富城巨大的影响力与“美特斯·邦威”品牌名称本身的独特性，使美特斯·邦威的品牌形象在佐丹奴、真维斯、班尼路等品牌林立的休闲服中脱颖而出，个性鲜明。随着市场的不断推广，品牌知名度、认知度不断上升，销售连创新高，一举打造了美特斯·邦威国内休闲服知名品牌地位。

2003 年的夏季，美特斯·邦威推出以“蓝色快乐”为主题的全新品牌形象，同时台湾人气小天王周杰伦取代郭富城，成为美特斯·邦威新一任形象代言人。继“不走寻常路”“每个人都有自己的舞台”之后，美特斯·邦威“蓝色快乐”这一全新品牌形象能否获得更大的成功很值得怀疑。首先，“蓝色快乐”品牌形象模糊，失去个性。尽管“蓝色快乐”的广告男女主角特别是女主角完美地展现了“快乐”这一全新形象，但“蓝色快乐”本身却过于直白、大众化、缺乏力度，几乎无个性可言，这在强调个性生存的休闲服领域的影响几乎是决定性的。而且，新代言人周杰伦的形象在一些人眼中略显冷漠、忧郁，与“蓝色快乐”强烈快乐的诉求不够契合，其结果是模糊了品牌的形象，使消费者意识不清，产生混乱，以致对美特斯·邦威印象不深。没有鲜明个性的品牌是苍白的，苍白的品牌其竞争力也将是苍白的。其次，“蓝色快乐”可能会伤害无数原有支持者的心。选择台湾人气小天王周杰伦，是想借助于他对年轻人特别是少男少女的吸引力，是美特斯·邦威针对女性消费市场开拓的一个很好的市场补充。但如果连品牌核心形象、个性都改变，而且是完全的突然改变，将伤害无数原来消费者的心灵，使他们转而选择其他品牌，最终美特斯·邦威也将失去在原来消费者中的巨大影响力。争取一个新顾客，远比要求一个老顾客再次购买困难得多。美特斯·邦威品牌形象的改变将可能使自己处于既遗失老顾客又不易于争取新顾客的局面。另外，周杰伦的影响力更多地集中在少男少女年龄层面，以高中生、初中生即中学生群体为主，但由于学习、年龄、时间和经济等方面的原因，这些中学生对休闲服的购买欲和实际购买力并不强。而原有目标消费群体的购买力远高于以中学生为主的少男少女。品牌缺乏某种内在的恒定品质和连续性是美特斯·邦威“蓝色快乐”不可能真正快乐的原因。

反观娃哈哈集团，在娃哈哈纯净水改变代言人这一表象的背后有着一脉相传的东西。6 年中，在竞争对手不断变换广告策略、纷纷起用名人代言的情势下，娃哈哈所一贯坚持的“健康、青春、活力、纯净”这一品牌核心内涵却日益突显出来，这一在消费者心中区别于众多品牌的、鲜明而清晰的品牌概念，无疑成了娃哈哈宝贵的品牌财富。

八、适度性原则

如何安排广告媒体投放，在广告管理中的重要性绝不低于设计。只有合理安排广告投放的媒体以及投放密度，才能保证广告最大限度地发挥作用，使广告主的钱落在实处。

案例 10-20 投放广告不识时机会弄巧成拙

脑白金绝对是认识到了连续作战的重要性，产品上市之初的一年内，便极有魄力地在广告上甩出十几亿元巨额资金。显然，如果没有在媒体上的高投入、高投放，其广告显然达不到满意的效果。但是，投放也要注意时机和次数的适当。广告展示的频次增加到一定程度，很可能引发消费者的负面心理，反而拖产品销售的后腿。脑白金在 1999 年 3—6 月保健品销售淡季，也疯狂加大电视广告投入，花了一亿多元，可销售额并未相应增加，反而引起消费者的普遍反感，的确有些弄巧成拙。

第五节 不同媒体的广告策划实例

广告需要通过一定的媒体传达给受众。由于不同媒体具有不同的特征，广告策划要根据选择媒体的不同而有所不同。本节仅以最常见的三种媒体——报纸、广播和电视为例，谈谈这三种媒体广告的类型及制作手法。

一、报纸广告策划实例

1. 说明型广告

说明型广告的正文是以科学、客观的语言，表述、解释产品或企业的有关信息，重在说明事实。说明型广告切忌写得像产品说明书。写这类文案需要注意：①写目标消费者感兴趣的事实或让消费者感到惊异的事实；②将专业化信息转化为消费者能理解、能接受的信息。文案写得新颖有趣、通俗易懂，才容易为受众所理解和接受。

案例 10-21 方正卓越电脑的一则报纸广告

北大方正专为中国家庭用户度身制作的网络时代的多媒体电脑卓越 98，更充分发挥了电脑在信息处理、通信、多媒体欣赏与创作等方面的功能，再次确立了网络时代高性能家用多媒体电脑标准。

卓越全部采用立式机箱，外设麦克风和音箱，全新的人工工程设计适合家居环境，其独具特色的滑动门设计可较好地保护软驱与光驱。在系统设计上，以网络与多媒体为核心，采用一系列先进的技术，全部配置有 33.6/144kbit/s 全功能 Fax/Voice/Modem 卡、快速 S3VIRGE 三维图加速卡、16 位三维立体声声卡、8 倍速光驱、15 数控 MPR 低辐射、防静电平面直角显示器；CPU 全部升级至 AMDK5、奔腾或多功能奔腾 166MHz 处理器，可实现快速多媒体数据处理、高品质三维影像播放、便捷 Internet 浏览、快捷传真收发、电话答录、特制的 S－Video 与 AV 输出端子，可方便用户将电视作为大屏幕显示屏。卓越的 9980 还配备了视频捕捉卡和 CCD 摄像头，更方便用户享用可视电话新技术，代表了当今家庭数字和信息处理的更高境界。

方正电脑，源自北大学府，创新科技文明。

2. 记叙型广告

记叙型广告是以叙述与产品或企业有关的事情的前后经过来宣传产品或企业形象的一种广告形式。下面的天厨矿泉水的一则报纸广告利用新闻信息与广告信息的巧妙组合，叙述了上海市人民政府如何重视解决水源污染问题、世界银行如何帮助上海市政府解决全市用水净化问题以及天厨矿泉水生产的背景。虽然没有形象的描绘、精辟的议论和感人的抒情，但是由于事情本身的重要性，因而也引起了受众的普遍关注。

案例 10-22　天厨矿泉水的一则报纸广告

上海市人民政府投资 4.57 亿美元，重点解决黄浦江水源污染问题，同时改进上海市及附近地区的废物收集和处理，以减少工业污染。

1994 年 3 月 9 日，世界银行批准对上海贷款 1.6 亿美元，以帮助上海市政府解决用水净化问题。

1994 年 4 月 1 日，上海天厨味精厂与亚洲矿泉饮料有限公司，利用本地最好的矿泉水资源，引进世界一流加工工艺和设备，共同生产“天厨”牌矿泉水，形成年产 20000t 的生产规模。

好水第一口！

3. 描写型广告

描写型广告重在用具体、形象的语言描绘产品及其给人带来的享受。例如下面的这篇色彩唇膏广告，用形象感人的语言描绘了不同颜色的唇膏所显示的个性魅力及其给消费者带来的格调与气质的提升。与说明型广告相比，描写型广告突出的是形象的描绘和消费者心理感受的揭示。

案例 10-23　某色彩唇膏的一则报纸广告

方糖红：有二人份的茶水甜味，清淡情调的淡红色，柔软的甜味，适合于青年女性和中年现代女性使用。

亮光红：像罗曼史中的女主角般迷人，有舒适的魅力，在荧光灯下显得特别美丽。

橘红：胡萝卜颜色，适宜郊游和海边避暑时使用。

扁桃褐色：高尚、淡雅之色，不论是肌肤白皙的女性，还是呈小麦色肤色的女性，使用本品都具有一种稳重深沉的魅力。

4. 论证型广告

论证型广告重在“以理服人”，即依据一定的论据，采用一定的论证方式，来告诉消费者为什么要使用某种产品，说服消费者购买。下面的国氏全营养素的一则报纸广告文案，首段文字提出了肥胖人减肥时最关注的事情，即希望既有效又安全。第二段文字从理论上论证了肥胖绝不是营养过剩的道理。第三段文字以理论和产品的事实证明服用国氏全营养素可以安全有效地减肥。第四段文字强化论点，说明产品给减肥者带来的效果。最后，打出广告语“国氏，国际减肥新概念”，顺理成章。整篇文案环环相扣，结构严谨，逻辑性强。

案例 10-24　国氏全营养素的一则报纸广告

减肥，为了健康，为了美，无论什么目的，都希望既有效又安全，这也许是肥胖人减肥时所关注的首要问题。

其实，减肥的有效与否，应该从肥胖根源说起。与平常人相比，肥胖人的脂肪代谢不平衡，使他们无法像平常人一样通过一日三餐吸收人体所需的全面营养，造成人体营养失衡；而其脂肪合成速度则是平常人的几倍甚至十几倍，导致人体极易发胖。因此，肥胖不是营养过剩，而是肥胖人所需的营养与平常人完全不一样！

国氏寻本溯源，针对导致肥胖的根本原因，独创了国氏科学减肥理论。国氏全营养素富含肥胖人所需的特殊营养要素，专门针对肥胖人所需，全面补充营养，从而全面调整脂肪代谢，降低脂肪合成速度，重建健康平衡肌体功能，确保减肥更有效，每天可减一斤体重。同时，国氏采用纯天然原料，且不含任何中西药物，经科学配比制成，自然更安全可靠。

有了国氏，减肥更有效，更安全，更科学，令您更加放心地享有一份自然健康的美好姿态。

国氏，国际减肥新概念。

5. 抒情型广告

抒情型（又称感化型）广告的正文是通过与产品或企业相关的某种感情的抒发，来感染消费者，打动消费者。从文体上看，由于散文和诗歌最适于抒情，因而抒情型广告的正文常采用散文和诗歌这两种体裁。另外，因为书信体也适于抒发人物内心的情感体验，所以现在许多报纸文案采用了这种文体，并且已形成一种潮流。抒情型广告的写作有两点要求：①语气软化，避免武断和生硬；②饱含情致，可以直抒胸臆，也可以在叙述、描写和议论中渗透着创作者浓厚的情感。

案例 10-25 绿野别墅的一则报纸广告

我怀念着芳草如茵的绿野，
美丽的小花撒满了大地，
秀石、佳木陈列其间。
蜿蜒的小溪伸展手臂，
迎向天际漂流的白云，
逐风低飞的鸟儿，
清脆悦耳地歌唱……
庄严肃穆的远山，
轻轻地挥洒出缕缕云烟，
不再是梦中的呼唤！
在这里绿野无垠，
我紧紧地拥向思念的绿野……
多么的安详欢乐啊！
“绿野别墅”您的家外家！

6. 故事型广告

故事型广告是新兴起的一种广告形式，它通过引人入胜的故事吸引消费者。由于故事型广告具有极强的趣味性，非常受那些试图在传统和文化层面上“做文章”的企业策划人员欢迎并采用。

案例 10-26 泸州老窖的一则报纸广告

从前，泸州城南郊住着一位老樵夫，和女儿相依为命。一天，他进山打柴，突然看见一条大蟒蛇在追咬一条小青蛇。大蟒蛇摇头晃脑，怒目圆睁，张开大血口，把小青蛇咬得遍体鳞伤。小青蛇身小力弱，招架不住，只好蹿来蹿去地躲避。

老樵夫看此情景，不禁同情起小青蛇来。他想，原来蛇中也有人间那样以强凌弱的不公平的事！他一股怒气从心底冲出来，顺手抄起一根木棍，朝大蟒蛇头上打去。一阵乱棍，老樵夫出了恶气，大蟒蛇僵在地上不能动弹了。小青蛇得救了，直向老樵夫点头，心怀感激地看了老樵夫好一阵子，才恋恋不舍地离去。

天黑了，老樵夫打好了一捆柴回家。他走在半路上，来到一个阴森的峡谷，不知怎的迷了路，只见前面的崖壁处，露出一线光亮。他想：这深山中难道住有人家？他壮着胆子走近去看个究竟，哟！他吃了一惊，原来崖壁下有一个洞，一条大路通进洞深处，里面好像更亮。樵夫正好奇地想进洞去看看，只见两个看门的老者走出来，对他说道："你是打柴的樵夫吗？老龙王等你多时了，快进去坐吧。"

樵夫还不晓得是咋回事，就被两个老者带进了洞中。只见里面重重院落，层层楼阁，雕梁画栋，金碧辉煌，大殿中间金雕玉镂的椅子上，坐着一位身穿龙袍、胡子又白又长的老人。老人见樵夫来到，忙招呼让座。这时从旁边走出一个翩翩少年，向樵夫行礼拜谢。白胡子老人指着少年对樵夫道："这是我的不肖子，竟违反龙宫章法，私自去人间游山玩水，不巧被大蟒蛇咬伤，幸亏恩人搭救，犬子才得以生还，所以特请恩人到龙宫来，表表全家酬谢之意。龙宫里奇珍异宝，应有尽有，恩人要什么东西尽管说出来。"龙王说完，又叫少年向樵夫再三拜谢。

接着，摆开盛宴，山珍海味，玉液琼浆，盛情招待樵夫。樵夫这时才明白过来，原来自己白天救的小青蛇是龙子。樵夫一天没有吃饭，这时肚子也饿了，便不客气地饱吃了一顿。吃完饭，就要告辞回家。送行时，龙王请樵夫随意挑选一件珍奇宝物，老樵夫挑来挑去，觉得件件都没啥用处，推谢不要。这时，老龙王拿起一瓶美酒送给老樵夫，说道："这瓶薄酒请恩人带去。"樵夫想，这酒倒有用处，自己平日有时也喝两盅，喝后能祛除腰酸腿疼之苦。于是他接下了龙王送的美酒，揣在怀里向龙王致谢。

老樵夫在盛宴上多喝了两杯，浑身热乎乎的，感到目眩，身子摇摇晃晃的，站不稳脚。忽然一个跟头，他跌倒在井边，怀中酒瓶被摔碎，酒都流到井里去了。老樵夫十分惋惜，情不自禁地伸手入井，捧了一口水来喝。奇怪！井水不同了，带点香甜味。老樵夫很高兴，此后，老樵夫经常去井边打水来喝，每次喝后都感到精神爽快，心情舒畅。

樵夫越来越老，再也不能上山打柴了，便把井中的水舀来酿酒，开个小酒店谋生。哪知，这井水酿出来的酒，香飘十里，味美无比，人们交口称赞，美名传遍了泸州城，大家排成长队来买樵夫的酒。

从此人们便用龙泉水酿酒，酿出来的泸州老窖名扬九州。

7. 悬念型广告

悬念型广告利用悬念一步一步地紧紧抓住人们的好奇心，最后才揭开悬念，公布广告的具体内容。用这种方法做广告必须注意它的实效性，其成功的关键是悬念能否吸引消费者。应该注意，悬念型广告不应成为广告制作者孤芳自赏的"小把戏"。只顾自己兜圈子，却不能吸引人跟着广告转的悬念型广告是没有出路的。

案例 10-27　联想集团的一则系列报纸广告

联想集团曾在《参考消息》上登发一则系列广告，采用一悬多答的形式，即首先设出悬念，接下来的几次分批解答悬念，给广大消费者留下了深刻的印象。其 5 月 6 日的广告为：

“明天将会发生什么？”

偌大一个空间，只有这八个小字，外加一个巨大的问号，使人们百思不得其解。明天将会发生什么呢？到了5月7日，在同一版的同一地方，联想集团以同一个标志推出了这样一则广告：

“汉字时代开始了！

第一台专为中国设计的HPDJ500Q汉字喷墨打印机今天诞生了！全汉化的使用方法，工作安静无噪声，打印质量清晰精美。这就是让您耳目一新的HPDJ500Q——现代办公设备精品。”

5月8日接着推出：

“砸碎旧的针式打印机！

避免嘈杂的噪声，彻底提高公文、报表的输出质量，您只需用HPDJ500Q汉字喷墨打印机替代旧的针式打印机，即插即用而您的花费也许会更节省。”

5月9日又接着推出：

“一卡在手，服务+奖品！

当您购买HPDJ500Q时，您将享受到联想CAD幸运卡带给您的优质服务和三年保修，并将有机会参加每两月一次的幸运抽奖，不要错过呀！”

二、广播广告策划实例

1. 解说体广告

解说体广告是对产品的性能、特点以及与企业联络方式加以客观的、冷静的介绍，通常采用一个播音员旁白的方式。解说体广告的优点是可以对企业或产品自由地进行介绍。缺点在于沉闷单调，易让受众产生厌倦的情绪。所以，在创作这类广告时可利用音乐和音效来避免单调。

案例10-28 佳丽空气清香贴的一则广播广告

佳丽空气清香贴，散发纯净淡雅的花香，将自然清新的花香带到家中，给家人舒适的享受。

佳丽空气清香贴，持续清香长达30天，并可根据个人喜好调整香气浓度。更配有实惠的补充香气，可适时替换，令花香更加持久，常保清新。

清新淡雅的花香，由自然所创，为佳丽珍藏。（配有音乐）

2. 对话体广告

对话体广告是指由两个或两个以上人物，采用一问一答或一唱一和的方式，将产品或企业的主要信息传达给受众的广告形式。

案例10-29 海尔电冰箱的一则广播广告

（汽笛声、轮船声……）

孙女：爷爷，您看，青岛马上就到了。

爷爷：好啊，孩子，咱们一下船就去办那件大事。

孙女：去买那个有两个大娃娃的电冰箱。

爷爷：叫海……

孙女：海尔。

爷爷：对，对，对！海尔，还是我的小孙女记忆好，哈……

孙女：等等，我的小朋友都说，海尔电冰箱最棒了，是吗？

爷爷：嗯，海尔参加国际电冰箱招标，连续四次夺魁，全国独一无二，你说棒不棒呀！

孙女：棒，海尔真棒！（汽笛声、轮船靠岸声）

3. 小品体广告

小品体广告与对话体广告有点类似，也要运用人物对话，但与对话体广告不同的是更注重情景的逼真性、情节的曲折性以及内容的趣味性。情景的逼真性通过具有现场感的音响和对话人物的角色化体现；情节的曲折性意在抓住听众的注意力，通过一定的故事情节来表现；而趣味性更是小品体广告必不可少的元素。

案例 10-30 《减肥指南》杂志的一则广播广告

女：对不起，请问您是最后一个从奥马哈来的飞机上下来的吗？

男：当然是啦，我下机之后就剩下飞行员了。

女：那就奇怪了，我丈夫也是搭这趟班机回来的，可我怎么没有看见呢？

男：他是怎么个长相？

女：个头跟你差不多，就是有些胖，还有点溜肩膀。

男：溜肩膀？我没见过这个人。

女：噢！

男：我也感到奇怪，我妻子说是到机场来迎接我，怎么也没来呢？请问您是不是见过一位女士，个头跟您相仿，胖墩墩的，还有点大屁股？

女：没见。咱们去机场问事处打听一下好吗？

男：好呀。

女：来，我替你提这只大手提包吧。

男：您知道应该怎么提吗？

女：知道，我刚从柯莱格小姐《减肥指南》上学会了正确提拿重物的姿势。

男：怎么，您也读过《减肥指南》？

女：是啊，全书 21 讲，专教男女减肥方法的。

男：那就太巧了。我在奥马哈也买到柯莱格小姐的这本书，而且一直在旅馆里按它练习。如今我的腰围已经下去了 3 厘米了。

女：练习起来还挺容易，是吧？

男：容易极了，而且真管用。对了，你丈夫叫什么名字？

女：我丈夫叫安德鲁，我叫格蕾丝。

男：那就太奇了，我妻子也叫格蕾丝。

女：安德鲁！

男：原来是你呀！格蕾丝！

女：可不是吗？

男：你可真是苗条多喽！

女：你也完全变样啦！

男：我都不敢认你了。

女：别一本正经了……真逗，安德鲁呵！

4. 相声体广告

相声是中国老百姓喜闻乐见的曲艺形式。在广播中运用相声小段的形式做广告可以收到幽默风趣、生动活泼、引人入胜的效果。做好相声体广告的关键在于如何抖亮“包袱”，并将“包袱”与产品联系起来。下面的这篇广告利用“吹”字的歧义性，有意诱导听众产生误会和悬念，大量铺垫后再猛然抖开“包袱”，揭开悬念，亮明产品——黑劲风牌电吹风，让人在意外中接受产品的信息。当人们的思维兴奋点集中在品牌名称和特性时，其效果强于多次单调的重复。

案例 10-31 黑劲风牌电吹风的一则广播广告

甲：问你一个问题，你喜欢吹吗？

乙：你才喜欢吹呢。

甲：你算说对了，我的名气就是吹出来的。我能横着吹、竖着吹、正着吹、反着吹，能把直的吹成弯的，能把丑的吹成美的，能把老头儿吹成小伙儿，能把老太太吹成大姑娘。

乙：嚯，都吹玄了。

甲：我从广东开吹，吹过了大江南北，吹遍了长城内外，我不但在国内吹，我还要吹出亚洲，吹向世界。

乙：呵，你这么吹，人家烦不烦哪？

甲：不但不烦，还特别地喜欢我。尤其是大姑娘、小媳妇抓住我就不撒手。

乙：好嘛，还是大众情人，请问您尊姓大名？

甲：我呀，黑劲风牌电吹风！

乙：嘿，绝了！

5. 快板体广告

快板体广告节奏明快，唱起来上口，听起来悦耳，因而也是广播广告常用的一种形式。快板体广播广告的写作要领是：首先要合辙押韵，节奏感强。快板体可以采用偶韵（即逢双句押韵，首句可入韵，也可不入韵）、排韵（句句押韵）和随韵（几句换一韵）等方式。快板体广告的句子长短以七言为主，也可用三言句和五言句；三言、五言最好能成双成对出现，才易朗读。有时，也可根据需要加旁白。其次，快板体广告要抓住产品的实质。快板体广告的文案切忌信马由缰、不得要领，要善于抓住实质性问题加以发挥、演绎。

案例 10-32 某品牌地漏的一则广播广告

听众朋友，您听我给您唠唠，

我把这地漏向您作介绍。

这个地漏好啊地漏妙，

地漏的浑身都用这个塑料造，

它耐腐蚀，不生锈，

经久耐用寿命高。

住楼房的都需要，
把地漏安在厨房的下水道。
哦嘿，它的作用可真不小，
概括起来有两条：
这第一条是防止臭气往外冒，
厨房清洁卫生空气好；
第二条，能杜绝污水杂物堵塞下水道，
省得您哪临时低头弯腰一个劲地用手往外掏。
安上地漏厨房里地面整洁又干燥，
安装地漏好处多，
下水道畅通无味不堵不漏不跑也不冒啦，
保证您在厨房里呀，
一年四季煎炒烹炸一股子香味往外飘，
一楼的住户也能高枕无忧睡大觉。
地漏好，地漏妙，
它防臭防毒有特效。
全国首创独一家，
国家专利已得到。
您要问这地漏它在什么地方卖？
告诉您沈阳市南溪日杂商品店它经销。

三、电视广告策划实例

1. 实证式广告

实证式广告利用商品本身的事实来说服消费者，通常采用当众示范、产品解析、揭示原理等方法，使消费者相信产品功效。实证式电视广告虽应偏重于理性诉求，但也可加入感性元素，同时应采用丰富的镜头语言，避免单调与沉闷。

案例 10-33　杜邦公司的一则系列电视广告

（衣物篇）晴朗的天空下，一位美丽的女孩正在与男友热情地拥抱。合体的连衣裙勾勒出迷人的曲线，以至于在她与男友相会的路上，每个见到她的人都为之倾倒。一个小丑因为看她而忘记了手中的杂耍。是什么使她如此出众？原来，在赴约之前，她在时装里选择了那件由杜邦人造弹性纤维制成的连衣裙……

（出行篇）一名青年男子驾车撞在电线杆上，车头凹陷。惊魂未定的他从车中出来却安然无恙。他是为了躲避一群踢球的孩子而出的车祸。他之所以未受伤害，是因为他刚买来的新车在出厂前安装了杜邦研制出来的薄膜……

（饮食篇）一间香气四溢的茶楼里，顾客们正在品尝精致的糯米点心。为什么这些点心如此可口？因为厨师选用了上好的糯米，农民们在稻田里投放了杜邦的稻田除草剂，这是创造精良稻米的保证……

（广告语）许多梦想，因杜邦而实现。

每个片长45秒的系列电视广告，巧妙地采用了倒叙手法，由外及里，先埋下伏笔，后引遐想，涉及了与人们日常生活密切相关的衣、食、行三个方面，向人们表达了杜邦创造生活的理念。这种生活化的产品演示，缩短了工业产品与最终消费者的距离，人们会从中得出这样一个结论：杜邦不是“事不关己”的原材料供应商，它全方位地影响着我们的生活，是我们的亲密朋友。

2. 推介式广告

推介式广告是指由名人或专家，有时也可用普通消费者来推荐介绍产品的广告形式。用名人或专家代言广告时一定要注意名人或专家与产品的关联性以及广告本身的可信度；用普通消费者来推荐介绍产品时要让受众感到容易亲近，通常采用家常式语言。

案例 10-34 舒适达牙膏的一则电视广告

看过舒适达牙膏广告的人都感觉，舒适达的广告很特别，与一般的商业广告很不相同。其实，舒适达广告的最大特点就是“让人觉得可信”。在广告片中，舒适达研发人员从专业的角度将该产品的好处娓娓道来……

“这是一款全新的突破性牙膏，舒适达专业修复牙膏，能够修复牙齿敏感部位。造成牙齿敏感的根本原因就是牙齿上小洞的出现。舒适达专业修复牙膏能够释放出构成牙齿的天然成分，在牙齿敏感部位形成一个修护层。我建议使用舒适达专业修复牙膏。持续地舒缓牙齿敏感。”

中国牙膏市场具有高度垄断和竞争激烈的双重特点。从2010年起，以高露洁、佳洁士、黑人为代表的外资、合资品牌牢牢把持着第一阵营，市场份额超过2/3，且增长势头强劲，“专业抗敏感”的定位和专业人员的推介是舒适达牙膏应对激烈竞争的有力武器。

3. 情节式广告

情节式广告是指利用故事情节来吸引观众，传达产品或企业的信息的广告形式。情节式广告具有四要素：完整的故事线索、特定环境、若干具体角色以及有一定的戏剧性。当然，用此法做广告时剧情一定要简单明了，亲切感人。

案例 10-35 松下传真机的一则电视广告

松下传真机的一则电视广告，曾被评选为年度“电通奖”电视广告。也许一般人认为传真机广告的场景应选择在摩天大楼一间装潢考究的办公室中，但该广告却以90秒的长篇幅表现“松下传真机”在一对相亲相爱的夫妻之间扮演了一个重要角色的过程。

在日本一个普普通通的家庭里，男主人上班了，女主人和无数个日本妇女一样，在家操持着家务。这天，这位梳着齐耳短发、脸上还带着学生气的妻子不小心将一只茶杯碰到了地上，杯子碎了，她着急了，希望丈夫在回家的路上能够顺便再买一只回来。于是，她决定与正在上班的丈夫联系，不过她联系的方式不是电话，她用的是“松下传真机”。下班的时间快到了，窗外下起了瓢泼大雨。想到走出地铁站到家还有一段不短的距离，丈夫又用“松下传真机”告诉家中的妻子，请她带上伞去车站接他。看到这儿，可能有朋友会大惑不解：干吗不用电话，用电话多直接，何必用传真机传来传去？未免有些小题大做了吧。别急，请您接着往下看：在大雨中的车站，夫妻俩碰面了。他们亲热地用手势比划着、交谈着。原来这位妻子是聋哑人，无法用电话与丈夫联系，是传真机帮了她的忙，使他们迅速快捷地沟通了信息：丈夫带回了妻子需要的茶杯，妻子带着雨伞从车站接回了下班的丈夫。伞下一对相依相偎的背影，渐渐消失在滂沱的雨幕中……整条广告从头到尾配有一首深情柔婉的歌曲，结尾处有一句广告词："温暖了人间的信息交流工具。"

4. 场景式广告

场景式广告没有完整的故事情节，而是通过不同场景的组合切换来突显产品卖点。各种场景选择得恰当与否是这类广告成功的关键。

案例 10-36 柯达和索尼的两则电视广告

很多人至今仍然记得柯达胶卷的"精彩一刻"电视广告。广告片中，蹦掉裤子的小女孩，因害怕理发而哭泣的小男孩一一定格。伴随着画面，悠扬的歌声飞荡："这就是柯达一刻，别让它溜走""柯达串起每一刻"，在一幕幕动人的画面中，消费者自然而然地把享受快乐时光与"柯达"这一名字联系在了一起。下面的这则索尼公司的电视广告也与之有异曲同工之妙。

画面一：长沙发上一男青年在看电视。电视在画外，人物为正面表情，下同。

画面二：男青年旁多了一个女青年。

画面三：男女中间又出现一个活泼可爱的男孩。

画面四：这对男女逐渐老了。沙发上又多了他们的儿媳和两个孙子。

广告词：这是索尼。

这则电视广告脚本，全部采用视觉语言，通过动态变化的场景画面，使企业对消费者的承诺化为可见的视觉形象——索尼电视机可以伴随三代人。岁月流逝，质量不变，款式、效果永不过时的产品信息在无声的画面中传递。最后的广告词虽然只有四个字，却强化了"索尼"品牌，让人印象深刻。

5. 意境式广告

意境式广告几乎没有语言，只有少量旁白。它通过烘托或渲染一种意境使观众产生对所宣传产品的购买欲望。1992 年，南方黑芝麻糊推出"怀旧篇"广告，通过回忆小时候听到黑芝麻糊叫卖声后的"急不可耐"，以及吃过后还要"舔碗"的动作，把产品和人们对于往事的美好回忆联系起来。通篇广告未谈产品，而渲染儿时的回忆。通过对往事的追忆，很自然地使人们对该产品产生好感。

案例 10-37 太阳神保健口服液的一则电视广告

天边现出娇艳的彩霞，"叮当，叮当"的铁链声在霞光中回荡，健硕的臂膀，坚毅的神情……他们齐心协力地建造着一个巨大的人字。啊！一声巨吼，太阳出来了，人们以万众一心的力量将人字竖起，正好托起初升的太阳。这时，雄壮优美的歌声响彻天空："当太阳升起的时候，我们的爱天长地久。"很多人看过这则太阳神保健口服液电视广告后的感受是：太阳神，男人很威猛，广告更有力。

太阳神是一种保健口服液，不是药品，吃了并非立即见效，可人们在心理上又确实需要这种效果。这种新产品如果只强调它的功能和作用就不能满足人们心理上、精神上的附加要求。太阳神抓住了保健品能满足精神需求这一点，拍摄了这条纯文艺性的广告片，用以和消费者进行精神上的沟通，提升文化档次。这一则电视广告经过地毯式轰炸般的全国投放，太阳神的品牌形象树立起来了，其他牌子的类似产品根本无法与之相比。

6. 幽默式广告

幽默式广告是运用滑稽幽默的情节与场景，使观众在娱乐中接受广告所传达的产品或企业信息。做这类广告一定要使消费者感受到幽默而不庸俗。英国某电视台曾播出过这样一则酒广告：丈夫只知喝酒不做家务，当生气的妻子把酒倒到马桶里以后，丈夫竟然因舍不得浪费这点儿酒而把马桶舔得一干二净。看过这则广告后恐怕很多人都会觉得恶心。

案例 10-38　金莎巧克力的一则电视广告

金莎巧克力在香港推广时，创意独特、富于戏剧性的广告片曾与严肃的教会开了一个小小的玩笑。广告是这样的：在寂静空旷的教堂里，一面孔清纯的少女低头走进忏悔室，画面显示少女期期艾艾地向神父坦白，说因抵挡不住诱惑后悔发生了第一次！观众至此已被故事情节牵引，免不了想到少男少女最不该犯的过失上去。但画面一转，少女的解释竟然是因为抵挡不了金莎独特口味的诱惑，而第一次将整盒金莎吃光。此刻观众从少女向神父忏悔所营造的令人窒息的气氛中豁然解脱，不禁发笑。

少女继续描述金莎产品的优点及特性，并使之成为挡不住诱惑的主要理由。这样使观众通过故事而认识了金莎独特的品质，留下深刻印象。广告到尾声时，画面突然出现刚才聆听少女忏悔的神父在吃完金莎后，又向另一位神父坦白他的第一次……这样的小转折让观众再次忍俊不禁、乐不可支。

【思考与讨论题】

1. 结合案例谈谈广告的创意。
2. 结合案例谈谈广告媒体选择应考虑的因素。
3. 结合案例谈谈广告策划的基本原则。
4. 结合案例谈谈报纸广告的 7 种制作手法。
5. 结合案例谈谈广播广告的 5 种制作手法。
6. 结合案例谈谈电视广告的 6 种制作手法。

【实战演练】

尝试着为国内某品牌食品策划一则（或一组）小广告（媒体自选）。

第十一章　公关策划

公共关系在促销活动中起着不可忽视的作用，它可以激发消费者对产品的兴趣，可以加深消费者对产品的印象，可以提升产品的形象。发挥这些作用都是为了提高产品的销售量，达到促销产品的目的。当前，普通的消费者在心理上往往对广告之类的促销活动心存反感，产生一种抵触情绪，而对于企业的公关活动，如各种联欢活动、赞助活动、新闻报告等就不会产生反感心理，反而会以更多的注意力给予关注。由于公共关系具有其他促销工具所没有的优势，因而越来越多的企业更喜欢使用这一方式。

第一节　公共关系的含义及对象

一、公共关系

公共关系源自英文 Public Relations，意思是与公众的联系，因此也称为公众关系。具体说来，公共关系是指某一组织为改善和加强与公众的关系，促进公众对组织的认识、理解及支持，进而达到树立良好组织形象、促进商品销售目的而进行的一系列相关活动。

案例 11-1　公共关系没有小事

2000 年 2 月 16 日，许小姐路过厦门东南亚宾馆的门前，想进入宾馆用一下里面的洗手间，但被保安当场拒绝。在争执过程中，保安还使用了一些侮辱性的言辞，许多路过的行人都目睹了此景。后来，这件事情被媒体曝光，在公众的一片谴责声中，宾馆的声誉大受影响。

与此形成鲜明对比的是国外一些成熟企业的做法。美国记者基泰丝在日本东京的奥达克金百货公司买了一台“索尼”牌唱机，准备作为礼物送人。回到住处，基泰丝开机试用时，却发现该机没有装内件，根本无法使用。她不由得火冒三丈，准备第二天一早就去奥达克金百货公司交涉，并迅速写好一篇题为《笑脸背后的真面目》的新闻稿，准备送报社发表。第二天一早，基泰丝动身之前，忽然收到奥达克金百货公司打来的道歉电话。50 分钟后，副经理带着员工来到基泰丝住处登门道歉，并送来一台新唱机和纪念品。接着副经理又打开记事簿，宣读了一份备忘录，上面记载着公司通宵达旦地纠正这一失误的全部经过。原来，当前一天售货员发现失误并报告公司后，公司立即与各方联系，电话从东京打到美国，从这家宾馆打到那家宾馆，先后打了 35 次电话，终于弄清了基泰丝在东京期间的住址和电话。这一切使基泰丝深受感动，她立即重写了新闻稿，题目是《35 次紧急服务电话》。文章刊发后引起强烈反响，大大提高了该百货公司的声誉。日本商家的公关活动能做到如此地步，真是令人感触颇深。

二、公共关系的对象

“公众”（Public）是公共关系的对象。对“公众”的研究是公共关系学的重要内容。

一个公司或组织只有正确地认识和分析自己的公众对象，才能“有的放矢”地制定公共关系活动的目标、策略和方法，使组织的公共关系工作建立在科学的基础上。公共关系的对象很广泛，主要包括政府、非政府组织、媒体、客户、供应商、竞争对手等，当然也包括股东、雇员。对公共关系的对象的认识最常采用的方法是利益相关者分析图（Stakeholders Mapping），即根据对公司经营活动的兴趣和自身所具有的影响力把公众对象进行分类（见图 11-1）。企业的资源是有限的，与市场细分一样，企业也必须对其面临的对象进行归类，做到有主有次，从而合理分配公关力量。

影响力 \ 兴趣	低	高
弱	A 最小 精力	B 保持 他们了解
强	C 保持 他们满意	D 重点 关系人

图 11-1 影响力/兴趣矩阵

在各关系方即公关对象被认真地评价和归类之后，管理者必须形成相应的关系策略。尤其对于重点关系人（象限 D），他们对公司倡议的反应和地位应给予高度重视。处于象限 C 的关系人与他们保持关系是最棘手的，因为尽管他们总体上对公司的运营缺乏兴趣，但这样的关系人却可能针对某一特定的事件或公司活动行使其影响力。同时，管理者还应对关系人所处的地位从一个象限变化到另一个象限保持敏感，因为这种地位的变化既可能对企业有利，也可能形成威胁。

案例 11-2 如此勇敢，但却为何无效？

大约在 2002 年，互联网上曾转载过这样的一条新闻：在北京某繁华地段，几名来自“动物保护协会”的美国妇女全身赤裸地走上街头。她们打着用中英两种文字写的横幅——我们宁愿赤身裸体，也绝不穿动物的皮毛。很明显，这是“动物保护协会”对皮草和皮具的生产及加工企业的一次公开“叫板”。这次大胆的活动引起了众人围观，从网络图片上看，还有警察在维持秩序。然而，事后并未听说有一家皮草和皮具生产企业与该组织进行过联系，也没有一家企业会因此停止生产及加工动物皮毛。因为每个企业都清楚，对于类似“动物保护协会”这样的非政府组织（NGO），他们虽然对企业日常经营活动很关注，但在没有政府支持的情况下，其干预企业生产经营的能力是很小的，处在“影响力/兴趣矩阵”的象限 B。我们抛开“保护动物是我们每个人的责任”这些文化和意识层面的东西不谈，皮毛制品生产及加工企业对这类公众对象的“叫板”不过多理会的态度是明智的。企业应更多地把精力用在处于“影响力/兴趣矩阵”象限 C 和象限 D 的对象上，因为他们拥有能够影响甚至改变企业命运的力量。

第二节 公共关系活动的主要方式

一家宾馆效仿其他宾馆成立了公共关系部，配备了豪华办公室、漂亮迷人的公关小姐、现代化通信设备……但该部部长却觉得无事可做。后来这位部长向一位公关顾问请教，该顾问问了几个问题：本地共有多少家宾馆？上个月的总游客、外国游客共有多少？去年总投诉量、投诉原因和解决措施是怎样的？本宾馆最大的客户和竞争对手是谁？宾馆知名度如何？今年的宣传支出预计是多少？这样一些最基本的问题，该部长却无言以对。其实，公共关系部门并非无事可做，公共关系作为企业（或组织）与相关公众对象交往的活动，其活动方式是多种多样的，需要做的工作也是很多的。

一、妥善处理顾客的抱怨

顶撞、申辩往往成了某些工作人员甚至是公关人员对顾客投诉的一种自然反应。这也许是出于习惯，也许是出于自我保护，但说到底还是因为缺乏最起码的职业意识。实际上，一些精明的商家已把处理顾客抱怨的问题看作改进工作、树立形象的契机。

案例 11-3 海尔公司对顾客抱怨的处理

2004 年，北京的一位消费者打电话给海尔售后服务部，抱怨刚买不久的冰箱出现质量问题。售后服务人员去检查后发现，消费者购买的冰箱不是海尔的，而是冒牌产品。第二天，《京华时报》头版头条报道：海尔卖假冰箱。此事如果处理不好，将会对海尔的声誉造成不良影响。海尔公司的处理艺术确实值得学习。面对冒牌产品，公司没有简单地撇清责任，而是马上派出三位代表到消费者家中，加倍赔偿消费者。海尔公司认为消费者是无辜的，不能让买海尔产品的消费者吃亏。至于冒牌冰箱的问题，这和消费者无关，海尔自己再去追究责任。这样的处理方式，使事情马上平息下来，而且还让广大消费者认识到海尔公司是负责任的，更加坚定了购买海尔产品的信心。

无独有偶，一位农民顾客购买海尔冰箱一周后要求退货，理由是冰箱不制冷。售后服务人员经过调试，发现冰箱没有任何毛病。原来，消费者因看不懂说明书，没有把温控开关打开，结果造成放进冰箱的食物坏掉了。是责怪客户素质差，还是基于客户的情况重新设计说明书？海尔选择了后者。总裁张瑞敏发动技术人员、销售人员、售后服务人员进行深入讨论，在最短的时间内设计出了图文并茂、步骤详细的“傻瓜”式说明书。从为冒牌冰箱买单，到一个小小的说明书，每一个细节都体现了海尔公司对顾客的真心关爱。海尔营销经理曾说过这样的话：“我们不怕海尔产品出现问题，就怕海尔不出问题，因为没有问题，就没有我们表现的机会。”

二、组织并从事关于产品的宣传报道

公关活动进行产品宣传报道的第一种形式是为公司散发宣传材料。公关活动散发的宣传材料包括与公司有关的刊物、小册子、画片、传单、年报等。这些宣传材料印刷精美，图文并茂，在适当的时机向有关的公众团体、政府机构和消费者散发，可吸引他们认识和了解公司，扩大公司的影响。公司一般都十分重视宣传材料的策划、撰写、制作和散发，日本本田汽车公司在美国四处散发一本名为《本田与美国社会》的小册子，列举许多事实，阐明本田对美国经济的贡献，其目的是要减轻美国人对日本经济入侵的担心和抵触情绪。

编写新闻稿是产品宣传报道公关活动的另一个重要形式。由公司的公关人员撰写或编辑对企业或其产品或其人员有利的新闻稿，包括为有价值的公司政策、公司树立的楷模、公司的重大活动和事件撰写新闻稿件，散发给有关的新闻传播媒体或有关公众，争取公开发表。这种由第三者发布的报道文章，可信度高，有利于提高公司的形象，而且一般不需付费。

案例 11-4 美国土豆协会的公关宣传

许多消费者认为多吃土豆很容易使人发胖，因为土豆既无营养，又缺乏足够的维生素及矿物质。这种认识被各种舆论和媒体广为传播。事实上，土豆含有的热量远比多数人认为的要少得多，相反，它富含几种重要的维生素及矿物质。为了彻底改变人们对土豆的误解，美国土豆协会展开了一系列的公关活动：在电视网和妇女杂志上连载有关土豆的故事，编辑并发行《土豆爱好者的饮食及烹调》一书，在一些相关媒体的食品专栏中刊登介绍土豆营养的文章和食谱，由营养学专家开办专门知识讲座……一系列的公关活动使得认为土豆富含维生素及矿物质的人数由36% 上升到67%，消费者对土豆的认知、理解和态度上都有了很大改善。

三、召开新闻发布会

新闻发布会（或记者招待会）是企业建立和保持与新闻界联系的一种较正规的形式，具有隆重和影响面广的效果。采用这种形式，记者可根据自己感兴趣的内容和自己侧重的角度进行提问。这种方法能较深入地加强企业与新闻界人士的双向沟通，密切与新闻界的友好联系。

案例 11-5 本田公司“缺陷车事件”

20 世纪 70 年代，日本本田公司发生过一次严重危机，那就是著名的“缺陷车事件”。当时的本田刚挤入小轿车市场，在几家实力雄厚的大企业的夹缝中生存。然而，其刚打开销路的 N360 型小轿车出现严重质量问题，造成上百起人身伤亡事故。许多受害者及其家属组成联盟，强烈抗议，本田公司一下子声名狼藉，企业生存岌岌可危。可贵的是，本田公司并未在舆论的重压下乱了阵脚，而是立即决定以“诚”的态度承认失误。本田公司马上召开了记者招待会，通过新闻媒体向社会公开认错，总经理在记者招待会上道歉之后引咎辞职。同时，公司宣布收回所有 N360 型轿车，并向顾客赔偿全部损失。此外，本田公司还重金聘请一些消费者担任本田的质量监督员，经常请记者到企业参观访问，接受舆论监督。本田的诚心打动了挑剔的日本人，在公众心中树立起了“信得过”的形象。

四、组织开展商业赞助活动

商业“赞助”与“硬”广告有着显著的不同。由于观众对他们所钟爱的项（节）目或活动有一种强烈的归属感，“赞助”会被理解为对他们所喜爱的项（节）目或活动进行资助，帮助把项（节）目或活动搞得更好。“硬”性广告则大都被视为媒体与广告主之间的一种金钱关系，观众并不觉得能从中得到什么好处，会对广告产生反感。公关赞助的出现，淡化了“钱”字挂帅的商业味道，企业通过赞助某项社会活动、文艺演出或体育运动，并围绕该活动开展系列营销宣传，借助所赞助专案的良好社会效应，提高企业的品牌知名度与品牌形象，获得社会各界广泛的关注及好感，创造对企业有利的社会环境。

案例 11-6 七匹狼与 TCL 的公关赞助

2003 年 8 月，皇马与健力宝龙队在北京工人体育场进行一场友谊赛。皇马的六大巨星吸引了中国近 7 亿电视观众，被众多商家视为一次难得的商业机会。七匹狼集团 400 万元赞助费成为这次龙马大战的唯一服装赞助品牌。然后，集团在媒体上刊登出六位巨星的大幅照片作广告宣传，打出的广告语是：“七匹狼男装相信自己，相信伙伴。”因为“七匹狼”男装的主要顾客是 25 ~40 岁、月收入在 2000 元以上的年轻男性，正好是此次比赛的主要观众。“七匹狼”虽然是休闲服装，但是它宣传的拼搏奋斗、勇做强者的品牌形象和皇马的风格非常相符，而其中的巨星形象更是为“七匹狼”增值不少。这次赞助活动为“七匹狼”赢得了较好的口碑，大大提升了“七匹狼”的品牌形象。

国内另一知名品牌TCL对高尔夫精英赛的赞助有异曲同工之妙。2002年11月14日清晨6时45分，在东莞海逸高尔夫球场1号洞发球草坪，TCL移动通信有限公司总经理万明坚一记挥杆，揭开了TCL高尔夫精英赛正式比赛的帷幕。TCL高尔夫精英赛正式比赛分四轮进行，每天淘汰若干选手，直至11月17日决出百万美元奖金的归属。TCL精英赛是中国内地有史以来举办的奖金额最高的高尔夫巡回赛赛事，并且将全面提升高尔夫运动在中国的形象。中国在1995年承办了“世界杯”高尔夫大赛，为高尔夫运动在全国的发展发挥了重要作用。TCL精英赛又将为整个亚洲地区高尔夫运动水平的全面提高树立又一个里程碑。为什么会想到花100万美金来赞助中国高尔夫精英赛呢？TCL的真实意图是：借助高尔夫活动的平台汇聚体育界、商界、政界等各界精英人士，与他们增进交流，博采众长，共商发展大计，促进TCL的国际化转型。通过此次赞助，不仅有利于在中国推广高尔夫运动，而且将极大地提升TCL品牌的国际化内涵，旨在用“金杆”敲开TCL移动信息产品的国际市场之门。

五、游说国家机关与政府官员

游说国家机关与政府官员是指通过各种手段让政府有关部门和人士了解企业，争取社会各界尤其是政府部门和一些名流人士的支持。大连服装企业举办的一年一度的服装节获得巨大成功，与大连市政府的大力支持是分不开的。游说国家机关与政府官员从而获得政府的支持，在企业危机时刻更能起到起死回生的作用。

案例11-7　上海霞飞日用化工厂的危机公关

1992年3月15日，中央电视台播放了“3·15国际消费者权益日‘消费之友’文艺晚会”，晚会对八家国产化妆品生产企业中的三家进行了曝光，其中包括中华国产精品推展会会员厂家——上海霞飞日用化工厂。对该厂来说，这条消息无异于一颗大炸弹。3月16日上午，上海百货大楼就取消了霞飞专销柜，“不曝不知道，一曝才知道，霞飞是假冒”的顺口溜在上海消费者中迅速传开，退货单雪片般飞向霞飞厂。曾经欣欣向荣的上海霞飞日用化工厂在被“消费之友文艺晚会”曝光后，遭到致命的一击，陷入瘫痪状态。为挽救“霞飞”，该厂公关部有关人员火速进京，开始了艰苦的公关活动。

有关人员到北京找到中华国产精品推展会，恳请其“救救霞飞”，并向推展会详细介绍了有关“霞飞”的情况。“霞飞”是残疾人工厂，1985年以20万元资本起家，至曝光之时，拥有固定资产2亿元，年销售量达5亿元，拥有省优、部优产品，是我国化妆品行业的骨干企业之一，停产一天，损失惨重。虽然明白此次公关活动面对的是众多强劲的“对手”，但出于责任感和对广大残疾职工的关爱，推展会还是应承下来，开始了拯救霞飞于危险之中的“危机公关”。

推展会立即召开首都各大报记者座谈会，动员新闻力量，赢得社会舆论的同情，并请来中国化妆品工业协会负责人陈述详情。很快，《光明日报》等八家报纸都写了“内参”，局面开始出现转机。同时，推展会写了一份《关于八家化妆品被曝光的紧急报告》，报告中提到“中国质量万里行”活动的目的在于打击假冒伪劣产品，而不是摧毁民族工业，曝光要分清假冒伪劣产品与有缺点的产品和不合格产品之间的界限，并通过特殊渠道在当天把这份报告送达中央有关领导手中。中央有关领导迅速作出批示，批示指出，曝光要慎重，不是要把民族工业搞垮，请认真研究。为了彻底扭转局面，推展会又采取了广告战，在《人民日报》《经济日报》《中国青年报》《中华工商时报》和《北京晚报》等报纸上刊登《中华国产精品推展会严正声明》，把“霞飞”被曝光的前因后果公之于众。上海新闻界原本是痛打“霞飞”的，此时也转为为“霞飞”辩护。“3·15”危机公关活动前后共 18 天，它使一个危机四伏的企业起死回生，不能不说是公关活动中的一个“神话”。

“霞飞”的自救行动称得上是一个公关“神话”，上至行政领导机关，下至各级传媒机构，霞飞厂的公关活动组织严密，胆大心细，并以民族工业与残疾人企业为切入点，终于将企业由死亡线上拉回来，获得了新生。

六、参与并开展公益活动

以回报社会为出发点的公益活动有利于企业在消费者心中树立美好的形象，它能增进企业的美誉度，从而帮助企业提高产品销量。

案例 11-8 金六福的“春节回家互助联盟”

2011 年 1 月，白酒企业金六福发起了中国首个民间自发的“春节回家互助联盟”，该活动可谓是 2011 年最“给力”的春节营销。金六福通过搭建的这一互助平台组织同乡一起拼车，帮助在外打工的游子回家过年。自 1 月 5 日活动启动以来，20 天内有 140 万人次参与，报名人士涵盖明星、公务员、军人、医生、企业老总等。热捧程度在 1 月 24 日推至高峰，使容纳十万人在线的官网崩溃，百度相关链接 4，440，000 篇；央视、新华社、凤凰卫视、NHK 日本电视台等全球近千家媒体关注报道！

参与该项活动首先需要登录官方网站，点击进入“互助拼车”活动专区，根据自身状况填写资料，登记成为“车主”或“乘客”；接下来是车主和乘客配对。由工作人员对注册用户进行资料核实，并将乘客联系方式交予车主，双方决定是否成功配对。前 100 名车主可获得 1000 元油费补助与价值 656 元的绵柔金六福金瓷 2 瓶，前 100 名成功配对的幸福乘客可获赠价值 656 元的绵柔金六福金瓷 2 瓶。为确保互助拼车的车主以及乘客的人身及财产安全，凡是配对成功并正式签署协议的车主、乘客双方，金六福春节回家互助联盟都将为其购买交通意外保险，让拼车回家更安心。

金六福是国内首推概念化营销的企业，并以“中国人的福酒”的品牌定位获得了不俗的成绩。然而随着市场上众多新产品的亮相，金六福原有的福喜文化越来越被泛化成为通用概念。传“福”不如造“福”。春运期间，“回家”是这个阶段民心所向的议题。“春节回家互助联盟”是对社会主旋律的积极响应，也是金六福品牌价值的延伸。金六福酒业领衔建立春节互助平台，突破了单一企业提供帮助的公益模式，不仅为广大外地打工者提供了解决“春节回家”问题的路径，引领了“守望相助”的风潮，而且由于将品牌价值与民众关注点紧密契合，活动暖透人心的同时也赢得了消费者对于品牌的信赖。

七、组织开展其他有关活动

在现代市场上，各种产品竞争异常激烈，而企业的一些常规性公共关系活动，如宣传、赞助、新闻发布会或记者招待会等，缺乏特殊的震撼效果。所以，现代企业公关活动必须体现独特性和创意性。

案例 11-9 德国奥伯豪森水族馆的公关策划

万众瞩目的2010年南非世界杯足球赛落下帷幕，在万千星辉中，能够迅速抓住人们眼球的，是来自德国奥伯豪森水族馆的那只红遍全世界的章鱼保罗，它堪称本届世界杯赛的大明星。谁也想不到，世界杯预测最准的会是一只章鱼，预测8次全中，成功率达到100%，预测之准完全盖过了“乌鸦嘴”贝利，以至于中国网民也尊称它为“章鱼哥”。

一只章鱼引起了全世界球迷的关注，绝对是奇闻，而“章鱼哥”的幕后推手——奥伯豪森水族馆，更是乐不可支。“章鱼哥”之所以能够百发百中，得益于背后的一支强大的参谋团队。这支参谋团队根据数据、情报分析，判断出比赛走势，并利用“章鱼哥”的饮食习惯，对其饲料进行人为控制，将它最喜欢吃的食物放进相应的盒子，从而将预判的结果通过“章鱼哥”的行动展示给全世界球迷。在这起公关活动中，保罗不过是一个“执行任务的临时演员”罢了，但用它参与世界杯预测，能给人以眼前一亮的新鲜感，极大地刺激了人们的眼球。随着“预言”一次次成为现实，神奇“章鱼哥”的知名度越来越高，最终在全球引起轰动效应，而其所在的奥伯豪森水族馆也因此名声大噪，其官方网站点击率暴增，每天前往该水族馆参观的游客络绎不绝。

“章鱼哥”事件给我们带来的启示是：企业要想在公关活动中取得成功，创意是一项不可或缺的内容。章鱼保罗背后的公关团队化腐朽为神奇，把足球与章鱼两个风马牛不相及的事物用预言的方式巧妙结合，将设置陷阱、点式效应、标新立异，以及巧借东风等策划原理和技巧发挥得淋漓尽致。其实，当时围绕世界杯的营销事件有很多，如百事可乐推出的包括梅西、卡卡、托雷斯、兰帕德、德罗巴、巴拉克等大牌球星在内的世界杯广告，利用球星效应，反响也不错。不过，百事可乐为此支付了天价的广告费。而德国奥伯豪森水族馆利用章鱼保罗预测比赛结果来密切与媒体和顾客的关系，不需花一分钱广告代言费，却能收到比百事可乐还要轰动的效果，堪称公关策划的经典。

第三节 公共关系策划的基本原则

企业的公关活动方式众多，涉及的对象也很广，因此公共关系策划不能一概而论。但是，作为一种工商企业有意识地采取措施与周围的各种内部、外部公众建立良好关系的促销活动，企业在进行公共关系策划时仍然应该把握一些基本原则。

案例 11-10 知味观饭店的免费“寿星点心宴”

当年仅34岁的杭州知味观饭店经理严雄华，从新闻媒体了解到社会上存在的一些虐待老人的事件后，心情久久不能平静。经过认真思考，他决定在知味观饭店为长寿老人提供免费点心宴，以此宣传中国人敬老孝老的传统美德。为此，他于春节前后在《杭州日报》刊发“公告”：“知味观为真诚鸣谢众人关心和支持，现特举办免费‘寿星点心宴’——凡满90岁至95岁者，供应点心宴1桌（含家人10位），凡满95岁至99岁者，供应点心宴2桌（含家人20位），100岁以上者，供应点心宴3桌（含家人30位）。请凭本市居民身份证联系。”此消息一见报便在全市引起轰动，成了人们街头巷尾议论的话题，读者纷纷打电话询问："是真白吃，还是假白吃。"

当人们得知是"真白吃"后的第一个星期天，知味观门前人头攒动，"寿星点心宴"厅灯火通明，简直成杭州市又一新景点，自然也成了记者抢抓的新闻素材。这一天，三世同堂的、四世同堂的来了23家。每桌免费提供的点心有虾肉小笼包、幸福双、长寿面、糯米素烧鹅等七道食品，价值达80元左右。寿星们和家人品尝美味佳肴之后，无不夸赞知味观为他们创造的这天伦之乐。其中，还有不少老先生提笔留言："人寿逢圣明，年丰方知味""只有在社会主义制度下，才会出现寿星宴这种创举"，等等。

不久，严雄华又在免费"寿星点心宴"中专为75岁以上的老红军、老干部特设"功臣宴"。他说："这是为让人民永远不忘那些为中国革命做出贡献的人们。""功臣宴"厅写有一副对联："饮水不忘掘井人，美酒一杯寄深情"。年逾古稀、步履蹒跚的老革命们走进宴会厅，品尝着美味佳肴，无不感慨万分，甚至老泪纵横，有的情不自禁地挥毫抒情。

这些"故事"通过《中国商报》、省市新闻单位的广为传播，使知味观名声大振，到这儿就餐和举办各种寿宴的顾客接连不断。严雄华心里也清楚，即使全市90岁以上的老人都来，也就是600多桌，自己完全"赔"得起。而且一般来说，子孙们为了表示孝顺都会争购一些美酒佳肴。这类酒菜一销，钱也赚回来了。尤其值得一提的是，"寿星点心宴"活动还为知味观带来了一笔无形收入——知味观由此几乎成了杭州人为家人做寿的"定点饭店"。

关于公共关系的理论自传入我国以后，受到了社会各界的普遍重视。许多社会组织自觉地学习和应用公共关系的理论指导组织的经营管理，取得了令人瞩目的成就。但是，在学习和应用公共关系理论的同时，我们也看到了不足的一面。例如，片面地追求眼前的经营效益而忽略了社会效益；盲目地追求"轰动效应"而降低了公关活动的艺术品位和文化档次；热衷于形式上的照抄照搬，陷入了形式主义的误区；崇尚拿来主义，缺乏自我创造；空谈形象战略，缺乏实在的行动，等等。知味观饭店的"寿星点心宴"活动，准确地把握了公共关系的本质特征，努力追求科学性与艺术性的统一。不仅为刚刚起步的中国公关事业注入了一股新鲜的活力，而且为在困顿中寻找出路的人们提供了一条宝贵的思路。总结这一系列活动成功的经验，可以从中得到如下策划公共关系活动的基本原则。

一、提高认识，重视公关

在商品经济高度发展的条件下，经济关系错综复杂，竞争日益激烈，企业所处的内外环境也在不断地发生变化。若没有公共关系在企业与其环境之间沟通信息，使企业与周围环境协调适应，企业要想获得生存和发展是不可能的。美国营销学家菲利普·科特勒曾经说过："公关可以以远远低于广告的代价而对公众心理产生较强的影响。这与花费巨资做广告的效果相同，并且带来的可信度要比广告高得多。公关的作用有时会令人吃惊。"

与其他许多企业通过广告在媒体上狂轰滥炸的促销策略不同，知味观饭店总经理严雄华深知企业生存和发展不能光靠卖什么吆喝什么的广告，而是要善于开展"功夫在诗外"的公关工作。"寿星点心宴"系列活动注重感情造势，加强感情投入，用感情交流的形式，实现了"弘扬中国传统美德，敬老孝老"的公关目标。知味观饭店通过公关活动，在向杭州市的老年人送出真诚祝福的同时，也收获了公众的信赖，并进而实现了扩大经营、做活生意的商业目标。

二、真情奉献，公众至上

开展公共关系活动的目的不是追求企业产品一时一地的销售业绩，而是谋求企业长期发展的良好社会形象，公众关系的协调沟通贵在追求一种情感的效果。情感的效果是在认知效果的基础上产生的，又为行为效果的产生提供了前提。从情感效果的特征出发，公共关系的主体应在协调沟通中把握民心、民意，启发和激起公众的情感共鸣，达到与公众情感上的沟通。知味观饭店总经理严雄华深谙公共关系中情感沟通的真谛，在“寿星点心宴”这一向老人献爱心的系列公共关系活动中，注重情感的投资，慷慨地献出自己的感情，一句“饮水不忘掘井人，美酒一杯寄深情”寄托了“知味观”对老前辈们真诚而美好的祝福，一桌价值 80 元的美味点心，礼轻情意重，使沟通双方产生了情感的共鸣。这种善假于物的感情投资方式，用爱的力量在公众的心灵中打下了深深的烙印。

从组织经营的战略上来讲，“寿星点心宴”系列活动无疑是一次回报公众的经营战略。回报公众是市场经济的必然产物，是公众至上原则的充分体现。在市场经济条件下，组织与公众的关系是互惠互利的关系，这种关系本身决定了社会组织在提高自身经济效益的同时，必须考虑提高公众效益。有识之士在谈到企业利润的科学分配原则时曾经提出了“三三制”分成的理论观点，即三分之一的利润用于扩大再生产，三分之一的利润用于提高员工（内部公众）的福利待遇，三分之一的利润用于回报社会（外部公众）。虽然我们不能机械地理解这一分配原则，但它无疑说明了回报公众的重要性，并生动地体现了注重长远的公关精神。当然，“公众至上”并非绝对意义上的将公众视为高高在上，而是一种处理公众关系的理念，即组织与任何公众对象打交道时都要设身处地地为对方着想。社会组织回报公众时不能满足于口头上的许诺，而要拿出实际的行动。在这个问题上，“知味观”不开空头支票，没有流于形式的虚假客套，没有卖什么吆喝什么的商业推销味，而是用力所能及的行动，把回报公众落实到行动上。用真实的行动架起了一座企业与公众之间友谊的桥梁。

三、选准时机，适当造势

在公关活动的策划中，善于选择和把握时机，重视择时和造势，是中国传统谋略应用于公关策划所产生的独特方法。择时造势要敢于占先，善于抓住最佳的传播时机，充分利用外部因素所提供的机会，创造最佳的公关活动的效果。造势首先要识势，识势就是通过调查研究，准确地认识和掌握公众的利益、需要、好恶和心理状况，了解环境变化的趋势，使策划的公关活动能最大限度地满足公众的需要。在受到公众欢迎的情况下，因势利导，顺水推舟，扩大组织的影响。

“寿星点心宴”系列活动就体现了择时与造势的艺术特点。春节期间，家人团聚，这是餐饮业兴盛的一个重要时机。尊老敬老是中华民族的传统美德，新闻媒体披露的虐待老人事件已引起了公众的高度关注。杭州知味观饭店巧妙地抓住这一机遇，不失时机地向全市推出“寿星点心宴”活动，随后跟进为 75 岁以上的老红军、老干部特设“功臣宴”。这一举措深受社会好评，《中国商报》、省市新闻单位的广为传播更是起到了推波助澜的作用，真可谓是一次深得人心的感情投资和效应倍增的公关活动。这一活动的成功，无疑是一个择时和造势的成功范例。

四、敢于创新，方式奇特

近年来，公关界的有识之士在谈到策划创意时反复强调要出精品，要不断地提高公关的文化艺术品位，这是时代的呼唤。公众在受用大众文化“快餐盒饭”充饥之后，已经开始要求以精美的创新艺术来“解馋”。因此，公关活动策划只有刻意求新，才能出奇制胜，才能完美地体现公关活动的科学性与艺术性相统一的本质特征。只有坚持以创新的标准要求自己，以艺术的形式表现自己，以求新求美的原则约束自己，才能克服公关工作的随意性与缺乏规范化的弊端。

用追求新奇的艺术标准来衡量“寿星点心宴”系列活动，可以从中发现它在策划创意方面的新颖奇特。春节每年一次，这是一个周期性的时机。在对这一时机的利用上，聪明的“知味观”没有走别人走过的路，而是独辟蹊径，刻意创新，以敢为天下先的勇气，创造性地开展了一场规模空前的向老人献爱心活动，不仅开创性地为老人做寿，而且配合以“功臣宴”的后续手段。这种与众不同的情系老人、不忘功臣的活动，以不落俗套的表现形式、敢于突破的勇气和善于创新的艺术手法，在人们司空见惯的地方书写出富有诗意的艺术篇章，体现了“人无我有，人有我优”的公关艺术特点。

第四节 针对不同对象的公共关系策划实例

一、针对顾客的公关活动策划

企业要想生存和发展，就必须处理好与顾客的关系。忽视与顾客间的关系，实质上等于企业自己堵塞了自身生存和发展的道路。公关活动策划基本原则中的第二条——真情奉献，公众至上，这一条在以顾客为对象的公关活动策划中尤为重要。

具体说来，企业要处理好与顾客间的关系，应注意两点：①企业要树立竭诚为顾客服务的宗旨，通过全心全意为顾客服务，取得顾客的理解和支持，建立企业良好的信誉；②企业要进一步深入地了解顾客的需求，以便及时改进企业的产品或工作，更好地满足顾客的需求。这样才能有助于企业巩固和加深与顾客间的良好关系，创造更适应企业生存与发展的市场环境。例如，沈阳北方大厦实施的“花钱买意见”活动不仅“买”来了3435条意见和建议，更“买”到了广大顾客对北方大厦的一片真情。而北方大厦实施的“热点经营”活动，即以顾客的需求为导向，及时调整经营结构，更新商品品种，不断地把消费者喜欢的商品推向市场，更是带来了产品旺销的大好局面。

案例 11-11 英国航空公司不惜为一位乘客放飞航班

1988年年末，一名年轻的日本妇女山本夫人买了一张飞机票，欲乘坐英国航空公司的008航班由东京飞往伦敦。008航班由于出现机械故障在伦敦长时间被延误，航空公司向在日本搭乘该次航班的191名乘客建议：为避免延误时间，将为他们提供另一家航空公司的班机，以便尽早到达伦敦。航空公司解释说，原来这架飞机可能要比预定到达东京的时间推迟很多。后来事实也证明，该机到达东京后，经过加油和准备，由东京成田机场起飞的时间要比原定时间推迟近20h。在这191名乘客中，190名乘客接受了这个建议，而山本夫人却宁愿等待。

飞机修好飞到东京后，这次航班只剩下山本夫人一名乘客了。英国航空公司还是决定为这一名乘客起飞。山本夫人是这架飞机的唯一乘客。客机上备有353个座位，6部电话和各种饮料、食品供她选用，客舱内的15名乘务员和驾驶舱内的6名机组人员都为她一人服务。于是山本夫人被请到飞机前舱，乘务员为她提供饮料和餐食，其中有清炖大马哈鱼、嫩煎猪排、面条、干酪、饼干和水果，然后她又看了一场电影，并睡了一觉。当飞机在伦敦希思罗机场着陆时，乘务员又为她送上了早餐。国际航空运输协会的官员大卫·凯德在事后谈到这次飞行时说："与那些经历过航班延误、座位拥挤、食品低劣，又受到空中小姐怠慢的不幸乘客相比，山本夫人很可能是在航空史上受到最佳待遇的普通乘客。"

如果单从经济效益的角度来看，对英国航空公司来说这实在是一次得不偿失的飞行。在长达13h的飞行中，1.1万km的航程共耗油17.7t，全部飞行成本约2.5万美元。但这次飞行却为英国航空公司换来了很好的信誉形象。对英航来说，这虽然是一次血本无归的航行，但却是一次非常成功的形象公关活动。

案例11-12　美国波音公司急客户所急赢得巨额订单

1978年12月的一天，美国波音公司董事长威尔逊办公桌上的电话铃急促地响起来，来电话的是意大利航空公司总裁诺狄奥。诺狄奥说，意航一架DC9型飞机在地中海不幸失事，公司急需一架新飞机代替该机。诺狄奥用恳切的口吻对威尔逊董事长说："如果贵公司能迅速送一架波音727型飞机来，那将不胜感谢。"

此事颇令威尔逊先生费神。波音727客机属中型飞机，在国际市场上很受欢迎。按常规，订购一架该型号飞机至少需要等2年，"迅速"交货实非易事。是灵活处理满足客户要求，还是一口回绝少担风险？威尔逊立即召集公司高层领导研究此事。他们对波音公司供货表又作了一番审查，将客户的要求按轻重缓急重新作出安排。于是，在不损害其他客户利益的前提下，作出了同意意航要求，一个月内交货的决定。意大利航空公司很快得到了新飞机，意航业务运营正常。

转眼间春去夏至，波音公司办公楼内，一份新的订货报告送到董事长的办公桌上。报告称，意大利航空公司为回报波音公司临危解难的义举，取消了向道格拉斯公司订购DC10飞机的原计划，转向波音公司订购9架波音747大型客机，成交额高达5.8亿美元。接到这份巨额订货单，既没有经过激烈的讨价还价和艰苦的谈判，又没有花费任何促销支出，完全是由于波音公司遵循"顾客至上"的原则、为顾客临危解难的精神感动了客户的结果。

二、针对新闻媒体的公关活动策划

新闻媒体是一种传播性最强、公关活动操作意义重大的公关对象。新闻媒体是企业面对的重要公众之一，处理好与新闻媒体的关系，对企业具有不可忽视的作用。公关活动策划的基本原则中的第一条——提高认识，重视公关，在针对新闻媒体的公关活动策划中尤为重要。新闻媒体可以在短时间内使企业为公众所信赖和仰慕，也可以在瞬间使一个曾经是明星的企业声誉扫地。因而，企业应积极主动地处理好与新闻媒体的关系，这对于扩大企业的影响、塑造企业在公众中的良好形象、增加企业的销售都有积极作用。

具体说来，企业要处理好与新闻媒体间的关系，应注意两点：①尊重新闻媒体。新闻媒体是企业众多公共关系对象中最敏感、最重要、最特殊的一部分。这是因为，新闻媒体对于企业的作用具有明显的两重性：一方面，新闻媒体是企业必须特别重视的公众，具有对象性；另一方面，新闻媒体又是企业与其他各类公众实现有效沟通的渠道，具有中介性。对象性与中介性组合的特性，决定了企业针对新闻媒体的公共关系是企业外部公共关系活动中最重要的活动之一。对于新闻媒体，企业一定要尊敬和重视，争取新闻传播界对本企业的了解、理解和支持，形成对本企业有利的舆论气氛，并通过新闻媒体实现与大众的广泛沟通，增强组织对整个社会的影响力。②保持联系，加强合作。企业要保持与新闻媒体的稳定联系，应派熟悉新闻界特点与业务的人员专门负责此事。专职人员比较了解各种新闻媒体的特点，能经常收集新闻界的各种动态信息，而且因专职人员掌握组织的全面情况，能准确回答媒体关心的问题，从而真正成为组织的“对外发言人”。否则，众人联系，责任不清，会造成混乱，新闻界也会无所适从。召开记者招待会（或新闻发布会），是企业建立和保持与新闻界联系的一种较正规的形式，具有隆重、影响面广的特点。除此之外，企业在与新闻界打交道时还应该主动、经常、及时、客观地向新闻界提供具有新闻价值的、符合新闻传播规律的新闻稿，这是新闻界欢迎的事情，也是搞好与新闻媒体关系的有效途径之一。

案例 11-13　联合利华“奥妙降价”媒体公关策划案

1. 项目背景

“奥妙”是世界知名企业联合利华旗下的重要洗涤产品品牌。1993 年，红色装奥妙成为第一个进入中国市场的国际洗衣粉品牌。经过 6 年的发展，“奥妙”已经是中国高档洗衣粉市场最有影响的品牌之一。1999 年，联合利华在华资产重组顺利完成，所有机构的采购、运输、分销系统被统一起来，实现了资源共享，奥妙洗衣粉的生产间接成本大大降低。同时，经过周密的市场调查，联合利华决定针对中国实际的洗涤条件和中国消费者的洗衣习惯，研制开发更加具有市场竞争力的新产品。1999 年 10 月，在内部条件成熟的情况下，联合利华推出了两种新款奥妙洗衣粉，同时对原有价格进行大幅度调整，“奥妙”准备大幅度降价。

2. 项目调查

中国环球公共关系公司在接受联合利华公司的委托之后，在短时间内进行了充分的调查研究，调研的结论成为处理“奥妙降价”事件当中加强与媒体关系的重要依据。这次调研的对象主要是国家洗涤业协会、资深新闻记者、业内人士。调查主要采用访谈、资料收集等方式进行。调查的结果从产品、企业、外部环境三个层面上反映出了当时“奥妙”面临的机遇与挑战：

（1）从产品本身来说，“奥妙”降价本身就是有价值的经济新闻，新闻媒体的参与，对“奥妙”新产品的推出具有推波助澜的作用，有利于吸引更多的消费者；经过长期的品牌形象宣传，奥妙“洗衣专家”品牌形象已经深入人心。“奥妙”降价有可能使新闻界产生“此奥妙非彼奥妙”的感觉，所以，说明“奥妙”如何在保证质量的前提下降价，首先需要对新闻界进行必要的解释工作。

（2）从企业层面来说，联合利华于 1999 年刚刚完成企业重组，企业资源的优化使得产品的间接成本下降，成功的重组有可能激发新闻媒体的报道兴趣。

（3）从外部环境来说，在当今的市场环境下，中资品牌洗衣粉的价格较低，“奥妙”降价，有可能给媒体造成联合利华降价冲击中资品牌的不良印象。“太湖污染”事件被新闻媒体曝光之后，引发了媒体关于“磷与环境污染”问题的关注，含磷洗衣粉对环境的污染问题引起了社会各界的重视，一些地方性法规相继出台，禁止出售含磷洗衣粉，环保问题一时间成为洗衣粉领域的又一个敏感问题。1999年年初，洗衣粉市场上另一个重要国际品牌在北京召开新闻发布会，会上因发言人不慎，公开表示“磷对环境的破坏与洗衣粉厂家无关”，导致在全国范围内出现了大量对洗衣粉生产企业的不利报道。“奥妙”红色装原来全部为无磷产品，而新产品分有磷和无磷两种。“环保问题”必将成为“奥妙”在处理与媒体关系方面不可回避的问题。“奥妙”降价改变了市场格局，竞争对手会以各种方式作出反应，有可能给“奥妙”与媒体关系协调方面造成意想不到的困难。

总之，大幅度降价对“奥妙”品牌来说是一把“双刃剑”，在处理“奥妙”降价事件与媒体关系的过程中，一方面，要利用新闻媒体形成有利于“奥妙”的社会舆论，另一方面，有些问题是不能回避的，必须采取有针对性的措施，消除新闻媒体易产生的误解，防患于未然。

3. 项目策划

为了保证“奥妙降价”这一重大市场举措的顺利完成，通过新闻发布会（建议召开新闻发布会的地点为北京、上海、广州三地）的召开，邀请全国主要的新闻媒体参加，公布“降价”消息，尽可能回答记者感兴趣的问题，形成一定的宣传规模和强度，同时以事实来消除有可能产生的主观臆断和猜想，有效传播“新奥妙”的产品优势（价格、性能），形成对“奥妙”有利的舆论环境，避免有可能发生的不利报道，维护“奥妙”业已形成的良好形象。

4. 项目实施

（1）前期准备。

1）媒体遴选和协调。“奥妙”精心遴选出了各个地区有影响的媒体及适合的版面、栏目，做到有的放矢。同时，针对不可回避的敏感问题给出合理的答案，以防止负面报道的产生。在新闻发布会召开前后，“奥妙”尽可能充分地与媒体沟通，增加新闻记者对“奥妙”举措的认同感。

2）指定了新闻发言人，保证对外发布统一的信息。

3）提供敏感问题处理意见。针对在处理“奥妙”降价与媒体关系方面上不可回避的问题，“奥妙”提出了妥善的处理意见，比如“奥妙”降价后如何保证质量，重组之后如何稳妥地解决部分职工“下岗”的问题、冲击中资品牌问题、环保问题等。在此基础上，从正、反两方面归纳出近40个问题及解决方案，并从中提炼出要点，确保发言人在答记者问时做到从容不迫。

4）从不同角度撰写新闻稿，引导记者形成有利于“奥妙”的报道思路。为了引导记者形成有利于“奥妙”的报道思路，“奥妙”组织有关人员从以下四个方面撰写不同的新闻稿：“新奥妙”闪亮登场、“奥妙”降价不降质、“奥妙”降价给国有企业的启示、国内洗衣粉市场的发展与潜力。同时，为文字记者准备了相关照片，为电视台准备了素材带。

5）做好“保卫”工作，防止竞争对手的代言人干扰新闻发布会。

（2）召开新闻发布会。

1）于1999年10月18日、20日和22日分别在上海、广州和北京召开了新闻发布会。

2）召开新闻发布会期间努力解决好四个问题：①从外地来的记者由专人接待，做到事前及时沟通，对大报和小报、年轻记者与资深记者一视同仁，使其增强报道欲望；②三地发布会分别邀请当地及国家工商、消协部门与会，增加发布会的可信度和权威感；③广州是联合利华主要竞争对手的根据地，在发布会现场，制定了严格的防范措施，未被邀请而试图与会的10多位记者都被委婉拒绝；④北京发布会后，环球公关公司特意安排北京青年报记者在展台旁拍摄与会者观看展品的镜头，照片力求突出“奥妙”，且以自然风格出现在报端。

5. 项目评估

以新闻发布会为主体的与媒体关系协调工作完成得十分顺利，达到了预定的公关目标，媒体反响强烈，形成了对联合利华有利的社会舆论，没有出现不利报道。发布会结束后的一个月内，“奥妙”共收集到101篇相关报道，其中上海有11篇、广州有13篇、北京有32篇、四川有13篇，还有32篇来自全国各地的报纸，记者发稿量是与会记者人数的两倍。此外，报道篇幅大，短时间内形成了新闻热点。《新民晚报》《北京青年报》《南方日报》等主要媒体均在显著位置刊发了以“‘奥妙’降价不降质”为主题的报道，《成都商报》甚至分4次连载相关报道，在四川省内形成了宣传高潮。同时，由于其他媒体转载文章很多，说明社会反响强烈，舆论影响深远，《经济日报》还以“‘奥妙’降价的奥妙”为题，记述了联合利华与宝洁的竞争。

所有被邀记者与到会的电台（3家）、电视台（10家）都及时地发布了有利于联合利华的信息。国际互联网至少有10篇以上的文章被登载在报纸的电子版上。在“奥妙”降价之后的一个月内，产品销量大幅度上升。调查资料显示，有50%以上消费者的关于“‘奥妙’降价不降质”的信息来源是有关的新闻报道。绝大多数消费者认为，“奥妙”降价的原因是市场竞争的结果，而非产品的质量因素。这说明，在公司精心的设计、组织和安排下，围绕“奥妙”降价事件展开的与媒体关系的协调工作最终取得成功。

三、针对员工的公关活动策划

说到企业的公共关系，人们往往首先想到的是企业的外部公众——广大顾客、新闻界等，这是不全面的。也就是说，企业除了有它的外部公众，还有它的内部公众——全体员工。公关活动策划的基本原则中的第二条——真情奉献，公众至上，在针对员工的公关活动策划中尤为重要。一个企业要发展，首先必须获得企业内部全体员工的理解、支持，而只有关心员工、爱护员工，才能团结全体员工为企业的成功而奋斗。因此，企业的内部关系，是企业公共关系中的首要关系，也是企业最重要的公共关系。只有把企业自身的工作做好，才能对外界公众开展工作。

具体说来，企业要处理好与员工之间的关系，应注意三点：①满足全体员工利益要求，包括物质和精神的利益要求，以维系、动员、激励企业的全体员工，充分调动他们的积极性；②创造一种使全体员工都能够茁壮成长、树立自尊心和成为企业运作与社会活动的积极参与者的环境，为员工的成长和发展提供充分的机会，让全体员工（特别是基层人员）感到自己的工作有干头，感到自己在事业上有奔头；③对全体员工工作、生活的各个方面予以积极和充分的关心，使员工感到置身于企业就犹如置身于家庭之中，使他们有安全感、舒适感、归属感。情感需求的满足，必能形成强大的工作动力。

案例 11-14 星巴克公司与员工的融洽关系

前香港总商会总裁、星巴克大中华区副总裁，现身为江苏省外经贸厅顾问的翁以登博士说过："在传统商业模式的利益金字塔中，最顶尖的是股东，当中是顾客，金字塔的底层是员工。然而，传统的把股东放在最顶尖的商业模式是错误的，员工才是我们最重要的资产，然后是顾客，之后才是股东。"翁以登博士谈到，星巴克公司在中国工作的所有员工，包括工作一年以上的兼职员工都能拥有星巴克的股票期权，而这在其他公司则是只有高层管理者才拥有的特权。同时，中国星巴克员工有"自选式"福利，员工可根据自身需求和家庭状况自由搭配薪酬和福利结构，有旅游、交通、子女教育、进修、出国交流等方面的福利和补贴，可以按照每个员工的不同情况给予补助。星巴克之所以认为员工比顾客更重要，就在于企业尤其是服务业的成功与否很大程度上取决于员工与顾客之间的交流。如果企业对员工不好，员工就不会对顾客好，那么这个企业也就失去了吸引顾客的魅力。当然，在处理与员工的关系时，企业并非一定要把股东、顾客以及员工排出座次，对于"员工才是企业最重要的资产"这一观点的理解，不应停留在表面，而是要懂得其内涵。"员工才是企业最重要的资产"，意味着员工要得到绝对的尊重，意味着员工的利益要得到真正的保护。当员工得到了绝对的尊重与保护时，企业也才可能真正地焕发活力。

当然，企业的公关活动策划除了要努力协调以上关系外，还要处理好企业与地方政府、企业与金融机构、企业与社区等部门的关系。取得这些公众部门的支持与合作，对于保证企业生产经营活动的正常进行，建立企业良好的声誉和形象，都有着非常重要的作用。

第五节 企业的危机公关

古人云："智者千虑，必有一失。"这一点对于处在激烈竞争中的现代企业，哪怕是世界知名企业而言，也不例外，如近年来闹得沸沸扬扬的康泰克 PPA 事件、日本东芝的笔记本电脑风波以及曾经举国关注的三菱"帕杰罗"汽车信任危机等。众多企业的案例无不时刻提醒业界：危机无处不在，无时不有。

案例 11-15 "秦池"的陨落

1993 年，秦池酒厂开始进军沈阳市场。它在当地电视台买断段位，密集投放广告并对消费者实行免费品尝，还由当地技术监督部门对秦池酒进行鉴定……一系列活动使秦池迅速走红。然而，《经济参考报》的 4 位记者对"秦池"进行暗访后发现：秦池的原酒生产能力只有 3000t 左右，企业从四川宜宾收购大量的散酒，再用它们本厂的原酒、酒精勾兑成低度酒，然后销往全国市场。勾兑事件发生后，"秦池"缺乏危机公关意识，没有进行有效的解释。企业的决策人和领导者仅仅是局限于用法律的手段去解决问题，而对公共关系问题置若罔闻，表现出对媒体"恶意"的不满、怨恨、排斥、敌视的行为，停滞于对消费"刁民""不良行业管理机构"和"不正当竞争对手"的猜度、愤恨和报复的心态。在传媒的集体"轰炸"面前，"秦池"显现出了一家暴发型企业面对公关危机的稚嫩。著名营销实战专家肖志营在谈到这个问题时认为，"白酒勾兑"其实是造酒行业内公开的秘密，但却成了"秦池"的致命伤，这说明"秦池"在品牌管理过程中，对公关危机的处理出现了失误，也因此成了暴发危机的导火线。

诚然，任何企业的成长、发展绝不可能一帆风顺、十全十美，偶尔经历失误或出现危机也在情理之中，关键是看企业如何面对，怎样处理。危机公关正是在这种情况下应运而生的，它是市场经济中企业渡过危机的一件重要法宝。对于企业而言，危机公关实际上就是企业在处理危机时所采取的以恢复公众信任、重塑企业形象为目标的一切手段和策略。那么企业到底该如何开展危机公关呢？下面所述的危机公关四原则将会对读者有所启迪和帮助。

一、重在预防，防患未然

预防是对付危机的最好方法。在著名的跨国公司里，危机管理均更多地转到了预防层面。预防危机的发生，关键是要建立一套完善的预警和处理机制，尽可能地避开风险或把危机迅速地消灭在萌芽状态。

案例11-16　英美公司是如何预防危机发生的

英美的很多企业经常通过调查分析，及早发现引发危机的线索和原因，预测将要遇到的问题和危机发生的基本情况，从而制订多种可供选择的应变营销方案。同时，许多公司还通过加强培训，树立员工的危机意识，提高企业应对危机的能力。总结这些公司的成功经验，发现它们有如下几个共同之处：

（1）组建公关危机管理小组。只有做好组织上的准备，有备而无患，才能更好地应对公关危机的发生。管理小组的主要作用在于对企业可能面对的各种危机进行预测，为处理危机制定有关的策略和步骤；对企业所有的员工进行危机培训，使每一位员工都有危机意识；在遇到危机时，能够全面、快速地处理危机；在危机结束时，采取各种办法恢复公众对公司的信任，重新塑造公司形象。

（2）建立危机警报体系。企业应该建立危机警报体系，制定评估危机级别的标准，针对不同的危机，采取不同的处理对策。只有这样，才能在危机来临时，做到“兵来将挡，水来土掩”。

（3）制定危机管理细则。当各种突发事件发生时，组织应该采取什么样的对策，通过什么样的程序进行有效处理，确定什么人在什么时间做什么事，这是危机预防系统必须重点考虑和解决的问题；制定一套全面、细致、明确、可行的准则，是组织实施危机管理必须首先做到的重点工作。

（4）定期进行危机演习。为了测定危机处理体系能否有效地运作，可以定期进行危机演习。通过危机演习，可以发现当前危机管理系统中的不足，提高应急处置工作水平，确保组织在危机状态下能够良好运行。

（5）及时关注宏观环境的变化。以政治和法律环境为例，一项新政策的颁布和实施，有可能给企业带来机会，也有可能给企业带来威胁。例如新颁布的果冻新标准，就使得原本生产小于3.5cm的果冻企业面临很大的困难。及时关注政策的变化，可以增加主动性，尽可能减少损失。因为政策的变化，往往意味着对过去的规则的改变，这种改变必然对公司的经营产生影响。

二、临危不乱，积极主动

潜伏性和意外性是危机的重要特点。企业面对突如其来的危机，应做到临危不乱，乱则无法看清危机实质，乱则无法有效地进行整体公关。企业要牢牢抓住危机实质，尽快分析危机产生的原因：是产品设计或质量问题，还是广告误导、促销不力，抑或渠道不畅、价格歧视等问题，要在第一时间内迅速作出判断，并制订出相应的危机应对方案。此外，无论面对的是何种性质、类型及起因的危机事件，企业都应该主动积极地进行处理。即使起因在受害者一方，也应首先消除危机事件所造成的直接危害，以积极的态度去赢得时间，以正确的措施去赢得顾客，创造妥善处理危机的良好氛围。

案例 11-17　可口可乐妥善处理 1999 年的信誉危机

1999 年 6 月中旬，正值饮料消费高峰期。此刻，比利时、法国的消费者却在饮用可口可乐后出现不适，甚至出现食物中毒症状，这在欧洲国家引起了公众的心理恐慌。随即，比利时、法国、荷兰政府宣布禁售可口可乐，甚至连中国有关部门都对可口可乐中国公司的生产进行了检查。以后的 10 天，可口可乐的股票直线下跌，销售损失达数千万美元。更为严重的是，可口可乐的品牌形象和公司声誉严重受损。在这种突发性危机发生后，可口可乐公司总部临危不乱，迅速制订了处理危机的公关方案：公司所有高层管理者亲赴比利时、法国处理饮料污染事件，向受害者道歉；立即委托比利时一家独立的卫生检测机构调查处理事故原因，并将调查结果公之于众，宣布污染事件是发生在局部领域的偶然事件；同时，借中国商检部门检查合格之机，反复向媒体说明受污染的欧洲可口可乐没有输入到中国境内。可口可乐公司此举与当年三菱“帕杰罗事件”中三菱公司试图掩耳盗铃、置消费者利益和损失于不顾的态度形成了鲜明的对比，在整个危机公关的开始阶段以积极的态度取得了主动权。

三、以诚相待，妥善处理

通常情况下，任何危机的发生都会使公众产生种种猜测和怀疑。面对危机，企业只有开诚布公地说明事情的原委，诚恳地接受批评，才能淡化矛盾、转化危机。危机发生后，正确、全面地处理好与受害者、新闻界、主管部门、经销商和企业内部等的关系十分重要。

案例 11-18　中美史克公司的危机公关

2000 年 11 月 16 日，国家药品监督管理局发布了《关于暂停使用和销售含苯丙醇胺的药品制剂的通知》。通知要求，国内药品生产销售企业暂停生产销售含有苯丙醇胺（PPA）的感冒药。该通知使国内十余家感冒药生产企业受到影响，中美史克公司首当其冲。在过去十年间，史克公司生产的含有 PPA 的康泰克、康得两种药品占据了感冒药市场 40% 以上的份额，处于行业领导者地位，康泰克更是早已成为许多感冒患者的首选药品。药品事关消费者人身健康，禁令一出，史克公司立刻成为众矢之的，新闻界更是摇旗呐喊，一时间，“康泰克 = PPA”的呼声此起彼伏，中美史克公司顿时陷入十分被动的境地。针对危机，中美史克公司处变不惊，制定了系统的危机公关措施。

1. 建立专门机构

11 月 16 日，中美史克公司接到天津市卫生局的暂停通知后，立即成立了由 10 位部门主管组成的危机管理机构，并组建多个管理小组分别负责多方事务的处理工作，如沟通小组负责统一发布有关信息，生产小组负责处理中间产品并尽快调整产品线，市场小组则负责新产品开发，各部门各司其职、各负其责，并有专人进行部门间的工作协调。

2. 表明立场态度

危机管理小组成立后立即制定了统一的应对危机的策略，并于16日上午及时向社会公众发布了其应对政府指令的基本立场，明确表示维护广大消费者的健康是史克公司的一贯原则，公司坚决执行政府暂停令，暂停生产含有PPA成分的康泰克，通知经销商停止销售，同时停止相关产品的广告促销和市场推广活动。

3. 针对不同公关对象的举措

首先，在企业内部，公司于17日召开全体员工大会，向员工通报了事件情况，并表示不会因此事而裁员，此举赢得了广大员工的理解与支持。其次，为使公司决策得以有效贯彻，史克公司急召全国各地销售经理回到天津总部，通过有效的沟通取得他们的谅解，并由他们带着公司《给医院的信》《给消费者的信》回到全国各地，他们成为公司与客户之间沟通的桥梁。再次，为能及时给不明就里的消费者以明确答复，公司紧急培训了数十名专职接线员，开通专线电话，对问询者予以准确的解释，以解除人们的疑虑。最后，面对事件发生后，来自媒体和同行的炒作甚至不实的宣传，史克公司保持了应有的冷静与克制，并积极与新闻界接触，争取机会进行实事求是的客观介绍。

以上应对危机的公关举措，起到了稳定员工、稳定消费者、稳定企业形象的良好作用，显示了史克公司应对危机时的良好公关素质。

四、清除隐患，维护形象

危机公关既要着眼于对当前企业危机事件本身的处理，又要立足于企业形象的塑造，不能头痛医头，脚痛医脚，要从彻底、全面、整体的高度来进行危机公关，争取获得多重效果和长期效益。公关活动在危机管理中的作用是维护组织的信誉，这是危机管理的出发点和归宿。危机的发生势必会对组织的信誉带来一定的影响，使组织形象受到一定程度的损害。因此，尽管最后危机得到妥善的解决，但并不意味着危机的结束。组织特别要做好危机公关的善后工作，要采取必要的措施，通过大量细致入微的工作，来弥补因危机造成的各种损失，从根本上改变公众对组织的不良印象，恢复和重建良好公众形象。只有当企业的公众形象重新建立之际，企业才能真正谈得上转危为安，危机公关才能画上完满的句号。

案例 11-19　通用电气公司的危机处理注重后效

通用电气公司（GE）立足长远，标本兼治，雪洗洗碗机漏水耻辱的案例堪称危机处理注重后效的一个经典之作。20世纪70年代，GE公司生产的洗碗机是一种全新的产品，公司虽然作了大量的宣传，可是销路仍然不甚理想。GE通过调查发现，洗碗机滞销的原因是有消费者发现有的洗碗机漏水。虽然洗碗机的合格率控制在95%以上，但毕竟还有5%的产品漏水。此时，GE的决策者没有只采取收回不合格产品等简单的应对措施，而是从消费者利益出发，以质量为重，从设计方式和业务流程入手彻底解决漏水问题。不仅如此，公司就此次危机事件对企业的危害进行了一次总体的评估，明确危机事件对企业的影响，积极采取必要的措施，来弥补因危机造成的各种损失。通用电气公司的负责精神和前瞻意识成效显著，改进后的更优产品，配合着大量的立足于改善企业形象的公关工作，使他们控制了整个北美70% ~80%的洗碗机市场。

当然，危机的降临并不意味着都是坏事。正如中国古语“塞翁失马，焉知非福”所说的，其实，成功的危机处理不仅能消除危害、遏制危机蔓延，而且还可能为企业创造新的机遇，建立和消费者之间更加和谐的关系。

【思考与讨论题】

1. 什么是公共关系及其对象？
2. 结合案例谈谈企业开展公共关系活动的主要方式。
3. 结合案例谈谈企业公关活动策划的基本原则。
4. 结合案例分别谈谈企业针对顾客、新闻媒体和员工的公关活动策划的实战要点。
5. 结合案例谈谈企业危机公关的四项原则。

【实战演练】

试为某新产品在上市前策划一次新闻发布会（建议：采取分组的形式，每一组成员可任选一种产品，变课堂为新闻发布会现场，其他组的成员为参加发布会的记者，并可就自己感兴趣的问题进行提问）。

第十二章　促销策划

促销有广义和狭义之分。广义的促销是由四种形式即广告、营业推广、人员推销和公共关系构成的促销组合，而狭义的促销仅指营业推广。本章中的促销是指狭义的促销。进入21世纪后，市场竞争更为激烈。这就要求企业不但能生产出适销对路的好产品，还要求企业通过各种途径进行促销，吸引顾客购买本企业的产品。促销是企业营销管理中的一个重要环节，促销的好坏直接决定着企业在市场竞争中的命运。美国IBM公司创始人沃森说过："科技为企业提供动力，促销则为企业安上了翅膀。"

第一节　促销策划的误区

不能否认，面对竞争激烈的市场及强大的竞争对手，促销确实是一剂良药，它解决了很多营销与传播上的难题。但"是药三分毒"，如果毫无目的、毫无计划地利用这剂"良药"，就很容易使企业、品牌、销售经理乃至销售商陷入促销的误区。促销策划的典型误区主要表现在以下几个方面：

一、活动缺乏针对性

促销绝不仅仅是一些形式，它更是企业与消费者进行沟通的手段。企业促销活动应该直接针对其目标消费对象，从而既可节约促销成本，又能确保沟通的有效性。

案例12-1　某品牌内衣促销策划案

某品牌内衣属于中高档产品，目标消费者为收入偏高的女性。最近几年，厂家一直在户外搞促销活动，主要采用的是户外搭台、模特表演、现场主持与派发礼品的形式，地点选择在商场的门前广场。这样的促销活动，通常来观看表演的人很多。但是，如果仔细观察就会发现，观看表演的多为比较悠闲的男士，真正的白领女士几乎没有。当商家为现场人气之"旺"叫好时，我们要问：此次促销活动真正与目标消费者进行有效沟通了吗？台下观看表演的消费者有几个能够试用或购买产品？此次促销活动的目的到底是什么？能让我们的消费者建立对产品的信任和偏好吗？用于购买奖品、礼品及人员表演费用的大笔促销支出扩大品牌资产了吗？

二、设计缺乏合理性

很多企业为了提高促销的效果，扩大产品的知名度，不惜用种种猎奇的手段去追求轰动效应。然而，轰动效应的结果却并未带来产品的美誉度及消费者的忠诚。

案例12-2　两家酒厂的促销策划案

也许很多人还记得以前某酒厂的促销个案：该酒厂为引起促销上的轰动效应，竟然在城市繁华的大街上将酒任意喷洒。据说，这种做法一时间引起了极大的轰动，当时所有有关人员无不为此"奇招"兴奋不已，拍手叫好并引来了媒体纷纷报道。轰动效应是达到了，但有很多消费者不禁发问："这个酒厂是不是不够环保?""酒可以这样浪费，是不是低档产品?""中国几千年的酒文化怎能这样糟蹋!"这样的促销活动容易引起人们的反感，其结果很可能是"赔了夫人又折兵"。

无独有偶，1996年河南某酒厂举办的以划拳大赛为形式的促销活动，现场也可谓热闹非凡，与前述酒厂的做法如出一辙。该酒厂为参赛者排定座次，推出拳王、拳师，并"论功行赏"。全国许多新闻媒体纷纷报道了这个荒唐举动，其中，绝大多数的报道谴责该酒厂糟蹋了中国几千年的酒文化。如此轰动，却让辛辛苦苦积累起来的品牌资产大大缩水，失去了消费者的忠诚，加速了品牌的灭亡。

三、手段存在陈旧性

如果随便到街上走走，就会发现，很多促销活动流于形式，没有新意。要么摆张台子进行产品展示，要么派发宣传单，要么打折优惠，要么做广告，使促销活动陷入了"陈旧"的误区。缺乏新意的促销手段，很难给消费者以感官上的冲击，而富有创意的促销活动往往会给受众留下深刻的印象。下面的两则案例耐人寻味。

案例12-3 "西铁城"和TCL独运匠心的促销活动

"西铁城"手表打入澳大利亚市场的促销创意被许多人津津乐道，因为它既扩大了产品的知名度，又巧妙地宣传了产品的质量。该公司先在媒体上预告消费者：某日某时某刻，该公司用飞机在堪培拉广场上空投"西铁城"手表，谁捡到就归谁。届时，飞机如期而至，数以万计的手表从天而降。戴上从天而降、走时准确、又不用花钱买的手表，效果怎样？还用声嘶力竭地大喊"永不磨损，世界名表"吗？还愁在老百姓中没有知名度吗？

2000年9月3日，在成都市劳动人民文化宫，一男子把手机扔向空中约4m高处，手机落下来在地上翻了几个滚后仍完好如初，该男子则坦然地把手机从地上捡起来又继续拨打电话。这是TCL通信公司摆擂挑战国外手机的一个场景，并且当时还请了四川省公证处公证员到场公证。公证员说："土、洋手机如此'硬碰硬'地比试，在四川还是首次。"除了摔手机外，TCL还与另外三大著名品牌的国外手机进行了接收效果的比拼。在省公证处的监督下，不同品牌的四部手机同时在天座地下商城内拨打电话，结果只有TCL的一款手机还能与外界正常通话，其余三部国外品牌手机均信号全无。

四、程序存在繁琐性

有些促销活动，商家喜欢把促销程序搞得很复杂，实际效果却并不理想。因为，大多数消费者不可能有精力和热情去参与一项对他们来说并不十分重要的活动。

案例12-4 "小天鹅"的一个促销策划案

"小天鹅"举办的"迎1999，赢世纪大奖"的促销活动曾遭到消费者的冷遇，其中很大一部分原因就是参加活动的条条框框过于繁琐。该活动规定，消费者不仅要寄回用户卡，还得提供发票和购买者身份证复印件，无形中就给消费者设置了参与活动障碍。活动组织者显然忽视了这样一个事实：消费者既期望成为幸运的中奖者，又怕麻烦，哪怕是跑一趟复印室、贴一张邮票、去一次邮局，以至于厂商收到的抽奖资料中有许多不能满足活动的要求，不少消费者只是把用户卡往信封内一塞了事，全然不理会需寄发票和购买者身份证复印件的提醒。如果厂商能替顾客想得周到一点，甚至连信封、邮票都给消费者准备好，更无需提供发票和购买者身份证复印件，那么，“小天鹅”这次促销活动就是另外一种效果了。能否让消费者方便地参与，决定了促销活动的成败。

五、效仿体现盲目性

“跟风”是促销活动中一个很大的通病，说降价就都降价，说有赠品就都有赠品……千篇一律的做法使得消费者胃口大减。企业促销活动应该根据不同产品特征及企业自身特点采取合适的形式，从而确保活动的实效性。

案例 12-5 某去皱化妆品“跟风”促销策划案

某洗发水为提高产品的接受度，采取免费试用的办法，公司的促销人员把产品制成许多独立的小包装，在零售店、购物中心、交通车站、重要街口等人流量较大的地方，向现场的消费者免费派送。某去皱化妆品公司看到该洗发水产品小包赠送产生的效果不错，便也盲目跟进，将免费试用装向消费者分发。但是，用过去皱化妆品后的效果，不能像用过洗发水那样马上显现出现。当消费者用完赠品时，效果无法很快地显现出来，自然得不到消费者的认同。该促销策划案忽视了产品特点，犯了跟风的错误，企业大量的促销费用没有用在刀刃上。

六、承诺体现随意性

一些企业在促销活动中注重炒作，而忽视承诺和服务，更有甚者采用各种手段欺骗消费者，这样的促销活动只会成为贻害无穷的负面宣传。

案例 12-6 发生在上海的两起促销策划案

上海的某商厦中，有位顾客在购物满 700 元后没费多少周折就领到了一只赠品砂锅。可是，宣传海报上的砂锅新颖精美，这位顾客手中拿到的却粗粗笨笨，颇具“乡土气息”。当顾客对此提出质疑时，得到的回答是：“以实物为准，海报上的是不算数的。”这样的例子不在少数，虽然善良的顾客表面上对此会比较宽容，但心中却越来越不相信这些促销招数了。

无独有偶，世界著名的“欧莱雅”化妆品公司曾在上海举办“欧莱雅染发专题月”活动。促销活动广告上写明，1998 年 9 月 1 日 ~15 日，消费者可凭“欧莱雅”产品空盒以半价购买“欧莱雅”同类产品一盒。一位顾客在得到推广员的确认后，携空盒前往换购，不巧，该顾客所需产品已售完，推广员让她第二天再去。但当该顾客第二天再去时，换购方式已改变，需先以原价购买一盒，才能以半价另购一盒，而此时离活动规定的结束日期还相距甚远。白纸黑字写明的促销计划，当顾客欲“照章办事”时却无故被拒，厂商的这种随心所欲让消费者接受了一次“记忆深刻”的品牌“宣传教育”。

第二节 常规促销手段

一、打折

打折是指厂家通过降低产品售价来吸引消费者、促进销售的方法。打折促销从形式上看包括价格折扣、数量折扣、套餐折扣。由于价格往往是消费者选购商品时的主要决定因素之一，特别是在产品同质性强、品牌形象不相伯仲时，价格的影响力就显得更大，因此，打折可以说是对消费者冲击力量最大、最原始也最有效的促销武器。而对厂家来说，打折促销较易操作和控制。厂商可根据不同地区、不同产品库存数目以及允许的预算范围，设计打折促销的时间、方式及折扣率等。其先期的准备时间和准备工作量也相对于其他促销方式为少，并易于进行成本估算。同时，企业开展商品打折也深受企业业务人员的欢迎，他们可以借助折扣加快商品出售，完成销量指标。

案例 12-7 三家公司的不同打折促销

价格折扣是指厂家通过直接降低产品的售价来吸引消费者、促进产品销售的方法。“爱惠浦”纯净水优惠大酬宾活动采用的就是这种直接价格折扣。在活动期间，每瓶 600mL 装原价为 2 元的“爱惠浦”纯净水，消费者在零售店可以以 1.70 元购得。

汉高公司对其生产的“威白”洗衣粉促销活动采用的是数量折扣的方法。所谓数量折扣，是当消费者每购买一定数量或金额的商品后，按其比例附加赠送同类商品以吸引消费者。在“威白”洗衣粉促销期间，购买 450g 的“威白”洗衣粉，可额外获赠 50g，即超大装的 500g 只要用 450g 的钱就可买到。

“太太乐”公司促销活动采用的是套餐折扣。套餐折扣是指如果消费者集中购买企业预先配套的商品，将会给予一定的折扣。在“太太乐”促销活动期间，购买四种“太太乐”产品（鸡精、宴会酱油，再加任意两款调味包），一共只需花 10 元钱，而这些产品原来零售价总和约为 19 元，相当于有 50% 的折扣优惠。

需要指出的是，在多数情况下，折扣后的产品难以恢复至原来价位，这是令营销经理深感头痛的问题。不仅消费者会习惯于低价格，中间商们也会不断抱怨折扣结束后的价格调整，甚至暂缓进货。并且打折促销对吸引新顾客试用的效果并不太好，不如免费试用、包装上附赠品、送优惠券等来得有效。尤其是知名度不高、品牌认同度差的产品，折扣几乎对消费者没有吸引力。但如果产品形象较好，原来价格偏高时，折扣后与普通品牌差不多，则能引起消费者尝试购买的兴趣。因此，打折促销更适于已有一定市场占有率和品牌认同度高的产品。此外，打折还易引发价格战，或引起竞争对手的反击。因此，厂家对产品采取任何折扣的行为都应相当谨慎。至于套餐折扣促销，则存在一个明显弊端。若套餐产品中有一种是消费者不需要或不喜欢的，他们就有可能全部不买。

二、赠品促销

赠品促销是指消费者购买产品的同时可以得到一份非该产品的赠送品。它必须符合两个基本特点：①消费者在购物当时能立即获得馈赠；②所赠的品种非产品本身（这也是与打折促销中的数量折扣方式最根本的区别）。按赠品与包装的关系，赠品促销可分为包装内赠品、包装上赠品、包装外赠品、包装即赠品四种形式。在竞争激烈的市场环境下，消费者的“背离”也越来越快，而现代科技的进步，又使得同类产品的差异越来越小，要依靠产品自身的质量获得消费者的忠诚已远远不够。当产品销售遇到瓶颈时，走赠品促销之路是个不错的选择。首先，好的赠品可以使产品增加附加价值，形成差异化，以鼓励消费者重复购买，建立品牌忠诚度。其次，附送赠品是吸引消费者尝试购买的最有效方式之一，在新产品上市或为旧产品拓展顾客群时，都屡试不爽。再次，选择与产品相关的赠品，可以增加产品的使用频率，甚至让对产品抱有成见的消费者接受该产品。赠品还可以传递产品或品牌的概念及信息。例如，某食品适用范围比较广但品牌形象模糊，如果提供一个玩具作赠品，消费者就能知道此食品是专门为小朋友准备的。最后，赠品促销可以鼓励消费者重复购买，尤其是当消费者认为该赠品多多益善时。

案例 12-8 四家公司的不同赠品促销手段

包装内赠品是指将赠品放在产品包装内附送给顾客，此类赠品通常体积较小。“奇洛”茶促销用的就是这个方法。在促销期间，购买 1 盒 100 包装的“奇洛”茶，或者 4 盒 25 包装的“奇洛”茶，都可获赠具有收藏价值的世界各国纪念币中的 1 枚。这套世界各国纪念币共计 48 枚，每 1 枚代表 1 个国家，如果能够收集到完整的 1 套，就可换取 24K 镀金纪念币 1 套，更具收藏价值。提供成套的赠品不仅可以促使消费者尝试购买新产品，还可以刺激消费者反复购买、多次购买或大量购买。

包装上赠品是指将所送赠品附在产品上或产品包装上，而非置于包装内部，如用胶带将赠品与商品捆扎在一起，或者用透明塑胶胶片制成外盒，将产品与赠品放在一起等。“福临门”食用油促销用的就是这个方法。促销广告中说：“元旦、春节在即，为给全家做出一桌好菜，您辛苦了，操劳的双手更容易在忙碌中不知不觉受到伤害。这个冬日，福临门送上护手霜，滋润好主妇为全家操劳一年的双手。”活动期间购买“福临门”食用油 1 瓶，即可获赠“东洋之花”绵羊油护手霜 1 支（40g）。

由于赠品体积大或为了减少捆扎的工作量等，有时无法将赠品与产品附连在一起出售，在这种情况下，赠品常被放在零售店内，消费者购买产品后，由店员或促销推广人员把赠品交给消费者一并带走，这种促销形式称为包装外赠品。“蝶妆”化妆品促销用的就是这个方法。在“蝶妆”化妆品岁末狂欢超值大赠送活动中，消费者购买“蝶妆”化妆品满 200 元，即可获赠从韩国进口的高级丝袜 1 双；满 400 元，即可获赠“蝶妆”高级口红集锦 1 盒。并且，持相关广告到“蝶妆”专柜均可领取男性范蒙旅行装一套。

将产品的包装本身作为可利用的赠品，这是附送赠品的另一形式，称为包装即赠品。消费者用完产品后，可将产品包装物作为其他用途使用，如玻璃瓶、果汁壶、储物罐、化妆包等。上海制皂公司将两块“白丽”牛奶润肤皂放在水晶化妆包内一并出售，意即消费者只要购买 2 块“白丽”牛奶润肤皂即可得水晶化妆包 1 个。为加强活动的吸引力，“白丽”还增设了抽奖活动，消费者将两张“白丽”香皂的包装纸连同抽奖表寄回公司，即有机会赢取“掌中宝”手机。

需要指出的是，许多赠品促销活动失败的最主要原因在于赠品太差。当赠品的吸引力不够、品质欠佳时，反而会使本欲购买该商品的消费者打退堂鼓，尤其是当消费者以前对同类赠品有不良的印象时。其次，即使企业所推出的赠品设计得再好，但如果没有突出醒目的广告宣传，也不可能激起消费者想拥有赠品的欲望，所以说，附送赠品促销的代价也是不低的。再次，只要赠品一离开产品制造公司人员的手，就很难把握其合理地、有效地赠送，从而抑制了赠品促销的效果。一方面，“近水楼台先得月”的销售人员可能将其喜爱的赠品占为己有；另一方面，经销商如果不配合，促销也很难成功。经销商接受赠品促销是有一定条件的，因为赠品可能会造成货架陈列上的困难、结账时的不便，当同类赠品在店内有售时，还会影响经销商正常商品的销售。所以，企业每次举办赠品促销活动时，既要考虑对赠品实际发送情况的监督，又要同时附带各种优惠条件以获得经销商的配合，这些都进一步加重了企业的负担。

三、赠券促销

赠券促销又称凭证优惠，即消费者需依据某种凭证方可享受到商品购买时的优惠，例如，厂商寄发的优惠券、旧产品、其他品牌的同类产品等，都可用作优惠凭证，达到厂商不同的促销目的。一般来说，凭证优惠这种方式会吸引对品牌有一定好感或已试用过该产品且感到满意的消费者，企业也可以利用这种方法推介口碑较好品牌的新品种、新口味，或拓展顾客群。其次，如果企业比较长期地运用凭证优惠来促销，可培养消费者成为长期的忠诚客户。特别是当产品间的差异不明显时，要培养品牌偏好，除了品牌形象的建立外，还需同时培养消费者购买该产品的习惯。因此，多次运用优惠券，可提高消费者的购买频率，使之习惯使用此产品。当然，前提是产品的质量要具有市场竞争力。

案例 12-9　宜昌市电信局的赠券促销

湖北省宜昌市电信局为打开全市的电话市场，曾经在消费者权益日期间，开展了一次优惠券促销活动，并把促销实绩与每个员工的经济利益直接挂钩。活动期内，市民通过宜昌市电信局的电话装机优惠券，可享受装机优惠 500 元。该促销活动的口号是："不是降价，是回报社会，回报消费者"。同时优惠券不对外发放，而是按一定数量发给每个员工，由员工向社会发放。每个员工的优惠券上均印有编码，电信局从装机回收的优惠券中就能知道该优惠券由哪个员工发放，并将发放情况与年底的奖金挂钩。宜昌市电信局的这次促销活动历时两个月，实际装机 3562 部，为电信电话行业做了一次不错的促销示范。

(1) 这次活动调动了全体员工的积极性，这种"全员促销"改变了员工"事不关己"的消极态度，当然比只靠销售部门少数人员搞促销的效果要好得多。

(2) 把促销实绩与员工个人的经济利益直接挂钩，并作为员工年终考核的标准之一，是这次活动取得实效的一个重要原因。

(3) 促销活动以"回报社会、回报消费者"为主题，不仅促进了销售，而且提升了企业的形象，很好地把商业利益和公众利益有机地结合在一起。

(4) 一般的优惠券促销，大多是通过各种方式向消费者大量散发折价券，而这次活动却由内部员工发放，使其在消费者心目中产生了一种神秘感、价值感。正是利用了中小城市消费者这种特殊的购物心理，所以这次活动由所发放的优惠券所引致的实际装机率很高。

(5) 这次活动采用电信局公告的形式做广告宣传，操作简单，成本低廉，效果却很好。电信局公告容易使人产生信任感，许多消费者没有把它看作是一种商家促销手段。

(6) 优惠券发放的数量控制得较合适，需求略大于供给，防止滥发优惠券的现象，这样做提升了优惠券在消费者心目中的地位，保证了实际装机率。

(7) 对没有优惠券的顾客，一律不准以优惠价装机，维护了优惠券的信誉和地位，这也是该活动取得成功的原因之一。

案例 12-10　理想牌彩色锅以旧换新大行动

理想工业公司曾在台湾市场上推出一款新产品——理想牌彩色锅。市场调查的结果表明，这种彩色锅销售的最大障碍，是家家户户都有传统的炒菜锅。有很多消费者说："我买了彩色锅，家里的旧锅怎么办？”还有的消费者说：“我要买，等我家里的锅用坏了，我就买！”但是，传统的炒菜锅使用寿命非常长，要等到消费者家里的锅用坏，不知要到何年何月。根据这一情况，理想工业公司决定开展一次以旧锅换新锅的促销活动。活动规定，在购买彩色锅时，一口旧锅可以折价50元新台币，并利用电视广告对这一活动进行宣传。电视广告中一位收旧货的商人一手拿着一杆秤，一手拿着一口旧锅说道：“过去一个只值几元钱，现在不同啦！旧锅换新彩锅，一个值50元。”接下来的广告画面中出现了许多家庭主妇，她们成群结队地拿旧锅换新彩锅，并喜笑颜开地说着：“真划算！”广告播出后，在台湾掀起了一股换锅热潮，理想牌彩色锅迅速进入千家万户。

需要指出的是，凭证优惠虽然最能吸引已试用过该产品且感到满意的消费者，但也正如前面谈到的对新品牌或未具知名度的产品的效果未必理想。因为面对优惠凭证，消费者会依据商品的优惠额多少来决定是否值得购买，而对一个消费者不知产品价值何在，或者品质标准尚未建立的产品而言，消费者无法判断是否值得，因此有可能根本不会参加。其次，凭证优惠促销活动在回收、保管并统计优惠凭证等工作上需要经销商投入相应的人力，而一旦凭证丢失则会招致损失，因此，经销商不一定喜欢凭证优惠促销活动。在实际操作中，由于商家配合欠妥，使部分消费者未能享受到购买优惠，影响了消费者对品牌的好感及对优惠券信任的情况也时有发生。再次，凭证优惠在优惠券的制作、分发、媒体宣传和通路配合上的费用，也是厂家在选择该促销手段时需要考虑的因素。

四、样品促销

样品促销又称免费试用，是通过将产品（或其试用装）免费赠送给消费者供其试用或品尝的一种促销方法。按照样品派送方式的不同，免费试用可分为入户派发产品、户外派发产品和凭证派发产品等形式。免费试用促销适于价格较低的日用消费品推广，那些差异明显、易于独立小包装且能区分目标顾客群的产品，都可以通过消费者的亲身试用提高产品接受度。其次，由于这种方法无需消费者付出任何代价，免费试用活动最适宜吸引消费者试用新产品，使之转为购买行为。不少情况下，这一诱使消费者尝试的有力武器，的确成了改变消费者对其他品牌忠诚的有效方式。再次，免费试用促销能提高产品的入市速度。广告需反复刊载才能广为消费者认知，其他促销手法也始终不如“眼见为实”来得更具说服力。

案例 12-11 MCI 公司长途电话市场争霸战

美国长途电话业务长期以来被 AT&T 所垄断，美国政府宣布打破垄断之后，很多小公司开始与 AT&T 竞争，不甘示弱的 MCI 公司便是其中之一。如何提高业绩、使公司快速成长，成为 MCI 的当务之急。

经研究发现，MCI 成长缓慢的主要原因是，一般人对 MCI 服务项目缺乏了解，甚至认为如果从 AT&T 长途电话服务改为用 MCI 服务，家中的电话机可能需要某种特殊设备。其实想变更长途电话公司十分简单，只要在电话机上按几个键即可完成。

要想使社会大众认识到从 AT&T 改为 MCI 电话用户是件容易的事，MCI 决定选几家购物人潮汹涌的大型超级市场或购物中心安装几台电话，让消费者亲自感受通过 MCI 服务拨打长途电话是何等容易。

每年从 11 月中旬到翌年 1 月，是美国的购物旺季，很多商店都想趁此黄金时期举办各种促销活动，大赚一笔。MCI便利用这一时机，选定全国165家百货公司及购物中心，安装了很多台示范电话，邀请每位购物者打3分钟的免费长途电话。唯一的条件是，打电话者要留下姓名、住址及电话号码。MCI公司借此收集了很多顾客的信息，并交给各地的业务代表。

同时，MCI为配合各地的免费电话活动，邀请各地社会名流、政府要员分别召开记者招待会或免费电话活动说明会，让大家共同参与此项活动，以达到家喻户晓的传播效果。

MCI的此项推广活动，共动用了12万美金作为促销及公共关系费用，让更多的人了解了MCI公司及其易操作的长途电话拨打方式。同时，MCI还获得了40万名潜在顾客的资料，各地的MCI业务代表凭其三寸不烂之舌，使每10人中就有1人从AT&T变更为MCI，这次活动为MCI赢得了37000个新客户。

需要指出的是，免费试用这种方式通常是不会有人拒绝接受的，试用产品几乎能够百分之百地派送出去。因此，实打实地赠送会令成本增高，并非所有公司都能承受的。其次，对于同质性很强的产品，通过免费使用（品尝），根本没法与现有产品（品牌）予以区别，这种促销活动对其产品的销售促进作用其实不大。而又有一些个性化颇强的产品，如不同口味的饮料、食品，不同颜色的口红、指甲油等，因消费者的喜好不同，免费试用会得到不同的结果，也难以得到消费者的统一认可，接受程度有限。再有，样品派送管理难度较大，较难保证免费样品能完全送达消费者手中。有的派送人员怕吃苦，有的怕上门遭到拒绝，有的甚至将免费试用品拿回家或将广告宣传品扔进垃圾箱等，各种情形都有可能发生，作为活动的组织者很难对这些进行一一验证和控制。即使是一些专业的促销公司，也存在管理不力、运作不正规的问题，这就使活动的成本和效果难以估量。还有，对于凭证索取赠品，有时还可能会有冲突事件发生，活动组织者对此也应予以高度重视。

五、抽奖促销

抽奖促销是利用人们追求刺激及侥幸获奖的心理，增加消费者购买某种产品的欲望，带动商品销售。按照操作方式的不同，抽奖促销的方法可分为回寄式抽奖和即开即中式抽奖两种。中奖者凭借的不是聪明才智，而是个人运气。企业要对众多的目标消费者“一网打尽”，往往得借助于抽奖活动。就像日用消费品，由于其低值、低利润的特性，而面对的消费者却是数量多、范围广，如能有一个巨奖的诱惑，便能吸引成千上万的消费者投身其中，那么企业的实际奖金支出分摊到所售产品的成本就大大降低了。此外，令人心动的抽奖活动，会提升消费者对商品的关注和了解。因此，抽奖活动本身也是宣传产品很好的广告形式。

案例12-12　台湾三阳公司“你买年货我埋单”促销活动

台湾三阳工业公司曾在春节前夕以庆祝摩托车销售突破500万台为由，举办了一场名为“你买年货我埋单”的抽奖促销活动，成为轰动台湾商界和媒体的特别新闻。活动期间，凡是购买了三阳摩托车的顾客，均可获赠一张抽奖券和一件夹克衫。顾客在抽奖券上填好个人信息后，寄回三阳工业公司即可参与抽奖。中奖者可到指定的远东百货超市进行限时五分钟的大搬奖，即中奖人可在超市货架上搬走自己想要的任何商品，限时五分钟，搬多少得多少。

本次活动的成功之处主要体现在以下几个方面：首先，抽奖与赠品结合。凡购买了三阳摩托车的顾客不但可以得到中奖的机会，而且还可以得到1件夹克衫，使绝大多数未中奖者得到“安慰”，让他们的失落感得到减缓。其次，促销时机选择适当。活动期间正值领年终奖金，消费者包里有钱；而且是春节前夕，很多人想买辆新摩托车过年；另外一旦中奖，消费者还可以用5分钟搬走自己需要的年货。此时促销，易收到事半功倍的效果。再次，搬奖只能搬超市的商品。超市中商品多是日用消费品，价格低，再加上又限时5分钟，所以这是一种刺激大、容易造成轰动效应，但实际成本很低的抽奖活动。最后，选择合适的伙伴。远东百货公司在台湾地区知名度高，商誉好，在各大城市分公司多，可方便中奖者就近搬奖。三阳工业公司在这次活动中找到了一个合适的合作伙伴，节省了促销费用。

需要指出的是，尽管有些营销人员深信抽奖活动对于消费者深具吸引力，消费者喜欢这一活动，然而，关于这一点，实在是没有确凿的资料可以证明。目前，国内消费者对抽奖活动反应平淡，一方面可能与地区文化有关，我国对于博彩活动向来予以管制，没有热烈的环境气氛烘托，消费者自然难对这一激动人心的活动作出热烈的反应；另一方面，则是由于抽奖活动的主动权完全控制在商家手中，在目前监控机制和市场条件都不太规范的情况下，很难吸引消费者积极参与。其次，抽奖促销活动对品牌帮助不大，有时候未中奖的沮丧感反而会影响消费者对品牌的好感。再次，抽奖活动通常需要大量的经费由媒体广为宣传，而且难以事先对活动效果进行准确的效益评估，因此，企业选择该促销方法时需要谨慎行事。

六、有奖竞赛促销

有奖竞赛促销活动是利用人们的好胜心、竞争性，通过展现自身的聪明才智赢得丰厚的奖励，以吸引消费者参加活动的一种方式。通常，竞赛活动要求消费者运用和发挥自己的才华去完成某一特定任务，如请消费者为产品配一副对联、写一句广告语、竞猜球赛冠军等，然后再从参与者中，依其回复的优劣评出优胜者。通过有奖竞赛促销活动，能够帮助建立或强化企业的品牌形象，比如消费者在为企业撰写广告语、为产品画一幅画或选择出优秀的产品标志时，也就把企业的品牌深深地记在心里了。毫无疑问，一个设计良好的竞赛活动有助于为品牌增光，增进消费者对产品的了解，不少企业举办的竞赛活动至少达到了宣传的效果。

案例12-13　马自达汽车摄影比赛促销活动

在日本汽车制造业中，丰田、本田、日产等品牌已名扬国际，马自达（Mazda）汽车在市场占有率方面在日本屈居第四位。为扩大市场占有率，该公司曾推出一项极具创意的促销活动。这场以“马自达汽车提高生活情趣”（Having fun with Mazda cars and trucks）为主题的全世界摄影比赛活动，成功地向全球传达了“马自达是一家讲究品质的国际性大公司”的信息。

此项活动的基本做法是把入选的照片印成月历作为店面广告（POP），以广招客源。主题为“马自达汽车提高生活情趣”摄影比赛的收件日期，定为当年6月1日至8月30日，并从6月18日至7月16日在影响极大的美国《时代》杂志的全世界不同版本上刊登广告，呼吁各国摄影爱好者在各地马自达汽车展示场索取申请表。具体活动规定如下：参赛者提交底片作为参选作品；照片内必须有马自达汽车，无论汽车是否为其所拥有；需以各国风光作背景；录取前20名，每名奖金为3000美元；入选作品版权归马自达所有；获奖作品及获奖者于11月19日由《时代》杂志公开宣布；将入选作品印刷成13万份月历，分发给世界各地的经销商。

此项活动在媒体方面支出56.39万美元，在促销方面支出14.9万美元，总花费为71.29万美元。活动总共收到来自世界各国4000位参赛者的作品，制作的13万份月历散布在世界各地的马自达经销商处，大大提高了马自达的国际形象和知名度，促进了马自达汽车的销售。

需要指出的是，有奖竞赛促销活动的参与率低，且只能限于特定方式和内容，无法普及。由于竞赛活动需要凭借一定的智力与知识才能参加，不像抽奖只凭运气，容易不劳而获，因此，就增加了比赛的难度，参加者自然就少了。如果竞赛题复杂枯燥，更不能引起人们的关注。其次，有奖竞赛促销活动的设计创新较难。如果是普通的问题会使消费者感到乏味，要引发消费者的好奇或想要一试的欲望，就需要别出心裁的创意，但现实中真正杰出的作品委实不多。再次，“有奖竞赛”对目标顾客群针对性差。除非活动的主题的确与众不同、引人注目，并辅以有效的宣传沟通工作，否则是不会出现企业所期望的反响的。不少参加者是些“竞赛专业户”，在此类情况下，举办这种活动就不一定会对企业的品牌宣传有多少实际的意义了。

七、促销游戏

人类生来就有喜好游戏的天性，许多人对构思新颖、趣味无穷的游戏活动更是来者不拒。在趋乐避苦、追求幸福快乐的本能的影响下，游戏无疑能满足人们对快乐的心理需求。参加游戏所感受到的欢乐亢奋的情绪，能令人身心放松、舒缓压力，甚至忘却烦恼。促销游戏正是基于人们这种天性而设置的，聪明的营销人员能充分满足消费者的这种需求，令枯燥简单的商业促销活动变得丰富多彩、妙趣横生。通过促销游戏，一方面能引起消费者较多的注意和好奇，从而加深参加者对品牌的记忆与印象；另一方面，促销游戏活动通常能激励消费者反复购买。因为大多数游戏的设计都要求消费者多次购买，才能达到获奖的目的，如拼图、配字等，都需获取足够多的标志才能拼配完成。而且，在大多数情况下，一旦学会了游戏方法并参加过游戏活动的消费者多会持续参加，不会轻易中途退出，甚至会增加购买量，以符合游戏要求。尤为难得的是，游戏促销并不损害产品的品牌形象，这一优点是其他促销方式无法比拟的。

案例12-14　某商场的父亲节游戏促销

促销主题：玩“父子老爷车”，得心动大礼

促销时间：父亲节当日

促销目标：通过对这个特殊日子的情感渲染和互动游戏，体现商场的人性化经营，吸引男性消费者并拉近彼此距离

促销形式：情感促销、游戏促销

促销对象：所有男性顾客

促销内容及操作说明：

1. 氛围设置

大型海报：告天下父亲书——用于父亲节情感渲染的大型海报，张贴于商场门前醒目位

置或公告栏，应制作精美，能引起读者的共鸣。

卖场 POP：父亲节真情告白——在卖场内以红纸、黄广告色书写有关父亲节的具有煽情效果的文字，如“伟大源于父爱，快乐送给父亲节”等。

视觉刺激：《父子老爷车》电影——为配合这一活动，可以在卖场门前的放映区，放映这部由陈强父子早年出演的喜剧电影。

2. 活动设置

活动场地布置：在卖场开阔地带设置互动游戏场地，活动以“父子老爷车”为名。在地面用背胶喷绘相纸制成公路的样子（或以即时贴制作），在“公路”两旁设置不同金额的奖项。

活动用品准备：儿童玩具车一部（最佳选择为老爷车模型），奖品若干份。奖品价值不必过高，但奖品数量要充足。

3. 游戏规则设置

凡在商场购物（或交一元活动基金并留下联系方式）的男性顾客均可参加此活动；参加者在“公路”起点处，以手推为动力，将小车驶向指定目标；根据小车所停稳的奖区获得相应奖品，小车滑出“公路”或翻车，均视为无效；获奖区的划分，经现场试验再行确定。

需要指出的是，在一般情况下，促销游戏活动的参与面往往比较窄。不同年龄、不同性格、不同教育程度的消费者，会对游戏活动有不同的反应，很难找到令所有人都感兴趣的游戏活动，这对于大众消费品来说是个不利因素。此外，游戏活动需要事先进行媒体宣传，比较复杂的游戏还要投入一定的精力来教会消费者游戏的方法，在游戏活动的举办过程中，商家还得做大量的广告以渲染游戏活动正在举行的热烈气氛，加上为鼓励消费者积极参加而准备的奖品，游戏促销活动的经费问题需要企业认真考虑。

八、现场示范和组织展销

现场示范是企业派人将自己的产品在销售现场或目标顾客群中当场进行使用示范表演（当然，也可将演示过程制成录像后在媒体上播放），增进顾客对产品的了解和认识，刺激消费者的购买冲动。而组织展销则是企业将一些能显示企业优势和特征的产品集中陈列，边展边销。二者都是通过演示产品的用途及特点来吸引消费者购买，由于眼见为实，具有很强的说服力。

案例 12-15　农夫山泉矿泉水的演示促销

从 2000 年 4 月开始，农夫山泉为宣扬其生产的矿泉水优于纯净水，在国内一些地区开展了一系列现场示范促销活动。公司选择一些中小学校的校园，以豆芽菜和水仙花生长做比较实验。两盆豆芽菜，一盆用纯净水浇灌，另一盆用农夫山泉矿泉水浇灌。一段时间后，用纯净水浇灌的豆芽菜干瘪矮小，而用农夫山泉矿泉水浇灌的豆芽菜却长得非常茂盛。水仙花生长实验也是如此，用矿泉水浇灌后的水仙花比用纯净水浇灌的水仙花生长得更加娇艳（水仙花生长实验也被拍成广告在国内媒体广泛播放）。虽然以娃哈哈和乐百氏为代表的纯净水生产商对此表现出了强烈不满，并反唇相讥道：“如果这样的实验能够说明问题的话，大粪汤应该是最有营养的。”但是，看到茁壮饱满的豆芽菜，又有哪个爱孩子的母亲会不心动？看到一边是纯净水浇灌的打蔫的水仙花，另一边是矿泉水浇灌的娇艳欲滴的水仙花时，又有哪个爱美的女士不去选择饮用矿泉水呢？

需要指出的是，由于受场所的限制，现场示范促销通常范围较窄，而组织展销由于其较强的针对性，往往被更多的商家所喜爱。

九、集点换物

集点换物是一种消费者先连续消费，然后获得赠品的促销活动。消费者需收集产品的购买凭证，达到活动规定的数量即可获得奖励。奖励可以是现金、礼品、下次购买的折扣优惠券或者游玩机会等。按照促销活动的时效性，集点换物活动可分为非限时性集点换物和限时性集点换物。与其他促销活动相比，集点换物促销最大的目的是鼓励消费者重复购买，培养忠实稳定的顾客群。此外，相对于赠品促销、折价促销以及免费样品试用等方式来说，集点换物的成本还是较低的。一方面，所提供的奖品成本可以分解到多次购买的商品中；另一方面，不少人在收集了积分券后，由于种种原因没能去兑换赠品。

案例 12-16　“威凤凰”和“波力”公司的不同集点换物促销

非限时性集点换物是指无论何时，消费者购物后都可得到积分兑换券，积分券只要积累到一定数量，就可兑换规定的礼品，兑换礼品的时间也没有限制。“威凤凰”积分活动用的就是这个方法。“威凤凰”提供了众多的礼品吸引消费者参与此次活动。在所有销售“威凤凰”的场所，消费者都可得到一张积分卡，卡上除了有活动说明外，还有 40 个空格。购“威凤凰”酒 1 杯，消费者即可得“威凤凰”印花 1 个，贴在积分卡的空格上，代表得 1 分；消费一瓶 750mL“威凤凰”酒者则获 30 个印花，代表得 30 分。兑换礼品从 4 分起，集满 4 分可得“威凤凰”扑克牌 1 副；集满 8 分可得“威凤凰”咖啡杯 1 个；集满 10 分则可兑换时尚别针一枚。其他礼品还有高尔夫球帽、T 恤衫、运动背心、花梨木墨水笔、飞镖、高尔夫球杆套、野外手表、打火机、真丝花领带、牛仔 T 恤、美津浓高级球杆、时尚真皮外套等，多达 28 种。兑换礼品没有时间限制，消费者尽可放心收集足够的分数兑换礼品。没有时间限制的集点换物最大的好处是可以让消费者打消顾虑，放心参加。但不利之处在于，活动一经宣布，公司就不得不常年预留这笔预算，即使绩效不佳或公司经营面临困难，都不得中途停止，以免令企业信誉遭受影响。

大多数的集点换物活动都会规定一个时限，称为限时性集点换物，即消费者在规定的促销期内购物才能得到积分券，并且只有在规定的促销期内，消费者把规定数量的积分券交给厂商才能兑换礼品。“波力”曾开展的“波力”有回报活动用的就是这种方法。凡购买“波力”食品，凭 4 个不同产品的外包装袋（其中必须有 1 袋是 90g 的“波力”花生卷），就可在指定时间、地点兑换 148g 鲜果口味“波力”心动果冻 1 袋。兑换礼品的时间、地点限定为 8 月 22 日 ~23 日、9 月 5 日 ~6 日的上午 10 时至下午 5 时和指定的 10 家店。有时间限制的集点换物促销活动，是期望消费者在短期内增加购买次数或购买金额，而且，对企业来说较易于控制活动的预算开支，与前一种方法相比，厂商更乐于采用这种方法。不足的是，如果活动的宣传效果有限，或消费者反应缓慢，限定时间内来参加活动的人不多，就违背了厂商的促销本意。所以，限定时间的集点换物，要注意事先有效地宣传，并且，参加活动的难度不能太大，毕竟消费者为此准备的时间有限。

需要指出的是，集点换物活动适用于购买频率高、消耗量大的产品，而对一些使用周期长、消费者不经常购买的商品，如领带、台灯、电话机等则会毫无用处。其次，集点换物活动耗时较长，是对消费者耐性的一种考验，有时会令很多消费者对它失去兴趣，除非积点数量要求低、赠品又特别具有吸引力。再有，集点换物对激励经销商、零售店增加经销业绩的帮助不大，它们更喜欢能够直接兑现的促销方式，因此配合热情不高，而消费者在经销商和零售店能否方便兑换，直接影响着他们对活动的兴趣。此外，集点换物的方式对吸引新顾客试用产品的效果也较差。

第三节　促销策划的基本原则

很多人对促销寄予了太多的希望，一些经营困难企业更希望抓住促销这一“救命稻草”使企业起死回生。然而调查研究表明，频繁的赠品、打折、赠券、抽奖等各种各样的促销方式，在刺激消费者试用或重复购买的同时，长时间积累起来的品牌资产正在受到冲击和腐蚀。朝令夕改的价格与无条件的赠送，令消费者对产品渐渐产生怀疑和不信任。忠诚度在一次次降价、一次次赠品的免费大餐中逐渐丧失。曾有学者研究过一些经营状况不很理想企业的财务报表，发现它们都有一个共同的规律：销售额平时极低，只是在一年中的几个点上有比较高的营业额。通过进一步的调研发现，原来那几个时点正是企业搞促销活动的时候。当企业越来越依赖促销取悦消费者时，丧失的不仅仅是利润，更是消费者对于品牌及产品的信赖。如果消费者只是在促销期间才会购买某公司的产品，那么，这家公司就已经很危险了。如何运用好促销这把双刃剑，下面的这则案例可以给厂（商）家许多启示。

案例 12-17　金伯利钻石商丘专营店 7 周年店庆品牌整合推广纪实

周年庆典是所有商家都会有的机会，但是很多商家只是把它作为一个庆典来做，而有的商家却把它当做一项促销机会来挖掘，精心策划，周密运作，最后创造了一个销售额的“极大值”。2005 年 9 月 1 日是金伯利钻石专营店店庆 7 周年的日子，该店通过专业公司帮助策划，使当天销售额直线上升，打破历史纪录，达到近 30 万元。对于一个营业面积不足 $100m^2$ 的店铺来讲，这真是一个奇迹。

1. 策划店庆活动主题，整体提高促销品位

金伯利钻石商丘专营店是河南如水珠宝有限公司旗下的一家钻石专营店，开店时间已达 7 年之久，在商丘珠宝钻石市场属于主导品牌。经过对商丘珠宝钻石市场各个钻石品牌促销活动的调查了解到，各珠宝品牌进行以促销为主题的活动宣传推广较多，但是手段比较单一，几乎都是打折、买赠之类，太俗套，纯商业味较浓，活动没有品位，品牌形象推广严重匮乏。因此，如果金伯利能够在这方面率先取得突破，就更加拉大了与其他钻石品牌之间的距离，使金伯利能够在商丘市场巩固主流品牌地位，取得更大的竞争优势。

鉴于此，策划者决定把这次店庆活动的主题定为“经历感动成长，相约店庆 7 周年”。回顾过去的 7 年，对于一个处在经济相对比较落后地区求生存的商丘金伯利钻石店来说，这是一个历经坎坷和挫折、奋进、成长以及取得辉煌的历程，它的成长离不开社会和消费者的关注和支持，“经历感动成长，相约店庆 7 周年”的主题活动，把店庆活动转换为向消费者

让利回馈活动，顺理成章，具有亲和力，提高了活动的品位。

2. 盘点资源，打造核心竞争力

金伯利钻石商丘专营店6年多来积累了店庆促销方面的成功运作经验，可操作性强。其中有两个核心措施，一个是“寻找幸运顾客”：凡在9月1日（即店庆当天）购买钻饰满2000元以上者，即可成为金伯利幸运顾客，在以后每一年的店庆当天都可以来领一件超值礼品（价值上千元的红蓝宝石）。这样做不仅可以为每一年的店庆带来人气，而且还可以通过口碑效应带来新顾客。经过6年店庆，积累下来的幸运顾客已有三四百名，这是一个非常宝贵的资源。另外一个核心措施就是答谢老顾客：以前所有的老顾客在店庆当日都可以来领一份精美礼品。这个措施可以起到证明金伯利始终不忘老顾客的作用，从而扩大信誉度、知名度和顾客忠诚度，还可以带来当天的人气，避免了冷场局面的出现。最终，还会促使老顾客的再次消费，此举可谓一石三鸟。策划者认为，金伯利钻石商丘专营店以往店庆的这两个核心措施不仅应该作为“保留节目”，而且还应该进行完善和包装，使其更加具有竞争力，发挥更大的作用。为此，策划者将这两项措施包装为“金伯利消费感恩节”，专门向幸运顾客和老顾客表示感谢，进行超值回馈。策划者通过顾客档案掌握的信息资料，以手机短信群发的形式提前通知了往年的幸运顾客和老顾客。这样一来，7周年店庆首先能够取得这批顾客的拥护和支持，以极少的投入就拥有了一部分预定的人气，为本次店庆活动的成功进行奠定了坚实的基础。

3. 优化组合媒体资源，实效传播广告信息

在广告媒体的选择上，策划者遵循经济、有效的原则，采取了立体式高密度的优化组合策略。对于平面报纸广告，策划者选择了当地的《京九晚报》和《大河报》DM夹页。《京九晚报》广告费比较低廉，是当地报纸；《大河报》是全球报纸发行百强之一，影响力较大，但广告费用太高，所以就采用夹页的形式，既能节省费用，又能借助强势媒体的影响力。对于户外广告，策划者选择了户外大牌、交通路牌和小区广告牌，没有选择公交车体广告是因为商丘市的公交系统不发达。对于影视广告，策划者选择了商丘电视台，因为它在当地可以将字幕广告切换到中央电视台、河南电视台的某些频道，传播效果非常好。

在广告投放节奏和广告内容上，策划者制定了循序渐进和软硬结合的策略。关于详细活动内容的硬平面广告，策划者只在报纸上投放，而且是在活动前一周内密集投放。对于活动前期的铺垫造势，策划者是通过做硬广告赠送的软文版块发布软文广告。活动主题提示则是通过户外广告和电视广告来进行的。

通过这样有原则的媒体选择、有节奏的投放、发布有针对性的内容，不仅使广告资源得到了有效应用，而且也起到了推波助澜和制造影响力的作用。

4. 启动社会公益活动，制造品牌影响力

因为金伯利钻石在商丘当地属知名品牌，也属于当地市场一线品牌，借店庆之机适当穿插公益活动内容，一方面可提升本品牌的社会和行业形象。另一方面，就操作而言，公益活动将会有媒体跟进，顺势报道本次店庆促销活动，借势宣传了店庆，降低宣传费用成本，一石二鸟。为了提高金伯利钻石品牌在当地市场的影响力，策划者经过精心策划，成功地启动了“经历感动成长，救助困难学子义捐”大型社会公益活动。由金伯利钻石商丘专营店出资16000元，向老家在商丘和就读于商丘的部分特困绩优生（3名）、特困生（5名）和困

难生（10 名）分别给予 2000 元、1000 元、500 元的捐助。义捐活动与店庆活动的主题比较吻合。因为商丘金伯利钻石专营店与受捐学子有着历经坎坷和挫折、奋进和取得辉煌成绩等相似的成长经历。金伯利钻石店在 7 周年店庆感慨自己成长历程之际，更容易对有着类似曲折经历的困难学子产生同情和理解。伸出援助之手，不但能感动受捐学子，更能感动社会和消费者，便于受众产生心理正向撞击，提高金伯利钻石品牌在当地的社会形象。

此次义捐活动果然得到了共青团商丘市委、教育局、妇联、宣传部等政府部门和《京九晚报》《商丘日报》、商丘电视台、商丘广播电台等媒体的大力支持和积极参与，使义捐活动一时成为当地的一个新闻关注热点，从而为金伯利钻石在商丘市场赢得了超强而广泛的影响力。整个店庆活动出现了第一个高潮，金伯利钻石在商丘的知名度、美誉度、品牌形象都得到了空前的提高。

5. 让时尚与古典共舞，创造现场巅峰人气

做现场促销活动，成功的第一要素是人气旺盛。如果聚不来人气，即使再精彩的促销策划方案也无法发挥作用。聚人气也称纳客，从本质上讲，营销的两个基本动作，第一是纳客，第二是留客。纳客是营销成功的前提条件。因为如果纳客不成功，留客就无从谈起。因此，在本次店庆活动现场，策划者针对商丘的历史文化进行了深入的分析。商丘是一个相对落后的小城市，但又充满了文化积淀。策划者采取了时尚与古典相结合的方式来铺垫人气，如军乐演奏、时尚宝贝街舞、山地车特技表演、花木兰花鼓队的演出。时尚宝贝街舞和山地车特技表演是流行时尚，在商丘当地属于不多见的表演，这会让商丘公众感到好奇而被吸引过来；而花木兰花鼓队和三军军乐协奏在商丘又有很好的群众基础，因为商丘是古代女英雄花木兰的故乡，军队情结比较浓厚，这是他们早已比较喜欢的文化活动形式。店庆当天，这四种形式交替进行，使活动现场始终充盈着处于巅峰状态的人气，为店内带来了爆满的客源，也为销售额的增长创造了坚实的基础和良好的条件。

6. 针对顾客群，加大产品促销力度，直接拉动销售增长

在促销活动过程中，产品线上的促销力度是直接让利给消费者的优惠，也是直接促进消费者购买行为的“临门一脚”，一定要有针对性，要针对不同顾客群体进行促销。在本次活动的店庆当天，策划者针对结婚购钻群体、追求时尚新款购钻群体、与商丘金伯利钻石店生日相同的社会群体、黄金铂金持有群体、喜欢打折的消费群体、喜欢赠品的消费群体、想体验抽奖的消费群体分别设计了“新款结婚钻戒限量大抢购”“结缘同日生、携手共成长”“黄金铂金随意换钻石”“购钻全场八折”“欢乐购钻、赠品节节高”“百抽百中领奖品”等系列产品促销活动。针对结婚购钻群体与追求时尚新款购钻群体，策划者主推的是结婚钻戒的款式，以新颖、时尚来打动他们；针对与商丘金伯利钻石店生日相同的社会群体，策划者准备的是“缘分礼”；针对黄金铂金持有群体，策划者推出了黄金铂金按当日金价免费换钻石活动，满足他们既想少掏钱又想要钻石的心理；对于喜欢打折的消费群体，策划者的对策是购钻石全场 8 折，一年仅此一天，平常的钻石售价至少是 8.8 折，这个机会实在难得；策划者又为喜欢赠品的消费群体准备了亚都加湿器、美的电磁炉、罗莱家纺等名牌礼品；对于喜欢抽奖的群体，策划者准备的大奖 3 级跳，既刺激又有趣。总之，这些形式各异的促销活动大大地满足了不同顾客的购物喜好和消费体验，尽可能地减少顾客群因不合胃口而流失。店庆当天，销售额近 30 万元，店庆期间，销售总额达 60 万元。

从金伯利钻石商丘专营店的成功促销案例，可以归纳出促销策划的一些实战原则：

1. 促销需要合适的理由和主题

促销活动最大的“硬伤”是容易伤害到老顾客。一位女士曾和别人这样谈到她的一次亲身购物经历：她曾经非常喜欢一个品牌的服装。有一次，她很高兴地花了560元钱买到一件该品牌的羽绒服，可是没过多久，当她再次光顾该品牌产品的经销店时，发现该羽绒服的售价已经降至320元。这位女士从此再未买过该品牌的服装，因为她已经对该产品失去了信心。经济学中的20/80法则清楚地表明老客户是企业的利润源泉，企业的任何经营活动绝不能损害老客户的利益。因此，商家每次运用促销手段招揽顾客时，应尽量做到师出有名，如“母亲节”“儿童节”“开业××周年”等，这样才不会伤害老客户，也不会对品牌造成负面冲击。

在案例12-17中，金伯利店的促销活动选择在店庆日，主题为“经历感动成长，相约店庆7周年”，不仅理由充分，而且主题极富感染力。在过去的7年里，对于处在商丘这样一个经济相对落后地区的金伯利钻石店来说，它的成长经历一定不会是一帆风顺的，而它如今的成功当然离不开社会和消费者的关注和支持。店庆促销让利活动不仅让新顾客感受到金伯利店对社会的真诚回报，而且当金伯利店庆日的商品价格大大低于老顾客原来的购买价格时，老顾客也不会觉得难以接受，因为这是在搞7周年庆典酬宾活动。

2. 促销需要有效的形式

促销的理由和主题有了，还要配以最有效的形式。目前，成功的促销越来越显现出两种趋势：一是促销形式越来越富有创意；二是组合促销正在取代单一形式的促销。例如，一家保健品生产企业设计的“新年赢大奖，谢谢也有礼”活动，就进行了促销形式的组合。一般而言，买××送××的这种形式比较实在，但冲击力不强。而“刮刮卡，中大奖”的方式虽然奖品的诱惑力大，但往往是到了最后，消费者也没有获得奖品，一个“谢谢”就算报答了消费者。因此很多消费者既感到不实惠，又怀疑活动的奖项设置的真实性。对此，该保健品公司进行了两种形式的组合，共设置4个奖项，分别是冰箱、微波炉、自行车和保温杯，然而公司定了一个规则，那就是消费者凭借“刮刮卡”的四个“谢谢”可以换一盒小包装的产品。这样公司在设计大奖的同时也把买四赠一设计进来，所以促销收到了较好的效果。在细节上创新，虽然可能是很小的亮点，但对促销的成效也很重要。

3. 促销需要强大的宣传攻势

促销活动的策划者应通过各种媒体，让大家了解此次活动，促销造势要贯穿于促销活动的事前、现场和活动之外。事前造势体现在大量的广告上，或提前一个星期发放活动宣传单页（可以和当地的邮局联系，跟报纸一起发放，或者跟报刊亭合作），或者将海报同时张贴在商场门口（最好是在活动的前两天，太早了可能影响活动前的销量）。事前造势通过对促销利益点进行着力诉求，引起消费者的注意，使其对即将到来的促销活动产生渴望感。现场造势是指拱门、帐篷、太阳伞、易拉宝等现场物料搭建；恰到好处的灯光和音乐，样品的摆设也需要精心设计，让它们尽可能“美丽动人”；同时销售人员此时也要统一打扮，职业着装。曾有商家在端午节促销期间，把卖场设计成龙舟的形状，龙舟上既摆放几种真空粽子，又摆有宣传端午的文字材料，在现场营造出了浓厚的节日气氛，增强了对顾客的吸引力。需要指出的是，企业造势不仅要立足于促销活动本身，还要着眼于活动之外，通过各种手段（尤其是公关手段）的运用为品牌的维护和提升造势。对于一个企业来说，在有限的促销活动中，每次都以品牌建设为指导、以促进品牌发展、进而建立长期强势品牌为目的，才是最有效、最合理的。

在事前造势方面，案例 12-17 中金伯利钻石商丘专营店的策划者遵循经济、有效的原则，并考虑目标人群对信息的认知规律、与不同媒介接触中的差异化心理，进行相应的媒体宣传形式、节奏和内容的整合。在媒体选择上，平面报纸广告既选择了费用低廉、效果较好的当地《京九晚报》，又通过全球报纸发行百强之一的《大河报》DM 夹页的形式，经济有效地借助强势媒体的影响力。在广告投放节奏和广告内容上，策划者制定了循序渐进和软硬结合的策略。通过这样在性价比较高的媒体上有的放矢地发布信息，配以立体化、连续性、有节奏的投放，真正取得“小投入，大收益”的理想效果。

在现场造势方面，案例 12-17 中金伯利钻石商丘专营店的策划者更是匠心独具，采取了时尚与古典相结合的方式来提升人气。“智慧经营，人文关怀”是当今企业参与竞争的一种高级境界，巧打文化牌更成为各大企业认可的优秀促销手段。时尚宝贝街舞和山地车特技表演充分展示了流行、时尚的元素；而花木兰花鼓队和军乐演奏在军队情结比较浓的商丘更是人们比较喜欢的文化活动形式。这些围绕消费者喜好进行的造势活动，不仅吸引了消费者的眼球，营造了火爆的现场人气，更有效地提升了企业文化内涵。

策划者非常清楚，企业促销活动不应只立足于短期内销量的提升，更应为品牌建设作好铺垫。为此，策划者大力加强在活动之外的造势，经过精心设计，成功启动了“经历感动成长，救助困难学子义捐”大型社会公益活动。此举使得金伯利钻石在商丘的知名度、美誉度、品牌形象都得到了较大的提高。而且，由于公益活动带来的媒体跟进，在传播了良好口碑的同时，也顺势报道了本次店庆促销活动，起到了一石二鸟的效果。

4. 促销需要明确的活动期限和适当的频率

时间过短的促销可能会遗漏一些目标客户，但过度促销足以伤害品牌形象是不争的事实。消费者会怀疑经常促销的产品质量低于正常销售的竞争产品，或认为产品原本的利润空间过大。一个知名的品牌如果有 30% 以上的时间在搞促销的话，那就很危险了。这是因为，一方面促销的效果会随着时间的推移而减弱；另一方面，由于促销不会带来品牌忠诚，如果消费者习惯于只是在促销时购买，没有促销便去选择其他品牌产品的话，商家的促销活动实际上是在为自己编织死亡陷阱。所以，一般说来，企业的促销活动一定要有期限性，而且不宜过频。在有限的时间内，利用消费者从众心理和限期促销所产生的“机不可失”的紧迫感，最大限度地拉动销售。当然，行业不同、产品特点不同、促销手段不同以及促销目的不同，厂家促销活动持续的时间和使用频率也不能相同。

案例 12-17 中，金伯利钻石商丘专营店精心设计的“经历感动成长，相约店庆 7 周年”的促销活动，一年仅此一次（频率），而且针对不同的消费群体设计的 6 种促销方式大都只限于 2005 年 9 月 1 日店庆 7 周年的这一天（期限）。此次让利促销活动在该店的运筹之下，伴随强大的造势活动聚集起来的人气，在“一年仅此一天”的紧迫感的驱使下，当天便实现了将近 30 万元的销售额，并带动了 60 万元的销售跟进。

5. 促销需要真正给消费者以实惠

曾发生过这样几则案例：一位顾客在某商场购买了一双皮鞋后被告知可获得一次抽奖机会，结果所中奖项是“优惠购买一双运动鞋”。虽然营业员一再扬言“不享受这张优惠券是傻瓜”，可这位顾客宁愿做“傻瓜”，因为他不需要运动鞋。再如，有商家为保质期只剩 1

天的酸奶提供12瓶装的折扣优惠，但事实上，一天内一个消费者家庭无论如何也喝不完12瓶酸奶。另有一些消费者兴高采烈地拿到购买商品后获得的赠品，但事后却发现赠品为残次品……这些做法只能让消费者气得发誓以后再也不相信商家的促销伎俩了。商家为了提高销量而做促销活动，没有理由不给消费者一个真正的实惠，欺骗消费者的商家最终只能是引火烧身。一位连锁超市的负责人曾就促销问题谈过自己的看法："促销不能有水分，对于商家来说，顾客的信任度是最重要的。有了信任度，才有忠诚度，才会有下一次光临的可能。"

金伯利钻石商丘专营店在促销活动过程中，直接让利给消费者的优惠不仅针对性强，而且力度大，也是直接促进消费者购买行为、使得小店铺实现破纪录销售奇迹的重要因素。当然，促销力度的大小还应具有合理性。力度过大是一种浪费，短时间效果可能良好，但时间一长，效果往往呈现递减趋势，而且可能造成顾客对产品质量的怀疑；而促销力度过小，则不会引起顾客的兴趣，达不到既定目的。

6. 促销需要完善的组织和管理

好的策划只是成功的一半，执行过程如何才是决定最终成败的关键。许多促销活动尽管有巧妙的构思和设计，却由于活动的组织与执行出现偏差而遭到惨重的失败。所以，为了使策划人员的构思得以实现，必须对促销活动的各个细节给予仔细筹划，包括作出具体的行动安排，对有关人员进行活动培训，并在整个活动进展中加强控制和监管。对于营销管理部门而言，计划、培训和监控是具有连续性和相关性的重要工作，是促销活动顺利进行的良好保证。

促销活动的成功首先需要制订出配合活动开展的具体日程安排和行动方案，以便组织生产、销售和分销，同时得到礼品供应商、社会力量等企业外部成员的配合。具体的日程安排和行动方案的制订一定要做到周密和细致，最大限度地避免不利事件和突发事件的发生。在具体的商业实战中，曾发生过赠品促销中某厂家赠品断货的现象，样品促销中也发生过派发现场秩序混乱、消费者集体哄抢免费试用品的现象。因此，策划方案一定要考虑到每个细节，只有这样才能确保促销策划的准确、严密、完整，从而提高执行策划方案的实效性。

在促销活动中，对参与活动的相关人员进行简单的交代和培训是非常必要的，这有利于保证整个促销活动的统一性，向消费者传达明确的和一致的信息。例如，以新品为主题的促销活动，需要培训产品知识和销售技巧。一般不要让临时导购员参与销售，除非他/她的能力让商家放心，否则可能会因其在介绍产品功能、产品议价上的失误给商家带来不必要的麻烦。活动的执行跟进人员（通常为企划人员）还应在活动开始前一至两天内组织进行预期彩排，先行到现场做好调研工作，查询相关工作人员（如营业员、兑券人员、客户服务人员、收银员等）是否已经充分掌握活动精神和活动详细内容，尽量避免活动启动后发生问题。

对整个促销过程的监控也是非常必要的。在具体实战中，厂家的促销活动如果由于销售人员或经销商配合欠妥，使部分消费者未能享受到购买优惠，会影响消费者对品牌的好感及对促销活动的信任。在"旭日升"的促销活动中，就有顾客带了优惠券到某超市去购买"旭日升"冰茶，可是结账时，收银员却拒绝收取该优惠券，顾客最终还是以原价付了款。严格的监督与控制机制可以使企业有效地避免并纠正营销活动中可能出现的问题和偏差，从而提高促销绩效。

企业的营销人员一定要清楚，对于销售已连年不畅、市场地位岌岌可危的产品，促销绝不会有起死回生的功效，即使能暂时使销售回升，也无法扭转整个局势。促销不能解决企业营销的根本问题，虽能增加产品销量、提高市场占有率，但这些只是短期效应，且随着产品同类型促销次数的增加，效果会迅速递减。而且，促销活动还会因其华丽的假象使营销人员深陷其中，不思解决之道，致使企业营销实力进一步降低。此外，促销带来的虚假需求易误导厂商对市场的正确认识。消费者的需求和购买行为是有规律性和周期性的，是量入为出的。而由于促销，消费者可能会产生超量购买与超前消费等购买紊乱现象，甚至买了许多过些时候才用得上或者根本就用不上的商品。这种虚假需求往往给生产商一个错觉，以为产品有销路，可以加量生产，从而不利于产品结构的调整。促销本身并不能建立消费者的品牌忠诚度。一旦促销结束，消费者的兴趣可能会马上转移到其他正在促销的同类产品上或仍然购买品牌形象较好的产品。

第四节　促销策划的创意

促销策划关键是要发掘新颖独特的创新思维。要根据企业所处的客观环境、市场态势和自身条件，创造性地进行分析、选择、组合，建立强烈而新颖的诱导刺激措施，使之能迅速吸引顾客的注意力，唤起并强化顾客购买该产品的动机。在这方面，一些企业的成功经验可以给我们提供很多借鉴。

一、嗅觉促销法

世界名酒茅台酒的促销是使用嗅觉促销法最成功的案例。1915 年，这种来自中国西南边陲深山老林里的不起眼儿的地方酒，之所以能够一举征服世界各国酒界名流，取得巴拿马万国展览会金奖，除了它非凡的内在品质之外，更重要的是得益于香味促销。当时展览会即将结束，茅台酒因简单的包装和陈列并没能引起人们的注意。茅台酒的参展人员灵机一动，“不小心”把一瓶酒碰翻在地，瓶子摔破后，现场顿时酒香四溢，把在场的人都惊呆了。人们纷纷围拢过来观看、品尝，并为茅台酒的良好品质而惊叹……之后，茅台酒接连在国际大赛中 14 次荣获金奖，成为举世公认的顶级名酒，延续了不衰的百年传奇。

二、听觉促销法

音乐对产品的促销也有颇多助益，成为店头行销又一简单易行的手法。调查结果显示，柔和而节拍慢的音乐在超级市场播放时，会使销售额增加，而节奏快的音乐却使顾客在店里流连的时间缩短，进而使购买的物品减少。这个秘诀早已被超级市场经营者所熟知，所以当每天快打烊时，超级市场就播放快节奏的摇滚乐，催促顾客早点离开，好早点收拾店面，早点下班。

麦当劳汉堡店的“瞬间催眠术”和轻缓音乐可以帮助促销产品有异曲同工之妙。前来麦当劳汉堡店的顾客，最喜欢听女服务生轻声细语地说一声“谢谢您”，即使冉傲慢的顾客也会感到惬意。这时间虽然大约只有三秒钟左右，但却能让顾客陷入催眠状态。所谓“催眠状态”，就是指失去判断力，听从他人命令而不反抗。顾客进入三秒钟的瞬间催眠状态时，女服务生趁机就会询问顾客：“您要不要可乐?”不知不觉当中，顾客会脱口而出：“好!”这样一来，顾客不但买了汉堡，也买了饮料。

三、视觉促销法

人对于颜色的反应是与生俱来的。色彩是无声的推销员。善用色彩的魅力，可以产生即时的视觉震撼，激发人们潜在的购买欲望。在色彩的运用上，首先要敢于突破一般的色彩组合原则，使色彩运用给人以新颖独到的感觉。其次，要提高色彩的明度和纯度，这样可以加大对消费者的心理冲击力或者导致其产生心理错觉，引起他们的关注。根据这些，企业在促销中巧妙地使用色彩，可以起到很好的促销效果。东京有家咖啡店的老板发现，质量完全相同的布料，因颜色不同给人以不同感觉，销售情况也大不相同。受此启发，他分别用青色、黄色、红色和咖啡色四种颜色的杯子装上质量一样的咖啡，请人在喝过后征求意见，结果饮者普遍感到味道不同，他们认为，红色杯子装的咖啡味道最浓。于是，老板把咖啡杯全部换成红色，使生意愈发兴隆。

四、逆反促销法

所谓逆反促销，是指利用消费者的逆反心理进行的促销活动。逆反心理是指个体受到客观外界事物的刺激，在特定条件下，产生与主观愿望相反的感觉，从而引起的反向心理运动，这是人类较普遍的一种心理现象，具有强烈的主观色彩。正确运用消费者的逆反心理，可以在促销活动中出奇制胜，而且花费不多，使企业在市场上占有一席之地。泰国首都曼谷有家小店，门前斜摆着一只巨型酒桶，上面写着四个大字“不可偷看”，而其里面却写着：“我店美酒与众不同，请享用。”这家小店正是利用了人们“你不让我看，我偏要看”的逆反心理，从而成功地吸引了消费者到该店饮酒并享用食品。假如它用一种很普通的促销方法，比如在报纸上刊登广告或利用赠送优惠券等方法，效果可能就没有这么好。

五、新奇促销法

新奇促销是指营销人员利用人们追新求奇的心理特点，通过生动活泼的产品广告、宣传和实物，全面展示产品的新颖、别致和奇特之处，突出其与众不同的个性，以引起消费者的注意，激发其消费欲望的一种促销方法。比利时一家啤酒厂推出了一种新型啤酒，为了迅速打进市场，厂家想尽了各种办法，但是效果不佳。一天，厂家企划人员来到了布鲁塞尔市区一个公园游玩，这里有一个大广场，经常人山人海，公园中央有一尊小男孩撒尿的雕像。关于这个正作撒尿状的小男孩有着一个动人传说：早在比利时抗法战争时，法军安放炸药要毁灭这座城市。导火索点燃后，恰巧一个小男孩路过这里，情急之下，这个小男孩立即撒尿把导火索淋熄，从而保全了城市。此后，人们为纪念这个小男孩而为他雕塑了这尊像。面对此景，厂家企划人员急中生智，想出了一个促销创意。啤酒厂经有关部门同意，将小男孩雕像清洗干净，选择一个节日，做好了相关准备。节日那天，公园里人山人海，无比热闹。由于天气很热，许多人口渴难耐。忽然，人们闻到从小男孩雕像处传来阵阵浓郁的啤酒芳香。有人大呼：“小男孩撒出来的是啤酒（这是厂家事先安排好的）!”有人试着用杯子来接，一喝果然是好啤酒！消息传来，人们蜂拥而至，附近专门有人（也是厂家事先安排好的）免费发放一次性纸杯。这一举动轰动全城，这家酒厂的啤酒也因此迅速占领了当地市场。

六、怀旧促销法

人人都有怀旧心理，尤其是中老年人，对他们来说，过去总会有一些美好的事物值得怀念。利用怀旧心理大做文章，也会取得一些意想不到的效果。譬如广州的“东北人”餐饮店，在这方面的促销就做得很好。一方面，“东北人”餐饮店装修得很特别，其最大特色是餐布、椅罩都用上花花绿绿的花土布，连服务员的制服都是用花土布缝制而成的，非常抢眼；墙上挂的，是东北农家收获的玉米、辣椒、大蒜，还有毛泽东语录；室内陈设的，有20世纪六七十年代特有的日常用品，让你一走进店里，就仿佛回到那久违的年代，回到知识青年上山下乡的岁月，勾起人们对那个时代的怀念之情。服务员面带微笑地招呼道：“您好，大哥！您好，大姐！”给人以非常亲切的感觉。另一方面，现代人吃腻了精细的食品，想吃一些粗粮，尤其是经历过艰苦年代的中老年人更是如此。为此，“东北人”在食品方面除固有的东北菜外，还推出了婆婆丁等野菜系列和玉米做的窝窝头等面食。这些食物既能清热健胃，吃起来又有特殊的口感，带着乡土的气息。这些经营方式紧紧抓住了消费者的怀旧心理，并满足了人们的这种心理需求。所以，“东北人”自开张以来，生意非常兴隆，短短几年间，分店开了一家又一家。

七、文化促销法

许多节日都有丰富的文化内涵，如母亲节、情人节、中秋节、端午节等。许多商品也都有极强的传统特色，如服装中的旗袍、唐装以及食品中的月饼、元宵等。此外，不同地区也都有自己的风俗习惯。为此，企业在做促销时一定要大力挖掘与促销活动相关的文化内涵，努力提升促销品位。例如，有的商家在情人节做促销时规定，凡购买多少元以上的物品就免费为你的朋友送上一束鲜花；有的饭店在情人节里推出情侣宴时赠送葡萄酒。金六福酒在春节促销期间推出“好日子，喝金六福酒”的广告宣传，迎合了我国春节期间人们对未来所寄托的美好希望。可口可乐在一次促销期间不仅仅是改变包装，让消费者获得购买实惠，更在广告宣传中突出中华民族的龙马精神，引起国人的共鸣。

八、亲情促销法

时下，市场营销观念中出现了一个被很多商家和学者广泛谈论的词汇——关系营销。其内涵是通过建立、维系和发展与顾客的长期良好关系，努力打造顾客忠诚。关系营销以更广阔的视角和更长远的眼光来认识与企业相关各方的关系，强调通过与消费者建立紧密持久的关系实现企业自身的发展。如何与消费者建立紧密持久的关系？恐怕更多的是需要商家在“情感”沟通上做文章了。感情是内在的、长久的，企业利用情感打动消费者，会加深消费者对企业的美好印象，树立企业良好的品牌形象。海尔经常会给一些客户寄去问候信和小礼品表示祝福。另外，在母亲节、教师节等节日，一些保健品、食品厂家也利用亲情促销，引起消费者对它们的注意。国外的一家旅馆，更是专门建立了一份顾客小档案。凡是光顾过该旅馆的顾客在生日当天都会收到总经理亲笔签名的生日贺卡。

九、互动促销法

在促销中加入互动的元素，促销便成了客户的体验，而不局限于商家提供成型产品和服务。即使是成型的产品，也可以加入与顾客互动的活动。游戏、猜谜等现场互动，一方面可以提升人气，另一方面也可以提升客户的满意度。例如，端午节期间，长沙某商场开展了“来料加工——教你包粽子”活动就颇受消费者青睐。现场厨师展示的包粽子绝活让各位主妇啧啧称赞，现场的销售也是一片火爆。同时，该商场还推出一种自选礼品篮，由顾客自己挑选礼品，不限数量、品种、金额，装满为止，此法一经推出便受到消费者欢迎，也促进了商品的销售。

十、抢点促销法

在美国人即将实施“阿波罗登月计划”时，瑞士欧米茄手表公司打听到三位宇航员中有一位戴的是欧米茄手表。厂家认为这是一次绝好的促销机会。欧米茄公司立即派人去美国商谈赞助，但条件是买断手表指定权，美国宇航署获得了这笔当初没有想到的赞助费，并同意欧米茄手表为太空人手表，让另外两位宇航员也戴上欧米茄手表。在登月的当天，报上刊出了“世界第一只登月手表欧米茄，谨向美国太阳神探月英雄致敬”的整版广告，并说明太空人手表欧米茄在太空严重失重、气压巨大变化、震动剧烈的条件下仍能正常工作。伴随着登月计划的圆满完成，欧米茄手表的销量立即大增。这则案例的成功之处就在于策划人员用千载难逢的机会——人类第一次登月之时，向人们展示了欧米茄手表的上乘质量。正是利用自己产品质量上乘的优势，策划人员策划了这起方案。如果单有好的质量，策划人员不懂得抓住机会，就不可能起到这样的效果。相比之下，当初另外两位宇航员并没有戴欧米茄手表，然而其他手表厂却没能想到利用这次机会宣传自己企业的产品。而欧米茄手表厂的策划人员利用赞助取得了美国宇航署的批准，达到了宣传企业形象的目的。

这种人为策划带有极强的主观能动性，这一类策划在当今促销中应该说比较常见。相反，如果是一种偶然事件，策划人员能否敏感地加以利用呢？同样也是一家企业，只是利用了一次偶然事件却同样达到了促销的目的。有一年，一架美国赛斯纳公司生产的“奖状”号飞机在降落时，遇到一只叼着兔子的老鹰。老鹰见到飞机很害怕，丢下兔子跑了。非常凑巧，掉下的兔子恰好被吸入飞机发动机。飞机在飞行时别说遇到兔子，就是遇到麻雀也会受到重大损伤。如果发动机被损坏，就可能发生机毁人亡事故。但是，奇迹发生了，兔子撞到发动机后，飞机只是抖动了片刻，原来只是使螺旋桨受了点损伤，飞机平安地降落地面了。这次偶然事件本没有什么了不起的，别的公司都把这件事当做万幸，或是茶余饭后的谈资，说说也就过去了。但是，加拿大普拉特·惠特民公司则立即看出这里含有的巨大经济价值。因为这架“奖状”号飞机安装的 PT6 发动机是普拉特公司生产的。于是，公司策划人员精心策划了一次宣传活动，大力宣传 PT6 发动机是世界上唯一经受过“兔撞试验”的发动机。确实世界上也没有哪家公司的飞机发动机用“兔撞”做过试验，实际上也不敢做。普拉特公司借此机会在航空工业界赢得了声誉，许多航空公司都开始向普拉特公司订货，普拉特公司飞机发动机成了该行业质量的象征。这个案例虽然是一件典型的偶发性被动事件，但被普拉特公司策划人员敏锐地抓住了机会。这是一个突出产品质量特征再好不过的事例，这次“兔撞试验”是世界上唯一的，这种唯一性足以让抓住千载难逢机遇的普拉特公司击败所有同行。如果普拉特公司丢掉了这次宣传机会，那么，普拉特公司就不会有今天在航空工业界的地位。该公司善于把不幸事件转化为企业宣传的契机，实在是有着与众不同的眼光。

十一、联合促销法

联合促销是指两个或两个以上的品牌或公司共同合作开展促销活动，推广它们的产品和服务，以扩大活动影响力的方法。这种方法的最大好处在于，可以使合作双方的各方以较少的促销费用取得较大的促销效果。如强生公司与金百利公司曾经联手举办寄送样品活动，在样品袋中放有强生公司的“润丝精”样品、刮胡膏优惠券以及金百利公司的卫生棉垫。这种联合试用装的派发，使消费者可以得到更多试用商品，而两家公司可以共同承担宣传和分送费用，减少成本。

十二、会员促销法

会员营销又称俱乐部营销，是指企业以某项利益或服务为主题将人们组成一个俱乐部形式的团体，开展宣传、销售、促销等营销活动。加入俱乐部的条件可以是缴纳一笔会费或购买一定数量的产品等，有些企业将特定消费群体集合起来，如肿瘤患者、孕妇等，他们成为会员后便可在一定时期内享受到会员专属的权利。以俱乐部方式经营的最大好处在于，能通过俱乐部这种团体形式将消费者集合在企业周围，与他们直接沟通，使之成为忠实的老顾客。2002 年 8 月 28 日，TCL 移动通信成立首家国产手机用户俱乐部。俱乐部成员分普通会员和金钻会员两种。凡已购买 TCL 手机的用户均可申请成为 TCL 用户俱乐部普通会员。凡购买 TCL 蒙宝欧手机一部，或俱乐部普通会员购买了两部以上 TCL 手机以及向企业提出合理化建议并被采纳的用户，可申请金钻会员资格。TCL 手机用户俱乐部金钻会员权益主要包括：优惠享受增值服务和售后服务待遇、节假日和生日接受问候及赠礼、优先获得企业各项活动的参与权、优先获取企业及行业资讯、在相关餐饮住宿方面享受优惠待遇等。

十三、借力促销法

风行世界的苏格兰立顿红茶的创始人立顿，由于擅长心理宣传，从而使自己开设的食品批发店的生意日渐兴隆。有一年圣诞节，立顿先生为使其代理的乳酪畅销，就想到欧美传统的说法：圣诞节前后所吃的苹果若含有 6 便士的铜币，明年将终年吉利如意。立顿从中受到启发，他在食品店每 50 块乳酪中挑出一块在其中装进一枚一英镑金币。同时用氢气球从空中散发传单，造成声势，以广招客源。于是，成千上万的消费者在传单的感召与金币的诱惑下，涌进贩卖立顿乳酪的经销店。

立顿的发达遭到竞争对手嫉妒，他们向法院控告立顿的做法有赌博的嫌疑。立顿并没有因为对手的攻击而退缩，反而以退为进，在各地经销店张贴通知：“亲爱的顾客，感谢大家喜爱立顿乳酪。但若发现乳酪中有金币，请将金币退回，谢谢您的合作。”果不出立顿所料，消费者不但没有退还金币，反而在“乳酪中有金币”的惊诧中更加踊跃地前往购买。苏格兰法院认为这纯粹是娱乐活动而不再加以干涉。

立顿的竞争对手仍不罢休，又以安全为理由要求法院取缔这次“危险”的活动。在法院再度调查时，立顿乳酪又在报纸上刊登了一大版广告：“法院又来一道命令，故请各位顾客在食用立顿乳酪时，注意里面有无金币，不可匆匆忙忙，应十分谨慎小心，方不至于吞下金币，造成生命危险。”结果，顾客来得更多了，竞争对手更无招架之力了。立顿因此占领了绝大部分市场，获得了巨额利润。

结合本章中介绍的促销策划实战原则来看，这个策划方案有以下几个特征：

（1）让利价值远远高于让利商品乳酪的单价。正是这样，一些消费者在赌博心理驱使下才去购买乳酪。（——让消费者真正地获得实惠）

（2）乳酪这种商品的选择也非常合适。乳酪是欧洲人的主食之一，各个家庭总要购买乳酪食用，乳酪在西方食品店内比比皆是。但是，由于立顿的乳酪中含有金币，这种可能获利的心理加快了立顿食品的销售。（——有效的促销形式）

（3）合理借用了欧美圣诞节某些传统说法——圣诞节前后吃的苹果若含有 6 便士的铜币，明年将终年吉利如意，使得消费者很容易接受这种让利促销方式。（——合适的理由和主题）

（4）若在大街上随处散发促销宣传单，即便人们拿到传单，也往往是走几步就将其扔进垃圾箱或随手扔到地上，立顿很清楚地认识到了这一点，因此采取了另一种创意十足的做法——通过氢气球从空中散发传单，不仅平添了一道靓丽的城市风景，而且成为街头巷尾人们热议的话题，为促销活动的实施积累了广泛的人气。（——强大的宣传攻势）

（5）在立顿竞争对手的控告下，立顿不是立即退缩，它的成功之处恰恰是借用他人的攻击，以退为进——“亲爱的顾客……但若发现乳酪中有金币，请将金币退回……”，不仅平息了法律纠纷，而且等于利用法律又做了进一步宣传。因为消费者如果食用乳酪时真正得到金币，是不会退回商店的。此后，针对竞争者以安全为由所进行的控告，立顿实质上仍是借此做了一个促销广告——“……请各位顾客在食用立顿乳酪时……不可匆匆忙忙……”它表面上提醒顾客食用乳酪时不要将金币吞下，实际上是在暗示消费者立顿乳酪里仍然有金币。正因如此，每次法院干涉后，反倒进一步刺激了立顿乳酪的销售。这些做法，是成功地运用了策划中“巧借东风”的原理，为促销进一步宣传造势。

当然，除了上面介绍的几种促销手法外，还有许多其他的巧妙方式，如稀有促销、诚实促销、限时促销、产品特征促销等。类似这样的富有创意的促销方法还有很多，需要厂家和商家因地制宜地去思考，去创新。

【思考与讨论题】

1. 结合案例谈谈促销策划的误区。
2. 结合案例谈谈企业的常规促销手段。
3. 结合案例谈谈各种促销手段的优缺点。
4. 结合案例谈谈如何有效地实施促销策划。
5. 结合案例谈谈促销策划的创意与创新。

【实战演练】

你作为国内某品牌计算机企业的营销策划人员，请为本企业的计算机产品设计一套促销策划方案。

第十三章　分销渠道策划

当你在偏远山村的小店喝到“娃哈哈”纯净水时，当你在逛街的时候从自动贩卖机取出可口可乐时，当你在环游世界的时候坐在气氛相同、快速便捷的麦当劳餐厅时，你会体会到分销渠道的价值。没有分销渠道，要喝到“天堂水，龙井茶”，你得专程跑一趟杭州；没有分销渠道，想喝一杯可口可乐，你得买一张前往美国的机票；想上“麦当劳”？对不起，你得带你的孩子到美国旅游，然后和美国人一起享受美味的“开心乐园餐”！没有分销，你的钱再多，也只能拎着钱袋到分布在世界各地的厂家采购你想要的东西！营销活动的核心是使产品或服务被使用或消费，从而为组织带来经济利益。而营销渠道正是促使产品或服务顺利地被使用或被消费的一整套相互依存的组织。因此，分销渠道决策是营销组织面临的最重要的决策，其选择的渠道将直接影响所有其他营销决策。一个成功的科学的营销渠道能够更快、更有效地推动商品广泛地进入目标市场，为生产商及中间商带来极大的现实及长远收益。

第一节　分销渠道的概念及基本模式

一、分销渠道的概念

企业生产出来的产品只有经过一定的渠道才能到达消费者手中。美国著名的营销学权威人士菲利普·科特勒认为，分销渠道是某种商品或劳务从生产者向消费者转移时，取得这种商品或劳务的所有权或帮助转移其所有权的所有企业或个人。因此，分销渠道主要包括商业（或商人）中间商（他们实际取得商品或劳务的所有权）和功能（或佣金）中间商（他们帮助转移商品或劳务的所有权，但在该转移过程中并不实际取得商品或劳务的所有权）。此外，它还包括处于销售渠道的起点和终点的生产者与消费者。

案例 13-1　经销商（人）、代理商（人）、经纪商（人）的区别

一位高校的学生曾在课堂上提出过这样的问题：“老师，在销售渠道这儿，我总能听到这样一些术语——经销商、代理商和经纪商，他们是一回事吗？”其实，他们之间是有很大区别的。经销商（人）属于商业（或商人）中间商，是指从事商品交易业务，在商品买卖过程中拥有商品所有权的中间商（人）。代理商（人）和经纪商（人）属于功能（或佣金）中间商。其中，代理商（人）是指从事商品交易业务，接受生产者委托，但不具有商品所有权的中间商（人）。而经纪商（人）是指既无商品所有权又无现货，只为买卖双方牵线搭桥，提供产品、价格及一般市场信息，为双方洽谈销售业务起媒介作用的中间商（人），多见于食品、不动产、保险以及证券业务。经销商（人）在商品交易中获得利润，代理商（人）和经纪商（人）在商品交易中抽取佣金。其实，经纪商（人）从事的商业活动就是我们俗话说的“对缝”，其抽取佣金的比例一般比较低。

二、分销渠道的类型

在庞大的社会产品流通网中，销售渠道复杂繁多。按照企业在其分销活动中是否通过中间商，销售渠道可分为直接渠道和间接渠道。直接渠道是指产品从制造领域转移到消费领域时不经过任何中间环节，而直接把产品销售给消费者的分销渠道。直接分销渠道是工业品分销渠道的重要类型，大约80%的工业品是直接销售的。间接渠道是指企业通过一个以上的中间商向消费者销售产品的分销渠道。中间商必须将产品买进后再转手卖出，如果只是以代销的形式帮助厂家销售产品也不能算作是间接渠道。间接渠道是消费品销售的主要类型，大约95%的消费品通过间接渠道销售。

对于间接渠道来讲，根据介入的中间商层次的多少又可分为长渠道和短渠道。在西方营销学中，用渠道级数来表示中间商介入的层次。所谓渠道级数，是指在推动产品及其所有权向最终买主转移过程中承担若干工作的中间机构层数。零级渠道是指制造商直接将产品销售给消费者，无任何中间商介入；一级渠道是指制造商直接将产品销给零售商，再由零售商转卖给消费者，其中只有一个层次的中间商介入；二级渠道是有两个层次的中间商介入，一般是有一个批发商层次和一个零售商层次；三级渠道是指有三个层次的中间商介入。依此类推，渠道的级数越高，渠道就越长；渠道的级数越低，渠道就越短。一般而言，渠道越长，企业产品市场的扩展可能性就越大，但企业对产品销售的控制能力和信息反馈的清晰度就越差；相反，渠道越短，企业对产品销售的控制能力和信息反馈的清晰度就越好，但是市场的扩展能力则会相应下降。

制造商通过两个或两个以上的中间商来销售自己的产品，称为宽渠道。一般日用消费品如毛巾、牙刷、暖瓶、内衣、烟酒等都是通过宽渠道进行销售的，由多家批发商经销，又转卖给更多的零售商去进行销售，从而能大量地接触消费者，大批地销售产品。只选用一个中间商销售自己的产品，称为窄渠道。它仅在一些专业技术性强、生产批量小的产品销售中适用。经营这类产品的制造商，一般只选用熟练掌握这种产品技术性能的中间商独家经销。这种中间商可以是零售的，也可以是批发的。窄渠道对制造商来讲，比较容易控制，但市场的分销面就受到限制。因此，窄渠道一般侧重用于专业性较强的产品或较贵重的耐用消费品。下面根据产品的不同，分别介绍分销渠道的基本模式。

1. 消费品市场分销渠道的基本模式

消费品市场分销渠道的基本模式如图13-1所示。

2. 工业品（生产资料）市场分销渠道的基本模式

工业品（生产资料）市场分销渠道的基本模式如图13-2所示。

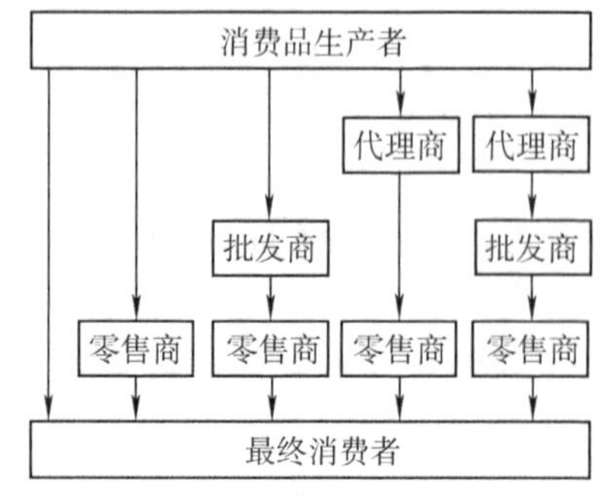

图13-1 消费品市场分销渠道的基本模式

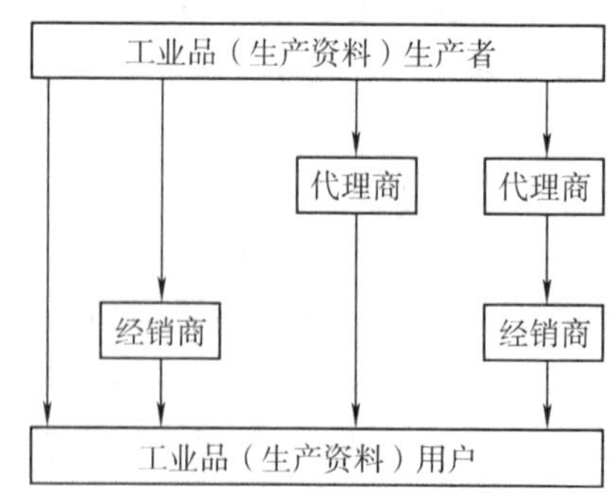

图13-2 工业品（生产资料）市场分销渠道的基本模式

第二节　分销渠道策划的误区

《宝洁公司销售培训手册》中写道，世界上最好的产品即使有最好的广告支持，除非消费者能在销售点买到它们，否则就销不出去。渠道是产品顺利分销的关键，也是许多营销人员头疼的一道营销难题。由于缺乏理论上的梳理，企业在渠道策划实践中常常会步入以下误区：

一、产品好，渠道无关紧要

很多企业认为，只要有过硬的产品就一定有好的销路。在这种观念的影响下，它们把更多的人力、物力和财力集中在对产品的开发设计等方面。其实，分销渠道绝非可有可无，分销渠道是连接企业与市场的桥梁，同时也是沟通产品与顾客的桥梁，许多优秀的企业已把建立营销渠道视为企业开拓和占领市场的关键。日本松下公司的成功，不仅在于其优质的产品和独特的促销手段，更在于它打造了一个密如蛛网的营销网络。IBM公司开拓中国市场，也是从建立营销渠道开始的。分销渠道的合理与畅通是企业产品送达目标消费者的重要保证，好的产品固然重要，顺畅的分销渠道也必不可少。

案例 13-2　佩珀公司的失误

成立于20世纪60年代的“佩珀”，通过不懈的努力，由得克萨斯州一家制造浓缩饮料的小公司，一度发展成为美国非可乐饮料行业的第一名。至1981年年末，“佩珀”销售收入达5亿美元，公司连续27年盈利。“佩珀”的分销渠道一直是“厂家→瓶装商→零售商→消费者”，经过多年的苦心经营，佩珀公司和500多家瓶装商建立了良好关系。瓶装厂商了解各地市场的情况和零售商的需要，还能帮助佩珀公司制订各地区的营销方案。因此，佩珀饮料前阶段的成功，确实离不开瓶装厂商的帮助。

1982年以后，佩珀公司改变了依靠瓶装厂商具体承担产品销售的做法，改由佩珀公司在全国实行统一营销。公司削减了地方性的销售人员，减少了对瓶装厂商的业务支持，并用全国性的活动取代了过去由瓶装厂商在各地开展促销的广告活动。佩珀公司预计，采用全国集中营销方案，可以大大扩大公司产品的影响，从而增加消费者的需求。但是，全国性的广告虽然加深了消费者对“佩珀”的印象，全国的销售量却并未增加。1982年，佩珀饮料的销售量下降了3%，到了秋季，亏损4000万美元，其市场排名也由第3位降至第4位。公司与瓶装厂商的关系日渐疏远，他们开始采取防备态度，在瓶装厂商心目中，佩珀产品的特殊地位已经消失，它不过是一种普通的品牌而已。一位瓶装厂商毫不客气地说，“佩珀”只有先抓住瓶装厂商，才能抓住消费者。这一说法非常正确。佩珀公司在1983年认识到了自己的失误，放弃了全国性的营销方案，想回到过去依靠瓶装厂商在各地推销的方案，试图弥补与瓶装厂商之间的裂痕。

二、渠道越短、渠道成员越少越好

近几年来，在化妆品行业、药品行业、美容行业都有企业提出发展1万家直营店的扩张计划，家电厂商也掀起了自建网络和并购网络的浪潮。实际上，分销通路常由多个成员组成，它们各司其职才能实现合理分工和社会资源的最佳组合。在产品从生产厂家向消费者转移的过程中，有些事情让别人去干，往往会干得更好。

案例 13-3 克洛克与荷兰人的不同渠道思想

提起麦当劳，可能无人不知、无人不晓，但是说到克洛克，知道的人可能就不多了。1937 年，狄克·麦当劳与兄弟迈克·麦当劳在洛杉矶东部开了一家汽车餐厅。由于他们制作的汉堡包味美价廉，深受顾客欢迎。虽然每个汉堡包只卖 15 美分，但两兄弟的年营业额仍超过了 25 万美元。这是个相当可观的数目。1953 年，麦当劳兄弟开始出售麦当劳的特许经营权。当年从麦当劳兄弟手里买下特许经营权的除了克洛克之外，还有一个荷兰人。克洛克看似比较愚蠢，只开麦当劳店，加工牛肉、养牛的钱让别人去赚；而那个荷兰人显得非常"聪明"，他不仅开麦当劳店，而且想赚所有的钱。为了赚加工牛肉的钱，那个荷兰人投资开办了牛肉加工厂。后来他想："我干吗买别人的牛呢?"随后自己办了养牛场。多少年过去了，当克洛克把麦当劳开遍了全世界的时候，那个荷兰人却在大家的视线中消失了。人们找啊找，终于在荷兰的一个农场里找到了他，他什么也没有，只养着 200 头牛。

三、渠道建设可以一步到位，一劳永逸

在渠道建设中，厂商常常具有延用自己传统分销通路的惯性，缺乏挖掘新通路的积极性。例如，大型超市出现了，而一些食品厂商仍以百货商店及小副食店为主要通路；家电连锁专业店发展了，一些家电厂商仍热衷于自我投资建立分销体系，或在大的百货商店分销，对新型业态视而不见。正如美国西北大学营销学教授 W. Stern 先生所言："一个公司可以在短期内变动产品价格、更换宣传广告、聘用或解雇市场调研机构、修改促销计划或者改变产品生产线，但管理者一旦建立起营销渠道系统，就很难、也不愿对其进行改动。"消费者在不断变化，需求也在不断变化。市场、企业、分销商、分销渠道和消费者组成的市场生态链也应与时俱进。认为渠道建设可以一劳永逸，是天真的想法，也是思想上不思进取的表现。

案例 13-4 互联网时代的渠道变革

近几年，我国网络的迅速普及、网上商店的兴起速度超乎人们的预料。这种新的变化，为企业提供了一次渠道变革的选择机会。企业不仅可以通过自己的电子商务平台对客户进行直销，而且可以充分利用一些专业的电子商务网站，如易趣网（www. eachnet. com）和淘宝网（www. taobao. com）等实现销售。即使传统的家电零售商也开始利用网络进行销售，永乐家电就是一个例子。

中国三大家电连锁零售商之一的永乐家电与全球领先的在线交易网站易趣网于 2006 年 3 月 29 日在上海签署战略合作协议，开拓新的零售渠道。根据合作协议，永乐电器在易趣网上开设永乐品牌商品网店，即日开始运行。易趣网由原来专注于个人网上交易，转为将业务拓展至品牌产品销售，而传统的家电营销网络也通过互联网得以延伸，新的家电零售渠道由此诞生。两强的战略合作，提升了双方各自巨大的商业发展空间。

由于具有良好的国际品牌形象，易趣网成功地吸引了中国数千万的白领消费者。易趣网表示今后将会与更多国内外知名品牌合作，以满足中高端消费者的需求，同时利用互联网无限延伸的特点，帮助国内外知名品牌的销售渠道渗透到二三级甚至更基层的城市，帮助企业取得更大的成功。永乐方面也认为，易趣网是全球领先的在线交易网站，在用户中享有极高的声誉，在易趣网上设立品牌商品网店，不仅能够提升公众对永乐的美誉度，更能够扩大永

乐在白领消费群体中的优势，同时迅速触及全国各地甚至二、三级市场。这次合作是强强联手，打造了一条全新的家电零售通路。

四、中间商“利”字当头，与制造商不存在伙伴关系

为什么中国企业做不大？为什么许多企业容易垮？那是因为经销商跟企业不是一条心！这与企业对待经销商的态度是分不开的。目前我国很多企业认为，销售渠道中经销商的存在完全是为了自身利益，它们是“金钱至上”的一个牟利组织，瓜分掉企业利润的一分子，并不是企业生存与发展的重要力量。因此，很多企业对待经销商的做法通常是“只让牛干活，不给牛吃草”。

案例 13-5　宝洁公司的助销体系策略

经销商本身就是一个独立的团体，它就是一家企业，跟厂商一样，也需要卖它值得卖的东西、能盈利的东西。譬如都是一样的洗发水，舒蕾卖给中间商的批发价是 0.20～0.28 元，而宝洁是 0.32～0.35 元，有时候是 0.40 元，在这种利润很薄的情况下，经销商为什么选择销售宝洁产品呢？这是由于在一般情况下，厂家帮助经销商的力度不够，经销商就要自己掏钱去做一些事情。比如广告、传播、推广和公关等，全部都要自己去做，费用一加起来，利润就降低了。宝洁的分销体系理念一直以来就是不断地去告诫所有的市场人员：帮助经销商成功是支撑宝洁分销体系的一个核心内容。这种策略和理念，也就支撑了整个分销体系的建立、发展与完善。怎么能帮经销商赚钱？除了在卖产品上赚钱外，宝洁公司还帮助经销商设计货类管理、仓储管理、货架陈列、有效的空间利用以及有效的推广。把这些科学的方法教给他们，经销商就可以节约大量经费，一旦节约经费的话，商家利润就会提高了。这也就是宝洁一贯坚持的助销体系策略。

宝洁公司每开发一个新城市市场，原则上只找一家经销商（大城市一般为 2～3 家），派驻一位厂方代表。该厂方代表办公场所就设在经销商营业处，肩负全面开发、管理该区域市场的任务，其核心职责是管理经销商及经销商下属销售队伍。宝洁公司要求经销商组建宝洁产品专营小组，由厂方代表负责该小组的日常管理。专营小组一般由 10 人以上组成，具体又可分为针对大中型零售店、批发市场、深度分销三个销售小组。每个销售人员在指定的目标区域、目标客户范围内，运用“路线访销法”开展订货、收款、陈列、POP 张贴等系列销售活动。厂方代表必须协同专营小组成员拜访客户，不断地对专营小组的成员进行实地指导与培训。同时，为了确保厂方代表对专营小组成员的全面控制管理，专营小组成员的工资、奖金甚至差旅费、电话费等全部由宝洁公司负责发放。厂方代表依据销售人员业绩，以及协同拜访和市场抽查结果，确定小组成员的奖金额。宝洁还要求经销商配备专职文员以及专职仓库人员，工资、奖金也由宝洁公司支付。与经销商结成伙伴关系，化交易营销为伙伴营销，厂家就会运用专业知识和对产品的了解帮助经销商节约销售成本，而经销商则依靠熟悉市场及客户这个优势辅助厂家开拓市场。经销商与厂家既分工又合作，厂商双方着眼于长期发展和整体利益，共同开发管理市场，从而达到一种高度的默契。

在谈到厂家助销理念时，国内营销学者张力从另一个角度（即经销商角度）阐述了助销理念的益处：厂家助销，即厂家做了许多似乎是经销商该做的事，使得经销商丧失功能；因为经销商丧失功能，进而对厂家产生依赖，因为依赖，所以忠诚。

五、中间商越大越好

很多人根据经济学“20/80”法则，即一个企业80%的销量是由20%的客户实现的，认为大客户是企业销量的保证。请注意，“20/80”法则中的20%的客户所指的并非完全是大客户。按照一些大型快速消费品企业的说法，这些客户称为“核心客户”而非“大客户”。在目前的市场中，大客户的区域通路能力特别强，甚至有的大客户的实力远远超过了企业。但是，客户的实力越大，分销能力越强，他们对于企业的谈判能力就越强，提出的经销条件就越苛刻。如果企业不具备充分的实力，和大客户合作会很累的。因为大客户是以网络为生存基础和核心竞争力的贸易型企业，厂家虽然可以借助于他们的通路快速占有终端，但是竞争对手的实力如果更强，经销条件如果更加优越，大客户将无可置疑地转向对手。同时，和大客户合作意味着企业失去或者部分失去对该区域市场的控制权、管理权，企业的营销战略、品牌规划很难在大客户的企业中得到贯彻和实施。在合作中，企业和大客户之间常常会因为争夺渠道控制力而发生摩擦。

案例13-6 “国美”向“长虹”彩电叫板

2000年夏天，北京国美电器有限公司向中国彩电行业的老大“长虹”叫板，把“长虹”彩电的价格降低到令人吃惊的地步。向来霸气十足的“长虹”再也无法忍受“国美”的猖狂，出台了一个言辞相当激烈的声明，矛头直指“国美”。世人料定“国美”不会继续和“长虹”对抗。然而，“国美”全无反应，降价仍在进行。于是，彩电降价这个历史上从来没有过的现象发生了。一个经销商竟然在降价的过程中要挟厂家，而厂家却没有了任何脾气。

价格战过后的故事就越来越精彩了。国美公司在全国攻城略地的步伐逐步加快。当年10月，国美公司拿出价值数千万元的大单来让厂家提供合乎自己要求的产品。如此大的生意自然是引无数厂家竞折腰，最终厦华、SONY分别与国美签订了1800万元、2564万元的供货合同，总量达10850台。12月上旬，国美电器又发出了“亿元采购订单”，2001年1月上旬，以总金额1.58亿元公开招标采购的第二批订制产品到位。“国美现象”是对传统商品经营方式的挑战，长期以来，厂家生产什么商家就销售什么，但“国美”的三张订单打破了这种惯例，大经销商的力量正在逐渐加强。

第三节 分销渠道设计策划

《列子·汤问》讲述了一个愚公移山的寓言故事。尽管老愚公的精神可嘉，但决策愚蠢。因为他的目的无非是找一条出路。找一条出路不能光凭感觉，而要应用科学的方法，即用最小的投入取得最大的效果。要实现出门有路的目标，有很多方法都比搬山好，且花费少。在我国分销通路选择过程中，也有许多的企业决策者像愚公移山一样随意，缺乏一种评价、比较与选择的意识与标准，如轻率地开拓自有的分销通路，简单地抛弃原有的合作伙伴等。这样的企业不会有愚公那样的幸运，不会有神仙下凡帮其摆脱分销效率低下的困境。在全球竞争日益加剧的今天，企业间提供的产品、价格等促销信息愈发相似。在这种情况下，企业将注意力集中在营销组合的渠道上是一种有效的竞争方法，如沃利特通过在超级市场和公寓楼中的杂货店销售产品而使销量增加三倍。此外，渠道战略通常不易被竞争者模仿，这是由渠道战略具有长期性，需要一流的渠道组织和人力资源组合，需要周密详尽的计划以及需要大量开发和投资的特性所决定的。

一、影响分销渠道设计的因素

分销渠道设计不是“拍脑袋”的决策，它是一个系统、科学的战略规划和战术设计，在中国营销传播网上，分销渠道突围系列（七）中，何足奇曾对分销渠道设计通常需要考虑的几个方面的制约因素进行了比较详细的论述。

1. 产品制约因素与分销渠道设计

产品制约因素与分销渠道设计之间的关系见表 13-1。

表 13-1 产品制约因素与分销渠道设计之间的关系

产品因素	分销渠道设计要点
体积和重量	从成本控制的角度考虑，产品体积和重量越大，越应该采取短渠道策略，如家具产品、家电产品的分销渠道就十分短
单位价值	单位价值越小，越需要密集布点，需要更多的网络成员来经营；单位价值越大，要求的分销渠道路径就越短，以避免过多的经销商盘剥利润，可以采用专卖或者代理的形式来建立分销渠道
产品的社会化程度	社会化程度高的产品，人们的购买频率相对较高，应该密集布点，方便消费者购买；社会化程度不高的产品，可以选择在重点城市建网
专用程度	专用产品对技术含量和服务的要求比较高，应该采取定制的策略，实行一对一服务；通用产品借助经销商的力量来推广效果更好
季节性	季节性产品应该选择短渠道、快渠道，达到快速布点的目的

2. 市场制约因素与分销渠道设计

市场制约因素与分销渠道设计之间的关系见表 13-2。

表 13-2 市场制约因素与分销渠道设计之间的关系

市场因素	分销渠道设计要点
市场的成熟程度	进入期保证速度，依靠经销商打开市场；成长期保证质量，建立自己的网络，加强终端深耕；成熟期保证销量，最大限度地挖掘市场、网络的潜力；衰退期保证冷静，维护好市场，为新一轮的产品导入做准备
市场的密集程度	密集程度大，应该集中分销渠道，进行深度分销，以争取市场份额为重点；密集程度小，借助分销成员的力量比较科学
经济发展水平	发达地区与不发达地区、城市和乡镇、大城市和小城市，分销渠道的设计是不同的，必须依据实际情况进行部署
目标消费者的性质	面对一般消费者销售的产品，它的分销渠道是复合的，渠道较为复杂；面对专业性用户或者产品，分销渠道建立在技术和售后服务的支持上
目标消费者的购买习惯	体现方便性、舒适性和快速的渠道特点，并尊重和适应目标消费者的购买习惯

3. 竞争对手制约因素与分销渠道设计

竞争对手制约因素与分销渠道设计之间的关系见表13-3。

表13-3 竞争对手制约因素与分销渠道设计之间的关系

竞争对手因素	分销渠道设计要点
联合型竞争	同样采用跟随的分销渠道设计，但是不以击败竞争对手为目标，而是谋求竞争双赢，在不同的空间取得各自的市场份额
攻击型竞争	以击败竞争对手为目标，常为实力雄厚的大公司在选择渠道时采用
游击型竞争	运用避实就虚的分销渠道设计，避开竞争对手的锋芒，寻找市场的空白点，完成分销部署

4. 制造商自身的制约因素与分销渠道设计

制造商自身的制约因素与分销渠道设计之间的关系见表13-4。

表13-4 制造商自身的制约因素与分销渠道设计之间的关系

制造商因素	分销渠道设计要点
资源	资源丰富，能够应付企业长期战略，分销渠道的设计可以作全面部署，谋求长期的分销渠道效应；资源缺乏，分销渠道的设计就必须抓住突破点，建立区域性分销渠道
控制能力	力量强大的制造商可以根据自身的实力，如品牌、知名度、信誉、财务状况以及管理水平和经验等，按照自己的意图布局分销网络，有战略性和前瞻性，对分销渠道的控制能力就强大；而力量单薄的制造商更多地依赖经销商和渠道成员，面对大客户的谈判能力不强
产品组合	产品的种类、花色、规格和产品组合的关联程度与渠道设计的关系十分密切，必须根据组合的情况来设计分销渠道
管理水平	管理水平的高低是分销渠道设计的中心。管理水平较低，分销渠道的设计相对粗放；管理水平高的企业，尽量要在分销渠道的设计中体现管理的水平

案例13-7 K品牌泡腾颗粒的渠道策略

张经理是一位乡镇企业家，企业主打产品是一种叫K品牌的泡腾颗粒。K品牌的泡腾颗粒是一种小儿退热药物，一直在J市周边的县市乡镇推广。张经理在农村市场采取的是“药店销售”的渠道模式。直接在药店销售有渠道短、反应迅速、促销到位、控制有效的优点，加上农村存在看病难、怕进医院的情况，人们有什么头疼脑热的，往往易受熟人或促销推荐的影响，就近在小药店购买所需药物，这种模式张经理屡试不爽，很是推崇。第二年，张经理开始实施他的“农村包围城市”的渠道扩张策略，K品牌的产品很快就被张经理的业务代表把货铺到J市各大中小药店。但几个月过去了，K品牌的小儿退热产品的销售竟然毫无起色。张经理认为可能是售点不够密集，接触消费者不够，于是又开始在便利店销售，以方便消费者购买，但情况仍然不见好转，张经理百思不得其解。其实，其中的原因很简单，无非是如下四点：

(1) 从产品因素来看，K品牌泡腾颗粒是一种小儿退热产品，开辟分销渠道应尽量考虑其专业性，如药店和医院。对于一个消费者并不熟悉的品牌药品，城市便利店根本不是一个理想的选择。

(2) 从市场因素来看，目标消费者的购买习惯是厂家分销渠道设计时需要考虑的重要市场因素之一。城市里做父母的健康意识普遍较强，而且就医方便，碰到小儿发热的情况，一般是送到医院或到附近的正规诊所就诊，很少直接到药店去买药，这就是他们的消费习惯。即使他们到药店去买药，刚刚进入城市市场、尚处于引入期的K品牌产品定然不会是他们的首选。因此，目前情况下，城市药店对于K品牌泡腾颗粒并非最佳选择。

（3）从竞争因素来看，一个乡镇企业应避实就虚，寻找市场的空白点完成分销部署。城市市场竞争激烈，大的厂家和知名品牌的小儿退热产品不下几十种，乡镇企业产品的生存机会是很少的。因此，进入城市市场显然是不明智的。

（4）从制造商自身因素来看，张经理“农村包围城市”的策略构想是希望产品能够快速进入城市市场，成为城市里父母治疗小儿感冒的首选药品。然而，这个过程需要大量的广告和营业推广以及其他投入对消费者进行引导和时间上的积累。对于一个乡镇企业来说，大量的广告费用和经营费用不仅是其有限的资源和能力难以承受的，而且存在着高度的风险。因此，张经理“农村包围城市”战略的合理性值得商榷，对于规模不大的乡镇企业来说，广阔的农村市场才是他们的用武之地。

二、分销渠道设计的原则

在细致分析了分销渠道的制约因素及它们各自渠道设计的要点之后，我们在分销渠道的设计中，应该遵循以下设计原则：

1. 接近消费者的分销渠道设计原则

抓住终端，实际上就是和消费者面对面。因此，消费者在哪里，分销渠道的触须就必须伸到哪里，这是分销渠道设计的基本原则。远离消费者的终端、远离消费者的分销渠道是不切实际、不可能给企业带来效益的。麦当劳、肯德基的分销渠道设计就充分体现了这个原则。

2. 合理覆盖市场的分销渠道设计原则

很多企业在分销渠道的设计和建设上要求覆盖面越广越好，区域越大越好，热心于销售网点遍布全国各地，办事处到处都是。但是遍地撒网的时候，企业应慎重考虑以下问题：企业的销售管理、市场维护是否能够跟上网络的步伐？企业有没有足够的资源去应付广大市场的巨大需求？网络建设付出的成本有多高？什么时候可以回收成本？网络是自己建设的还是借助经销商以及众多的中间商的网络？企业是否有足够的能力应付网络突发事件？竞争对手的网络情况是怎样的？网络建设不是“大跃进”，没有对市场的深入研究，没有对企业资源的全面规划，没有战略思想的指导，盲目布点、遍地撒网的做法在初期可能红火一时，但最终难逃失败命运。三株、红桃K的最终惨败是其密集布点、盲目追求全面覆盖市场的必然结果。

3. 精耕细作的分销渠道设计原则

市场覆盖面大了，如果缺乏管理，缺乏精耕细作，那么分销渠道的危机是很显然的。区域市场是水，区域分销成员是舟，产品、品牌或者企业是舟上的人或物。二者相互依存，互相作用。驾驭好这个舟，便可以纵横四海。“水能载舟，也能覆舟”的道理完全适用于此处。从企业的长远发展及大部分优秀企业的发展历程来看，分销渠道建设是企业的百年大计，只有不断投资、不断调整、不断维护，才能有丰厚的回报。“秦池”的危机和失败正是分销渠道缺乏精耕细作的结果。因此，在竞争越来越激烈的今天，抛弃粗放经营方式，实行精耕细作是很重要的，它可以保证网络的正常运转和健康发展。在精耕细作的网络设计中，所有的网络管理工作必须做到定点、定时、定人、定路线、定效应，推行细致化、个性化服务，及时准确地反馈市场信息，全面监控市场的动向。

4. 强攻的分销渠道设计原则

强攻是分销突围的重要手段。强攻给市场、消费者及竞争品牌带来的冲击是巨大的，它可以帮助产品有力地占据市场的战略要害，在第一时间赢得消费者的认同。因此，强攻是分销渠道设计的核心环节。资源强大的企业可以全面强攻，资源单薄的企业可以局部强攻。

5. 携手共进的分销渠道设计原则

携手共进的分销渠道设计原则解决的是企业应如何对待分销成员的问题。企业看中经销商的是他们的区域网络的经营实力，而经销商选择企业的依据也是看到了企业、产品将给自己带来的利润和市场空间。因此，和分销成员携手共进、共存共荣是必须体现在分销渠道的设计中的。只有这样，分销渠道才能健康成长并逐步壮大。宝洁公司的案例充分说明，渠道运作的关键是和分销商达成战略上的一致，这样才能实现长期的稳定合作关系。这种渠道关系就是伙伴型渠道关系。要发展与分销商的长期战略伙伴关系，应把分销商当成自己的生意伙伴，而不再仅仅当成是自己的客户和交易对象。

6. 不断创新的分销渠道设计原则

在不同的企业发展阶段，在不同的品牌发展阶段，以及在不同的产品生命周期，对分销渠道的要求应该有所不同，因此，分销渠道的设计也应该注重求新、求变的原则。应根据竞争和市场发展的需求，根据消费者的变化和个性化需求，不断调整分销渠道，让分销渠道和企业、产品、品牌共同进步。在当今社会，渠道创新是企业分销渠道设计的趋势。

案例 13-8　柯达、富士的渠道策略

就在众多厂家殚精竭虑地思考渠道应该怎样走、如何应对终端拦截等难题之时，历经各种差异化努力后的绝大多数企业，却仍然聚集在大家都进入了的传统渠道上和大众通路上与竞争对手相互倾轧。大众渠道上的惨烈竞争，使一些企业开始寻觅和拓展更为直面消费者的路径。柯达、富士就像可口可乐和百事可乐这对冤家对头一样，双方不管走到哪儿几乎都是如影随形。这几年，它们斗得最厉害的一个领域是在连锁扩张上。2003 年，柯达在与重庆和平药店历经 9 个月的谈判之后，找到了低成本增加上百家连锁店这一贴近居民消费的方式。它通过出品牌、出促销、出终端、出培训等方法，将自己的彩扩设备逐步摆放到了和平药店在市区的 130 多个连锁药店中，开展起数码彩扩业务。富士岂容柯达一枝独秀？它在收到和平药店的老对手——重庆桐君阁的结盟信号之后，通过 6 个月的谈判，与桐君阁达成了内容和柯达与和平药店协议相似的合作协议，使自己陡增了 932 家销售网点。根据协议，桐君阁提供收取富士胶卷的冲扩业务并且出资购买了一些冲扩设备，富士则为其提供一切上游产品和技术支持。就这样，柯达、富士便在连锁药店渠道上争斗了起来。而乐凯、爱克发等对手，却被挡在了借力重庆强势连锁药店渠道进行低成本扩张争抢消费者资源的大门之外。

柯达与富士的渠道策略，充分体现了分销渠道的设计原则。首先，胶卷是人们购买频率相对较高的产品，柯达、富士密集布点，增加上百家连锁店，极大地方便了消费者购买胶卷，既贴近了消费者，又保证了分销渠道的充分覆盖。其次，在胶卷行业，柯达、富士一直都是交替处于市场领导者的地位，公司规模大，资源雄厚。柯达首先采取连锁扩张的方式，把触角深入到药店，富士也不甘示弱，迅速跟进。这种强攻策略，使得双方在激烈的渠道争斗中，都获得了发展，把乐凯、爱克发等对手远远抛在了身后。再次，柯达、富士在与药店合作中，厂家出品牌、出促销、出终端、出培训，店家出资购买部分冲扩设备，厂家、店家合作经营，共同开发市场、携手共进的原则此时得到充分体现。此外，柯达、富士的渠道扩张策略采取的是把销售渠道扩展到药店的做法。到药店去卖胶卷，柯达和富士公司的渠道创新相信会给我国本土企业很多启示。

第四节　分销渠道管理策划

分销渠道如同人体的血管一样，它的畅通与否极大程度地影响着企业的成败。有人形象地把渠道成员比作一枚硬币的两面。从正面看，他们是上帝，从背面看，他们是魔鬼。如果企业能够管理好渠道，他们就能为企业带来价值；如果管理不好，就会给企业带来极大的麻烦。为保证渠道畅通，厂家要在两方面对分销渠道进行管理，即对分销渠道成员的激励和对渠道冲突的合理解决。渠道管理的目的是使分销渠道更加有效地销售产品，使企业更有效地控制销售渠道，使渠道成员之间的相互合作更加协调。

一、分销渠道激励策划

在产品从生产者经过代理商、批发商和零售终端最终到达消费者手里的过程中，得到中间商的支援越多，产品到达消费者手中的机会也就越多。实际上，许多大公司对销售通路上的中间商都不敢怠慢，在他们身上的促销花费远比人们想象得多，一些弱势品牌更是如此。分销渠道激励的目的是鼓励批发商大量购买，吸引零售商扩大经营，动员有关中间商积极购存或推销某些产品。其具体方式可以是进货激励、推广激励和销售激励等。

1. 进货激励

进货激励主要采用批发回扣的形式，企业为争取批发商、零售商多购进自己的产品，或争取原来不愿经销自己产品的批发商、零售商经销自己的产品，在某一时期内可给予购买一定数量本企业产品的批发商或零售商一定的货物回扣。当然，也有企业采取其他形式。

案例 13-9　“加佳”大酬宾中间商促销活动

“加佳”洗涤用品系列在 1998 年岁末针对二级批发商和零售商推出特别酬宾活动，具体内容如下：

（1）进一箱“加佳”洗衣粉即可得兑奖券 1 张，持券可参加抽奖（兑奖券总数为 125 万张），奖项共设五等：

特等奖 50 名，每名奖价值 2000 元的“奥林巴斯”照相机 1 台。

一等奖 500 名，每名奖价值 380 元全毛衬衫 1 件。

二等奖 5000 名，每名奖 350g 加酶洗衣粉 1 箱。

三等奖 12500 名，每名奖不锈钢饭盒 1 个。

四等奖 25 万名，每名奖 350g 加酶洗衣粉 1 袋。

（2）一次性购买“加佳”产品，每购买 100 箱，另赠不锈钢汤盆 1 套（5 件装）。

（3）累积购买“加佳”产品满 2 万箱，另奖励价值 2000 元的“奥林巴斯”照相机 1 台。

该酬宾活动的长处在于针对不同的客户设立多种不同的奖项，以激励各种客户增加销售能力，这样做较易于调动中间商的积极性。针对经销商的奖励应尽量避免运用抽奖或刮刮卡兑奖的方式，因为对于这种靠运气获得的奖励，中间商的兴趣比较低，除非特设丰厚的奖励。在本案例中，每2500箱为一开奖组，其中必有一等奖1名、二等奖10名、三等奖25名、四等奖500名。如果经销商愿意一次进货2500箱，其所获奖励就比较实在。当然，如能进一步降低2500箱的基数，效果会更好。

2. 推广激励

推广激励主要采用推广津贴的形式。企业为促使中间商购进企业产品，并帮助企业推销产品，支付给中间商一定的推广津贴，主要包括新产品津贴、清货津贴、广告津贴、单独货架津贴、大批展示津贴、减价津贴等。

3. 销售激励

销售激励主要采用销售竞赛的形式。根据各个中间商销售本企业产品的实绩，企业分别给优胜者以不同的奖励，如现金奖、实物奖、免费旅游、度假奖等。这种竞赛活动可以鼓励中间商超额完成其销售任务，从而使企业产品的销量大增。

案例 13-10　几则与啤酒有关的销售激励案例

某品牌啤酒对中间商的激励采用的是货物折扣的办法。批发商全年销量达到10万箱，并在年底结清货款，制造商给予实际销量的3%作为奖励；达到15万箱并全部结清货款，则给予4%的奖励；不足10万箱者不予奖励。

“虎牌”和“莱克”啤酒对中间商的激励采用的是奖品。“虎牌”啤酒针对零售商店举办了“步步高升零售奖励计划”活动，零售商的销售总额每达一个层次，便可即时获赠奖品。在活动期间销售额达到8万元人民币（按进货价计）的零售店，可获得高级打火机15个；达到12万元者可获精美手表15只；达到16万元者可获优质公文包15个；达到19.8万元者可获电冰箱一台。狮王啤酒公司在推广“莱克”啤酒时，对其主要终端售点——餐饮店的奖励政策的前提是，餐饮店承诺每个月销售规定数量的“莱克”啤酒，并且店内只销售狮王公司的品牌。双方签订协定后，狮王公司即为该店制作店名灯箱1只作为奖励。协定中还规定，如果该店不能达到协定规定的销量，狮王公司有权撤去该灯箱，并由店方赔偿灯箱制作费用、安装费用及相关经济损失。

对啤酒中间商的激励除了这些实物形式的奖励外，各厂商还提供丰富多彩的其他非实物奖励。如1996年年底，“嘉士伯”啤酒允诺在6~9月份的4个月内，向完成规定销量者提供2个新马泰旅游名额；“贝克”啤酒则提供一个赴德国考察名额；“百威”啤酒的奖励为一个赴美旅游考察名额……这些出国考察活动，为国有经销商的经营管理人员和私营经销商的老板们提供了开阔视野的学习机会，有时比纯物质利益的奖励更受中间商的欢迎。

事实上，进货激励、推广激励和销售激励等激励活动都是片面的。要想对渠道成员实施真正的全面的激励，首先应该分析这些批发商或零售商的需要和面临的难题，如库存问题、缺乏现代信息系统问题、缺乏先进管理技能和创新思想等问题。其次就是针对渠道成员的需求和问题，提供相应的支持和帮助，如通过与销售商建立合作伙伴关系或战略联盟，来建立一套实行专业化管理的垂直市场营销系统，生产商与销售商共同制定商业目标和战略、存货水平和广告、促销计划，以此来让渠道成员获得一种长期的、稳定的收益。最后是对渠道成员提供持续的指导与领导，使渠道成员在面临新竞争方式、技术变革、政府管制等方面的问题时，能及时获得制造商的支持和指导。这种指导和领导活动应在相当长的时间内加以执行，不应仅仅当作一项激励计划的一部分。

二、分销渠道治理策划

厂商为了保持渠道的活性，都会在渠道内部制造一些竞争，这种竞争对于拓展市场、提高分销商服务水平都是有好处的，是良性的。但是如果竞争过度，则不仅会搅乱市场，损害分销商的利益，也会对厂商和品牌造成损害，这就是我们常说的渠道冲突。渠道冲突按照其层次性，可分为垂直渠道冲突和水平渠道冲突；按照其发生的范围，可分为单一渠道冲突和多渠道冲突；按照冲突的对象，可分为企业与分销成员的冲突和分销成员之间的冲突。

窜货又称冲货，即跨区销售，是令所有渠道管理人员头疼的恶性渠道冲突，一旦发生窜货，辛辛苦苦打下来的市场就会被冲得七零八落，如果处理不当，将使企业蒙受巨大的损失。窜货将导致企业的价格体系混乱，使中间商的利润受损，导致分销商对企业产生不信任感，对分销的产品失去信心，甚至拒售。同时，由于窜货导致的地区价格差异悬殊，使消费者对产品产生畏惧心理，对企业的品牌造成损害，而竞争性品牌就有可能乘虚而入，甚至取而代之。如何治理渠道冲突？一些成熟企业的做法可以给广大厂家提供很多借鉴。

案例 13-11 娃哈哈集团的营销渠道控制

娃哈哈的前身是杭州市上城区的一家校办企业，成立于 1987 年，是宗庆后带领两名退休老师，靠着 14 万元借款，从卖 4 分钱一支的棒冰开始创立的。目前，娃哈哈公司已成为拥有总资产 44 亿元的中国最大的食品饮料企业。取得如此辉煌的成绩，娃哈哈独特的营销渠道策略是关键。

区域窜货问题，是所有企业面临的共同问题，娃哈哈也不能避免。中国市场幅员辽阔，各省区之间由于经济状况、消费能力及开发程度的不同，产品的销售量差异极大，如浙江与江西、安徽相毗邻，经济总量却相差数倍。娃哈哈在三省的销量各有不同，为了运作市场，总部对各省的到岸价格、促销配套力度和给予经销商的政策也肯定有所差异。因而，各省经销商根据政策的不同，偷偷地将一地的产品冲到另一地销售的情况便难免发生。这种状况频繁出现，必将造成市场秩序紊乱，如蚁噬大堤，往往在不经意间让一个有序的市场体系崩于一旦。在过去十多年中，已有无数企业因此莫名坠马，一蹶不振。

纵观娃哈哈 20 年的发展历程，其营销渠道经历了三个不同的阶段。第一个阶段，与国有的糖酒批发公司及其下属的二、三级批发站紧密合作，借用其现有的渠道进行推广。第二个阶段，是 20 世纪 90 年代中期，随着沿海省份各种专业市场及农贸市场的兴起，个体私营的批发商以其灵活多变的机制优势把国有糖酒公司原有的渠道网络冲得七零八落，中国农村与城镇市场重新组合。娃哈哈及时顺应这一变化，与各地市场中的大户联手，很快编织起一个新的、无比灵活的市场网络。正是通过成千上万个大小经销商，娃哈哈的产品渗透到了大江南北的每一个角落。到了 1996 年前后，随着中国保健品、饮料市场的繁荣，越来越多的民营企业加入进来。它们纷纷仿效娃哈哈，向农贸和专业市场大力进军，连可口可乐这样的跨国品牌也开始把营销重心下移，在县级市场与娃哈哈一争高下。厂商与经销商的关系变得复杂微妙起来，其存在的弊端便一一浮出水面：一是多头经销，公司无法控制市场；二是窜货现象严重；三是一旦市场出现暂时的滞销现象，就会造成恐慌性的降价。娃哈哈集团非常清楚窜货问题的危害性，在最近几年，娃哈哈开始淡出农贸市场，摒弃原有的粗放式的营销路线，进而开始编织自己的“联销体”网络，营销渠道也进入到了第三个阶段。其具体操作是：每年开始，特约一级批发商（以下简称“一批商”）根据各自经销额的大小打一笔预付款（即保证金）给娃哈哈，娃哈哈支付与银行相当的利息。然后，每次提货前结清上一次的货款。一批商在自己的势力区域内发展特约二批商与二批商，两者的差别是，后者将打一笔预付款给一批商以争取到更优惠的政策。娃哈哈保证在一定区域内只发展一家一级批发商。同时，与别的企业往往将促销政策和资源主要放在终端不同的是，娃哈哈促销政策重点针对的是经销商，公司还常年派出一到若干位销售经理和理货员帮助经销商开展各种铺货、理货和促销工作。这是一种十分独特的协作框架：娃哈哈“无偿”地出人、出力、出广告费，帮助经销商赚钱，对经销商而言，他们无疑是十分喜欢娃哈哈这样的厂家的。同时，娃哈哈又通过大量的广告、路演和买赠活动启动消费市场。对经销商施以“推力”，对消费者施以“拉力”，这就是宗庆后所谓的“以推为主，推拉结合”的渠道控制术。仅用3000人左右的销售队伍，娃哈哈驱动着一个数量在2万以上的经销商群体，用别人的汽车、资金与仓库为自己攻营拔寨。

许多经销娃哈哈产品的商家在谈到之所以选择娃哈哈的原因时指出，并不在于“做娃哈哈比别的更赚钱”，而是因为“能够有保证地长期挣到钱”。“有保证”，是因为娃哈哈制定了一套严格的全国统一价差体系，能够保证各级经销商都能在价差中挣到钱。而且，娃哈哈还制定了“区域责任制”，规定各经销商只能在所属区域内销售。娃哈哈总部派出的独立督察组在各个市场巡查冲货现象，一经发现，将对造成冲货的经销商处以重罚，罚款额多达数万元。“长期”，则是经销商对于娃哈哈会一直采用“联销体”经销体系的信任。“联销体”的网络结构实际包括两个子网络，即由各省经理、区域经理、客户经理构成的销售网络和由一级批发商、特约二级批发商、二级批发商、三级批发商构成的经销网络。娃哈哈设在各省的办事处只是对经销商进行管理的机构，既不走钱，也不走货。与许多厂家在市场开拓得差不多后就抛开经销商自己做的做法截然不同，娃哈哈的“联销体”经销体系让经销商彻底消除了顾忌。

从娃哈哈集团的营销案例，可以归纳出以下有效治理渠道冲突的一些实战要点：

1. 厂商结盟，规避风险

在传统销售渠道中，制造商、批发商、代理商、零售商相互独立，各自为政，各行其是，以单纯的买卖交易关系联结在一起，各自追求自己的利润最大化目标。对产品分销的全过程，任何渠道成员都不承担责任，因此，也没有一个成员可以对分销渠道进行事实上的系统控制。在这种情况下，企业的分销渠道是很不稳定的。渠道中的各个成员都以自己的利益最大化为目标，就有可能破坏分销活动中应有的相互衔接和协调，从而使整体效益受损。如何让厂家的营销规避风险？很多人认为，无非是给营销链中的每一个经销商更大的利益诱惑，其实这个观念是有缺陷的。对一个成熟的经销商而言，与超额利润相比，他更渴望的是一个长期而稳定的合作同盟和收益来源。娃哈哈的“级差价格体系”、“区域责任制”、“联销体”以及“无偿”助销等，让商家觉得“能够有保证地长期挣到钱”，从而自觉维持市场秩序，使厂家最大限度地降低营销风险。

2. 合理渠道，避免冲突

中间商数量多了，僧多粥少，容易导致渠道冲突和利益冲突，渠道的政策难以统一，这是分销成员过多的弊病。分销成员大量繁殖后，分销渠道就变得臃肿，变得反应迟缓，给企业在分销渠道上的管理带来难度和负担，这是一个危险的信号。在整个中国市场，由于各地经济发展不平衡，同样层次、级别的分销渠道在不同地区的适应性是不同的。过多的分销成员、过大的分销渠道在管理、维护以及投资方面的风险是十分巨大的。很多原来风光无限的企业轰然倒地，就是分销成员大量繁殖的恶果。“秦池”如此，“孔府家”如此，“三株”也是如此。人海战术不一定能够收到奇效，重要的是如何合理布局，优化设计，建立起完善、高效、灵敏的分销渠道。

归根结底，分销渠道的冲突是利益之争。要彻底解决冲突问题，治本之策，还是要严格分配和控制好各级经销商的“势力半径”。近年来，娃哈哈放弃了以往广招经销商、来者不拒的策略，开始精选合作对象，从众多的经销商中发展扶植大客户。同时，娃哈哈有意识地缩小经销商的辐射半径，促使其精耕细作，挖掘本区域市场的潜力。目前，娃哈哈的营销组织结构是这样的：总部→各省区分公司→特约一级批发商→特约二级批发商→二级批发商→三级批发商→零售终端。娃哈哈保证在一定区域内只发展一家一级批发商，同时在销售网络体系中严格实行级差价格体系，即在销售网络内，经销商分为总经销商、二级经销商、三级零售商，在此基础上，由销售网络的管理者制定包括总经销价、出厂价、批发价、团体批发价和零售价在内的综合价格体系，以确保销售网络内部各个层次、各个环节的经销商都能获得相应利润。通过根据经销商的出货对象规定严格的价格，娃哈哈有效地防止了经销商跨越其中的某些环节，任意进行窜货的行为。

3. 采取措施，有效监管

治理冲突的前提是发现冲突，而且冲突发现越早，其造成的直接和间接损失就会越小。因此企业应当采取各种有效措施，加强对市场的监督和管理，尽早预测发生冲突的可能性并及时发现业已存在的渠道冲突。监管部门要清醒地认识到渠道冲突的潜在性。比如，制造商必须懂得中间商的处世哲学与自己不同：他们希望销售不同生产厂家的各种各样品牌的产品，而不愿只出售一个厂家的产品。而且，他们是以消费者的采购代理人身份从事经营活动，并以此取得成功的。因此，公司必须有计划地监测渠道中的冲突，识别现实的和潜在的症结，洞察渠道各成员的满意程度，从而发现渠道冲突可能发生的线索，如抱怨、延期付款或延期交货等，做好可能发生冲突的预警工作。

为了能更及时、更科学地发现恶性冲突——窜货的发生，许多企业对销往不同地区的产品的外包装实行差异化处理，比如印上“专供××地区销售”的字样，或使用不同的商标颜色便于监督和查处。为防止窜货，娃哈哈集团实行产品代码制。所谓产品代码制，是指为每个区域的商品编上一个唯一的号码，印在产品内外包装上。采用代码制，就可以使厂家在处理窜货问题上掌握主动权，能对产品的去向进行准确无误的监控，避免经销商有恃无恐地进行窜货行动。同时，娃哈哈成立了一个专门的机构，巡视全国，专门查处冲货的经销商。通过上述举措，娃哈哈集团力求在第一时间发现窜货行为。

4. 有奖有罚，注重治本

该奖就奖，该罚就罚，不下决心，就不能彻底解决渠道中的冲突。厂家作为销售网络的建设和管理者，与各地经销商之间是平等的企业法人之间的经济关系。生产厂家的渠道网络管理制度不可能通过上级管理下级的方式实施，只能通过双方签订的“经销合同”体现，即通过合同约束经销商的市场行为。经销合同中一定要体现三方面内容：首先，在合同中明确写入禁止跨区销售和相应的处罚条款。其次，要明确差价体系，保证各层销售商获得合理利润。再次，经销商的返利促销应与其销售行为（注意，不仅仅是销售结果）相结合。

在案例 13-11 中，娃哈哈集团一方面在通过合理差价体系充分保护中间商在本区域内的销售利益的前提下，对销售业绩突出、销售行为规范的经销商进行大力度的物质激励。例如，与其他企业往往把促销直接针对终端消费者不同，娃哈哈的促销重点是中间经销商，各种各样的促销政策常年循环，极大地激发了经销商的积极性。另一方面，娃哈哈集团则是采取严厉手段打击对外倾销的经销商，其处罚之严为企业界少有。例如，娃哈哈总部派出的独立督察组在各个市场巡查冲货现象，一经发现，将对造成冲货的经销商处以重罚，罚款额多达数万元。此外，娃哈哈集团还与经销商签订“经销商保证金”制度，对于违规经销商，其保证金及经销资格都会受到极大影响。同时，由于娃哈哈集团定期对经销商进行评价，就可以把那些不合格的经销商迅速淘汰掉。

【思考与讨论题】

1. 分销渠道的概念及基本模式是怎样的？
2. 结合案例谈谈目前对分销渠道认识上存在的一些典型误区。
3. 结合案例谈谈分销渠道设计策划的基本原则。
4. 结合案例谈谈分销渠道激励策划的基本手段。
5. 结合案例谈谈对渠道中“窜货”现象的一些有效的管理办法。

【实战演练】

试为国内某一品牌的牙膏设计合理的分销渠道。

第五部分
营销策划书的编制、实施与评估

“思想和战略固然重要，但实施这些思想和战略才是真正的挑战。”

——波西·尼克维克

在战略、战术方案制定完成后，下一步是形成文字并付诸具体的实施行动。在实施前，要判断该策划方案在经济效果上的可行性和风险性，在实施过程中，还要进行有效的控制，以避免执行结果偏离规划目标。

第十四章 营销策划书的编制、执行与控制

随着市场经济的不断发展，在市场营销的新思路、新趋势中出现了营销策划。营销策划是在一般市场营销基础上的一门更高层次的艺术，其实际操作性更强。随着市场竞争日益激烈，好的营销策划成为企业创名牌、迎战市场的决胜利器。策划书是营销策划的反映。如何撰写营销策划书呢？本章首先以《广西商业经济》1999 年第 5 ~6 期田源的文章为基础，介绍一下营销策划书的编制问题。

美国的一项研究表明，被调查的策划人员中 90% 的人认为，他们制定的战略和战术之所以没有成功，是因为没有得到有效的执行。可见，再好的市场策划部门，也可能栽在滞后的执行部门手上。因此，如何对策划的整个执行过程进行全方位的、有效的监控，也应引起企业管理者的高度重视。

第一节 营销策划书编制的基本原则

为了提高营销策划书撰写的准确性与科学性，应首先把握其编制的几个主要原则：

1. 逻辑思维原则

任何一个企业在制订策划方案前都应该思考三个问题：Where are we? Where should we go? And how to go? 策划的目的在于解决企业营销中的问题，因此，应按照逻辑性思维的构思来编制策划书。首先是设定情况，交代策划背景，分析产品市场现状并把策划中心目的全盘托出；其次，明确策划方案应达到的目标，以便对实施效果进行评估；再次，对具体策划方案内容详细阐述，明确提出解决问题的对策。

2. 整合原则

营销策划人员要把所策划的对象视为一个系统，用集合性、动态性、层次性、相关性的观点处理策划对象各个要素之间的关系，用正确的营销理念将各个要素整合统筹起来，以形成完整的策划方案并达到优化的策划效果。整合原则要求营销策划要围绕策划的主题，有效调动和合理配置企业资源，把策划涉及的方方面面以及构成策划文案的各个部分统一起来，形成独具特色的整体。

3. 针对性原则

营销策划要注意突出重点，抓住企业营销中所要解决的核心问题，深入分析，提出可行性的相应对策，针对性强，才有实际操作指导意义。以“乌发美髯酒营销策划案”为例，由于乌发美髯酒刚刚进入市场，因此策划书阐述的重点应是在产品宣传推广上。

4. 效益原则

效益原则是指营销策划活动中，应以成本控制为核心，追求企业与策划行为本身双重的经济效益和社会效益。营销策划效益是策划主体和对象谋求的终极目的，企业之所以要进行营销策划，就在于谋求企业的经济效益和社会效益。

5. 创意新颖原则

创意新颖原则要求策划的创意新、内容新，表现手法也要新，给人以全新的感受。新颖的创意是策划书的核心内容。在运行策划的过程中，只有好的创意才能产生好的效果。以广告策划为例，据调查，在电视台每天铺天盖地播出的广告中，一般消费者每人最多只收看其中的3%，看后能留下点印象的只占1%，能在24h内被记住的仅占0.05%。在这种现实情况下，要争取观众记住你的广告并受广告的影响，真是困难之极，只有那些饶有创意的广告才可能吸引受众的注意。

6. 可操作原则

编制策划书是要用于指导营销活动的，其指导性涉及营销活动中的每个人的工作及各环节之间关系的处理，因此营销策划方案应具有鲜明的实战功能。不能操作的方案创意再好也无任何价值，不易于操作的方案也必然要耗费企业大量的人力、财力和物力，而且管理复杂、效率低。有这样一则寓言：老鼠们在一起开会，商量怎样才能不被猫抓住。其中一只老鼠提议，在猫的脖子上挂一个铃铛。全体老鼠欢声雷动："这个主意太好了！"但当有老鼠问，怎样才能将铃铛挂到猫的脖子上时，全体老鼠瞬间哑口无言。在猫的脖子上挂一个铃铛，老鼠就能不被猫抓住——这个创意很好，但却不具有可操作性。

第二节　营销策划书的基本内容和格式

策划书没有一成不变的格式，依据产品或营销活动的不同要求，在策划的内容与编制格式上也应有所变化。但是，从营销策划活动的一般规律来看，其中有些要素是共同的。因此，我们可以共同探讨营销策划书的一些基本内容及编制格式。

和其他书籍一样，营销策划书也包括封面、目录、正文和附录几个部分。策划书的封面一般提供如下信息：策划书的名称、被策划的客户、策划机构或策划人的名称、策划完成日期及本策划适用时间段。因为营销策划具有一定时间性，不同时间段市场的状况不同，营销执行效果也不一样。策划书的目录则将策划方案中的主要项目列出，标示出全书各章节的页码位置。附录是策划案的附件，它对策划案起着补充说明作用，便于策划案的实施者了解有关问题的来龙去脉。附录的内容一般是图表资料（如主要竞争对手资料、竞争态势图、市场占有率或销售量分析表、作业线路图等）、本策划案参考文献资料等。附录的内容要精当，简明扼要，不能喧宾夺主。列出附录，既能补充说明一些正文内容的问题，又显示了策划者负责任的态度，同时也能增加策划案的可信度。

我们在本节内容中，主要介绍营销策划书的正文。

正文是策划书的主体部分，也是最重要的部分。策划书的正文部分主要包括以下十个方面的内容。

一、策划目的

策划书要对营销策划所要达到的目标、宗旨树立明确的观点，作为执行策划的动力或强调其执行的意义所在，以要求全员统一思想，协调行动，共同努力，保证策划高质量地完成。企业营销上存在的问题复杂多样，因此策划目的也不尽相同，但总的来说，无非为如下六个方面：

（1）企业开张伊始或新产品刚刚问世，尚无一套系统营销方案，因而需要根据市场特点策划出一套行销计划。

（2）企业发展壮大，原有的营销方案已不适应新的形势，因而，需要重新设计新的营销方案。

（3）企业改革经营方向，需要相应地调整行销策略。

（4）企业原营销方案严重失误，不能再作为企业的行销计划。

（5）市场行情发生变化，原经销方案已不适应变化后的市场。

（6）企业在总的营销方案下，需在不同的时段根据市场的特征和行情变化设计新的阶段性方案。

比如在《长城计算机9000B中文系统市场营销企划书》的文案中，对编制企划书的目的说得非常具体。首先强调"9000B的市场营销不仅仅是公司的一个普通产品的市场营销"，然后说明9000B营销成败对公司长远利益和近期利益以及对长城系列产品的影响和意义，要求公司各级领导及各部门达成共识，完成好任务。这一部分使得整个方案的目标非常明确、突出。

二、分析当前的营销状况

策划者应对宏观环境、同类产品市场状况及竞争状况有一个清醒的认识，从而为制定相应的营销策略、采取正确的营销手段提供依据。知己知彼，方能百战不殆，这一部分的主要内容包括：

1. 对宏观营销环境进行分析

对宏观营销环境进行分析，主要是对影响产品营销的不可控宏观因素进行分析，如政治环境、居民经济条件（如消费者收入水平）、文化和社会因素（如消费结构的变化、消费心理）等。对一些受科技发展影响较大的产品，如对计算机、家用电器等产品的营销策划中，还需要考虑技术发展趋势的影响。

2. 对当前产品市场状况及市场前景进行分析

（1）市场状况。对于市场状况，主要分析市场规模与增长情况。在《冬凌草含片郑州推广营销企划书》的文案中，对市场状况的分析如下：根据郑州市统计局提供的资料，郑州市市区人口为188万，年人均消费支出1993年为2540元，其中医疗保健支出为每人56元，而1994年人均消费支出为3388元，比上一年增长了33.39%，其中医疗保健支出为每人92元，比上一年增长了64.29%。从统计数字可以看出，郑州市民购买力提高幅度较大，而其中用于医疗保健的支出增幅又远高于购买力增幅。郑州气候较为干燥，风沙大，咽喉病患者相对较多，此外，教师、演员等嗓音工作者也较集中，健喉护嗓的需求较强烈。从人口、购买力、购买动机三个方面分析，郑州市咽喉类保健药品的需求量是很大的，市场规模和发展前景比较乐观。

（2）产品状况。策划者应认真分析产品特点，并根据产品过去几年的销售额、价格、利润等方面的历史资料中的数据判断产品目前处于生命周期的哪一阶段。对于不同市场阶段的产品，确定公司营销侧重点及相应营销策略。

（3）竞争状况。策划者应根据波特五力模型，对竞争现状有一个整体、全面和清晰的了解。如《暖洋洋电热毯营销策划案》的文案，对竞争状况分析得比较透彻。从潜在进入者的威胁来看，电热毯是一个特有的消费品市场，近几年由于城镇居民收入的提高及自然界的暖冬现象，消费者以电热毯为室内取暖用品的意识逐渐转变，原有市场萎缩，产品供大于求，加之生产电热产品需通过国家标准认证等因素，如无明显优势的同类产品不敢贸然进入竞争已十分激烈的市场。因此，新加入者对“暖洋洋”构不成威胁。从替代品的威胁来看，由于电暖气和空调等产品的出现和普及，现有电热毯市场规模较过去几年有一定萎缩。但同时，作为一种床上取暖用品，还没有哪种产品能在真正意义上取代它。从供应者和购买者的讨价还价能力来看，来自买方（经销商及最终消费者）的压力较大。电热毯产品主要是通过百货商场、家电批发市场或一级、二级日杂批发市场来进行销售的。一级、二级批发市场虽然让利不足10%，但主要经营低档产品。而主要销售“暖洋洋”等高档电热产品的百货商场，厂家平均让利25%给商家，还有一些柜台费用、促销、POP、宣传及相关的费用，合计让利幅度为30%。同时，由于消费者选择余地较大，厂家对消费者的控制力较弱。再有，行业内现有企业的竞争比较激烈。全国电热毯生产厂家有近千家，四川“彩虹”、上海“小绵羊”等一批经验丰富的中小企业，由于产品质量优良，在当地市场有一定的品牌知名度和稳固的市场份额。在东北地区，电热毯的生产厂商以小型及手工作坊生产为主，不具备行业规模，且在产品质量上难以保证。一般都在当地一级、二级批发市场上销售，进入不了主流消费市场。因此，东北地区应是厂家首选的目标市场。

（4）消费者特征。策划者应依据4W1H原则准确把握消费者及其购买行为。如《稀世宝整合营销策划书》文案中，对消费者的分析言简意赅。首先，从消费者年龄结构来看，购买者年龄明显偏小（明确谁在购买）。其次，消费者已形成购买饮用水的习惯，经常购买者占48.89%，偶尔购买者占48.15%，只有2.96%的人从来不买（明确消费者何时购买）。消费者行为特征是重品牌、重口感（明确消费者如何购买）。再次，虽然消费者对矿泉水、纯净水概念模糊，但他们已逐渐认识到长饮纯净水无益，开始留意选择优质矿泉水了（明确消费者为什么购买）。

三、分析市场机会与问题

（1）营销方案是对市场机会的把握和策略的运用，因此分析市场机会，就成了营销策划的关键，只要找准了市场机会，策划就成功了一半。当然，针对目前营销状况还要进行威胁分析，从而尽可能地避开风险。

（2）针对产品及企业自身情况分析优势和劣势，应找出与竞争对手的差距并予以缩小，从而充分利用自身优势，发掘市场潜力，把握并利用好市场机会。一般说来，企业营销中存在的主要具体问题表现为以下几个方面：

1）企业或产品品牌知名度不高，影响产品销售。

2）产品质量不过关，功能不全，形象不佳，被消费者冷落。

3）产品包装太差，激不起消费者的购买兴趣。

4）产品价格定位不当。

5）销售渠道不畅，或渠道选择有误，使销售受阻。

6）促销方式不力，消费者不了解企业产品。

7）服务质量太差，令消费者不满。

8）售后保证缺乏，消费者购后顾虑多等。

清楚地认识公司的资源优势和缺陷，了解公司所面临的机会和挑战，对于制定公司未来的发展战略有着至关重要的意义。《小天鹅洗衣机市场营销企划书》文案中，对市场机会与问题作了如下的分析：企业拥有的主要机会有：①洗衣机已成为现代家庭的必需品，特别是全自动洗衣机已成为国内第一代老式洗衣机的更新换代产品，成为洗衣机市场中占主要份额的商品；②在夏季，其他品牌洗衣机供销力度减弱，竞争状况相对缓和。企业面临的主要威胁有：①夏季是销售淡季；②整体市场疲软。企业主要优势有：①当时，小天鹅是全国唯一通过5000次无故障运行和获得ISO9001国际质量认证的企业，产品质量好；②在全国同行业中率先推出质量信誉卡、整体免费保修5年等服务承诺。企业主要劣势有：促销策略不当，以往采用有奖销售等经销办法缺乏吸引力。

四、营销目标

营销目标是在营销目的和任务基础上公司所要实现的具体目标，通常是营销策划方案执行期间的经济效果。例如，总销售量为××万件，预计毛利为××万元，市场占有率实现××。除了经济效果指标，企业还可以明确形象效果指标。例如，方案实施后知名度提高××个百分点，顾客满意度达到××。

五、营销战略

1. 营销宗旨

一般企业应注重这样几个方面：

（1）以强有力的广告宣传攻势顺利拓展市场，为产品准确定位，突出产品特色，采取差异化营销策略。

（2）以产品主要消费群体为产品的营销重点。

（3）建立起点广、面宽的销售渠道，不断拓宽销售区域等。

2. 产品策略

通过前面产品市场机会与问题分析，提出合理的产品策略建议。

（1）产品定位。产品市场定位的关键主要是在顾客心目中寻找一个空位，使产品迅速启动市场。

（2）产品质量功能方案。产品质量就是产品的市场生命，企业对产品应有完善的质量保证体系。同时，注意开发产品的独特卖点，以便能在众多同类产品中脱颖而出。

（3）产品品牌。要形成一定的知名度、美誉度，树立消费者心目中的知名品牌，必须有强烈的创牌意识。

（4）产品包装。包装作为产品给消费者的第一印象，企业需要制定能迎合消费者并使其满意的包装策略。

（5）产品服务。策划中要注意产品服务方式、服务质量的改善和提高。

3. 价格策略

这里只强调几个普遍性原则：

（1）拉大批零差价，调动批发商、中间商的积极性。

（2）给予适当数量折扣，鼓励多购。

（3）以成本为基础，以同类产品价格为参考，以公司整体经营方针和营销策略为指导，使产品价格更具竞争力。若企业以产品价格为营销优势，则更应注重价格策略的制定。

4. 销售渠道策略

制定销售渠道策略，主要应该明确以下几个问题：

（1）新产品应如何设计销售渠道？

（2）产品目前销售渠道状况如何，是否合理？对销售渠道的拓展有何计划？

（3）是否需要采取一些实惠政策带动中间商的销售积极性，或制定适当的惩罚措施制裁违规中间商？

5. 广告宣传、公关以及营业推广等促销活动

这里只强调几个普遍性原则：

（1）促销活动要服从公司整体营销宣传策略，树立产品形象，同时注重树立公司形象。

（2）广告宣传要注重一致性和广泛化。广告宣传的商品个性不宜变来变去，功能变多了，消费者会不认识商品，反而使老主顾也觉得陌生。所以，在一定时段上应推出一致的广告宣传。同时，在注意广告宣传媒体的多样式化前提下，注重采用宣传效果好的媒体方式。

（3）广告投放要注重科学性。策划方案前期推出产品形象广告，期后适时推出诚征代理商广告，节假日、重大活动前推出营业推广广告。

（4）不定期地开展阶段性的营业推广活动，掌握适当时机，及时、灵活地进行，如重大节假日、公司有纪念意义的日子等。

（5）把握时机进行公关活动，赢得消费者。

（6）积极利用新闻媒体，善于创造和利用新闻事件提高企业产品知名度。

六、具体行动方案

企业应根据策划期内各时间段的特点，推出各项具体行动方案，以此把营销战略的内容具体贯彻下来。行动方案要细致、周密、操作性强且不乏灵活性。同时还要考虑费用支出，一切量力而行，要以较低费用取得良好效果为原则。尤其应该注意季节性产品淡、旺季营销侧重点，抓住旺季营销优势。在通常情况下，企业会把行动方案按时间顺序列出，并明确标清每项行动的日期、步骤、具体细节、参与人员及负责人员等。

七、策划方案各项费用预算

营销策划书的这一部分记载的是整个营销方案推进过程中的费用投入，包括营销过程中的总费用、阶段费用、项目费用等，其原则是以较少投入获得最优效果。费用预算方法在此不再详述，企业可凭经验具体分析制定。

八、方案调整

方案调整是策划方案的补充部分。在方案执行过程中可能出现与现实情况不相适应的地方，因此必须随时根据市场的反馈及时对方案进行调整。实际上，营销计划的执行常采取滚动式计划执行与修订的方法，即定期审查计划的完成情况。在此基础上，对以后的已制订但还未执行的计划作必要的调整和修订，并将计划期顺序向前推进一期。如此滚动下去，可以使企业的长期计划逐步完善，并可以始终保持有一个连续的长期战略计划。如企业编制了一个2001～2005年的5年营销计划，在2001年年底，根据计划执行情况和客观条件的变化，对这个5年计划作出调整，并编制2006年的计划，将原先的5年计划顺序推进为2002～2006年的5年计划。这有利于将长期计划纳入到短期计划中执行，保证企业战略目标的实现。

九、监控

营销策划书的这一部分，说明将如何监控该计划。通常，较高一级的管理者要按月或按季定期审查下级部门的目标和预算，要求落后部门解释原因及制定整改措施。“小天鹅”在策划书的监控部分规定：营销人员必须每周、每月把市场情况通过一套为其专门设计的表格反馈到总部，由总部通过计算机网络进行归纳、整理和分析。

十、风险分析

任何市场行为都是有风险的，因此，策划人员一定要对方案成败与否的风险进行预测。比如，《暖洋洋电热毯营销策划案》在风险分析中谈到：风险主要来自两个方面，一是市场机会的判断是否准确和市场定位是否合理；二是消费者对产品的认同度、市场需求量、季节的差异性、产品的周转期等的负面影响会造成产品库存量增加。同时，对于如何规避风险，策划者指出，作为消费品，宣传投入和市场风险是成反比的，因此公司可适量地加大宣传力度。

1997年初，全国最大的单项社区服务网络——“小蓝帽”家电维修网在武汉三镇建立，并向社会承诺：交80元入网费，一年中消费者家庭任何家电发生故障，服务人员都会在24h内上门维修，并只收取零配件成本费。一时间，“小蓝帽”成为社会关注的热点，几家媒体对此作了报道。然而好景不长，1997年8月，“小蓝帽”停止发展网员，并撤销4个分站，企业严重亏损……短短半年的时间，“小蓝帽”便彻底失败了。

“小蓝帽”失败的一个重要原因就是策划者忽视了搭便车维修这一陷阱的存在，而没有事先采取相应的防范措施，以至于出现“一家入网，多家送修”的状况。数以千计的客户周围，贪小便宜的人总是有的，这种搭便车维修的情况恐怕绝非个例。这样，80元的入网费当然入不敷出，企业亏损就是很自然的事了。如果“小蓝帽”在方案策划时注重风险分析和防范，如对入网客户的现有家电实行登记，贴上防伪的“小蓝帽”特殊标记，实行认记维修，贪小便宜的人再“搭便车”恐怕就难了。

营销策划书的编制一般由以上几项内容构成。但由于策划对象不同（企业整体策划、企业产品策划、企业服务策划等）、市场发展阶段不同（市场选择策划、市场进入策划、市场推广策划、市场对抗策划、市场防守策划、市场撤退策划等）以及营销目标不同（市场定位策划、产品策划、价格策划、渠道策划、促销策划等），则策划书所侧重的各项内容在编制上也可有详略取舍。

案例14-1　乌发美髯酒市场推广营销策划书（有改动）

一、策划说明

乌发美髯酒是厦门南国酿造公司开发的新产品，目前（指1992年，下同）主要在厦门地区销售，少数产品已进入北京市场。乌发美髯酒是依照中医原理精制而成的低度保健饮料酒，它通过调节人体内环境稳态，以达到防止早衰及须发早白的功效。因此，在生活节奏紧张的现代社会，具有大批的35～50岁的潜在顾客。本策划书希望能帮助乌发美髯酒提高知名度，成功开拓国内市场，并在不久的将来打入韩国、日本等国际市场。

二、营销环境与状况分析

1. 宏观环境分析

文化社会环境：倡导“效率与实力”的现代社会，处处充满了竞争。激烈的竞争环境，尤其是商界纷争迭起，过度的操劳和焦虑以及无情的岁月，使许许多多的人英年早逝。据日本《读卖月报》调查分析表明，当今社会从事激烈脑力劳动者，尤其是商界之中坚人士，74.8%的40~50岁左右的人，常常感到日常工作力不从心，鬓发渐染，出现了早衰的明显特征。

经济环境：随着人们收入和生活水平的较大幅度提高，许许多多的中老年人对自身美的追求，特别是他们对外观形象的改善越来越重视。为此，人们想方设法使自己显得年轻，但往往收效甚微。在这种背景下，依中医古法精制而成，以调节人体内环境为主，达到预防早衰，改变须发早白现象的低度保健饮料酒——乌发美髯酒应运而生。

2. 市场分析

厦门市场调查分析表明，35~50岁的男女，58.63%有少量或部分白发出现，14.3%的人头发已大部分变白，因此可大致预测至少有占人口18.43%的消费者市场。可以推断，如果能让消费者充分了解乌发美髯酒，该产品在市场上将大有作为。

3. 产品分析

（1）产品特点。乌发美髯酒系采用何首乌、女贞子、枸杞、当归、黄芪、熟地、杜仲等多种地道名贵中药材与米酒，依中医方法精制而成的低度保健饮料酒，它通过调节人体内环境稳态，达到防止早衰、须发早白的功效。该产品酒精度为26°，可随量饮用，但需持续每日饮用50mL。

（2）生命周期。该产品尚处于产品生命周期的初级阶段，即投入期阶段，目前，顾客还不大了解产品性能，购买者不多。据厂家提供的数字和策划者的调查，开业四个月共销售产品1000多箱（6000多瓶），盈利3万多元，市场知名度为2.42%。处于这个阶段，产品是否受到用户欢迎，能否满足社会需求，是属于光彩夺目的明星类产品还是属于将被淘汰的瘦狗类产品，尚不可知。因此，建议厂家尽量加大宣传及推广力度，否则产品在此时夭折的可能性很大。

4. 竞争分析

（1）目前同类替代产品情况。①目前，对于中老年人的早衰、须发早白症状的治疗，国外尚无显著方法，一般只是采取染发来改善外观形象；②国内仅有中外合资企业——石家庄芳坤日用化工制品有限公司生产的黑宝牙膏，通过人们日常生活中刷牙的吸收达到养润毛发、预防早白的目的。

（2）目前行业现有企业竞争状况分析。①国外市场。目前尚无以调节人体内环境来达到乌发效果的产品；②国内市场。中外合资企业石家庄芳坤日用化工制品有限公司生产的黑宝牙膏，在北方有较大影响，目前正向南方市场开拓。1992年春节前后，曾在厦门第一百货商店开展黑宝牙膏现场推销活动，目前厦门已有多家商业单位经销该产品。

5. 顾客分析

目前该产品主要在厦门销售，少数产品已进入北京市场。在厦门的零售点有东海大厦自选商场、市外轮友谊供应公司、市政府对外处、东湖贸易有限公司、市华丰贸易公司。对东海大厦自选商场销售情况的调查表明：

（1）该产品平均月销售量为95瓶左右。

（2）购买者情况：其中，男性占78.2%，女性占21.8%；年龄30岁以下者占14.5%，30岁至40岁者占38.5%，40岁至50岁者占31.4%，50岁以上者占15.6%。购买者文化层次：大学毕业者占21.5%，中专毕业者占22.6%，高中文化者占38.5%，初中以下文化者占17.4%。购买者收入情况：月收入600元以上者占15%，月收入500元至600元者占18%，月收入300元至500元者占51%，月收入200元以下者占15%，其他消费者占1%。

（3）购买用途：馈赠亲友者占45%，自用者占35.5%，另有17.5%购买者是青年人，他们是为赠送自己的父母、亲友、上司而购。

三、机会及障碍分析

1. 机会

从世界范围来看，中老年人早衰及须发早白者甚多，随着人民生活水平的不断提高，许多人迫切要求改变自己的形象。

2. 障碍

（1）由于采取以中医调养为主的方法，因此该酒饮用后未必都能在短时间内立竿见影，一般需持续每日饮用50mL，并坚持2~3个月才有显著效果。同时，虽然多数人饮用后身体无不适现象，但仍有少数人有微微上火而引起的身体不适。

（2）目前，国内竞争对手黑宝牙膏在北方有一定的影响及市场占有率，据调查资料显示，该产品在北方的12个城市经销，1991年度销售量达12万箱，43.5万支，市场上知名率为48.5%。并且，该产品现在正努力开拓南方市场。

（3）销售渠道没有疏通，中间商对产品缺乏认识。据对该产品在厦门的零售商的调查表明，对产品很信任者占18.3%，对产品一般信任者占24.6%，表示愿试一试者占52.6%，其他占4.5%。

（4）最主要的问题是顾客还不太了解产品及其性能，销售额增长缓慢，普及率低，成本高，利润低，市场尚待开发。据产品的零售点之一——厦门东海大厦自选商场的现场抽样调查表明：①购买前对产品的知晓程度仅为1.5%；②购买者对产品的信任程度：很信任者占5.3%，一般信任者占12.5%，表示可以试一试者占54.6%，不太相信者占24.3%，无所谓者占3.3%。由此可见，经营者应大力加强产品的宣传推广工作。

四、营销目标

1. 短期目标

近期的主要目标是逐渐将产品的重心转型，从原来以生产低档产品为主转向生产中档产品为主，扩大企业生产规模，争取更大的盈利。争取在一年内将企业的年销售量从500箱扩大到10000箱。

2. 长期目标

通过积累资金扩大再生产，把该企业发展成为年利润超百万元的企业，员工队伍增至500人以上，最终发展成为全国低度保健酒的生产基地；同时，扩大产品出口外销，走内外结合的现代型企业之路。

五、营销战略

1. 产品策略

（1）产品定位。①产品类型定位——低度保健饮料酒；②产品特点定位——调节人体内环境稳态；③产品档次定位——中档；④消费对象定位——35～50岁左右，从事商业活动的城镇人（商业部门的人员由于长期从事激烈竞争，焦虑和操劳常使他们过早地出现早衰）；⑤消费者心理定位——恢复精力，追求美的形象。

（2）销售对象。依据产品的消费对象定位，目标客户应包括35～50岁，从事商业活动的城镇人，以及关心他们的子女、家属及亲友。

（3）包装策略。产品的包装应与产品档次配套，设计美观大方，同时考虑出口的需要，采用汉英两种文体，主体颜色采用黑色。另外，考虑到外国人对中国医学的崇拜，在包装上还应着力体现中国特色。

2. 定价策略

由于产品档次定位为中档，又考虑到产品的消费对象从事商业活动，生活水平较高，往往出手大方，中等价格他们容易接受（该产品市面零售价为26.00元/瓶，批发价为20.00元/瓶），采取投入市场之初先定一个略高价，待销路畅通后再略微降价，并保持稳定。

3. 广告策略（以电视广告为例）

（1）广告目标：突出该酒的性能和产品形象，使之根植于消费者心中，从而达到扩大影响、实现促销的目的。

（2）播出时间：新闻联播的前后十分钟内及经济新闻、经济专栏的前后播放。

（3）创意简述：从产品的定位出发，在电视镜头中突出商业活动竞争激烈的气氛，并利用中老年人普遍害怕早衰、须发早白，有着“夕阳无限好，只是近黄昏”的惆怅心理。

（4）电视广告脚本。

镜头1：一辆豪华的白色小轿车在公路上飞驰而过。

意境：节奏紧张的现代社会气息。

镜头2：（特写）镜头移近表现这辆小车与其他（两辆）小轿车的拥挤场景。

意境：充满竞争的现代社会。

镜头3：镜头切换为一个商业总经理模样、约40岁左右、头发有些白、戴金丝边眼镜的男模特在主持会议。

镜头4：（切入）男模特走出公司大门，白色轿车停在他身边，侍者开门迎候。

镜头5：男模特忽仰头，久久凝视天空，陷入沉思（男模特脸部特写，注视眼神特写）。

镜头6：天空有一轮辉煌无比的夕阳（镜头切入）。

镜头7：在侍者的多次催请下，男模特上车，汽车飞驰，驰过夕阳，（同时特写）一轮夕阳迅速落下。

镜头8：夕阳消失，天空灰暗。接着迅速出现字幕：乌发美髯酒，提醒事业发达者，留住夕阳无限辉煌。

4. 公关策略

（1）举办新产品上市新闻发布会。乌发美髯酒是一种具有独创性的新产品，它的问世是对人类养生科学的贡献，具有重要的新闻价值，因此，有必要通过新闻媒体向外界广泛地传播信息。举办该产品上市的新闻发布会既可通过大众传播媒体向社会告知这个新产品，又能较真实、广泛地传播该产品的性能、作用。而且由于产品尚处于投入期阶段，在市场上销路还未大幅度打开，成本也较高。因此，在企业盈利不多，无法开展大规模的广告推销活动的情况下，选择这个活动既能塑造企业和产品形象，又能起到较大程度的“免费广告”

效果。

（2）销售现场免费检验头发并开展宣传活动。在销售现场为观众免费检验头发，介绍产品，并分发产品说明书。

5. 促销（营业推广）策略

（1）举办新产品品尝会暨联欢晚会。广泛邀请一些政府部门和主管部门领导、商业销售的负责人、品酒专家、社会名流、消费者代表、新闻媒体的记者参加新产品品尝会。通过新产品的品尝，广泛地征求社会各界的意见和建议，包括产品口感、酒精度、价格、包装、宣传、销售等环节。在品尝会之后，辅以联欢晚会，以避免单调。花少量的钱财既可广泛征求社会各界对产品的看法，避免产品与市场发生较大程度的偏差，同时又广泛宣传产品，塑造良好的企业形象。

（2）与电视台共同举办"乌发美髯"杯中老年健康知识电视大奖赛。

通过电视大奖赛，一方面推广宣传中老年人的健康知识，提高中老年人的健康意识（特别是预防早衰问题），另一方面又成功地塑造了关心中老年人健康的、充满人情味的企业形象。

6. 渠道策略

从销售地域来看，该产品应该形成以厦门经济特区为基础，向沿海城市及东南亚辐射的销售网络。首先应扎根厦门市场，再占领北京市场并辐射全国，进而瞄准韩国、日本、中国台湾地区以及东南亚其他国家与地区的市场。由于产品属于中高档商品，主要销售网点应选择在这些地区的大型商场及百货公司。

六、具体行动方案（以销售现场免费检验头发及宣传活动为例）

主办单位：厂家与商店共同举办。

时间：（略）。

地点：规模较大的零售现场。

内容：组织一批有较好推销、演说、交际才能的公关人员，着统一制服，并在制服上配挂标有产品名称的横条，为观众免费检验头发，介绍产品，并分发产品说明书。

注意事项：

（1）活动现场的布置，气氛的渲染。

（2）精心设计产品的说明书。

七、费用估算（以广告费估算为例，总计 12 万元，见表 14-1）

表 14-1 广告费用计划表

开支项目	年总份额	所占百分率	使用方法
报纸	3 万元	25%	大幅广告 1 万元，以后平均每月 3 次，并坚持半年
电视	5.5 万元	45.83%	隔天 1 次，隔月播发
广播	1.5 万元	12.5%	隔天 1 次
邮寄	1 万元	8.33%	邮寄及附在产品包装盒内
POP	1 万元	8.33%	销售现场布置
总计	12 万元	100%	

八、其他（略）

第三节 营销策划的执行与控制

国内某知名策划人曾说过："三分策划，七分执行。"实践证明，很多企业在营销策划中的决策过程差别是很小的，往往由拥有丰富经验的市场人员负责策划决策工作，实力雄厚的企业还可拥有大的广告公司、顾问公司承担咨询管理工作。事实上，很多企业都具备完整的营销计划，也有明确的经营目标、目标顾客群、产品定位、产品设计及如何达到顾客满意的种种策略方法，但实际的结果却是有赢家，也有输家。企业之间真正不同的地方不在于决策过程和策划方案本身，而在于决策的执行与控制。不同公司对正确决策的不同执行与控制，带来了不同的营销结果。

案例 14-2　麦肯锡兵败实达

进入21世纪后，国内媒体纷纷报道了实达集团连续两年亏损，将被ST（股票特别处理）的消息。一些媒体更是从实达管理团队、属下走私方面探讨了其兵败原因。对于这个问题，国内外咨询人士较为一致的看法是，实达2000年亏损2.67亿元和麦肯锡为其所作的策划方案有莫大关系。

拥有国际雄厚资源库的世界级咨询公司麦肯锡自进入中国后，多年以来的发展历程经手了从早期的王府井百货，到后来的康佳集团、乐百氏公司、深圳平安保险公司等一批国内大型企业的咨询案例。尤其是1998年以后，国内各级政府部门频繁邀请麦肯锡进行更大规模的战略咨询，在一定程度上也提高了其在中国市场中的声望，公司的运营到达了一个高峰期。实达集团1996年成功地在上海证券交易所上市后，在快速发展中遇到一系列问题，当时问题最大的就是销售渠道和营销模式。于是，1998年实达集团希望通过与麦肯锡的合作来实现企业营销系统的高效运转。实达支付给麦肯锡300万元咨询费，并耗资几千万元用以配套实施该方案。

然而，出乎实达和麦肯锡意料的是，执行麦肯锡咨询方案的过程困难重重。新方案要求实达由个人权力式管理方式向程序化管理方式转变，但这与公司原有的管理方式和决策管理层有根本性冲突。实达也发现管理过程中协调步骤的增加和无休止的会议反而降低了公司的沟通效率，致使营销系统运营的效率不升反降。5个月后，在实施了千人大换岗给企业带来动荡后的实达集团，难以继续承受销售下滑的压力，被迫返回原有的管理、营销体系和模式。

实达认为，自己在实施麦肯锡提出的方案后才发现，光改变企业的营销系统根本达不到自己预想的效果。而且，实达自身内部的营销信息系统很难配合新方案的实施，造成信息沟通失灵。再加上当时集团个人计算机产品面临的外部形势严峻（1～5月份只完成全年任务的25%，企业库存积压和资金积压严重），集团高层不得不调整回原来的销售体系和组织架构。事后实达也表示，把自己的亏损以至被ST（股票特别处理）完全归结于麦肯锡的失误其实不妥，实达自身也有这样那样的问题，对于合作的失败双方应各自承担50%的责任。据悉，对此说法，麦肯锡并未反驳。

麦肯锡当时认为这一切都属正常，企业改革就必须付出代价。但在实达看来，这样的代价实在太大，当时新方案实在难以继续实施，反而给公司的发展带来损失，实达退回原有体制是没有办法的选择。而事实上，麦肯锡中国公司的副总吴亦斌表示，麦肯锡给任何公司作出的咨询结果，都是经双方确认后才实施的，即当时麦肯锡提出的方案得到了实达集团的充分认可。同时，吴先生也认为，目前业界普遍存在一种误解，认为一个企业向咨询公司购买一个方案后就能够解决企业的全部问题。实达集团一位直接参与麦肯锡方案实施的高层人士透露，该咨询方案并非企业整体咨询方案，只是一部分。该方案本打算分两期实施完成，但第一期就出现问题，第二期也就未再提及。实达的感觉是，麦肯锡公司的理论功底甚强，但操作能力太差。而且因为该方案价格偏低，麦肯锡并未参与实施，只开了两次讨论会。

营销执行是将营销策划转化为具体行动的过程，并在这一过程中提供各项必要保障和有效监控，以达到营销策划的既定目标。但有很多企业在完成营销策划方案后，轻视执行和控制。可以说，不重视营销执行的营销策划是空洞的，没有营销控制的营销策划是不完整的。在企业的经营活动中，由于营销策划方案是由专业策划人员制定的，而执行则要依靠市场营销人员，监控靠的又是企业管理人员，所以，一旦这三类人员之间缺乏必要的沟通和协调，必然会出现策划人员的策划方案脱离实际，执行人员因不理解需要执行的方案而执行不畅，而管理人员会因为人员、组织和机制等原因造成监管不力。从上述实达的案例，我们不难看出，营销策划失败的原因不能排除是由于麦肯锡公司所制定的战略战术方案本身有问题，但也不能排除是由于正确的战略战术没有得到有效的执行。企业为提高营销策划的执行力，应该做好以下几方面的工作：

1. 推出合理的策划方案

营销策划方案设计完成后，应就策略方案及时与企业高层沟通，交换意见。最好的办法是召开企业高层领导、各部门负责人和策划人员参加的交流会或评议会，广泛征求意见，便于策划人员对策略中脱离企业实际或行不通的地方作必要的修改。

麦肯锡的咨询方案就是没有考虑到实达集团具备什么素质，在企业管理相对比较薄弱、信息系统不完善的情况下，麦肯锡公司的专业策划人员只考虑总体战略而忽视执行中的细节，缺乏对这种典型中国公司的深入了解，贸然认同实达选择采用一步到位的方案，以至于在采用后才发现，企业的营销信息系统和企业人员的素质达不到实施该方案的要求。而且，整个策划缺乏足够的实达集团的市场营销人员参与，使计划过于笼统而脱离实际，不利于方案的实施。当时，实达在急于改变的心理下，也同意选用了该方案，结果导致了实施过程中的失败。

2. 制订详细的执行方案

从严格意义上讲，执行方案是策划方案重要的组成部分。为了有效实施市场营销战略，必须制订详细的行动方案。制订者既要有专业策划人员，又要有足够的营销和管理人员。实践证明，许多企业面临困境，就是因为缺乏一个能够使企业各部门一致作战的具体实施方案。企业高层决策和管理人员不能有丝毫“想当然”的心理。相反，他们必须制订详尽的实施方案，规定和协调各部门的活动，编制详细周密的项目时间表，明确各部门经理应负的责任。只有这样，企业营销执行才会顺畅。

我们也看到麦肯锡公司没有为实达集团制订具体明确的执行方案，也未参与其具体实施管理过程。而一个医生给病人开了个药方之后，有责任在治疗过程中跟踪指导。当然，病人要负担相应的指导成本。一般说来，咨询公司只是就企业要求的某一方面提供解决方案，而企业面临的问题几乎都涉及方方面面，除非双方就各个方面的问题达成长期合作，否则很难达到企业预期目标。也就是说，营销策划如果缺乏具体执行方案，营销策划部门如果不参与营销的实际管理过程，就无法达到营销策划的目标。实践表明，许多营销行动之所以失败，是因为公司内没有制订一个明确的、能使企业内部各个有关部门协调一致、共同作战的具体执行方案。一些高层管理人员或策划人员经常有一种想当然的心理，认为这么伟大的策划都拿出来了，实施还不是小菜一碟，用得着我们来出手吗？否则要具体营销人员和基层管理人员干吗？显然，这是必须走出的营销策划误区。

3. 建立适当的组织结构

为了有效地执行市场营销方案，企业必须善于运用组织技能。组织是指将战略实施的任务分配给具体的部门和人员，规定明确的职权界限和信息沟通渠道，协调企业内部的各项决策和行动。企业的正式组织在市场营销执行中起着决定性的作用。所以，企业的战略发生变化，必须同时建立相应的组织结构。也就是说，组织结构必须与企业战略一致，必须与企业本身的特点和环境相适应。同时，我们也应当注意到，在发展有效工作的组织中，理解正式和非正式的市场营销组织对于开展有效的市场营销执行活动，也是非常重要的。

4. 开发必备的人力资源

营销战略最终是由企业内部的工作人员来执行的，所以人力资源的开发至关重要，直接关系到战略实施的成败。人力资源的开发主要涉及人员的考核、选拔、安置、培训和激励等问题。在考核、选拔相关人员时，要做到人尽其才。例如，在选拔市场营销经理时，应考察其是否具备配置技能，即在营销职能、营销政策和营销方案三方面配置时间、资金和人员的能力；在考核营销人员时，看其是否具备互动技能，即影响他人把事情办好的能力，也就是说，市场营销人员不仅必须有能力推动本企业的人员有效地执行理想的战略，还必须推动企业外的人或企业（如市场调查公司、广告公司、经销商、批发商、代理商等）来实施理想的战略，即使他们的目标与本企业的目标有所不同。另外，还要注意确定适合的行政管理人员、业务管理人员和一线工人之间的比例；为激励员工的积极性，必须建立完善的工资、福利和奖惩制度；就企业对管理人员工作的评估和报酬制度而言，如果以短期的经营利润为标准，则管理人员的行为必定趋于短期化，他们就不会有为实现长期战略目标而努力的积极性。

5. 建设配套的企业文化

企业文化是一个企业内部全体人员共同持有和遵循的价值标准、基本信念和行为准则，包括企业环境、价值观念、模范人物、仪式、文化网五个要素。它对经营思想和领导风格、对员工的工作态度和作风起着决定性的作用。由于企业文化体现了集体责任感和集体荣誉感，甚至关系到员工的人生观和他们所追求的最高目标，能够起到把全体员工团结在一起的“黏合剂”的作用。因此，塑造和强化企业文化是实施企业战略不容忽视的一环。

在案例 14-2 中，实达集团在执行市场营销方案过程中缺乏与方案实施相互协调和配合的保障。任何企业当前的经营活动都是为了实现既定的战略目标，新的战略如果不符合企业的传统和习惯就会遭到抵制。新旧战略的差异越大，执行新战略可能遇到的阻力就越大。要执行与旧战略截然不同的麦肯锡咨询方案，需要实达改变企业传统的组织结构、人力资源状况甚至企业文化等，只有这样，方能为营销方案提供得以执行的相应保障。而实达集团虽然做了一些变革，但这些变化明显缺乏合理性，再加上部门之间、策划方和企业之间缺乏相互的配合，造成营销系统运营的效率不升反降。因此，当公司个人计算机产品面临严峻的外部形势时，集团高层不得不把企业的运营调整回原来的营销模式。不难想象，缺乏保障的营销方案是不可能在大变革中取得成功的。

6. 建立完善的监控体系

为了更有效地执行市场营销方案，企业还必须善于运用调控技能，包括建立和管理一个对市场营销活动效果进行追踪的控制系统。因为，营销策划的执行能否取得理想的成效，控制工作进行得如何至关重要。轻视营销的控制就如同忽视执行的作用。而所谓营销控制，就是指市场营销管理者经常检查市场营销策划的执行情况，验证策划与实绩是否一致，如果不一致或没有完成计划，就要找出问题所在，并采取适当措施和正确行动，以保证市场营销策划的完成。其内容包括对营销人员、营销相关信息、营销经费以及具体营销工作分配时间的控制。

企业营销策划在实施过程中受到多种外在因素的影响，企业在运营中可能会发生许多例外情况，从而使策划方案难以顺利实施。因此，企业必须对营销策划实施的全过程实行紧密跟踪和连续不断的控制，以确保策划预期目标的实现。而且，营销策划的创新性越强，与现实环境不相适应的可能性越大，出现意外情况的机会越多，就越需要企业对营销策划执行的全过程进行有效的控制。成功的营销策划依赖于有力度的创新的提出，以及创新的顺利实施所产生的巨大社会反响和由此带来的效应，而卓有创新性的营销策划的最终实现则依赖于全过程的有效控制、完善的预警系统和及时的应变措施。因此，成功的营销策划应是创新力和控制力的统一。只有创新力而无控制力，营销策划不仅难以顺利实施，而且可能中途夭折。创新力是成功策划的基础，控制力是策划成功实施的保证。控制力应当贯穿于创新性设想的构思的提出、论证，创新性行为的实施直到营销策划按预定目标达成的全过程。麦肯锡公司为实达集团制订的方案既脱离企业实际（缺乏合理的创新），在执行中又不加以协调和修正（缺乏必要的控制），注定其难逃失败的厄运。

【思考与讨论题】

1. 谈谈营销策划书编制的基本原则。
2. 谈谈营销策划书编制的基本内容和格式。
3. 结合案例谈谈营销策划方案的设计与执行的关系。
4. 结合案例谈谈营销策划方案的执行与控制的关系。
5. 结合案例谈谈如何加强营销策划方案的执行与控制。

【实战演练】

“锦州小菜”创始于清朝康熙年间，距今已有 300 多年的历史，因系皇家贡品而闻名于世。乾隆皇帝东巡祭祖途经锦州品尝什锦小菜时赞不绝口，并挥笔写下对联“名震塞外九百里，味压江南十三楼”，横批是“什锦小菜”。

锦州小菜有限责任公司（原锦州小菜厂）是生产正宗“锦州小菜”的专业公司。目前主要产品有驰名中外的什锦小菜类、虾油制品类、虾酱类、酱菜类、盐渍菜类 5 大类 100 余个品种。然而，由于种种原因，曾经风光无限的“锦州小菜”正经历一个比较尴尬的历史时期：产品的影响力正在不断减弱，品牌资源正在不断流失……如何帮助锦州小菜有限责任公司重现辉煌？请你通过调查分析并结合自己的专业知识，进行一次全面策划并编制出策划书。

第十五章　营销策划的绩效评估

目前，在营销策划论著中往往存在一些局限：方案的策划原理论述得比较多，方案的评估方法讲解得比较少；方案的定性分析论述得比较多，方案的定量研究讲解得比较少；方案的事后评估论述得比较多，方案的事前评估讲解得比较少。本章按照策划方案实施前和实施后的两个不同阶段，介绍一些定量的对营销策划方案进行评估的方法和手段。

第一节　营销策划方案的事前评估

传统的营销策划人员对方案进行事前评估的时候常常以定性分析为主，是一种在占有一定资料的基础上，根据策划人员的经验、直觉、学识、洞察力和逻辑推理能力来进行决策的方法。这种决策方法具有主观性，属于经验型决策。20 世纪 50 年代以后，随着应用数学和计算机技术的发展，在经济决策中引入了更多的定量分析方法。定量分析方法的引入，使得经济决策不再仅以感觉为基础，而更具科学性。

一、可行性分析

任何营销方案的实施，都有一个时间上的延续过程。对于厂家来说，资金的投入与收益的获取往往构成一个时间上有先有后的现金流量序列。要客观地评价策划方案的经济效果，不仅要考虑现金流出与现金流入的数额，还必须考虑每笔现金流量发生的时间。在不同的时间付出或得到同样数额的资金在价值上是不等的。也就是说，资金的价值会随时间发生变化。今天可以用来投资的一笔资金，即使不考虑通货膨胀因素，也比将来可获得的同样数额的资金更有价值。因为当前可用的资金能够立即用来投资并带来收益，而将来才可取得的资金则无法用于当前的投资，也无法立刻获取相应的收益。不同时间发生的等额资金在价值上的差别称为资金的时间价值。在经济学中，引入了贴现值（PDV）的概念，即将未来（第 t 年）一笔钱 V 按照某种利率 i 折为现值。其计算公式为 $PDV=\frac{V}{(1+i)^{t}}$。以此为基础，对营销方案进行可行性分析通常采用以下三种方法：

1. 净现值法

一般来说，厂商从事投资后，并不是在某一年取得一次性收入，而是在以后若干年每一年都获得一笔收益。净现值指标是对项目方案进行动态评价的最重要指标之一。该指标要求考察项目寿命期内每年发生的净现金流量，按一定的折现率将各年净现金流量折现到同一时点（通常是期初）的现值累加值就是净现值。净现值的表达式为

$$NPV=V_0+\frac{V_1}{(1+i)^{1}}+\frac{V_2}{(1+i)^{2}}+\cdots+\frac{V_n}{(1+i)^{n}}$$

式中，V_n为第 n 年净现金流量的现值；i 为贴现率。

若 $NPV\geqslant 0$，则方案应予以接受；若 $NPV<0$，则方案应予以拒绝。

需要补充的是，若项目方案投产后在寿命期 n 年里每年获得相同的净收益 V，全部收益现值为 $V\left[\frac{(1+i)^n-1}{i(1+i)^n}\right]$，经济学中称之为等额现值公式。

案例 15-1 某营销方案的可行性评估

某营销方案各年现金流量如表 15-1 所示，用净现值指标判断该项目的可行性（基准折现率 $i_0=10\%$）。

表 15-1 某营销方案现金流量表 （单位：万元）

项目＼年份	0	1	2	3	4~10
①投资支出	20	500	100		
②除投资外其他支出				300	450
③收入				450	700
④净现金流（③-②-①）	-20	-500	-100	150	250

$$\text{NPV}=-20\text{万元}+\frac{-500\text{万元}}{(1+10\%)^1}+\frac{-100\text{万元}}{(1+10\%)^2}+\frac{150\text{万元}}{(1+10\%)^3}+\frac{250\text{万元}}{(1+10\%)^4}+\cdots+\frac{250\text{万元}}{(1+10\%)^{10}}$$

$$=469.96\text{万元}>0\text{，经济上可行}$$

也可对第 4~10 年应用等额现值公式折成第 3 年的现值，即 $250\text{万元}\times\frac{(1+10\%)^7-1}{10\%\times(1+10\%)^7}=1217\text{万元}$，然后再套用公式

$$\text{NPV}=-20\text{万元}+\frac{-500\text{万元}}{(1+10\%)^1}+\frac{-100\text{万元}}{(1+10\%)^2}+\frac{(150+1217)\text{万元}}{(1+10\%)^3}=469.96\text{万元}$$

需要说明的是，从决策者的角度来说，如何恰当地确定基准折现率是一个既十分重要而又十分困难的问题，它不仅取决于资金来源的构成和未来的投资机会，而且还取决于项目在未来期间风险的大小和通货膨胀率的高低。目前，许多行业都已有一个标准的折现率，不再需要决策者自己设定。

2. 内部收益率法

在所有的经济评价指标中，除了净现值以外，内部收益率 IRR 是另一个重要的评价指标。什么是内部收益率？简单地说，就是净现值为零时的折现率。判断项目是否可行的标准是该项目的内部收益率是否大于行业基准收益率。对于内部收益率，可以用一个比较简单的比方加以理解：从本质上说，内部收益率与银行的利率并无区别，把钱存入银行会获得利率，把钱投入到一个项目中，该项目也会给我们一个回报率，这个回报率就是内部收益率。

需要说明的是，内部收益率的求解通常需要计算一个一元高次方程，不容易直接得出，通常采用内插法获得 IRR 的近似解。求解过程为：先分别估计给出两个折现率 i_1 和 i_2，且 $i_1<i_2$，再分别计算与 i_1 和 i_2 对应的净现值 NPV_1 和 NPV_2，若 $\text{NPV}_1>0$，$\text{NPV}_2<0$，则可由下式计算 IRR 的近似值

$$IRR = i_1 + \frac{|NPV_1|}{|NPV_1| + |NPV_2|}(i_2 - i_1)$$

案例 15-2 某营销方案的经济效果评估

某营销方案净现金流量如表 15-2 所示。当基准折现率 $i_0 = 12\%$ 时，试用内部收益率指标判断该方案在经济效果上是否可以接受。

表 15-2 某营销方案净现金流量表 （单位：万元）

项目＼年份	0	1	2	3	4	5
净现金流量	-100	20	30	20	40	40

取折现率 $i_1 = 10\%$，$i_2 = 15\%$，分别计算其净现值

$$NPV_1 = -100\text{万元} + \frac{20\text{万元}}{(1+10\%)^1} + \frac{30\text{万元}}{(1+10\%)^2} + \frac{20\text{万元}}{(1+10\%)^3} + \frac{40\text{万元}}{(1+10\%)^4} + \frac{40\text{万元}}{(1+10\%)^5}$$
$$= 10.16\text{万元} > 0$$

$$NPV_2 = -100\text{万元} + \frac{20\text{万元}}{(1+15\%)^1} + \frac{30\text{万元}}{(1+15\%)^2} + \frac{20\text{万元}}{(1+15\%)^3} + \frac{40\text{万元}}{(1+15\%)^4} + \frac{40\text{万元}}{(1+15\%)^5}$$
$$= -4.02\text{万元} < 0$$

$$IRR = 10\% + \frac{10.16\text{万元}}{(10.16 + 4.02)\text{万元}} \times (15\% - 10\%) = 13.5\% > 12\%\text{，经济上可行。}$$

内部收益率反映了投资的使用效率，概念清晰明确。比起净现值来，各行各业的实际经济管理工作者更喜欢采用内部收益率。内部收益率指标的另一个优点，就是在计算净现值时需事先给定基准折现率，这是一个既困难又易引起争论的问题，而内部收益率不是事先外生给定的，而是内生决定的，即由项目现金流事后计算出来的。事实上，净现值和内部收益率在本质上还是一致的，若净现值 >0，则内部收益率必然大于基准收益率；反之亦然。

3. 投资回收期法

投资回收期是从营销方案实施之日起，获得的收益将全部投资收回所用的期限，通常采用的是考虑资金时间价值的动态投资回收期。投资回收期指标的缺点在于，由于它舍弃了回收期以后的收入与支出数据，故不能全面反映项目方案在寿命期内的真实效益，难以对不同方案的比较选择作出正确判断。投资回收期指标的优点有：①概念清晰、简单易用；②最重要的是该指标不仅在一定程度上反映项目的经济性，而且反映项目方案的风险大小。营销决策面临着未来的不确定性因素的挑战，这种不确定性所带来的风险随着时间的延长而增加，因为离现时越远，人们所能确知的东西就越少。为了减少这种风险，就必然希望投资回收期越短越好。因此，作为能够反映一定经济性和风险性的回收期指标，在项目方案评价中具有独特的地位和作用，并被广泛用作项目方案评价的辅助性指标。

案例 15-3 某营销方案动态回收期的计算

某营销方案有关数据如表 15-3 所示，基准折现率 $i_0 = 10\%$，标准动态投资回收期 $T_0 = 8$ 年，试计算动态投资回收期 T，并评估方案的可行性。

表 15-3　动态投资回收期计算表　　(单位：万元)

项目＼年份	0	1	2	3	4	5
1. 投资支出	20	500	100			
2. 其他支出				300	450	450
3. 收入				450	700	700
4. 净现金流	-20	-500	-100	150	250	250
5. 折现值	-20	-454.6	-82.6	112.7	170.8	155.2
6. 累计折现值	-20	-474.6	-557.2	-444.5	-273.7	-118.5
项目＼年份	**6**	**7**	**8**	**9**	**10**	
1. 投资支出						
2. 其他支出	450	450	450	450	450	
3. 收入	700	700	700	700	700	
4. 净现金流	250	250	250	250	250	
5. 折现值	141.1	128.3	116.6	106.0	96.4	
6. 累计折现值	22.6	150.9	267.5	373.5	469.9	

首先计算各年累计折现值。由于动态投资回收期就是累积折现值为零的年限，而案例15-3中各年的累计折现值均不为零，所以不能直接得到投资回收期 T，应按下式计算

$$T = \text{累计折现出现正值的年数} - 1 + \frac{\text{上年累计折现绝对值}}{\text{当年净现金流折现值}}$$

所以

$$T = \left(6 - 1 + \frac{118.5}{141.1}\right)\text{年} = 5.84\text{ 年}$$

由于 $T < T_0$，故该项目方案通过了本指标的检验标准。

二、不确定性分析

作为营销方案决策依据的可行性分析是建立在分析人员对未来事件所作的预测与判断基础上的。由于影响各种方案经济效果的政治、经济形势、资源条件、技术发展情况等因素未来的变化带有不确定性，加上预测方法和工作条件的局限性，对方案经济效果评价中使用的投资、成本、产量、价格等基础数据的估算与预测结果不可避免地会有误差。这使得方案经济效果的实际值可能偏离其预期值，从而给投资者和经营者带来风险。例如，投资超支、建设工期拖长、生产能力达不到设计要求、原材料价格上涨、劳务费用增加、产品售价波动、市场需求量变化、贷款利率变动等都可能使一个营销方案达不到预期的经济效果，甚至发生亏损。为了尽量避免决策失误，需要了解各种外部条件发生变化时对项目方案经济效果的影响程度，需要了解项目方案对各种外部条件变化的承受能力，需要掌握风险条件下正确的决策原则与决策方法。通常，对营销方案进行风险分析可以采用以下两种方法：

1. 盈亏平衡分析

各种不确定因素（如投资、成本、销售量、产品价格、项目寿命期等）的变化会影响营销方案的经济效果，当这些因素的变化达到某一临界值时，就会影响方案的取舍。盈亏平衡分析的目的是找出这种临界值，判断项目方案对不确定因素变化的承受能力，为决策提供

依据。盈亏平衡点也称盈亏分界点，是指企业的销售利润处于零的状态，即企业商品营销总额（销售收入）与相应的营销总成本两者恰好相等，企业处于既无利润也无亏损的状态。盈亏平衡点可以分别用盈亏平衡产量、盈亏平衡销售额、盈亏平衡生产能力利用率、盈亏平衡销售价格、盈亏平衡单位产品可变成本等表示。假设产品的价格、生产成本和产量分别用 P、C 和 Q 表示，根据盈亏平衡的定义，营销总额（销售收入）= 营销总成本，即 $PQ = C_{固定} + C_{单位可变}Q$，则有

$$盈亏平衡产量\ Q^* = \frac{C_{固定}}{P - C_{单位可变}}$$

$$盈亏平衡营销额(销售额)Y^* = \frac{PC_{固定}}{P - C_{单位可变}}$$

$$盈亏平衡生产能力利用率\ E^* = \frac{盈亏平衡产量\ Q^*}{项目设计生产能力\ Q_0}$$

$$盈亏平衡销售价格\ P^* = \frac{C}{Q_0} = C_{单位可变} + \frac{C_{固定}}{Q_0}$$

$$盈亏平衡单位产品可变成本\ C^*_{单位可变} = P - \frac{C_{固定}}{Q_0}$$

案例 15-4　某产品盈亏平衡点的确定

某产品营销方案年设计生产能力为 3 万件，单位产品售价为 3000 元，年生产总成本为 7800 万元，其中固定成本为 3000 万元，总可变成本与产品产量成正比例关系，试确定以产量、营销总额、生产能力利用率、销售价格、单位产品可变成本表示的盈亏平衡点。

首先计算单位产品的可变成本

$$C_{单位可变} = \frac{(7800 - 3000)\ 万元}{3\ 万件} = 1600\ 元/件$$

$$盈亏平衡产量\ Q^* = \frac{C_{固定}}{P - C_{单位可变}} = \frac{3000 \times 10^4\ 元}{(3000 - 1600)\ 元/件} = 21400\ 件$$

$$盈亏平衡营销额(销售额)Y^* = PQ^* = 3000\ 元/件 \times 21400\ 件 = 6420 \times 10^4\ 元 = 6420\ 万元$$

$$盈亏平衡生产能力利用率\ E^* = \frac{盈亏平衡产量\ Q^*}{项目设计生产能力\ Q_0} = 71.33\%$$

$$盈亏平衡销售价格\ P^* = \frac{C}{Q_0} = C_{单位可变} + \frac{C_{固定}}{Q_0} = 1600\ 元/件 + 1000\ 元/件 = 2600\ 元/件$$

$$盈亏平衡单位产品可变成本\ C^*_{单位可变} = P - \frac{C_{固定}}{Q_0} = 3000\ 元/件 - 1000\ 元/件 = 2000\ 元/件$$

通过计算盈亏平衡点，结合市场预测，可以对投资方案发生亏损的可能性作出大致判断。在该例中，如果未来的产品销售价格及生产成本与预期值相同，项目不发生亏损的条件是年销售量不低于 21400 件，年营销额（销售额）不低于 6420 万元，生产能力利用率不低于 71.33%；如果按设计能力进行生产并能全部销售，生产成本与预期值相同，项目不发生亏损的条件是产品价格不低于 2600 元/件，如果销售量、产品价格与预期值相同，项目不发生亏损的条件是单位产品可变成本不高于 2000 元。

2. 敏感性分析

所谓敏感性分析，是指通过测定一个或多个不确定因素的变化所导致的决策评价指标的变化幅度，了解各种因素的变化对实现预期目标的影响程度，从而对外部条件发生不利变化时营销方案的承受能力作出判断。敏感性分析是经济决策中常用的一种不确定性分析方法。以单因素敏感性分析为例，其分析步骤与内容如下：

（1）选择需要分析的不确定性因素，并设定这些因素的变动范围。影响营销方案经济效果的不确定性因素有很多，严格说来，凡影响方案经济效果的因素都在某种程度上带有不确定性。但事实上没有必要对所有的不确定性因素都进行敏感性分析，可以根据以下原则选择主要的不确定性因素加以分析：①预计在可能的变动范围内，该因素的变动将会比较强烈地影响方案的经济效果指标；②对在确定性经济分析中采用的该因素的数据的准确性把握不大。对于一般的营销项目来说，要作敏感性分析的因素通常从下列因素中选定：投资额（包括固定资产投资与流动资金占用），项目建设期限、投产期限、投产时产出能力及达到设计能力所需时间，产品产量及销售量，产品价格，经营成本（特别是其中的变动成本），项目寿命期，项目寿命期末的资产残值，折现率。在选择需要分析的不确定性因素的过程中，应根据实际情况设定这些因素可能的变动范围。

（2）确定分析指标。各种经济效果评价指标，如净现值、内部收益率、投资回收期等，都可以作为敏感性分析的指标。由于敏感性分析是在确定性经济分析的基础上进行的，就一般情况而言，敏感性分析的指标应与确定性经济分析所使用的指标相一致，不应超出确定性分析所用指标的范围另立指标。当确定性经济分析中使用的指标比较多时，敏感性分析可围绕其中一个或若干个最重要的指标进行。

（3）计算各不确定性因素在可能的变动范围内发生不同幅度变动所导致的方案经济效果指标的变动结果，建立起一一对应的数量关系，并用图或表的形式表示出来。

（4）确定敏感因素，对方案的风险情况作出判断。所谓敏感因素，是指其数值变动能显著影响方案经济效果的因素。判别敏感因素的方法有两种：①相对测定法，即设定要分析的因素均从确定性经济分析中所采用的数值开始变动，且各因素每次变动的幅度（增或减的百分数）相同，比较在同一变动幅度下各因素的变动对经济效果指标的影响，据此判断方案经济效果对各因素变动的敏感程度；②绝对测定法，即设各因素均向着对方案不利的方向变动，并取其有可能出现的对方案最不利的数值，据此计算方案的经济效果指标，看其是否可达到使方案无法被接受的程度。如果某因素可能出现的最不利数值能使方案变得不可接受，则表明该因素是方案的敏感因素。方案能否接受的判断依据是各经济效果指标能否达到临界值。例如，使用净现值指标要看净现值是否大于或等于零，使用内部收益率指标要看内部收益率是否达到基准折现率。绝对测定法的一个变通方式是先设定有关经济效果指标为其临界值，如令净现值等于零，令内部收益率等于基准折现率，然后求待分析因素的最大允许变动幅度，并与其可能出现的最大变动幅度相比较。如果某因素可能出现的变动幅度超过最大允许变动幅度，则表明该因素是方案的敏感因素。在实践中，可以把确定敏感因素的两种方法结合起来使用。

案例 15-5　不确定性因素的敏感性分析

有一个生产城市用小型电动汽车的策划方案，用于确定性经济分析的现金流量见表15-4，所采用的数据是根据对未来最可能出现的情况的预测估算出来的。由于对未来影响经济环境的某些因素把握不大，投资额、经营成本和产品价格均有可能在±20%的范围内变动。设标准折现率为10%，试分别就上述三个不确定性因素作敏感性分析。

表15-4 小型电动汽车现金流量表 （单位：万元）

项目 \ 年份	0	1	2~10	11
投资	15000			
销售收入			22000	22000
经营成本			15200	15200
税金（销售收入10%）			2200	2200
期末资产残值				2000
净现金流量	-15000	0	4600	4600+2000

用净现值指标评价本方案的经济效果

$$NPV = -15000\text{万元} + 4600\text{万元} \times \frac{(1+10\%)^{10}-1}{10\% \times (1+10\%)^{10}} \times \frac{1}{(1+10\%)^{1}} + \frac{2000\text{万元}}{(1+10\%)^{11}}$$

$$= 11394\text{万元}$$

下面用净现值指标分别就投资额、经营成本和产品价格三个不确定因素作敏感性分析，以经营成本增加5%为例。

$$NPV = -15000\text{万元} + 3840\text{万元} \times \frac{(1+10\%)^{10}-1}{10\% \times (1+10\%)^{10}} \times \frac{1}{(1+10\%)^{1}} + \frac{2000\text{万元}}{(1+10\%)^{11}}$$

$$= 7149\text{万元}$$

依据同样的计算方法，分别求出三个不确定性因素在不同变化幅度下方案的净现值，计算结果如表15-5所示。

表15-5 不确定性因素的变动对净现值的影响 （单位：万元）

因素 \ 变动幅度	-20%	-15%	-10%	-5%	0
投资额	14394	13644	12894	12144	11394
经营成本	28374	24129	19884	15639	11394
产品价格	-10725	-5195	335	5864	11394
因素 \ 变动幅度	**+5%**	**+10%**	**+15%**	**20%**	
投资额	10644	9894	9144	8394	
经营成本	7149	2904	-1341	-5586	
产品价格	16924	22453	27983	33513	

可以看出，在同样的变动率下，产品价格的变动对方案净现值的影响最大，经营成本变动的影响次之，投资额变动的影响最小。

同样，不难计算出，当NPV=0时，投资额、经营成本和产品价格的变化幅度分别为76.0%、13.4%和-10.3%。也就是说，如果投资额与产品价格不变，年经营成本高于预期值13.4%以上，或者投资额与经营成本不变，产品价格低于预期值10.3%以上，方案将变得不可接受。而如果经营成本与产品价格不变，投资额增加76.0%以上，才会使方案变得不可接受。

根据以上分析，对于本投资方案来说，产品价格与经营成本都是敏感因素。在作出是否采用本方案的决策之前，应该对未来的产品价格和经营成本及其可能变动的范围作出更为精确的预测与估算。如果产品价格低于原预期值10.3%以上或经营成本高于原预期值13.4%以上的可能性较大，则意味着这笔投资方案有较大的风险。另外，经营成本的变动对方案经济效益有较大影响这一分析结果还提醒我们，如果实施这一方案，严格控制经营成本将是提高项目经济效益的重要途径。至于投资额，它显然不是本方案的敏感因素，即使增加20%甚至更多一些也不会影响决策结论。

需要指出的是，策划方案的事前评估方法并不仅限于新建项目方案，也适用于改、扩建等项目方案。当然，对于改、扩建等项目方案的评估除了要进行总量分析外，更应该重点关注的是新增投资与新增收益的关系，采用增量法。以可行性分析为例，运用增量法的程序是：首先计算改、扩建方案产生的增量现金流，然后根据增量现金流进行增量效果指标计算，最后根据指标计算结果作出决策判断。增量效果指标可以采用净现值指标、内部收益率指标和投资回收期指标，它们分别称为增量净现值、增量内部收益率和增量投资回收期。对于改、扩建等项目方案的不确定性分析，道理类似，这里就不再论述了。

案例15-6　实施某改进方案的可行性评估

某企业目前和未来8年的有关预测数据如表15-6所示。

表15-6　某企业目前和未来8年的有关预测数据　（单位：万元）

收支 \ 年份	0	1	2	3	4	5~7	8
销售收入	600	600	600	550	550	500	500
资产回收							200
经营成本和其他支出	430	430	440	417.5	417.5	385	385

需要解决的问题是，为进一步提高公司的营销状况，拟投资180万元在新产品开发、广告、促销等方面进行改进，假设改进方案实施后未来8年的预测数据如表15-7所示，若基准折现率$i_0=10\%$，则该厂是否该实施此改进方案？

表15-7　改进方案实施后该企业未来8年的预测数据　（单位：万元）

收支 \ 年份	1	2	3	4	5~7	8
销售收入	650	650	650	650	650	650
资产回收						250
经营成本和其他支出	447.5	447.5	447.5	452.5	457.5	457.5

首先，依据增量法，得出增量净现金流，如表15-8所示。

表 15-8　改进方案实施后增量净现金流　（单位：万元）

收支 \ 年份	0	1	2	3	4	5~7	8
投资	180						
销售收入		50	50	100	100	150	150
资产回收							50
经营成本和其他支出		17.5	7.5	30	35	72.5	72.5
净现金流	-180	32.5	42.5	70	65	77.5	127.5

然后，根据增量现金流进行增量效果指标计算，以净现值为例：NPV = 172.78 万元。由于增量净现值大于0，显然应该实施该改进方案。

第二节　营销策划方案的实施评估

营销策划方案开始实施后，还要对方案的执行情况作出科学的评估分析。策划方案的实施评估，就是将方案实施后的实际成果与预期成果相比较，以核对策划目标的实现程度。事实上，策划方案的实施评估除了能告诉管理人员营销策划方案的绩效如何之外，还会告诉企业该如何改进。

一、计划完成评估

计划完成评估是指由企业高层管理人员负责的检查计划实现情况的营销控制活动。它旨在发现计划执行中出现的偏差，并及时予以纠正，帮助年度计划顺利执行。计划完成评估的核心在于目标管理，其具体评估方法和评估内容包括销售分析、市场占有率分析、营销费用—销售额分析、财务分析、顾客态度追踪分析等。

1. 销售分析

每个企业都会有自己的年度销售目标，销售分析就是衡量并评估企业的实际销售额与计划销售额之间的差异情况，并找到偏差的原因和解决办法。

案例 15-7　某铅笔生产企业在 A 市的销售分析

某铅笔生产企业的年度计划规定在 A 市 3 月份以 1 美元的价格销售 3000 支铅笔，预期销售额共计 3000 美元。但是在 3 月底发现铅笔只是以 80 美分的价格销售了 2000 支，总销售额为 1600 美元，是预期销售额的 53%。用销售差异分析法，可确定

由于降价造成的差额 =（1.00 - 0.80）美元/支 ×2000 支 =400 美元（29%）

由于销量未完成造成的差额 =1.00 美元/支 ×（3000 - 2000）支 =1000 美元（71%）

由此可见，超过 2/3 的业绩差额是因为没有完成规定的销售量指标。公司销售经理应当仔细调查该地区的情况，看看该地区是否出现了强劲的竞争者，该地区整体经济发展水准是否出现下滑，还是推销代表工作不努力。

2. 市场占有率分析

企业的销售绩效并未反映出相对于其竞争企业的经营状况如何。如果销售额增加了，可能是由于企业所处的整个经济环境的发展，也可能是因为其市场营销工作较其竞争者有相对

改善。市场占有率正是剔除了一般的环境影响来考察企业本身的经营状况。进行市场份额分析，第一步要确定选取哪种市场份额。共有三种市场份额可供选择：①总的市场份额（简称市场份额），是指企业自身的销售量或销售额在全行业总销售量或总销售额中占据的百分比。在使用总的市场份额时，事先必须要确定出行业范围，这样求出的市场份额才有实际意义。②可占领市场份额，是指其自身的销售占其可占领市场的百分比。这里可占领市场是企业的总的目标需求市场（注意：可占领市场份额指标不常用）。③相对市场份额，它有两重含义，一是企业与市场上三个最大竞争者的总销售之比，二是企业与市场领先者的销售之比。按第一种含义，一个实力雄厚的企业应有的相对市场份额一般在33%以上；按第二种含义，企业的相对市场份额越高，表明它与市场领先者越接近。

案例 15-8 “格力”市场地位的提升

1998 年，家电企业集团依靠品牌和市场优势，销售额快速上升，根据对 82 个家用电器企业的不完全统计，它们的全年销售收入之和为 864 亿元人民币，其中有 18 家企业年销售额超过 10 亿元，合计为 678 亿元。1998 年海尔集团的销售额达到 162.7 亿元，春兰集团、科龙集团、格力电器、海尔集团的销售收入均超过 50 亿元，如表 15-9 所示。

表 15-9 1998 年销售收入超过 10 亿元企业 （单位：亿元）

序 号	企业名称	销售收入
1	海尔集团	162.7
2	春兰集团	83.9
3	科龙集团	65.9
4	格力电器股份有限公司	53.0

根据以上资料，对格力电器股份有限公司的市场份额分析如下

格力电器股份有限公司的市场份额 = 53.0 亿元/864 亿元 = 6.13%

格力电器股份有限公司的相对市场份额 A（针对三个最大竞争者的）

= 53.0 亿元/(162.7 + 83.9 + 65.9) 亿元 = 16.96%

格力电器股份有限公司的相对市场份额 B（针对最大竞争者的） = 53.0 亿元/162.7 亿元 = 32.6%

从以上数据分析可以看出，在家电行业综合实力排名中，格力公司属于第二梯队，市场份额仅为 6%，只是行业老大——海尔集团的 1/3，即使在第二梯队中，也仅处于第三名的位置，相对市场份额 A 为 16.96%。家电行业的竞争将十分激烈，格力公司不仅要面对来自龙头企业——海尔集团的一种绝对优势的竞争，还要面对来自同一梯队其他公司的相对优势的竞争。不过，对格力公司来说，较小的市场份额也恰恰孕育着无限的发展空间。以 2004 年为例，格力电器实现销售收入达 138.32 亿元，市场份额超过 10%，并且以约 25% 的空调市场份额稳稳坐上中国空调行业老大的位置，说明几年来企业的各项营销活动取得了很好效果。

3. 营销费用—销售额分析

营销费用—销售额比率包括：①推销队伍费用与销售额之比；②广告费用与销售额之比；③促销费用与销售额之比；④营销调研费用与销售额之比；⑤销售管理费用与销售额之比。管理部门应对这些比率密切关注，一旦这些比率的波动超出了正常范围，就要去追踪出现问题的原因。

案例 15-9　某日用消费品生产企业的营销费用—销售额分析

某日用消费品生产企业营销费用—销售额百分比为 35%，它由 5 项费用—销售额百分比指标构成：销售队伍—销售额百分比（15%），广告—销售额百分比（10%），促销—销售额百分比（6%），营销调研—销售额百分比（1%），销售管理—销售额百分比（3%）。然而从年度第九个月开始，营销费用—销售额百分比突破 35% 并上涨迅速，引起公司警觉。通过进一步的调查发现，从年度第九个月开始广告—销售额百分比一路攀升，达到了 20%。因此，公司管理人员认识到在营销环节的广告活动中出现了问题。应该指出的是，企业的营销环境千变万化，必然会影响企业的各项支出，也就导致营销费用—销售额各项指标发生变化。但一般说来，指标波动的范围通常是有限的，营销人员的工作就是认真观测这些比率的变化，如果波动过大，就要查明原因，以决定企业如何调整其工作。

4. 财务分析

通过财务分析，可以帮助管理人员评估企业当前的经营、财务状况。若将若干年的财务数据及分析结果列在一起，则可研究企业财务的变化规律及趋势，反映企业历史的沿革。此外，通过财务分析而得出的有关数据，也可与同行业中的企业进行比较，发现优势，找出不足。财务分析主要是利用财务报表对企业状况进行分析，而这些财务报表包含了关于企业财务状况和经营状况以及筹集、投资活动的历史资料。其中，资产负债表和损益表是最重要的两个财务报表。

（1）资产负债表是关于企业在特定时刻（通常在企业的会计年度末尾）的资产、负债及股东权益的报表。在简化的资产负债表（如表 15-10 所示）中，流动资产包括现金和那些在企业处于正常运营进程中并在正常经营周期（通常为 1 年）内，将被转换成现金的资产，

表 15-10　A 公司资产负债表

（各年度均在 12 月 31 日结束）　　　　（单位：千元）

资　产	2003 年	2002 年	负债与权益	2003 年	2002 年
流动资产			流动负债		
现金	550	400	应付账款	1000	940
有价证券原值	950	560	应付票据	950	1200
应收账款	2000	1900	应计未付费用	430	300
存货	2700	3000	应付所得税	320	290
流动资产小计	6200	5860	流动负债小计	2700	2730
			长期负债	2700	2700
固定资产			负债总额	5400	5430
土地	650	550	股东权益		
建筑物	3900	3800	优先股（每股面值 100 元，累计利率 5%，共 6000 股）	600	600
机器	950	850			
办公设备	100	95			
固定资产小计	5600	5295	普通股（每股面值 5 元，共 300000 股）	1500	1500
减：累计折旧	1800	1500	附加实收资本	900	900
固定资产净值	3800	3795	累计存留收益	1700	1315
无形资产	100	90	股东权益总额	4700	4315
资产总额	10100	9745	负债及股东权益总额	10100	9745

包括有价证券、应收账款和存货等。固定资产则包括土地、建筑物、机器、办公设备等的净值。企业的流动资产、固定资产以及无形资产（商誉、商标、专利等）等构成了企业的总资产。企业的负债包括流动负债和长期负债。流动负债有应付账款、应付票据、应计未付费用以及应付所得税等。流动负债、长期负债和股东权益三项的总和应与资产总额相等。在资产负债表中，也往往将上年的资料同时列入，以便使用者对企业两个时期的状况加以对比。

（2）损益表显示企业在一年或多年内的盈利或亏损，还列出导致盈亏的各收支项目。一个简化的损益表如表15-11所示。

表15-11　A公司损益表

（2003年12月31日）　　（单位：千元）

项　　目	2003年	项　　目	2003年
纯销售收入	12000	其他收入	150
减：售出产品成本	9200		1150
折旧费	300		
	9500	减：其他支出	135
毛利润	2500	税前收入	1015
减：销售与管理费用	1500	税费	480
营业利润	1000	纯利润	535

企业的财务评估指标通常可以分为五类：流动性测定比率、活动性测定比率、偿债能力测定比率、盈利性测定比率和市况测定比率。

（1）流动性测定比率。流动性测定比率用来衡量一个企业资本流动性的大小，以及企业偿付短期债务的能力。属于此类中的比率有两个：

1）流动比率。流动比率是企业流动资产总额与流动负债总额的比率。即

流动比率＝流动资产总额/流动负债总额＝6200/2700＝2.30

流动比率用以说明流动资产与流动负债的关系。上述比率表明，企业每元流动负债有2.30∶1元流动资产作为后盾。企业的流动比率越大，表明对债权人越有保障；但是过大的流动比率反而表明企业对资金未能有效地运用，企业持有闲置的（不能盈利的）现金余额。通常认为流动比率以2∶1为好。其实，适当的流动比率应视企业所在行业的特点、企业流动资产的构成、流动负债的性质等而定。例如，电力企业通常将流动比率保持在1∶1左右；而许多制造企业将流动比率维持在2∶1以上，否则会陷入严重的困境。

2）速动比率。速动比率又称酸性测试比率，计算公式为

速动比率＝易变现流动资产总额/流动负债总额

上式中的易变现流动资产又称速动资产。一般认为，速动资产包括现金、有价证券、应收票据和应收账款。通常将存货从流动资产中剔除便是速动资产，因为存货的变现速度很慢。这样，速动比率的计算公式就变为

速动比率＝（流动资产总额－存货）/流动负债

＝（6200－2700）/2700＝1.3∶1

通常情况下，1∶1被认为是较为正常的速动比率。因为处于这个水平，企业每一元的负债是以一元的速动资产，也就是以现金和接近现金的资产为保障的。但是，和流动比率一样，速动比率的现实标准是随企业而异，随行业而异，而且随季节而异的。

（2）活动性测定比率。活动性测定比率用以衡量企业资源有效利用的程度。属于此类的比率有：

1）应收账款周转率。应收账款周转率又称收账比率，它用来衡量本期销售和同期平均应收账款之间的关系。其计算公式为

$$应收账款周转率=\frac{销售净额}{应收账款平均额}=\frac{12000}{(2000+1900)/2}次=6.15次$$

往往也需要计算平均收款期。即

$$平均收款期=365/应收账款周转率=(365/6.15)天=59天$$

收账比率是反映企业资产流动情况的一个指标。衡量该比率的标准是企业本身对销售对象提供的信用政策和收账政策。如果实际收款期与标准收款期有着相当大的差距，可能会发生大量的坏账损失。

2）存货周转率。存货周转率用来衡量购货后再销售的效率。其计算公式为

$$存货周转率=\frac{销货成本}{存货平均余额}=\frac{9200}{(2700+3000)/2}次=3.2次$$

一般而言，存货周转率越高，表明企业的存货管理效率越高，存货资金越能有效利用。然而，太高的存货周转率则可能是存货水平太低或库存中断的结果，企业也许因此而丧失某些生产销售机会。

3）营业资产周转率。营业资产周转率用来衡量企业的资产被有效地用来促成销售的程度。营业资产是资产总额中剔除全部非营业性资产，如长期投资和企业不使用的不动产后的资产总额。营业资产周转率的计算公式为

$$营业资产周转率=\frac{销售净额}{营业资产}=\frac{12000}{10100-950}次=1.3次$$

这个比例越高，表明赖以营业所需的投资越小，企业的经营活动越有成效。判断这个比率的标准，应视企业历史上的实际情况而定。

4）净运营资本周转率。净运营资本周转率用来衡量一个企业使用净运营资本的效率。其计算公式为

$$净运营资本周转率=\frac{销售净额}{流动资产-流动负债}=\frac{12000}{6200-2700}次=3.4次$$

5）固定资产周转率。固定资产周转率用来衡量企业在创造销售收入方面所运用固定资产的效率。其计算公式为

$$固定资产周转率=\frac{销售净额}{平均固定资产净值}=\frac{12000}{(3800+3795)/2}次=3.2次$$

（3）偿债能力测定比率。流动性测定比率用来测定企业偿付流动负债的能力，而偿债能力则是指企业偿付全部到期债务的能力，其测定更着重于企业偿付长期债务的能力。属于此类指标的比率有：

1）债务比率。债务比率又称资产负债率，其计算公式为

$$债务比率=\frac{负债总额}{资产总额}=\frac{5400}{10100}=0.53$$

债务比率反映在资产总额中有多少资产是通过借债而得到的，也可以用来衡量企业在清算时保护债权人利益的程度。通常认为，企业的债务比率越低越好。但债务比率过低，可能

表明企业的自有资本利润率不高。

2）债务股权比率。债务股权比率和债务比率具有相同的目的，也是衡量企业长期偿债能力的指标。其计算公式为

$$债务股权比率 = \frac{负债总额}{股东权益} = \frac{5400}{4700} = 1.15$$

从长期偿债能力的角度看，企业的债务股权比率越低，表明业主投资提供给企业债权人不受损失的保障程度越大。

3）长期负债对资本的比率。资本总额由企业的长期负债和股东权益所组成，或是资产总额减流动负债。这个比率的计算公式为

$$长期负债对资本的比率 = \frac{长期负债}{长期负债 + 股东权益} = \frac{2700}{2700 + 4700} = 0.36$$

这个比率反映了长期借入资本与永久性投资间的关系。虽然它们之间应保持的合理关系无严格规定，凭经验的一般粗略估计是，长期债务在制造业中不应当超出资本总额的33.3%，在铁路和公用事业中不超过资本总额的50%。

（4）盈利性测定比率。盈利性测定比率用来度量企业赚取利润的能力。属于这一类的指标有：

1）毛利率。毛利率的计算公式为

$$毛利率 = \frac{毛利润}{销售净额} \times 100\% = \frac{2500}{12000} \times 100\% = 20.8\%$$

这表明，每百元的销售收入中，可获得20.8元的毛利润。当然，毛利率越高越好。但是，企业的毛利率必须与同行业其他企业或本企业历史同期水平相比，方能判断其优劣。

2）边际净利润率。边际净利润率又称为销售收益率。其计算公式为

$$边际净利润率 = \frac{净利润}{销售净额} \times 100\% = \frac{535}{12000} \times 100\% = 4.5\%$$

虽然边际净利润率越高说明企业获利能力越大，但是它的高低在很大程度上受竞争方式、资本筹措方式和营业特点等众多因素的影响与制约，所以应结合本行业及企业自身情况对其加以分析。

3）资产收益率。资产收益率用来衡量企业运用资产来产生利润的能力。其计算公式为

$$资产收益率 = \frac{扣除利息和税捐前的收益}{资产总额} \times 100\%$$

$$= \frac{535 + 480}{10100} \times 100\% = 10\%$$

对于资产收益率，美国的杜邦公司首次将其分解为两个构成比率，一个是销售利润率，另一个是资产总额周转率。即

$$资产收益率 = 销售利润率 \times 资产总额周转率$$

上式说明，资产收益率的高低也取决于销售利润率和资产总额周转率。如果企业每百元销售所创造的利润额越大，资金周转越快，则资产收益率越高。

4）投资收益率。投资收益率用来测定企业支付报酬给投资者以吸引更多资金的能力。其计算公式为

$$投资收益率=\frac{扣除利息和税捐前的收益}{长期负债+股东权益}\times 100\%$$

$$=\frac{535+480}{2700+4700}\times 100\%=13.7\%$$

一般而言，投资收益率越高，说明投资的经济效果越好。

5）股权收益率。股权收益率的计算公式为

$$股权收益率=\frac{净利润}{股东权益总额}\times 100\%=\frac{535}{4700}\times 100\%=11.4\%$$

股权收益率实际上反映企业对业主（股东）投资的运用情况。该比率越高，股东对投资就越有信心。

6）普通股每股收益。普通股每股收益用来测定股份制企业的获利能力及评估股票的投资价值。其计算公式为

$$普通股每股收益=\frac{净利润-优先股股息}{普通股在外股数}=\frac{535000-600000\times 5\%}{300000}元=1.68元$$

（5）市况测定比率。市况测定比率用来衡量一个股份制企业的股票在市场上的号召能力。属于此类比率的指标有：

1）价格收益比率。价格收益比率反映普通股票的市场价格与当期每股收益之间的关系。其计算公式为

$$价格收益比率=\frac{普通股每股市价}{普通股每股收益}$$

通常，收益增长快、前景较好的企业，它们的价格收益比率都较高。换句话说，如果投资者预计某企业的未来收益会增加，就愿意出高价买进该企业现在的收益。

2）股息发放率。股息发放率表明企业的当期利润中有多少被用于股息的派发，它的标准取决于企业的股息政策。其计算公式为

$$股息发放率=\frac{普通股每股股息}{普通股每股收益}\times 100\%$$

3）股息率。股息率既反映企业的普通股股息与其每股市价的关系，又可用来测定投资者的股票投资报酬水平。它的标准也取决于企业的股息政策。其计算公式为

$$股息率=\frac{普通股每股股息}{普通股每股市价}\times 100\%$$

4）普通股票的账面价值。普通股票的账面价值表明，在公司资产被卖掉并偿付企业的债务和发放优先股东补偿金后，普通股每股可得到的资产价值。其计算公式为

$$普通股票的账面价值=\frac{资产总额-总负债-优先股额}{普通股在外股数}$$

$$=\frac{10100000-5400000-600000}{300000}元=13.7元$$

所有这些比率都是企业在评估企业的业绩及预测未来趋势时常用的指标。当然，有时也只需计算其中少量的几种比率，所以在进行比率分析时可以结合具体情况，选取适当的比率来评估企业的业绩。

5. 顾客态度追踪分析

顾客态度追踪分析是指企业通过设置顾客抱怨和建议系统，建立固定的顾客样本或者通

过顾客调查等方式，了解策划方案执行前后顾客对公司及其产品的态度变化情况。

二、盈利能力评估

公司盈利能力评估一般由公司内部负责监控营销支出活动的营销主管人员负责，旨在测定企业不同产品、不同销售地区、不同顾客群、不同销售渠道以及不同规模订单的盈利情况，从而有针对性地采取纠正措施。下面，以某企业不同销售渠道的盈利能力评估为例，谈一谈该评估方法的具体操作。

案例 15-10　某割草机公司的不同渠道盈利能力评估

某割草机公司需要通过三种类型的销售渠道来销售商品，这三种渠道分别是五金商店、园艺品商店和百货商店，其损益表如表 15-12 所示。

表 15-12　某割草机公司损益表　（单位：美元）

销售额		60000
销售成本		39000
毛利		21000
各项费用：		
工资	9300	
租金	3000	
供应品费用	3500 合计：15800	
纯利		5200

企业与销售有关的各项功能性费用（合计为 15800 美元）由推销产品费用、广告宣传费用、包装和运送产品费用以及结账和收款活动费用四项内容组成。

首先，把功能性费用按具体的活动进行分解。例如，9300 美元工资中，推销人员工资为 5100 美元，广告人员工资为 1200 美元，包装和运输人员工资为 1400 美元，开单和收款人员工资为 1600 美元。对于租金和供应品费用也同样进行分解（由于推销人员在外活动，故不负担租金开支），结果如表 15-13 所示。

表 15-13　按功能划分费用　（单位：美元）

账　户	总　额	推　销	广　告	包装和运输	开单和收款
工　资	9300	5100	1200	1400	1600
租　金	3000	—	400	2000	600
供应品	3500	400	1500	1400	200
合　计	15800	5500	3100	4800	2400

接下来，计算出在每一渠道内进行销售活动时所发生的功能性费用。

推销费用计算：推销费用合计为 5500 美元，而推销访问次数为 275 次，则平均每次费用为 20 美元。

广告费用计算：总共做了 100 次广告，则平均每个广告的成本为 3100 美元/100 = 31 美元。

包装和运输费用计算：根据不同渠道收到的订单数进行分配。

订单和收款费用计算：根据不同渠道收到的订单数进行分配。

表 15-14 显示了各渠道功能性费用的具体分配情况。

表 15-14　各渠道功能性费用具体分配情况　（单位：次或美元）

渠道种类	推销访问（推销访问数）	广告（广告数）	包装和运输（订单数）	开单和收款（订单数）
五金商店	200	50	50	50
园艺品商店	65	20	21	21
百货商店	10	30	9	9
合计	275	100	80	80
功能性费用	5500	3100	4800	2400
平均费用	20	31	60	30

然后，评价每个营销实体的损益状况。表 15-15 很清楚地显示了各分销渠道（营销实体）在扣除销售成本、各种功能性费用之后的净利润。显然，尽管五金商店的销售额最高(30000 美元)，但净利润只有 450 美元；百货商店尽管销售额不高，为 20000 美元，但净利润却达 5060 美元，占整个公司净利润的 95% 以上；园艺品供应商店则出现了亏损。

表 15-15　三种渠道各自损益表　（单位：美元）

项　目	五金商店	园艺品商店	百货商店	整个企业
销售额	30000	10000	20000	60000
销售成本	19500	6500	13000	39000
毛利	10500	3500	7000	21000
各项费用				
推销	4000	1300	200	5500
广告	1550	620	930	3100
包装与运输	3000	1260	540	4800
会计活动	1500	630	270	2400
合计费用	10050	3810	1940	15800
净利润	450		5060	5200
净损失		310		

最后，采取纠正措施。经过以上分析过程，掌握了哪种渠道在盈利，哪种渠道在亏损，但我们并不能因此而轻易下结论，认为应当去集中经营百货店，而放弃园艺品供应商店和五金商店，我们应找出造成园艺品供应店亏损和五金商店利润低的原因。接下来的营销效率评估将能很好地帮助企业解决这一问题。同时，是否放弃某一条渠道并不仅仅由现阶段的盈利率决定，还必须考虑到以下问题：该渠道对用户形成品牌认知或偏好是否有特别意义？该渠道在未来是否会变得更重要？针对该渠道制定的营销战略是最理想的吗？该渠道的绩效不佳是渠道问题还是具体销售商的问题？

三、营销效率评估

营销效率评估是盈利能力评估的后续工作。当发现企业在特定产品、销售地区或市场上获取的利润不高时，为了尽快找到绩效不佳的根本原因就需对这些绩效不佳的营销实体进行效率评估了。具体而言，效率评估的方法包括推销队伍效率分析、广告效率分析、促销效率分析、分销效率分析等。

1. 推销队伍效率分析

销售效率评估主要体现在对推销队伍效率的控制上。对各级销售经理来说，控制推销队伍效率是一件重要且必要的事情。衡量推销队伍效率的关键指标有：

(1) 每天每个推销员推销访问的平均次数。

(2) 每次推销访问的平均时间。

(3) 每次推销访问的平均成本。

(4) 每次推销访问的接待成本。

(5) 每百次推销访问获得订单的百分比。

(6) 每阶段新增顾客数。

(7) 每阶段失去顾客数。

(8) 总成本中推销成本的百分比。

借助于销售队伍效率分析，我们可以发现一些导致营销业绩下滑的原因。当一个企业近来销售不振时，我们在销售队伍方面可能找到的原因有：推销代表每天访问的次数是不是太少了？销售人员每次访问时间是否不足？推销代表每次花费的接待费用是否合理？推销代表在每百次的推销访问中获取的订单是否偏低？

2. 广告效率分析

广告效率分析的目的是要准确判定广告支出所带来的收益，由此再来对产品定位、广告目标、广告媒体等作调整，以便提高广告效率。评价广告支出效率的指标有：

(1) 每千名购买者所获得的各种媒体的广告成本。

(2) 各种媒体的受众中，广告引起受众注意、联想、被看到的比例（占全部受众的百分比）。

(3) 消费者对广告内容和有效性的评价。

(4) 在广告前、后消费者对产品的态度产生的变化。

(5) 因为广告而引发的顾客咨询次数。

(6) 每次顾客问询的成本。

3. 促销效率分析

促销手法多种多样，管理部门应当记录每次促销活动的成本以及它对销售量的影响情况，凭此记录来改进促销方法以提高促销效率。衡量促销效率的指标有：

(1) 优惠销售的百分比。

(2) 每 100 元销售额中的促销成本。

(3) 购物赠券的回收比例。

(4) 一次现场演示所引发的咨询次数。

(5) 每一单位销售额的平均陈列成本。

（6）各类折扣的市场接受度。

（7）奖品发放对销售额的影响变动率。

借助于促销效率分析，我们也可找到营销业绩滑坡的有关原因，这些原因分别是售点陈列的密度小、商品展示无效劳动多、赠券回收率低、样品发放的数量少、各类折扣的市场接受度低等。

4. 分销效率分析

现在人们对监控分销和后勤系统的成本与效率的重要性有了更多的认识，人们意识到高效率的分销系统对顾客满意程度能产生很大影响。随着计算机技术大举进入市场营销管理领域，分销系统效率已大大提高。衡量分销系统效率的指标有：

（1）库存水平/库存周转率。

（2）出库情况。

（3）顾客投诉情况。

（4）储存效率排序。

（5）实物分销成本。

【思考与讨论题】

1. 某企业有三个独立营销方案 A、B 和 C 可以选择，其现金流如表 15-16 所示，试用净现值和内部收益率指标判断三个方案的经济可行性，并确定最优方案（$i_0=15\%$）。

表 15-16　方案 A、B 和 C 的净现金流量　　（单位：万元）

年份 方案	0	1	2	3	4	5
A	-500	200	200	200	200	200
B	-160	-180	180	180	180	180
C	-100	40	40	40	40	40

2. 某企业在某市策划并实施了一次促销活动，目标为通过该促销策划方案的实施使产品在该地区的实际销售增长率不低于 10%，实际效果如表 15-17 所示，试判断该销售计划的完成情况。（提示：实际销售增长率应在总的增长率中扣除自然增长率。）

表 15-17　开展和未开展活动的城市产品销售量对比表

项　　目	开展活动的城市	未开展活动的城市
活动前销售量	A = 3000	C = 2950
活动后销售量	B = 4000	D = 3650

附　　录

附录A　营销智商测试结果一览表

营销测试题的参考答案、记分统计及测试结果参照表分别如表A-1、表A-2、表A-3所示。

表A-1　参考答案

01. 错误	02. 错误	03. 正确	04. 正确	05. 错误
06. 正确	07. 错误	08. 正确	09. 错误	10. 错误
11. 错误	12. 错误	13. 正确	14. 正确	15. 错误
16. 错误	17. 错误	18. 错误	19. 错误	20. 错误

表A-2　记分统计表

答对题数	答不知道题数	你的营销智商	答对题数	答不知道题数	你的营销智商	答对题数	答不知道题数	你的营销智商	答对题数	答不知道题数	你的营销智商
20	0	160	19	1	156	19	0	152	18	2	152
18	1	148	18	0	144	17	3	148	17	2	144
17	1	140	17	0	136	16	4	144	16	3	140
16	2	136	16	1	132	16	0	128	15	5	140
15	4	136	15	3	132	15	2	128	15	1	124
15	0	120	14	6	136	14	5	132	14	3	124
14	2	120	14	1	116	14	0	112	13	7	132
13	6	128	13	5	124	13	4	120	13	3	116
13	2	112	13	1	108	13	0	104	12	8	128
12	7	124	12	6	120	12	5	116	12	4	112
12	3	108	12	2	104	12	1	100	12	0	96
11	9	124	11	8	120	11	7	116	11	6	112
11	5	108	11	4	104	11	3	100	11	2	96
11	1	92	11	0	88	10	10	120	10	9	116
10	8	112	10	7	108	10	6	104	10	5	100
10	4	96	10	3	92	10	2	88	10	1	84
10	0	80	9	11	116	9	10	112	9	9	108
9	8	104	9	7	100	9	6	96	9	5	92

（续）

答对题数	答不知道题数	你的营销智商	答对题数	答不知道题数	你的营销智商	答对题数	答不知道题数	你的营销智商	答对题数	答不知道题数	你的营销智商
9	4	88	9	3	84	9	2	80	9	1	76
9	0	72	8	12	110	8	11	108	8	10	104
8	9	100	8	8	96	8	7	92	8	6	88
8	5	84	8	4	80	8	3	76	8	2	72
8	1	68	8	0	64	7	13	108	7	12	104
7	11	100	7	10	96	7	9	92	7	8	88
7	7	84	7	6	80	7	5	76	7	4	72
7	3	68	7	2	64	7	1	60	7	0	56
6	14	104	6	13	100	6	12	96	6	11	92
6	10	88	6	9	84	6	8	80	6	7	76
6	6	72	6	5	68	6	4	64	6	3	60
6	2	56	6	1	52	6	0	48	5	15	100
5	14	96	5	13	92	5	12	88	5	11	84
5	10	80	5	9	76	5	8	72	5	7	68
5	6	64	5	5	60	5	4	56	5	3	52
5	2	48	5	1	44	5	0	40	4	16	96
4	15	92	4	14	88	4	13	84	4	12	80
4	11	76	4	10	72	4	9	68	4	8	64
4	7	60	4	6	56	4	5	52	4	4	48
4	3	44	4	2	40	4	1	36	4	0	32
3	17	92	3	16	88	3	15	84	3	14	80
3	13	76	3	12	72	3	11	68	3	10	64
3	9	60	3	8	56	3	7	52	3	6	48
3	5	44	3	4	40	3	3	36	3	2	32
3	1	28	3	0	24	2	18	88	2	17	84
2	16	80	2	15	76	2	14	72	2	13	68
2	12	64	2	11	60	2	10	56	2	9	52
2	8	48	2	7	44	2	6	40	2	5	36
2	4	32	2	3	28	2	2	24	2	1	20
2	0	16	1	19	84	1	18	80	1	17	76
1	16	72	1	15	68	1	14	64	1	13	60
1	12	56	1	11	52	1	10	48	1	9	44
1	8	40	1	7	36	1	6	32	1	5	28
1	4	24	1	3	20	1	2	16	1	1	12
1	0	8	0	20	80	0	19	76	0	18	72
0	17	68	0	16	64	0	15	60	0	14	56
0	13	52	0	12	48	0	11	44	0	10	40
0	9	36	0	8	32	0	7	28	0	6	24
0	5	20	0	4	16	0	3	12	0	2	8
0	1	4	0	0	0						

表 A-3 测试结果参照表

你的得分	你是个
150～160	营销天才
130～149	营销领袖
110～129	明日的营销顾问
90～109	有经验的专业人员
70～89	典型的营销人员
50～69	营销杀手
30～49	营销无能
11～29	对公司有害之人
0～10	应负执行不当之责的人

附录B 人员推销策划知识简介

人员推销是与广告、营业推广、公共关系并列的企业促销手段之一，需要有单独的讲解，鉴于篇幅所限，本书以附录的形式仅作一些基本介绍。

一、人员推销的设计

人员推销是指企业通过派出推销人员与一个或一个以上可能成为购买者的人交谈，作口头陈述，以推销商品、促进和扩大销售的促销手段。人员推销的设计可以采取三种形式：

（1）可以建立自己的销售队伍，使用本企业的推销人员来推销产品。推销人员又分为两类：一类是内部推销人员，他们一般在办公室内，用电话、传真机等进行联系、洽谈业务，并负责接待可能成为购买者的客户来访；另一类是外勤推销人员，他们作旅行推销，上门访问客户。

（2）企业可以使用专业合同推销人员，如制造商的代理商、销售代理商、经纪人等，按照其代销额付给佣金。西方国家的大公司甚至雇用国内外退休的高级官员当推销员。

（3）企业可以雇用兼职的售点推销员。他们在各种零售营业场合用各种方式促销，按销售额比例提取佣金，其推销方式有产品操作演示、现场模特展示、咨询介绍等。

附例 2-1 “奥芬”香水的直销大军

有一位名为戴维·麦克涅尔的美国青年，依靠向家庭妇女推销杂志谋生。麦克涅尔在推销杂志时，发现一些不爱出门购物的家庭主妇时常让他捎带买一些日常生活用品。麦克涅尔在助人为乐的同时，也决定捎带推销一些小商品。他选择了香水，因为香水体积小、便于携带，而且售价高、获利大。推销香水的结果使麦克涅尔大吃一惊，原来小小的香水竟比他多年推销的书刊有魅力得多，无论是销售量还是利润都比图书杂志高出好多倍。于是，麦克涅尔于1886年创建了加利福尼亚香水公司。

麦克涅尔的香水公司首先决定雇用家庭妇女作为推销员上门直销，并且规定：雇用的家庭妇女推销员只准许在自己家的附近做上门直销工作，并且对于质量差、不合格的香水，公司一律包退包换。作出这两条规定是麦克涅尔的高明之处。规定只在自己家附近推销，是因为推销员与自己家附近的顾客有着天然的密切联系，即使不全是熟悉的邻居，但至少是见过面或听说过的人，因此，一般不必担心上当受骗，使顾客增加了购买香水时的信任感和安全感。而对不合格的产品包退包换，又免除了家庭妇女推销员的后顾之忧。麦克涅尔的这种营销方式，使原本相当于一家小手工作坊的香水公司到 1905 年时经营区域从加利福尼亚扩大到德克萨斯等其他州，经营品种从单一的香水扩展到多种化妆品，雇用的家庭妇女推销员已超过 1 万名。

在 20 世纪 30 年代的世界性经济危机中，麦克涅尔反而扩建工厂，专门生产一种名为“奥芬”的新品种香水。这种香水获得了巨大的成功，销售业绩成倍增长。1939 年，加利福尼亚香水公司更名为奥芬公司。奥芬公司的存在基础就是那 30 万人组成的“推销大军”，这是决策者头脑里最清醒的认识。因此，奥芬公司所采取的基本措施是要把推销员个人利益与公司的利益紧密联系起来，公司决定把推销收入总额的 40% 分给推销员，从而保障公司推销组织的固定和扩大，保证营业收入的稳定增长。直至今日，奥芬公司始终依赖直销推销员销售产品，并成为全美最大的化妆品公司之一。

二、人员推销的任务及其工作步骤

（一）推销人员的任务

（1）探寻市场。推销人员应该寻求机会，发现潜在顾客，创造需求，开拓新的市场。

（2）传递信息。推销人员要及时向消费者传递产品和劳务信息，为消费者提供与购买活动有关的参考资料。

（3）销售产品。销售产品是推销人员的中心工作。

（4）收集情报。推销人员在推销过程中还要收集情报，反馈信息。

（5）开展售前、售中、售后服务。

（二）推销人员的工作步骤

一般而言，推销商品包括六个步骤，分别是寻找顾客、顾客资格审查、接近准备、约见、面谈、成交。对于简单的推销行为，整个过程可能会有所简化。

1. 寻找顾客

寻找顾客有很多种办法，如地毯式访问法、连锁介绍法、中心开花法、个人观察法、广告开拓法、市场咨询法、资料查阅法等。

2. 顾客资格审查

顾客资格审查的目的是找到准顾客。准顾客是指一个既可以获益于某种推销的商品，又有能力购买这种商品的个人或组织。也就是说，在接近某个潜在用户之前，推销人员要辨认出那些最有购买意向的企业和人。

3. 接近准备

接近准备包括：①产品接近法：推销员直接利用推销的产品引起顾客注意，它适用于本身有吸引力、轻巧、质地优良的商品；②利益接近法：利用商品的实惠引起顾客注意和兴趣；③问题接近法：利用提问方式或与顾客讨论问题的方式接近顾客；④馈赠接近法：推销人员利用赠品来引起顾客的注意和兴趣，进入面谈。

推销员接近顾客时，一定要信心十足，面带微笑。国外推销人员平时非常注意微笑训练，甚至有人发明了所谓的“G 字微笑练习法”，即每天早晨起床后对着镜子念英文字母“G”，以训练笑脸，把微笑变成一件十分自然的事情。

4. 约见

约见是指推销人员事先征得顾客同意接见的行动过程。一般来说，顾客通常都不大欢迎推销人员来访。在美国有的机构门口，甚至挂着这样的牌子：“推销员、狗、小偷、闲人，请勿入内”。

5. 面谈

面谈是整个推销过程的关键性环节。推销工作的一条黄金法则是不与顾客争吵。在面谈中，顾客往往会提出各种各样的购买异议。这些异议分别是：①需求异议：指顾客自以为不需要推销品；②财力异议：指顾客自以为无钱购买推销品；③权力异议：指顾客自以为无权购买推销品；④产品异议：指顾客自以为不应该购买此种推销品；⑤价格异议：指顾客自以为推销品价格过高。另外，购买异议还有货源异议、推销人员异议、购买时间异议等。

推销员在面谈时应注意语言技巧，如汽车加油站的员工，与其说“您需要加多少油?”不如说“我为您把油加满吧!”饮食店招待员把“您喝点什么?”改为选择问句“您是喝咖啡，还是红酒?”这样的问话使顾客感到难以完全拒绝，而“来一杯咖啡吧”和“来点红酒吧”这样两个问句却达不到那样的效果。实际上，在面谈中促使顾客额外购买某些产品与问话有很大关系，“您看一看，想买些什么?”这样的问话毫无意义，很多顾客会不假思索地回答：“什么也不买”。

6. 成交

商品一旦成交，就需填写订单、安排发货，并申明且办好售后跟踪和服务的相关手续。

附例 2-2　从玛丽·凯的购车案例看顾客资格审查的重要性

玛丽·凯是美国一位大器晚成的女企业家，她干了 25 年的直销工作，退休后才开办了自己的玛丽·凯化妆品公司。

有一次，玛丽·凯想买一辆新车，送给自己做生日礼物。当时领导潮流的福特汽车有两种颜色的新车刚刚投入市场，她想要一辆黑白两色的。玛丽·凯带着现金来到一家福特汽车销售代表处的展销厅，但售货员一点也没把她放在眼里，因为他看见玛丽·凯是开着一辆旧车来的，更何况那时候女性不容易得到购物信贷，所以他就轻易地判断玛丽·凯买不起车。由于觉得不是“潜在的买主”，这个代表处的售货员连理都没有理她。当时正值中午，售货员干脆为自己找了个借口，说他有约会，已经迟到了。

由于经理恰巧出门去了，玛丽·凯也见不着经理。消磨时间的她走进了另一家出售默库里牌汽车的商行。她只是随便看看，因为她仍然很想买那种黑白两色的福特车。这边的展示厅中摆放着一种米黄色汽车，玛丽·凯觉得也还可以，但车上标出的售价比原来准备花的钱要多一些。可是这里的售货员对她十分礼貌，当他听说那天是玛丽·凯的生日后，跟她说了声“请原谅”就走开了。几分钟后，他又回来和玛丽·凯接着聊。15 分钟后，一位秘书给她送来了 12 枝玫瑰，这是给玛丽·凯的生日礼物。

“我顿时感到他送给我的好像是几百万美元!”玛丽·凯回忆当时的情景仍不禁感慨万分。当然，玛丽·凯最终开走了那辆米黄色默库里牌汽车，而没有买黑白两色的福特车。很显然，默库里牌汽车销售代表的成功推销，得益于对准顾客的正确识别和注重情感沟通的高超销售技巧。

三、推销人员的管理

（一）推销人员的甄选

选拔推销人员可以有两种途径：一是从企业内部选拔，即把企业内部适合做推销工作的人员选拔到推销部门工作；二是从企业外部招聘，即在社会范围内物色推销人员，包括大中专院校的应届毕业生等。无论从哪种途径招聘推销人员，都需经过严格的考试，择优录用。推销人员应具备的条件包括：知识面广，有一定的业务知识；举止文明，热情有礼；善于察言观色，准确把握消费者心理；反应灵敏，并有一定的推销技巧；富于进取，吃苦耐劳。

（二）推销人员的培训

当推销人员被选拔出来之后，为使其能迅速而有效地投入工作，尽快成为一名合格的推销人员，应对其进行培训。培训对象不仅仅是新选拔上来的推销人员，还应包括老推销员，使他们不断接受新知识，进一步提高业务水平。培训推销人员有许多行之有效的方法，使用较多的主要有课堂讲授、现场实习以及委托培训。

（三）推销人员的组织

推销人员的组织结构可分为以下几种：

（1）地区结构式：每个（组）推销人员负责一定地区的推销业务。

（2）产品结构式：每个（组）推销人员负责一种或几种产品的推销业务。

（3）顾客结构式：根据顾客的行业、规模、分销渠道的不同而分别配备推销人员。

（4）综合结构式：以上几种结构方式的综合组织。

（四）推销人员的业绩评估

由于推销人员的工作具有极大的流动性和独立性，因此，对推销人员的考核是企业的一项重要工作。考核方式除了通过用户反映等途径外，还可以通过一些定量的指标来考核。业绩评估的主要考核指标如下：

（1）销售数量指标。

（2）访问顾客的次数指标。

（3）增加新用户的数量（或市场占有率的提高）指标。

（4）销售完成率指标＝实际销售额/计划销售额。

（5）推销费用率指标＝推销费用/总销售收入。

（五）推销人员的酬金

在考核的基础上，企业方可决定推销人员的报酬。适当的报酬能激发推销人员对工作的积极性，使人员促销发挥更大的效力。推销人员的工作性质，决定了推销人员的报酬具有较大的灵活性。一般来说，给推销人员的报酬可以采取以下三种形式：

（1）固定工资制。固定工资制即每月按固定的工资标准支付报酬。采用这种形式有利于企业对推销员的工作在最大程度上加以控制，推销员的收入比较稳定，能够产生安全感。但这种报酬形式使成绩和所得脱节，容易打击推销人员的积极性。

（2）直接佣金制。直接佣金制即企业根据推销人员的工作成绩来支付报酬。采用这种制度能够把收入和成绩结合起来，克服了固定工资制的缺点，能够在一定程度上激发推销人员的工作热情，使收入水平和销售情况相吻合，比较适合推销工作的特点。但是，由于各种产品及购买者的特点不同，推销人员的工作难度也会有所差别，企业在工作分配上的平衡度不易把握。此外，推销人员还可能因为直接佣金的刺激，而采用不恰当手段推销产品。同时，推销人员的安全感也大大降低。

（3）混合制。混合制即在支付固定工资的同时，把工作的实绩与适当的奖金形式结合起来，作为对推销人员的付酬形式。这种形式吸取了上述两种形式的优点，克服了其缺点，使企业既能对推销人员的工作加以有效的控制与监督，又能兼顾各项推销工作，保证推销人员的个人利益。其实，企业为了扩大产品的销路，牢牢占领市场，充分调动推销人员的积极性，常常需要运用各种激励手段，使推销人员感到工作和个人的价值，从而发挥最大的潜力。用于激励推销人员的方法很多，主要可以归为两类，一类是物质激励，主要包括工资晋级，发放奖金、奖品以及提高福利待遇等；另一类是精神激励，主要包括表扬、上光荣榜、颁发奖状、奖章以及培养推销人员的荣誉感等。通常而言，行之有效的方法是将物质激励和精神激励结合起来，因为二者是相辅相成的。除此之外，还要关心推销人员的家庭生活，为这些走南闯北、大半时间奔波在外的推销人员制定一个合理的工作和休假制度。

附例 2-3　从“基督教训商店”的案例看优秀推销人员的基本素质

彭奈创设的“基督教训商店”是美国一家知名度很高的零售商店。彭奈认为，顾客的等级不一样，所要求的货色也会有很大不同，因此推销方法也应有所区别。他有一次在电视上讲授他的经营术时说：“一个周薪1000元的人和一个周薪只有几十元的人，假如到你店里都是买毛巾，店员一定要以两种截然不同的方式来接待他们，才能把这两个顾客同时拉住。”关于这一点，彭奈举了一个实例：

一天下午，一个中年男人到店里买搅蛋器，这种货品约有7种品牌，价格有高达百元的，也有十几元的。

“先生，”店员很有礼貌地问，“你想要好一点的，还是要次一点的？”

“当然是要好的，”顾客有点不高兴地说，“不好的东西谁要？”

店员受他抢白，有点讪讪的，红着脸把最好的一种多佛牌搅蛋器拿了出来。

“这是最好的吗？”顾客问。

“是的，”店员说，“而且是牌子最老的一种。”

“多少钱？”

“110元。”

“什么？”顾客把眼一瞪，“为什么这样贵？我听说，最好的才六十几块钱。”

“六十几块钱的我们也有，”店员说，“但那不是最好的。”

“可是，也不至于差这么多钱呀！”

“差得并不多，还有十几元一个的呢。”

那位顾客一听，面露不悦之色，想掉头离去，彭奈见此情景急忙赶了过去。

“先生，”他说，“你想买搅蛋器是不是？我来介绍一种好产品给你。”

“什么样的？”

彭奈要店员拿出另外一种牌子的搅蛋器来，对那位顾客说：“就是这一种，请你看一看，式样还不错吧？”

“多少钱？”

“54 元。”

“照你店员刚才的说法，这不是最好的，我不要。”

“我这位店员刚才没有说清楚，”彭奈说，“搅蛋器有好几种牌子，每种牌子都有最好的货色，我刚才拿出的这一种，是同牌货中最好的。”

“可是，为什么比多佛牌差那么多钱？”

“这是制造成本的关系，”彭奈用一种亲切的语气说，“你知道，每种品牌的机器构造不一样，所用的材料也不同，所以在价格上会有出入。至于多佛牌的价钱高，有两个原因：一是它的牌子老、信誉好；二是它的容量大，适合做糕饼生意用。”

“噢，原来是这样的。”顾客的神色缓和了。

“其实，”彭奈接着说，“有很多人喜欢用新牌子的，就拿我来说吧，我用的就是这种牌子的，性能并不怎么差，而且它有个最大的优点，体积小，用起来方便，一般家庭用最为合适。府上有多少人？”

“5 个人。”顾客的反抗意识完全消除了。

“那再适合不过了，”彭奈说，他的表情就像和老朋友聊天一样，“我看你就拿这样的搅蛋器回去用吧，保证不会使你失望。”

这笔生意就这样做成了，而从中我们也看到了彭奈作为一名优秀推销人员的良好素质。能够对顾客的疑问“为什么比多佛牌差那么多钱”进行合理解释，体现了他较强的业务知识；他的举止亲切得体，让顾客“反抗意识完全消除”，觉得“就像和老朋友聊天一样”；善于把握顾客的心理——想买好的，最好的又嫌贵，因而向其推销 54 元的中档搅蛋器，并强调“体积小，用起来方便，一般家庭用最为合适”，表现出了他高超的推销技巧。尤其值得一提的是，当顾客最初面露不悦之色，想掉头离去时，彭奈没有放弃，体现了富于进取的性格特征。

参考文献

[1] 菲利普·科特勒．市场营销学原理：亚洲版［M］．郭国庆，等译．北京：中国人民大学出版社，1997.
[2] 厉以宁．中国企业管理教学案例［M］．北京：北京大学出版社，1999.
[3] 郭国庆．市场营销学通论［M］．北京：中国人民大学出版社，1999.
[4] 罗锐韧．哈佛管理全集［M］．北京：企业管理出版社，1997.
[5] 马同斌．现代企业营销策划［M］．北京：中国时代经济出版社，2004.
[6] 吴灿．策划学［M］．北京：中国人民大学出版社，2004.
[7] 叶万春．企业营销策划［M］．北京：中国人民大学出版社，2004.
[8] 涂山青，程天荃．营销策划与营销实战［M］．武汉：华中师范大学出版社，1999.
[9] 林艳新，王姣．营销企划的误区［M］．哈尔滨：黑龙江科学技术出版社，2002.
[10] 甘华鸣，向文杰．市场营销管理操作规范［M］．北京：企业管理出版社，2004.
[11] 祝文欣．品牌推广［M］．北京：中国纺织出版社，2004.
[12] 郭强，董明伟．调查问卷设计手册［M］．北京：中国时代经济出版社，2004.
[13] 杨先顺．广告文案写作原理与技巧［M］．广州：暨南大学出版社，2001.
[14] 傅家骥，仝允桓．工业技术经济学［M］．北京：清华大学出版社，1993.
[15] 杨锡怀．企业战略管理［M］．北京：高等教育出版社，2003.
[16] 李强．市场营销学教程［M］．大连：东北财经大学出版社，2005.
[17] 吴长顺．营销学教程［M］．北京：清华大学出版社，2005.
[18] 李航．有效管理者——营销企划［M］．北京：中国对外经济贸易出版社，1998.
[19] 迈克尔·波特．竞争优势［M］．陈小悦，译．北京：华夏出版社，1997.
[20] 顾松林．消费品营销反思［M］．上海：上海远东出版社，1999.
[21] 马同斌．企业不败［M］．北京：北京工商出版社，2002.
[22] 郭国庆，李先国．中国人民大学工商管理 MBA 案例：市场营销卷［M］．北京：中国人民大学出版社，1999.
[23] 肖志营．策划凶猛［M］．重庆：重庆出版社，2002.
[24] 胡其辉．营销策划［M］．大连：东北财经大学出版社，2000.
[25] 周立公．营销广告策划［M］．上海：上海财经大学出版社，2002.
[26] Robert Grant. Contemporary Strategy Analysis［M］．［S. l.］：Oxford Blackwell，2002.
[27] S Dibb，L Simkin，W M Pride，O C Ferrell. Marketing Concepts and Strategies［M］．［S. l.］：Houghton Mifflin Company，2001.
[28] G R Foxall，R E Goldsmith，S Brown. Consumer Psychology for Marketing［M］．［S. l.］：International Thomson Business Press，1997.
[29] G Holmes，A Sugden. Interpreting Company Reports and Accounts［M］．［S. l.］：Woodhead and Faulkner，2001.
[30] Gerry Johnson，Kevan Scholes. Exploring Corporate Strategy：Text and Cases［M］．5th ed.［S. l.］：Hemel Hempstead，Prentice Hall，1999.
[31] J N Sheth，B Mittal，B I Newman. Customer Behavior：Consumer Behavior and Beyond［M］．［S. l.］：The Dryden Press，1999.
[32] B A Weitz，R Wensley. Strategic Marketing［M］．［S. l.］：Kent Publishing Company，1984.
[33] M Treacy，F Wiersema. The Discipline of Market Leaders［M］．［S. l.］：Harper Collins，1995.
[34] S J Paliwoda，M J Thomas . International Marketing［M］．3rd ed.［S. l.］：Butterworth-nemann，1999.